博学而笃志,切问而近思。
（《论语·子张》）

博晓古今,可立一家之说;
学贯中西,或成经国之才。

复旦博学·复旦博学·复旦博学·复旦博学·复旦博学·复旦博学

中国政治思想史

(古代部分)

张星久 著

复旦大学出版社

内容提要

本书主要介绍和分析发生于中国商周时期至清朝前期的主要政治思潮与思想流派。帮助读者了解古代中国的政治思想家和政治家为代表的"思想者"们，他们会遇到什么样的政治情境，提出什么样的政治问题，以及他们怎样思考和解决这些政治问题。在读懂文本、大致完成中国古代"政治思想拼图"的基础上，本书将尝试运用当代政治学的知识和相关学术研究成果，对古人的这些政治思想成果进行"评头品足"，评判其思想的高下得失、经验教训，把握其在中国传统政治思想发展演变过程中乃至在人类政治文明史上的地位。

本书每讲之后特别增加了"讨论"环节，以便引起读者更深、更开放的思考。在内容上力求详略得当，在语言和语气上凸显交流、对话特色，以及轻松平实、深入浅出的讲述风格。

目 录 >>>

导言 ·· 1
  一、"中国政治思想史"讲什么 ·· 1
    (一)什么是"政治思想" ·· 1
    (二)什么是"政治思想史"以及"中国政治思想史" ············ 4
  二、知识与智慧:学习政治思想史的目的与意义 ············ 5
  三、"神入"与"超然":研习中国政治思想史的方法 ········ 6
    (一)"神入"——移情式理解 ······································ 7
    (二)外部审视与"概念化"处理 ·································· 9
  四、本书的内容与特色 ·· 12

第一讲　萌芽与发端——商朝与西周时期的政治思想 ········ 14
  一、新兴大国的治理问题与政治思想特点 ···················· 15
  二、天道与人道:政治的起源与目标 ···························· 17
    (一)商朝的天道观 ·· 17
    (二)尚德爱民:西周天道观的变化 ···························· 19
  三、西周时期的主要施政理念 ···································· 22
    (一)"明德慎罚"思想 ·· 22
    (二)"贵贵""亲亲"之道与"大一统"国家思想 ············ 24
    (三)《洪范》中的政治观念 ······································ 25
  总结与讨论 ·· 28
  进一步思考的问题 ·· 30

第二讲　争鸣与繁荣——春秋战国时期的政治思想(上) …… 31
一、社会变革与思想动向 …… 32
####　（一）秩序与文明问题 …… 32
####　（二）社会条件 …… 35
####　（三）一般思想动向与政治知识水平 …… 36
二、儒家的政治思想——孔子 …… 44
####　（一）孔子的生平及其主要贡献 …… 45
####　（二）"仁"为政治的最高目标与原则 …… 50
####　（三）"克己复礼"：行仁的外在条件 …… 54
####　（四）"为政以德"：孔子的政治过程观 …… 60
####　（五）"以道事君"式的"公忠"伦理 …… 63
三、儒家的政治思想——孟子 …… 64
####　（一）孟子的生平简介 …… 64
####　（二）性善论：仁政的哲学基础 …… 66
####　（三）仁政与王道 …… 69
####　（四）君臣，"道""势"之间 …… 74
四、儒家的政治思想——荀子 …… 75
####　（一）荀子思想的特点 …… 75
####　（二）荀子思想的哲学基础与方法 …… 77
####　（三）以"礼"为核心的政治学说 …… 81
总结与讨论 …… 87
进一步思考的问题 …… 89

第三讲　争鸣与繁荣——春秋战国时期的政治思想(下) …… 90
一、墨子的政治思想 …… 90
####　（一）"兼相爱、交相利"的基本理论 …… 91
####　（二）尚同与敬天：兼爱的条件与保证 …… 94
二、道家的政治思想 …… 97
####　（一）道家的特点与代表人物 …… 97
####　（二）老子"清静无为"的政治思想 …… 99
####　（三）庄子的社会批判思想 …… 104

三、法家的政治思想 ……………………………………… 108
(一)法家的特点与代表人物 ……………………………… 108
(二)观察社会政治问题的方法与视角 …………………… 109
(三)法家思想中的"人"与"政治" ………………………… 111
(四)绝对君主专制思想 …………………………………… 116
(五)"以法为本"的政治过程论 …………………………… 120
(六)耕战为本的基本国策 ………………………………… 124
总结与讨论 ……………………………………………… 125
进一步思考的问题 ……………………………………… 129

第四讲 "独尊"儒家与国家意识形态的确立——秦汉时期的政治思想 ……………………………………… 131
一、从"黄老之治"到"独尊儒术" ………………………… 132
(一)秦帝国的覆灭与法家思想的流变 …………………… 133
(二)汉初的"黄老之治" …………………………………… 135
(三)《吕氏春秋》《淮南子》与秦汉思想的过渡 …………… 136
(四)"独尊"儒家的过程与背景 …………………………… 144
二、董仲舒以"天人感应"为基础的政治学说 …………… 149
(一)董仲舒面临的主要问题 ……………………………… 149
(二)人类社会与政治秩序的起源:"天人合一"的宇宙观 … 152
(三)法天行道、以仁为本的最高政治原则 ……………… 156
(四)君主的职责与"君为臣纲"的政治伦理观 …………… 159
(五)"受命"说与"谴告"说 ………………………………… 161
(六)董仲舒在政治思想史上的地位 ……………………… 163
三、董仲舒以后的汉代政治思想 ………………………… 165
(一)思想脉络与特点 ……………………………………… 165
(二)"天人感应"思想的演变与汉代政治斗争 …………… 166
(三)桓谭的政治思想 ……………………………………… 171
(四)王充的政治思想 ……………………………………… 173
(五)东汉后期政论家的思想 ……………………………… 179
(六)东汉党锢之祸在政治思想史上的意义 ……………… 188

总结与讨论 …………………………………………………………… 190
　　进一步思考的问题 …………………………………………………… 194

第五讲 "名教""自然"之争与儒家文化的危机——魏晋南北朝时期的政治思想 ………………………………………………… 195
　一、玄学的兴起与儒家思想的危机 ………………………………… 196
　　（一）玄学产生的原因 ………………………………………………… 196
　　（二）佛教的传入与流行 ……………………………………………… 199
　二、魏晋时期的主要政治思潮 ……………………………………… 202
　　（一）玄学温和派的"无为而治"思想 ……………………………… 202
　　（二）阮籍、鲍敬言等激进反体制的"无君"论 ……………………… 206
　　（三）葛洪对君主制的辩护 …………………………………………… 212
　　（四）批评郡县制、维护分封制的主张 ……………………………… 214
　　（五）在民族关系问题上的"夷夏之辨" …………………………… 219
　三、儒家文化传统的延续 …………………………………………… 222
　　（一）恢复儒家"名教"的努力 ……………………………………… 222
　　（二）儒家的"体制化"以及对日常生活的影响 …………………… 224
　　总结与讨论 …………………………………………………………… 225
　　进一步思考的问题 …………………………………………………… 231

第六讲 政治行动中的儒家——隋唐五代时期的政治思想 ……… 232
　一、隋唐政治思想概观 ……………………………………………… 233
　　（一）政治思想演变的脉络与特点 …………………………………… 233
　　（二）儒学的复兴 ……………………………………………………… 238
　二、王通与隋唐政治思想的转型 …………………………………… 240
　　（一）回归"周孔之道"与"三代之法" …………………………… 241
　　（二）"不以天下易一民之命"的贵民思想 ………………………… 243
　　（三）"无为而治"的时代内涵 ……………………………………… 244
　　（四）突破"华""夷"之别的新正统观 …………………………… 246
　三、中唐以后的政治思想动向 ……………………………………… 247
　　（一）安史之乱后"尊王攘夷"意识的产生 ………………………… 247

（二）韩愈的"道统"说与"尊君"思想…………………………… 249
　　（三）柳宗元的国家起源观与郡县制度论………………………… 255
　　（四）唐末五代反体制思想的再度兴起…………………………… 262
　总结与讨论……………………………………………………………… 267
　进一步思考的问题……………………………………………………… 269

第七讲　事功与义理之间——宋元时期的政治思想………………… 270
　一、宋元时期政治思想演变大势……………………………………… 271
　　（一）政治生活中的主要问题……………………………………… 271
　　（二）思想演变大势………………………………………………… 276
　二、北宋的事功思想及其争论………………………………………… 279
　　（一）李觏的政治思想……………………………………………… 279
　　（二）王安石的变法思想…………………………………………… 284
　　（三）司马光等反变法派的政治思想……………………………… 291
　三、南宋理学家的政治思想——以朱熹为代表……………………… 296
　　（一）朱熹政治思想的哲学基础…………………………………… 297
　　（二）朱熹的政治思想……………………………………………… 300
　四、南宋事功学派的政治思想——以陈亮、叶适为代表…………… 308
　　（一）陈亮的事功思想及其历史地位……………………………… 309
　　（二）叶适的制度主义事功思想…………………………………… 315
　五、金元之际政治思想的动向………………………………………… 322
　　（一）多元文化背景下的理学官学化……………………………… 322
　　（二）理学的自我调适与元代的"用夏变夷"思想……………… 325
　总结与讨论……………………………………………………………… 328
　进一步思考的问题……………………………………………………… 331

第八讲　反思与突破——明清时期的社会批判思想………………… 332
　一、明清时期的政治情势与思想变化………………………………… 333
　　（一）明清政治思想发生的背景与条件…………………………… 333
　　（二）明清政治思想演变的主要脉络与特点……………………… 336
　二、明代方孝孺、王阳明、李贽的政治思想………………………… 342

（一）方孝孺的"君职"说与正统论……………………………342
　　（二）王阳明的"良知"说在政治思想史上的意义……………348
　　（三）李贽的"异端"思想………………………………………355
　三、反专制思想的新高潮：清代前期的政治思想………………368
　　（一）黄宗羲…………………………………………………368
　　（二）顾炎武…………………………………………………378
　　（三）王夫之…………………………………………………383
总结与讨论……………………………………………………………390
进一步思考的问题……………………………………………………393

后记 ………………………………………………………………394

导　言

> **核心内容**
>
> ◎ 中国政治思想史课程的对象与内容
> ◎ 知识与智慧：学习中国政治思想史的目的与意义
> ◎ "神入"与"超然"：研习中国政治思想史的方法
> ◎ 本书的内容与特色

顾名思义，这本书大概是要介绍和分析中国古代的政治思想。为便于后面的阅读，首先得弄明白几个基本问题：作为一门学科，中国政治思想史研究什么？为什么要研究？如何研究中国政治思想史？简单讲就是，要向读者交代"是什么""为什么"和"怎么做"的问题。

一、"中国政治思想史"讲什么

（一）什么是"政治思想"

一部中国政治思想史，该从何说起，讲什么内容？这就要说到"政治思想"这个概念了。

从字面意思看，"政治思想"作为人们对政治问题思考的结果，可被直观地理解为"社会成员在政治思考中所形成的观点、想法和见解的总称"。① 但是在实际运用当中,学术界通常还是使用狭义的"政治思想"概念,即政治思想是理论化的政治观念和政治观点。②

在这个意义上理解"政治思想"的概念,意味着它有下列特点。

第一,它不是"一般的政治思想",而是经过系统化、理论化的"政治思想"。

在日常生活中,人们当然也会思考政治问题,并产生对于政治的各种看法、观点,形成一般意义上的"政治思想"。但是这些观点、看法可能是针对具体问题有感而发的,是偏于感性的,甚或是孤立的、"碎片化"和自相矛盾的,而没有上升到对政治的一般性、规律性的思考,没有形成逻辑相对清晰的、层次比较分明的系统的思想体系。

换句话说,一般人遇到政治问题往往是有感而发,就事论事地说出某些看法、意见或观点,但不会去追问:这些看法、意见或观点以什么样的哲学世界观、思维方式为支撑,为理论预设?我的这些看法是否反映了政治生活中的普遍问题和普遍规律?也不会进一步去想:顺着我的这些看法想下去,会得出什么样的推论,后果是什么?这个观点和我的其他观点是否互相"打架"?而"理论化的政治思想"恰恰会在不同程度上涉及这些问题。

第二,它主要是"思想家的政治思想",是思想家们关于政治问题的理论化、系统化的思想。

在现实社会中,固然每个人都生活于政治世界中,每个人都会作为"政治人"而对政治问题有自己的看法和观点。但是他们中的少数人,也就是我们所说的政治理论家或政治思想家,会通过全面、深入的思考,将其观念、看法、主张加以升华,力求解释政治的本质与规律、起源与发展、实然状态与应然状态等问题,从而提出更为系统的理论或学说体系。在这个意义上,"政治思想"与人们通常所说的"政治学说""政治理论"是大体相近的。

---

① 王浦劬:《政治学基础》(第二版),北京大学出版社 2006 年版,第 263 页。
② 参见戴维·米勒(英文版主编)、邓正来(中译本主编):《布莱克维尔政治思想百科全书》,中国政法大学出版社 2011 年版,第 431—434 页;乔治·萨拜因:《政治学说史》(上卷),邓正来译,上海人民出版社 2008 年版,第 11—16 页。

这些思想家的"政治思想"与一般社会成员的政治观念和主张既有联系，又有区别。一方面，这些"政治思想"会反映和代表普通社会成员中某些集团、群体的政治观念和主张，另一方面又是对他们这些观念、主张的更加集中、更加理论化的表达。

之所以把"政治思想"限定在思想家们"理论化的政治思想"这个层次，而不是按其字面意义，宽泛地理解为包括一切民众在内的"所有人的、一般的政治思想"，主要是为了使政治思想研究具有可控性与可行性。知晓每个人对政治的想法，固然符合政治思想研究的理想境界，也最能满足研究者的雄心，但这样的学术抱负显然不现实，不具有操作性。不要说在漫长的历史长河中，系统地构建出政治理论且能留下文字著述的人本就是凤毛麟角，绝大多数人的思想都湮灭于历史的"沉默之海"；即使在网络发达、人人可为"自媒体"的今天，想要知晓这世上每个人对政治的看法，也只是一个"美丽的传说"。所以，为了使研究具有可操作性，学术界通常使用狭义的"政治思想"概念。

从以上定义出发，"政治思想"的基本内涵一般包括：

• 观察政治问题的基本理论立场与方法，比如思考、观察政治问题的方法论与知识论预设（从何途径获得的政治知识才是可靠的），对作为政治主体的人的基本看法（比如，人性中善的方面多些，还是"恶"的方面多些），对政治世界的本质、起源与一般规律的基本看法。

• 关于政治理想、政治规范的思考，回答关于"政治的应然状态是什么""什么才是理想的政治生活、合理的政治秩序"等问题，为政治评价、政治目标的设定提供价值判断标准。

• 对于政治现实的认识与评价，即思想家基于上述立场、方法与价值标准，对现实的政治社会状况及其优劣好坏作出分析判断，回答"现实是一种什么情况"的问题。

• 关于具体的"政治之道"或"治国之道"，以及改善现实政治的主张与方案，回答人们当前应"怎么办"的问题。

当然，这只是就典型的、"标准版"的"政治思想"内涵或构成而言，具体到某个政治思想家或政治思想流派，可能未必全部具备以上内容，这是需要在学习中注意的。

(二) 什么是"政治思想史"以及"中国政治思想史"

明白了什么是"政治思想",就可以进一步谈谈什么是"政治思想史"了。

作为一门学科,政治思想史是介于政治学与历史学之间的交叉学科,它以我们上面所说的"政治思想"为研究对象,但在时间范围上,它又以研究各个国家和民族历史上的政治思想为重点。换句话说,"政治思想史"着眼于"政治思想"的变迁,是把"政治思想"放在历史的长河中,在时间的维度上考察其形成和演变的过程及规律。

从"时间维度上的政治思想"概念出发,政治思想史这一学科的内涵应该包括这样一些基本内容:

- 描述历史上的政治思想,即首先把历史上某一国家、民族的政治思想当作一种政治现象,对其基本内容、特点加以梳理、介绍和概括,告诉人们那个时期的政治思想"是什么",使人们"知其然"。
- 解释政治思想的发生原因,追问思想家"问题意识"的形成,也就是尽可能地把握、呈现某种政治思想发生的条件和原因,"重建"思想家何以"如此思想"的"现场",使人们"知其所以然"。
- 分析、评价历史上的政治思想,即基于今人的立场,站在今天的认识水平上,把握政治思想演变的逻辑、趋势和规律,总结前人的思想成果在现代的价值和意义,并分析其存在什么缺陷、留下哪些教训等。

还需要说明的是,上面所说的"政治思想史"内涵只是就研究层次和研究深浅程度而言的;实际上,想要知道政治思想史研究什么,一部政治思想史教材究竟"讲什么",还要进一步弄清政治思想史的核心内容或主题是什么。只有大致明确了这个问题,我们才能知道哪些古人的思想属于需要考察的"政治思想",或者至少知道古人的哪些思想是和"政治"高度相关的。

要回答什么是"政治的"思想史问题,又会遇到什么是"政治"的问题。好在学术界尽管对"政治"有不同的定义,但在政治主要是以"国家政权为核心"这一点上,看法是比较一致的。因此,这里比较同意一些学者的"国家主题"说,主张政治思想史的核心内容是围绕着国家政权这个主题展开的,即研究和考察人们围绕国家政权问题展开的理论化思考。

显而易见,作为政治思想史这一大的学科中的重要组成部分,中国政治思想史则是研究和考察中国历史上政治思想的发生与演变过程及其规律的一门学科。它当然也围绕着国家政权这一主题,涉及上述几个方面的基本内涵或研究层次,即在对中国各个历史时期政治思想的基本内容加以描述、介绍的基础上,解释其发生的条件、原因,把握其演变的逻辑与规律,评价其在中国政治思想史乃至人类政治文明史上的地位。

讲到这里,读者们想必已经大致明白"中国政治思想史"作为一门课程,是研究什么问题、"讲什么"了。

二、知识与智慧:学习政治思想史的目的与意义

众所周知,在政治学领域中,有关"史"的内容(中外政治制度史、中外政治思想史)占有很大的分量,原因就在于它们都是政治学不可或缺的基础学科,对于政治学的知识体系而言,它们如同水之源流、树之根本。一部政治思想史,集中反映了自古以来人们围绕着国家政权问题对政治的各种思考和探索,而政治制度史则是这种探索和思考付诸实施的结果。今天的政治学知识体系,就是在前人不断探索、不断积累的基础上形成的。削掉这些"史"的方面的内容,政治学就会残缺不全,陷入"不能承受之轻",无法成为一个独立的学科门类。我们至少可以从"知识"和"智慧"这两个方面,来具体把握"为什么学习中国政治思想史"的问题。

我们知道,中国是一个具有悠久历史的大国,经历了几千年政治风云的激荡变迁,当然也经历过无数人对政治问题的艰难实践和不懈探索,乃至包含血泪的思考,积累了丰富的政治知识和政治智慧资源,可谓政治学研究的一座"富矿"。通过中国政治思想史这门课,系统地梳理、了解以往中国人对各种政治问题的思考和认识,掌握其特点和聚焦的问题,可以使我们别具历史的慧眼,看透今天的政治学知识和问题的来龙去脉,提高对政治的理解能力;同时使我们在政治学研究中多一些中国的经验、中国人的思考,也可以大大丰富我们的政治学知识储备,完善我们的政治学知识体系。也就是说,大家要想成为一个在政治学方面训练有素的人,这"史"的方面的课是非学好不可的。

理解知识,掌握知识,最终还是要落实到提升政治学研究的"智慧"或能力上,使我们对政治学研究的重大问题具有很强的洞察力和感悟力,从而成

为一个在政治学研究方面有智慧的人。① 一部中国政治思想史，包含了无数前贤对若干重大政治问题的艰苦探索，如对政治生活中的"人"的复杂性的思考，对国家和政治现象的起源、政治的本质和规律、政治和国家生活的目标与未来趋势的探究，对如何把握政治中的理智与信仰、理想与现实之间的平衡等问题的追问，这些都可谓政治学研究中的"千古之问"。这些追问和思考，是我们向前迈进的起点和基础。通过学习中国政治思想史，可以使我们和历史上那些伟大的思想家进行对话，倾听他们对上述重大政治问题的思考，站在他们的思想高度上继续前行，至少可以使我们避免低水平重复，使我们的思考多一些视角，多一些选项。即使前人的思考存在局限性和误区，也可以给我们教训，让我们少走弯路。这样，我们才有可能在总结和继承前人政治思想成果的基础上，提高我们对政治学重大问题的洞察力和感悟力，进而贡献我们对政治问题的智慧和洞见。

对于当下的中国人来说，学习研究中国政治思想史还另有特殊的意义。一方面，中国是个高度"政治化"的民族，街头巷尾随时可以遇到谈论国家大事、议论"政治"的人。但是由于种种原因，中国人往往又对政治研究很不感兴趣，甚至谈之色变、视为畏途，导致大多数国人既不了解现代政治学的知识和观念，又与中国传统政治文化产生隔膜，并带着很多对政治的误解和偏见来看待政治问题。学习和研究中国政治思想史，就会给我们一个自我反思和清理的机会，使我们认清本民族在政治思想方面的发展历程及所达到的精神高度，了解积累了哪些成果，以及存在着哪些方面的问题和局限，从而提高整个民族的政治文明程度。

三、"神入"与"超然"：研习中国政治思想史的方法

明白了中国政治思想史课程讲什么、研究对象是什么，也大致清楚了学习和研究中国政治思想史的意义之后，接下来我们再谈谈怎样学好、讲好中

---

① 政治学研究中的行为主义流派之所以受到诟病，主要原因大概就在于，他们把政治学研究理解为一个纯粹处理知识的技术过程，而对那些政治生活中重大问题（如政治的起源、本质、规律问题，及政治生活的价值目标等问题）的研究，因为无法满足他们关于知识的界定（像自然科学知识一样"精确、可重复验证"）则将其逐出政治学研究的门外，从而回避了对这类政治学研究中智慧性问题的追问。

国政治思想史的问题。

简单地说,理解和研究前人的政治思想,需要大致经历一个从"入乎其内"到"出乎其外"的过程。或者借用一位历史社会学家的说法,就是要有一个从"介入"到"超然"的过程。① 所谓"介入"或"入乎其内",就是进入思想家的背景、情境,去理解其文本中的思想,亦即"移情式理解";所谓"超然"或"出乎其外",就是在理解思想家的思想、问题的基础上,跳出其个人的背景、情境,从人类政治思想发展的总趋势上,站在今天的政治学知识平台上,进行"概念化"处理,进而理解前人思想的地位和价值。

(一)"神入"——移情式理解

中国政治思想史怎样讲、怎样学?从学术研究的角度看,这实际上涉及政治思想史的研究方法问题。如果把这个问题展开,势必牵涉到这个领域中一些研究方法的流派。考虑到本书只是一本带领同学们进入中国政治思想史研究领域的入门教材,这里综合以往研究方法的精髓,并结合自己的学术体验,向读者推荐一种简明易懂的方法——移情式理解。

什么叫"移情式理解"?就是说,要想理解一个人的思想和行为动机,就必须把自己放到所研究的这个人的位置上,模拟其思想活动发生时的各种背景和情境,"设身处地"地去思考,以此来进行"神入"式理解。此中道理在于,不管思想家们的思想多么复杂,都是对他们所面临的各种环境、各种情况、各种问题的应答和反映,只要我们尽量"移情"式地、设身处地从思想家所处的历史条件,以及面临的各种情况、情境和问题出发,就不难理解他们的思想。②

换句话说,移情式理解的关键在于,研究者要在观念上把自己摆在和思想家"同样"的位置上,模拟并"神入"思想家之所以那样思想的场景、情境、环境等"语境",窥探其"思想世界",由此展开对其思想的理解。参考有关思

---

① 丹尼斯·史密斯:《历史社会学的兴起》,周辉荣等译,上海人民出版社2000年版,第4页。
② "神入"——移情式理解的方法,最初主要由著名哲学家狄尔泰、社会学家马克斯·韦伯提出。陈寅恪先生曾在《冯友兰〈中国哲学史〉上册审查报告》一文中提出"了解之同情"的说法,谓:"凡著中国古代哲学史者,其对于古人之学说,应具了解之同情,方可下笔;盖古人著书立说,皆有所为而发,故其所处之环境,所受之背景,非完全明了,则其学说不易评论。"参见陈寅恪:《金明馆丛稿二编》,生活·读书·新知三联书店2001年版,第279—281页。

想史研究方法的观点,我们可以从以下几个方面对一种思想进行"移情式理解"。

第一,从一种思想发生的历史阶段、时代背景去理解思想。在这种宏观的历史发展阶段和大的时代背景下形成的生产生活方式、主要社会矛盾和社会问题,以及总体知识状况等因素,往往决定了一个时代思想发展的总体趋势和认识水平,也在很大程度上制约和影响着每个思想家与流派的思想。

第二,从思想家所属的文化系统去理解其思想,看看该思想发生在一种什么样的文化系统或文化传统之中。每个人都生存于既定的文化传统中,文化传统对每个具体社会成员而言是先在的、无法选择的,因而难免受到这种文化传统潜移默化的濡染;特别是在思维方式、思维习惯以及深层次的心理结构等方面,往往不自觉地带有该文化传统的底色。因此,从思想家所属的文化系统去理解其思想,不失为思想史研究的一种重要路径。

第三,从思想家的社会地位去理解其思想。一个思想家所处的社会地位、所属的社会阶层,固然不能和其思想、政治主张绝对画等号——我们也确实看到,历史上一些伟大的思想家曾经努力提出超越自己阶级、阶层局限的观点——但不可否认的是,通常情况下,一个人的社会地位确实很大程度上制约着其看问题的视野,影响着其看问题的立场与角度。

第四,从思想家个人的生活世界、政治社会化过程去理解其思想,包括尽量了解思想家独特的家庭环境、教育背景、学术渊源、交际圈等方面的情况。一个人在世界观形成时期受到什么样的家庭教育,在成长过程中师从哪个学术门派,其生活、交往情况如何等等,都会对其政治思想的形成产生很大影响。

第五,从个人参与政治斗争的具体情势、场景及其所处时代的语言表达习惯中去理解思想家的"言下之意"。在现实政治生活中,人们是直接利用语言进行政治斗争、政治博弈的,在这种情况下,说话的艺术,乃至语言的修辞策略、调侃、反讽等,就成了政治行动策略的直接表现形式。因此,尽管人们在政治活动中说着同样的话,使用着同样的术语,却因为说话者的处境、"用意"不同而具有不同的含义。这就要求研究者要善于透过思想家参与当时政治行动的具体情境、当时的语言表达习惯、修辞策略乃至思想家本人的表达习惯等方面,去体会其言下之意和弦外之音。

总之,应通过上述途径,最大限度地拉近我们和思想家及其文本之间的距离,尽可能进入思想家的"现场",去了解他们究竟在"说什么"和"为什么这样说"。通俗的说法就是:你想理解康德,你就先把自己变成康德吧。

(二) 外部审视与"概念化"处理

进入思想家的"世界"去理解其思想,这固然重要,但它对于一项完整的政治思想研究工作来说,还只能算是完成了一个阶段性任务。除此之外,还有一个"出乎其外"、跳出思想家的思想对其进行"外部审视"的任务,即研究者基于自己的学术训练,站在今天的政治学知识平台上,去把握某一理论、思潮在人类政治思想发展演变进程中的影响,评估其所提出的问题在现代政治学中的地位,并分析其对于现代政治生活的意义。

通俗地说,第一阶段的任务是研究者"隐身",尽量地让文本中的"思想家说话",尽量地呈现思想家"说什么"和"如何说";第二阶段的任务则需要研究者"现身"和"说话",需要研究者发表自己的看法,并评判思想家"说得怎么样"。这样,才算完成了全部"研究"工作。

我们常常看到一些研究政治思想的博士论文,可以洋洋洒洒几十万言,把某人思想的内容胪列得非常庞杂、详细,确实下了很大的功夫,但是等到需要研究者"上场",需要他"说话"——发表看法的时候,却只有寥寥数语,草草收场。这样的研究论文,顶多只是把前人的思想素材端到读者面前,并没有告诉我们他所"研究"、介绍的某一思想乃至某种观念在思想史上究竟处于何种地位,真正的贡献在哪里等等。严格说来,在这些文章中,研究者还没有真正"登场"和"说话",还不能算是完整意义上的"研究"。

那么,研究者该怎样"现身",如何进行"外部审视"呢?对此虽不可能有标准答案(因研究者需要处理的具体问题不同),但对一个研究者来说,起码需要做到以下几点,或者需要对以下问题提出追问。

第一,这些思想家在政治思想史上具有什么样的地位?贡献了什么思想或观念?或对于前人提出的问题进行了哪些深化、推进,在政治观念的演进历程中起到了什么样的作用?

第二,这些思想家的思想在现代政治学科的知识和概念系统中,涉及哪一类政治学问题?提出或者深化了何种政治学概念?能够为现代政治学知识体系的发展提供怎样的知识资源和政治智慧?

学术研究的主要任务就是把生活世界中大量感性的、具体的现象或事实，经过抽象概括，上升到普遍性、一般性认识，提炼为一定的理论和概念系统，形成某一学科领域可以累积的知识。对于政治思想史研究者而言，他所处理的"思想现象"或"事实"是什么呢？就是前人留下的、未经今人理论"加工"的政治观念和观点。尽管古人和今人所面临的基本政治问题都是一样的（否则政治就无规律可循），但认识水平会有所不同，语言习惯、表达方式也会有所不同，导致对同样的政治问题可能会有不同的表达方式、认识角度，造成古今理解上的隔膜或"距离"。这就需要研究者站在今天更高的知识平台和认识水平上，对这些观念、观点加以审视和分析，看其所讨论的问题在今天的政治学体系中属于哪一领域的问题，可以用哪些现有政治学概念来表达和概括，对丰富和深化现有政治学概念、政治学知识又有哪些启示等等，这一审视过程就属于对知识的类型化和概念化（conceptualize）思维过程。比如，当看到古人谈论君主"受命于天"的时候，一个具有政治学专业训练的人可能就会想到，这大概就是古人在讨论权力的"合法性"或"正当性"（legitimacy）问题，并进而联想到，这种对合法性的理解大致属于马克斯·韦伯所谓的三种合法性类型中的哪一种，两者之间的联系与区别是什么。又比如，当看到孔子"政者，正也"这句话时，也应能想到这实际上是在表达一种对"政治"的理解，从而使我们在讨论"政治"的定义时不会忘记，原来孔子还提出过一个"政治"的概念。

在对前人思想进行类型化、概念化的处理过程中，当然要尽量做到准确、贴切，避免贴标签、生拉硬拽等任意解释的现象。不过我们千万不能因噎废食，不要因为担心可能会产生这些问题，就放弃了思想史研究中这项至关紧要的工作。如果没有这项工作，思想史研究就不成其为"研究"，就会实际上沦为对前人思想的复述，甚至变成从古文到今文、从外文到中文的翻译活动。

第三，这些思想家存在哪些认识上的局限、偏差？在思考、认识政治问题时走过哪些弯路，留下了哪些教训？

要想评价一个思想家观点的优劣长短，首先得有一个评价标准或参照系统。这个参照系统只能是今天的政治思想研究水平，或者是对同类政治问题的思考认识水平。这就需要运用比较的视野和方法，把前人那些观点放在现代政治思想研究水平及对同类政治问题认识水平的参照系统之上，加以比较分析。当然,这需要一个对知识进行类型化的过程,即先看看先前思想家所讨论的问题在现代政治学知识体系和概念系统中属于什么类型的政治问题,使古人与今人之间发生联系,产生可比性。在此基础上就可以进一步考察,对于这同一类问题,思想史上还有哪些人讨论过,迄今为止对这一问题的研究已经取得了哪些新进展等等,从而在这种对比中发现前人思想的贡献及其存在的问题和不足。

换言之,越是历时久远,对于同一问题思考的人可能就会越多,后来的研究者就越有机会了解更多人对该问题的看法,从而具有更为开阔的视野和更高的认识水平,利用"后见之明"的优势,对以往思想家的历史地位和思想局限进行更为透彻的把握。因此,在包括政治思想在内的思想史研究中,学术研究之所以能够积累传承,原因就在于每一时代的人都在利用其"后见之明"的优势,对前人的研究成果进行批判式继承。

在学术界常常听到类似这样的说法——"不能拿今天的眼光看待历史人物"。这话乍一听很有道理,实际上却容易混淆学术研究中的重大是非问题。如果这类说法仅仅是要强调不能脱离当时的具体环境、条件去理解历史人物的思想和行为,当然是不错的。前面讲了那么多"移情式理解",就是为了防止对历史人物的误读和误解问题。但如果把这句话用到整个思想史研究过程中,特别是用到需要研究者"出场"、需要研究者站在今天的认识水平进行"外部审视"时,那就大错特错了。因为前面已经说过,站在今天的认识水平和知识平台上对前人的思想加以"外部审视",恰恰是思想史研究中更为重要的一步。试想,如果我们的研究没有这一步,而只是前人说什么就是什么,没有是非优劣的评判,这种所谓的"研究"将沦为简单的"复读",从而取消和放弃了今天研究者的"研究"任务。

当然,利用今人"后见之明"的优势对前人思想进行分析、评判时,确实要严格遵守学术研究的程序和规范,坚持科学严谨的态度,要言之成理、持之有故,坚决反对和防止对前人思想进行任意曲解、牵强解释,防止对文本简单地贴标签或过度解释。不过,这些都属于学术规范和学风问题,是任何一个学者、任何领域内的研究都应该注意的问题,和上面所说的如何进行政治思想史研究,甚至要不要真正意义上的政治思想史研究不是同一层次的问题。

四、本书的内容与特色

通过以上对中国政治思想史这门学科的研究对象、研究方法的梳理，我们不仅弄清了关于中国政治思想史研究的一般对象、内容与方法，也可以借此确定这本教材的主要编写内容和基本方法。

具体而言，这本教材也是围绕着国家政权这一核心或主题，尽可能地对中国各个历史时期政治思想的基本内容加以准确描述和诠释，并解释其发生的条件、原因，把握其演变的逻辑和规律，评价其在中国政治思想史乃至人类政治文明史上的地位。在介绍某一时期某个思想家或思想流派的政治思想时，也是按照上面对"政治思想"基本内涵的界定，尽量从以下几个层次结构对其思想内容加以筛选和介绍：

第一，介绍其观察政治问题的基本理论立场和方法，如思考政治问题的方法论和知识论预设，对作为政治主体的人的基本看法，对政治世界的本质、起源和一般规律的基本看法；

第二，考察其关于政治理想和政治的应然状态的思考；

第三，考察其对于政治现实的认识和评价，即思想家基于上述立场、方法和价值标准，对现实政治社会的状况及其优劣好坏作出分析判断；

第四，考察其具体的"政治之道"或"治国之道"，即关于改善现实政治的具体主张和方案。

在基本的研究方法上，本教材也力求贯彻"介入"与"超然"、"移情式理解"与"外部审视"相结合的原则，首先进入思想家的语境，认真理解其文本，然后站在今天的政治学知识平台上，进行外部审视，以理解前人思想的地位和价值。

当然，作为一部教材，还要尽量写出教材的独特性，尽量对初学者具有可读性。为此，本书将在上述研究内容和方法的大方向指引下，努力在以下方面有所突破，呈现自己的特点：

- 突出对古人的思想"场景"的呈现：尽可能拉近今人和古人、读者和文本之间的距离，引导读者进入思想家的情境、处境去理解其文本中的政治思想。

- 凸显政治思想史教材的"政治学"学科特色：从今天政治学的知识状

况和概念体系出发,对前人的问题进行类型化、概念化分析,看其在当今政治学中属于哪一类问题,可用哪些相近的政治学概念加以表达、概括,进而评判其在政治观念的演进历程中处于何种地位。

● 注重运用比较分析的视野。通过前后纵向的比较以及中西横向的比较,发现彼此的共性和差异,进而把握一种思想和观念在人类政治思维活动中的地位与作用、贡献与缺憾。

● 在介绍完每讲的内容之后,增加了"讨论"环节,以便把读者引入更深、更为开放性的思考。

● 内容尽量简明扼要,语言尽量轻松,有话则长,无话则短。某些朝代(如唐朝)虽然强盛,却少有系统的政治理论,只好略写;有些观点重复前人旧说,也只好一笔带过。在语言和语气上强调平等交流、轻松对话,语言应尽量轻松活泼,以读者为谈心的朋友,多一点对话,少一点训话,对有些"深刻"或"沉重"的话题,尽量深入浅出地加以表述。

第一讲
萌芽与发端
——商朝与西周时期的政治思想

> **核心内容**
> ◎ 新兴大国的特点及面临的政治统治问题
> ◎ 西周天道观的变化及其表达的政治观念
> ◎ 商周时期所提出和思考的政治问题
> ◎ 商周政治思想的地位和意义

商朝(殷商)是中国历史上第一个留下文字的朝代。出土于安阳殷墟的甲骨文,是殷人在从事重大社会政治活动时进行占卜的记录(卜辞),也是直接反映中国人思想观念的最早"文本",我们的中国政治思想史就从这里开始。

然而,商人用甲骨文写下的卜辞主要是古人占卜时的记录,且记叙极其简约,我们只能从中窥探出一些零星的观念。根据学术界比较一致的看法,《尚书》中的《商书》部分,特别是其中的《盘庚》三篇是研究商代历史的另一种重要文献。虽然对于《盘庚》究竟成书于商代还是周初,学术界还存在一定争议,但即使认为它曾经过周人加工润色的学者也承认,《盘庚》反映了不少商代的政治、经济、文化状况,"不失为中国古代最早、最长的历史文献"。[1]另外,随着考古学的发展,人们也可以通过对出土的青铜器等文物进行文化

---

[1] 参见陈德龙:《从〈尚书·盘庚〉看殷代的"德"观念》,《史学集刊》2013年第3期。

解读,以丰富对商代政治文化的认识。不过从总体上看,有关商人政治思想的记载还是十分零散、模糊的,主要用于占卜且功能有限的甲骨文似乎也很难用于比较复杂的思维活动。

中国人的精神世界真正发生突破和革命性觉悟的时代,是在继商朝而兴的西周。在这个时期,不光礼乐制度灿然具备,而且留下了丰富的思想文化典籍,西周时期的《尚书》《诗经》,以及一些青铜器铭文,加上春秋战国时期追记、转述西周文化的著述,都是研究这一时期政治思想的重要文献。从这些文献中可以看到,中国传统文化乃至中国传统政治文化中的一些基本观念、基本命题和基本的思维模式(民族心理结构)等,在西周时期已经大体形成。

因此,虽然我们把商朝作为中国政治思想史的正式开端,但由于文献资料方面的原因,本讲的内容还是详西周而略殷商。

一、新兴大国的治理问题与政治思想特点

理解商周时期的思想,有两个关键问题需要格外注意:第一,它们都处在国家发展的初期;第二,它们又都是当时世界上少有的大国。

换句话说,生活在这样的时代、这样的国家的人们,会关注和思考什么样的政治问题?

由于处于国家发展初级阶段,就像童蒙初开的儿童一样会追询"我从哪里来",那个时期的人类也会对诸如"国家和政治的起源是什么"之类的问题充满好奇,并试图给出自己的解释。而在人类历史的早期,人类认识外部世界、控制自然的能力都比较低下,时常生活在对于外部世界带来的灾害的恐惧不安之中,对一切自然和社会政治现象,只能归结为某种"神"的力量和作用。因此,思考神和人、神和政治的关系,往往就成为早期政治思维活动的主要内容。

另据学术界比较一致的看法,中国早期的国家主要是通过部落之间的征服战争这一路径形成的。在部落之间滚雪球式的兼并战争中,最终获胜的部族控制了其他部族,以家族血缘关系为纽带组成国家,原来作为父系大家长的部落首领成为一国之君,其家族之法(宗法)扩展为治国之法。这样一种国家产生的过程,会让人们的政治思维方式形成路径依赖,使人们习惯

于用看待和处理家族血缘关系的方式去看待、思考政治问题,并以此为底色,形成有关政治关系(天人、君臣、君民)、政治规范(君德、臣道)以及政治规则体系(德、礼、刑)方面的认识。其中,君主被视为政治共同体的天下共父——一个放大了的家族的共同利益代表,其主要职责就在于为全体成员谋求福利,而这一切又被认为体现了以神的力量为中心的超验秩序,君主作为沟通天人的关键,成为上天保育百姓的工具。所谓"天佑下民,作之君,作之师",[1]于是"天道"与"民本"、"敬天"与"保民"思想之间得到了统一。

因此,一方面强调神的力量,形成以天道为核心的秩序观,一方面重视由宗法血缘关系延伸出来的共同体意识,天道观与血缘共同体意识结合,是这个时期政治观念的基本特色。

但是,商周又是在一定程度上突破了血缘关系、具有地缘共同体性质的"国家",而且是规模空前的大国。我们知道,古代的国家本不像今天一样有明确的国界,而往往是由控制紧密的核心地区与控制松散的边缘地区组成,即安德森所谓"有边陲无边界"的国家。再加上商朝由于战争、水患等原因不断迁都,未能稳固而长期有效地统治固定的疆域,所以我们现在还很难确切说出商朝的疆域。按照最审慎的说法,商朝的主要活动区域大致包括今天的河南全部、河北南部、山东西部以及陕西西部,起码是纵横千里。以古人的交通、通讯条件而论,已是幅员极广。而吞并了商朝的西周,其活动范围东到大海,西及甘肃、青海,南达荆、湘、浙、赣,北至河北北部,其疆域面积更为辽阔,即使以今天的眼光看,也是一个超大规模的国家。

这种超大规模国家的诞生,直接带来两个相互关联的政治整合问题:一是信息传递与沟通困难问题;二是治理的复杂性与有效性问题。在那个时代,人们还没有把马驯化为交通工具,像后来那样骑到马背上奔跑。一旦地方有事,只能依靠点燃烽火进行简单的信息传递,如果要向朝廷当面沟通报告,则耗费时日,很可能贻误军机。所以,在既有统治技术条件的约束下,如何维持一个庞大的政治共同体,是当时的统治者必须考虑的问题。统治区域的扩大也意味着,国家这种共同体已不再是一个大家族、一个核心的部落,而是囊括了不同的文化区域和经济区域;这就增加了许多新的因素,也带来许多政治统治的新挑战,这是统治者必须考虑的问题。

---

[1]《尚书·泰誓》。

为了适应统治技术落后、统治难度增大情况下政治整合的需要,商周时期尤其是商周之际,在原有的"天道"秩序与血缘共同体意识基础上,某些更具理性化、普适性和公共性的观念开始出现。一方面,神的力量、巫术式控制仍被认为是政治合法性和统治秩序的主要来源,直接的暴力,特别是对于其他部族采取的"兵"与"刑"等镇压、恐吓手段,仍然被当作主要的统治手段,宗法血缘关系仍被视为最基本的政治关系;另一方面,"帝"或"天"不再被武断地视为一家一姓的守护神,而是"天命有德""天命靡常,惟德是辅",君主肩负"代天理民"的重任,是具有公共道德的应该保护所有"民"的公共力量。同时,在重视利用血缘关系维护共同体、承认各地差异性和特殊性的前提下,通过划分"内服"与"外服"、"王畿"与"封国"等不同的统治区域,采用多元的统治形式,提升国家组织化水平,这些都反映出当时人们对解决中心与边缘、国家结构形式等问题的思考。

具体来说,这一时期对于政治生活中的基本问题——如:权力和统治的来源是什么,为什么会有王朝革命和政权转移,什么是政治的最高价值目标(君主还是人民),应采取何种基本的治国方略(德或刑),如何组织一个国家(集权或分封),统治权力如何继承转移,等等——都已经出现了相应的思考和回应。可以说,中国政治观念的原型和中国政治文化的底色都奠基于西周时期。

二、天道与人道:政治的起源与目标

(一) 商朝的天道观

在古代中国人的信仰世界中,"天"或"帝"是宇宙的至上神和人类社会的主宰。一般认为,"天"这一称呼不见于商代,因为甲骨文中没有发现。商代人把他们信仰的至上神叫做"帝",① 也就是后人所说的"天帝"。从文献记载中看,这种对天帝信仰的观念主要包括以下几项内容。

- "帝"是世界万物的主宰。

殷墟卜辞中有许多这类记载,如"帝其令雨""帝其令风""帝令雨足年"

---

① 甲骨文中的"帝",一说为花"蒂"之原型,一说为带利刃的木柄武器。

"帝其降堇(馑)",说明那时人的观念中,刮风下雨的自然现象、农业收成的好与坏,都是由"帝"掌管的;另外,甲骨文卜辞所记载的占卜内容十分广泛,涉及征伐、畋猎、生产、建邑等,均能看到"帝"发挥作用的影子,说明它主宰着商人命运和一切生活的方方面面。

- **"帝"是商王朝的创造者和保护者。**

如《诗经·商颂》记载,"帝立子生商","天命玄鸟,降而生商",说的是天帝命令"玄鸟"(燕子)降生下商人祖先。这是通过玄鸟生商的降生神话,把商朝和上帝联系起来。

天帝既然是商的创造者,当然也就是专属于他们的庇护者,所以到商代末期殷纣王在受到周文王(西伯昌)的进攻时,还固执地以为自己"有命在天",统治地位是不可动摇的。①

- **从人神分离到"帝""祖"合一。**

在商朝早期的记载中,"帝"还只是超越人类社会、从外部控制人类的力量,人只能敬畏之,被动地承受神的一切安排,而不能使自己成为神,人和神之间的界限是非常清楚的。但在后期的记载中可以看到,祖先死后也可以回到上帝那里,甚至在一些先祖的名字前面直接冠以"帝"字,如"帝甲"、"帝丁"、"帝辛"(后称"纣王"者)等,出现了"帝"与"祖"合一的观念,说明了人(实际上是王)的权力地位的提高。②

伴随着这种王权的神化,开始出现了关于"王"的独特性认识。在甲骨文中,王经常自称"余一人",表示自己独受上天眷顾,享有独尊的地位和权力。

总之,这个时期天帝观念的突出特点是,强调"帝"是世界的主宰,是商的创造者,也是专门保佑商人的守护者,从而对"帝"的崇拜表现为一种对于自然神的神秘崇拜,对超验力量的绝对敬畏和恐惧。由于人类的认识水平低下,当时的人们对诸如政治统治现象的起源,对商朝统治与天帝这种神秘力量之间的关系等问题,还不能给出比较合理的解释。于是对天帝为什么保佑商、商为什么具有统治天下的资格,只能给出比较粗浅的、在今天看来甚至是武断的解释。

---

① 《尚书·西伯戡黎》。
② 参见刘泽华:《先秦政治思想史》,南开大学出版社1984年版,第12页。

这种天道观的政治文化功能在于：从当时人的思维方式和认识水平出发，试图利用天帝这种神秘的力量为商王朝的政治统治进行合法化论证，[①]回答诸如"为什么能够统治""为什么应当服从"的问题，也即利用"帝"这类神秘的力量进行"神道设教"，对人们进行精神控制，从而降低统治成本。这种天帝信仰固然反映了人们对包括政治统治现象在内的各种社会现象的神秘感和不理解，但更多的还是体现了统治者的合法化努力。正因为如此，商人才对"帝"一类的神祇极为敬畏，所谓"殷人尊神，率民以事神，先鬼而后礼"。[②]

（二）尚德爱民：西周天道观的变化

1. 西周天道观的主要特点

一般说，商周之际是中国文化和礼制发生深刻而剧烈变革的时期。著名国学大师王国维就曾在其《殷周制度论》一文中，通过比较这一时期都邑、嫡长子继承制、宗法、丧服、分封制、礼仪制度等方面的变化，断言"中国政治与文化之变革，莫剧于殷周之际"。[③] 而这种深刻的文化变革表现在思想领域内，最突出之处要数天道观的变化了。

商代信仰的"帝"，在西周被称为"天"。与商代相比，周代天道观主要有以下变化与特点。

● "天命"以是否"有德"为转移，以德行求"民主"，"天"具有抑恶扬善的伦理属性。

在商代的天道观中，天帝似乎是无是非、无条件地充当商王朝的保佑者，而西周的"天"则变为赏善罚恶的正义化身，有了道德伦理属性和人的情感。主要表现是出现了"天命有德""以德取位"的思想，认为天命不是永远属于某个王朝，不是永远不变地、无条件地保佑哪个王朝，而是可以改变的，

[①] 合法性又叫正当性，是指一个政权或者统治者获得了人们的自愿服从，合法性程度越高，意味着人们对一个政权及其统治者的自愿服从程度越高。统治者向被统治者争取这种合法性的活动，就叫做合法化。

[②] 《礼记·表记》。日本学者沟口雄三在分析商周之际天的观念的转变时，就认为殷商文化是"以祖先崇拜、上帝信仰及占卜为特征的原始文化"。参见沟口雄三：《中国的思想》，赵士林译，中国社会科学出版社1995年版，第2页。

[③] 姚淦铭、王燕编：《王国维文集》（第四卷），中国文史出版社1997年版，第42页。

是所谓"天命靡常""惟命不于常";①"天"保佑哪个王朝、哪个君王是有条件的,就是看其是否有"德",这就是所谓"皇天无亲,惟德是辅"。②

这就意味着,天道并不是当然地与现实政治权威结合在一起,君主并不必然就是天的化身,天以"德"为决定性条件来"求民主",君主能否统治民众的关键在于其是否有"德"。

- 天命以民心为归向,以民情见天命,"天子"的职责在于代天"保民"。

君主受命于天,为上天的"元子",故称"天子"。"天"的根本精神是"惠民""保民",君主的基本职责就是"敬天保民",代表上天为民谋福利,绝非谋求一家一姓之私利。君主能够"惠民""保民"就是"有德","有德"就能得民心,这就是所谓的"民心无常,惟惠之怀";③得民心就能得"天命","天命"和"民心"是一致的。故《尚书》记载了大量"敬天""康民""保民"的训诫,其中《泰誓》篇讲得最为明确,如"惟天惠民","天佑下民,作之君,作之师",以及"天矜于民,民之所欲,天必从之","天视自我民视,天听自我民听"。④

可见,周人虽然依旧保持着对于"天"的神秘感和敬畏感,但"天命"实际上又被具体归结为"民"和"德",从而具有了爱民、尚德的现实内涵。

- "天命"蕴含着"革命"思想。

如上所述,君主"受命"的根据是"有德"于民。失"德"就会失去民心,也就意味着"天命"更改,失去"天命",便丧失担任君主的资格。如《尚书》讲到夏王朝灭亡的原因时就认为,由于夏为虐天下,于是"天惟时求民主,乃大降显休命于成汤,刑殄有夏";⑤讲到周灭掉商时也认为,由于周的祖先"克明德慎罚",⑥而商王朝则"惟不敬厥德",故"皇天上帝,改厥元子",⑦"天降丧于殷,罔爱于殷",⑧剥夺了其统治资格。正是在这个意义上,商汤、周武王夺取前朝政权不是叛逆不臣,而是"革命",即《易经》所谓"汤武革命,顺乎天而应

---

① 分别见《诗经·大雅·文王》《尚书·康诰》。
② 《尚书·蔡仲之命》。
③ 同上。
④ 《尚书·泰誓》一般被认为系晚出之作,其原话未必出自周初之人,但其基本思想是与《尚书》一致的,故其中"天视自我民视,天听自我民听"也为《孟子·万章》所引用。
⑤ 《尚书·多方》。
⑥ 《尚书·康诰》。
⑦ 《尚书·召诰》。
⑧ 《尚书·酒诰》。

乎人"。① 同时,也正是从西周开始,中国文化传统有了与"受命"相联系的"革命"观念,这既为那些谋求改朝换代的反叛者提供了理由,也确定了以"有道"伐"无道"、反抗暴政的正当性。

2. 思想变革的原因

概括地说,周代的王已经是上天的"元子",是当然的"天子",周天子与"天"直接发生了父子关系,实现了政权与神权的直接结合;周人既保持着对"天"的神秘感和敬畏感,又试图对"天命"加以合理化的解释,赋予它尚德、爱民的具体内涵,强调"天命"是可以转移更改的,以是否有"德"、是否"保民"为条件;在形式上,统治资格来自"天"的授予,实际上来自民心归向。这不能不说是中国古代天道观的一场深刻变革。

西周时期为什么会发生这种天道观的变化?原因可能是多方面的,其中最明显、最直接的原因是,周人需要对商亡周兴这一政权转移的重大事变作出合理解释。周本来是偏居于商朝西方的属国,经济、文化等各方面都比较落后,一直被商朝视为野蛮之地,孟子称文王时仅为百里之国,②周人在《尚书》中自称为"小邦周""小周",称殷商为"大邦殷"。但就是这样一个各方面都不起眼的小国,却一举战胜了商这个东方大国,不能不引起人们思想的震撼,引发人们的困惑:为什么如此强大的商会被小小的周灭掉?为什么号称"有命在天"的商不再受天的眷顾了?原来那种狭隘、武断的天帝观念,显然无法给出合理的解释,于是只能把专属一姓的"帝"解释为天命可革、"惟德是辅"的"天",说商王朝被西周灭亡是由于暴虐百姓等原因导致"天惟丧殷",③西周是奉天之命而对商"恭行天罚"。④

3. 西周天道观所表达的政治观念

通过西周的天命观,我们至少可以了解以下几个重要的政治观念。

- 保民、尚德为"天道"的核心精神,人民的福祉、利益是"天命"这一宇宙法则的要求。这与西方文化传统中把人权视为自然法的要求是基本一致的。

- 政治的最高价值目标和国家存在的根本目的在于保民、惠民。在君

---

① 《周易·革卦·彖辞》。
② 《孟子·公孙丑上》:"以德行仁者王,王不待大,汤以七十里,文王以百里。"
③ 《尚书·大诰》。
④ 《尚书·泰誓下》。

主及其国家与人民的关系中,人民利益是第一位的,君主乃是"天"的代理人,即后世所谓"代天理民",其权力和职责是派生的,是实现"天命"和人民利益的工具。

- "天命"和民意是政治统治合法性(正当性)的基础。其中"天"为统治正当性的形而上根据,而在实际政治过程中,"天命"又以民心向背为转移,从而民意、民心成为政治合法性的现实基础。

三、西周时期的主要施政理念

在以周公为代表的西周开创者的思想中,商朝作为一个文化与国力十分强大的国家,最后被西周这个"小邦"灭亡的教训是极为深刻的。为了巩固西周王朝,避免重蹈商朝的覆辙,他们不仅制定了一系列重要制度和政策,而且还在上述天道信仰的大背景下,提出了许多对后世影响深远的施政理念,如"敬天""保民""惠民"思想,"明德慎罚"思想,以及采用宗法关系治国的"亲亲"原则等。其中"敬天""保民""惠民"思想我们已经在上面作了介绍,这里重点介绍其他方面的内容。另外,《尚书》中还有一篇重要的文献叫《洪范》,包含十分丰富的治国思想,传说是箕子答复周武王询问天道的言论。① 学术界对于《洪范》的成书时间虽然存有争议,但是一般认为其内容是对西周初期思想的整理和反映,②因此这里也附带加以介绍。

(一)"明德慎罚"思想

1. "德"的基本含义

根据一些学者的研究,"德"字在甲骨文中写做 ![字], 在金文中写做 ![字],"从行、从直";后来演变为小篆中的 ![字],除了原来的"行"旁之外,外加"心"

---

① 箕子,名胥余,殷商末期人,是帝乙的弟弟,纣王的叔父,官太师,封于箕。据说其在商周之际因道不得行,率部分殷商遗民东渡朝鲜半岛,建立国家。在《论语》中,孔子将其与微子、比干并称为殷商"三仁"。
② 参见陈来:《古代宗教与伦理——儒家思想的根源》,生活·读书·新知三联书店1996年版,第199页。

上一个"直"字,释为从直从心,表示外得于人,内得于己,并逐渐引申为"正直地遵行某一准则"。也有人认为,"德"与"循"通,表示循行,就是行直道。各种解释虽有细微差别,但通过不断的演变,"德"的含义逐渐确定为"在心为德,施之为行",①即"德"包括内在的高尚纯美的德性,以及这种德性见诸实践后的"德行"。

不过,从西周的文献看,"德"在最初还不是作为一般道德要求提出的,而主要是与感念、报答具体的"恩惠"相联系的。而一般最直接、最大的恩惠是父母的养育之恩,故《诗经》中常把父母之恩德与子女之"报德""孝"相联系。如歌诵父母养育之恩,说"父兮生我,母兮鞠我,抚我畜我,长我育我,顾我复我,出入腹我,欲报之德,昊天罔极"。② 父母既然有如此恩惠于子女,则子女回报父母的恩德也就是合乎德的要求了。所以就进一步要求对父母生则孝,死则祭,"有冯有翼,有孝有德",③"永言孝思,孝思维则"。④

所以,感念父母的恩德,表现出孝行,就是"德"的要求和表现。由感念父母的恩惠,自然又延伸、扩展到对远祖、始祖恩惠的追念,祭祀、孝顺祖先也就成为德的要求。周人将这种家族成员之间的伦理要求运用于政治生活领域中,"德"便开始渐渐有了"公共性"或普适性规范的内涵。如《尚书》提出君主的道德规范有直、宽、简、刚、柔、孝等德目,⑤显示出"德"的含义已经日趋一般化、抽象化。特别是《尚书》中反复强调,统治者要"明德慎罚",善于体察民情,询求民瘼,要"当于民监",⑥"知稼穑之艰难……知小人之依",要"无淫于观、于逸、于游、于田",⑦"克慎厥猷……克勤无怠",⑧"崇德象贤"等,⑨都突破了一般家庭伦理的范围,实际上提出了对君主这一政治角色的规范要求。但是也要看到,这些"德"又是从家庭伦理出发,特别是以"孝"为核心。

---

① 《周礼·师氏》郑玄注。
② 《小雅·蓼莪》。
③ 《大雅·卷阿》。
④ 《大雅·下武》。
⑤ 《尚书·舜典》。
⑥ 《尚书·康诰》《尚书·酒诰》。
⑦ 《尚书·无逸》。
⑧ 《尚书·蔡仲之命》。
⑨ 《尚书·微子之命》。

2. "明德慎罚"的施政理念

如上所述,在周公等西周统治者看来,虽然"天命"是获得统治者资格的最高条件,但是"天命"又是根据统治者是否有德、是否得民心为转移的,由此提出在治理国家的过程中一定要坚持"明德慎罚"或"敬德""保民"的原则。

周公、召公等人反复提醒成王以及受封诸侯,夏、商这些王朝之所以失去"天"的庇佑,就是因为他们"不敬厥德",导致"早坠厥命",①政权转移;而我们"小邦周"之所以能够取代商朝、统治天下,就是因为武王之父祖"其德克明,克明克类,克长克君,王此大邦,克顺克比"。②

因此,基于不敬德而亡、敬德而兴的经验教训,《尚书》反复提出"敬德""明德慎罚"的思想。这些论述首先强调,要坚持以德治国的出发点和根本,处理政事要以德服人,统治者真正有了"德",广布德政,就会减少人民犯罪的机会,刑罚只是不得已才使用的辅助手段。其次,在实施惩罚时候,要"敬明乃罚……义刑义杀",③使罪与罚相当。三千年前的西周人似乎已经看到,政治作为治理众人之事,作为一种政治统治活动,固然离不开暴力强制与刑罚,但暴力强制与刑罚毕竟不是政治的主要方面,不代表人类政治文明发展的主流,让更多的人安居乐业,获得福祉,受到保护,才是政治的本质和为政者应该努力的方向,这实在是很高远的政治智慧。

总体来看,西周人虽然没有像孔子那样明确地提出"政者,正也"的命题,但是已经十分明确地把政治的重心放在"德"字上,"为政以德"的"政治观"呼之欲出;西周时期已经大体上确立君主角色的基本规范,奠定了中国"政治人"的基本模型,成为中华民族的政治价值源头。

(二)"贵贵""亲亲"之道与"大一统"国家思想

传说周公制礼作乐,《周礼》这部书就为其所作。尽管学者对此多持怀疑态度,但是周代礼乐制度的基本框架奠基于周公,却是学术界一致的

---

① 《尚书·召诰》。
② 《诗经·大雅·皇矣》。
③ 《尚书·康诰》。

看法。礼乐制度实际上是一套观念体系的固定化,是凝固的思想,或者说是思想的外化表现。所以,我们虽然不能看到西周早期统治者关于礼的直接论述,但透过周代的各种礼乐制度可以还原出许多重要的治国理念。

首先是用宗族之法作为治国之法,由宗法观念延伸出宗法政治观念,即后人所谓"贵贵"和"亲亲"。大体上说,"贵贵"观念主要体现在最高权力继承规则方面,就是确立以嫡长子继承原则为核心的宗族之法,并将其确定为政治权力的继承原则。根据历史记载,商朝因为继承制度比较紊乱,导致骨肉相残,爆发了所谓的"九世之乱"。西周统治者总结这一教训,按照宗法制下家庭继承的原则,优先以嫡子(天子正妻所生)、长子的"天定"顺序选择统治者,使政治继承更加有序化,较好地解决了权力转移过程中的内乱问题,故这一做法为后世所沿用,成为一种基本的政治原则。

"亲亲"观念主要体现在用家族血缘关系作为处理政治问题的准则,将其运用到国家这一政治共同体的组织方面,产生了分封制的国家结构形式。其办法是,根据与周天子的亲疏关系,把其兄弟子侄以及功臣勋旧分封到各地,建立封国(诸侯国)。这种分封制首先强调的是天子(大家族中的嫡长子、大宗)的天下共主地位,强调周天子代表的"天下"是由血缘关系联系起来的一家,各诸侯国的国君作为大家族中的成员应一起拱卫王室。从政治思想的角度看,它反映的首先是政治上"大一统"思想或政治共同体意识的产生,如《诗经·小雅》所说的"溥天之下,莫非王土;率土之滨,莫非王臣"。同时,由于当时的统治技术、交通、信息沟通等条件的限制,分封制又承认各个诸侯国具有较大的独立性,并利用宗法关系中亲疏、尊卑、长幼关系的区别分配权力和利益,形成一套以血缘关系、宗法原则为基准的政治关系。这样,既维护了共同体的初步统一,使国家的组织化程度不断提高,又给了各地较大的自主权,克服了地域过大带来的治理困难问题。秦统一之后,这一分封制的治国模式虽然在总体上为中央集权的郡县制取代,但在后世曾以变形的方式多次出现过,而且长期被许多儒家知识分子视为心中的理想模式。

(三)《洪范》中的政治观念

按照一般的理解,洪即大,范即法,洪范就是大法的意思。据《洪范》篇所述,"天乃锡禹洪范九畴,彝伦攸叙",说"洪范"原是上天赐给大禹的治国大法,周武王灭商后向殷商贵族箕子请教治道,箕子乃向武王传授。由于内容涉及九个方面(类),故又称"洪范九畴"。

一是"五行"。首次提出宇宙万物都由水、火、木、金、土五种基本要素构成,它们的相互作用及其属性决定了世间事物的发展变化,意在强调,不论是个人还是统治者治理国家的行为,都要适应物性,按照事物的自然属性进行。

二是"敬用五事"。提出统治者在日常生活中的五种行为规范,即在貌、言、视、听、思五个方面,分别做到恭、从(善于听取意见)、明、聪、睿,强调一个君主应该做事态度严肃认真,善于听取各方面意见,同时明察善断,思维缜密。

三是"农用八政"。指出国家治理的核心内容是处理好食、货、祀、司空、司徒、司寇、宾、师等八个方面的政务。即解决好人民的"吃饭问题";满足人民对生活物品的需要;祭祀鬼神,保持人民的终极敬畏感;解决好人民的居住问题;对人民施行礼义之教;惩治违法犯罪;礼敬宾客;建立军队,保境安民。

四是"协用五纪"。强调根据岁、月、日、星辰、历数等自然运行规律,颁定节令日历,使民众据此安排农业生产,不误农时,即所谓的"敬授民时"。

五是"建用皇极"。皇,大的意思;极,中的意思。"建用皇极"就是确立治理国家的大中之道,要求"无偏无陂,遵王之义;无有作好,遵王之道;无有作恶,尊王之路;无偏无党,王道荡荡;无党无偏,王道平平;无反无侧,王道正直",其核心内容是君主"敬用五事"而后能敛聚五福,"用此为教,布与众民,使众民慕而行之",经过长期教化之后,民众也能够中道而行,以达到"众民无有淫过朋党之行,人无有恶相阿比之德"的治理效果。

六是"乂用三德"。"乂"是割草的意思,引申为"治理"。这里强调君主治理臣民要采取"正直""刚克""柔克"三种方式或手段,世道平安之时采用正直之德,不顺之时以刚取胜,世事和顺之时以柔取胜。即根据具体情况采取不同的统治艺术,刚柔相济,亦所谓"平康,正直;强弗友,刚克;燮友,柔克"。

七是"明用稽疑"。强调执政者在面临重大、疑难决策问题时,要"谋及乃心,谋及卿士,谋及庶人,谋及卜筮",即要综合参考君王个人冷静的判断,卿士、庶人的意见,以及占卜方面的情况。

八是"念用庶征"。强调政治的得失良恶与自然现象之间存在着天人感应关系,统治者要善于通过自然界各种气候现象,如雨、旸(晴)、燠(热)、寒、风等,发现和判断出吉(休)、凶(咎)的征兆,"休征"是"美行之验","咎征"是"恶行之验",进而及时反思和调整自己的行为。

九是"向用五福,威用六极"。强调上天用五种福报(长寿、富有、康宁、美德、善终)奖励善行,用六种凶祸(一曰凶、短、折,二曰疾,三曰忧,四曰贫,五曰恶,六曰弱)惩戒恶行,告诉统治者"为善致福,为恶致极",旨在"劝人君使行善也"。①

这九个方面几乎囊括了中国古代治国理政的主要内容,又可以大致分为如下几类。

一是关于治理国家的根本指导思想、最高原则和目标,如顺应"五行"为代表的自然物性,遵守客观规律,以公平无私的"王道"为立国治国的"皇极",作为最高的原则(一畴、五畴)。

二是关于传统农业国家及其君主的主要职能,如颁定节令,处理八政,八政之中,又以"食"为先(三畴、四畴)。

三是关于君主在具体执政过程中要特别注意的问题,如强调注意统治方法的灵活性、艺术性,要求根据不同情况,采取或刚或柔的统治方式;同时提出决策方式应该多样化,在决策过程中要多方听取意见,尽量做到谨慎、透明(六畴、七畴)。

四是对君主个人行为规范的要求,如注重日常行为中的貌、言、视、听、思,并善于从各种吉凶征兆中反省自己的行为,时刻不忘行善去恶(二畴、八畴、九畴)。

总之,《洪范》以中国古代的"天人感应"、善恶报应观念为哲学指导,以公平无私为最高目标,系统地提出了关于治国的原则、君主及其国家的基本职能、决策和施政方式,以及君主个人行为规范等方面的思想,可谓中国历史上的治国大纲。正是这个原因,它被历代帝王奉为治国平天下之圭臬,也成为儒家士大夫讨论政治问题时常常引用的经典文献。

---

① 此处对于《洪范》九畴的具体阐释,参考了《尚书正义》一书,详情可参见孔安国传,孔颖达疏,廖名春、陈明整理,吕绍纲审定:《尚书正义》,北京大学出版社1999年版。

总结与讨论

主要政治学问题

回顾本讲的内容，我们首先分析了商、周作为中国早期的大国，面临着什么样的政治问题，在思考这些政治问题时表现出什么特点；接下来，梳理了商周时期天道观的演变及其主要的施政理念，其中重点介绍了西周天道观的特点和演变原因，并由此分析了这种天道观所传递的政治观念。在这里我们至少可以看到，中国人以自己特有的方式，提出和回答了以下几个主要政治问题：

- 关于政治统治资格或权力正当性基础的问题，商代单纯地以"天""帝"为依据，西周时期转变为以"天道"与"民心"的结合为依据，即后来概括的"天与人归"；
- 关于政治的目标和基本价值取向问题，主要是尚德、保民的理念；
- 关于基本的施政理念与施政方略问题，主要是"明德慎罚"的思想；
- 关于国家的结构形式和组织方式问题，"大一统"思想初露端倪，并形成了分封制的组织形态；
- 关于"反叛"与政权更迭的思想，出现了中国传统意义上的"革命"思想。

影响与意义

可以说，商周时期特别是西周提出的这些政治观念，或者说对这些问题的思考，实际上涉及中国政治思想乃至整个政治文化传统中的"母题"，确立了后来发展演变的基本方向、思维方式和基本议题。后来的人们正是从这种思维方式和基本议题出发，继续他们对合法性问题、政治价值观问题、施政理念等问题的思考和探索。因此，在中国传统政治思想的发展历史上，商周时期，特别是西周时期无疑具有十分重要的历史地位，并产生了深远的历史影响。

特别需要注意的是，产生于商周时期的统治合法性观念，尽管形式上承认天命是统治权力的合法性基础，但在其"天命"的符号下实际强调的是以民意为最终基础。所以,至少在强调合法性的民意基础这一点上是与现代民主政治下的合法性观念一致的,从而为中国近现代接受来自域外的民主思想创造了条件。同时,这种包含"革命"思想的天命观,对于没有正式制度约束的君权是一种很重要的内在约束机制,或者是"软禁"君权的非正式规则,为后世儒家士大夫批评、监督君权的思想与文化提供了一定的依据和空间。这种"替天行道"的"革命"思想,尽管也给了野心家夺权篡位的借口,但是其在一定程度上肯定了反抗暴政的正义性,不仅为中国古代底层人民反抗压迫提供了思想武器,也成为现代意义上的中国"革命"思想的重要背景。①

当然也要看到,中国早期人类对于"天"始终是矛盾暧昧的,既要用世俗的理性和情感去解释它、影响它(主要指的是落实到现实政治中以民心的归向为最主要的依据),又没有"理性""科学"到彻底摆脱对天的敬畏感和神秘感;而后世"家天下"的专制统治也不可能真正做到以民意为合法性基础,因此"天"仍然是帝王进行政治合法化的重要途径。

另外,我们还需要站在政治文明发展的高度去思考明德慎罚和为政以德思想的意义。须知在中国历史的早期,政治生活中无疑更多地充满着暴力、野蛮的血腥成分。"刑""罚"都是与某种刀兵之器联系在一起的,最早的所谓"五刑",就是要残酷地对人实施暴力,部分地或者整体地残害人的身体;而频繁发生的战争,更是赤裸裸地、大规模地进行血腥杀戮。这一切都容易使人误以为,暴力、血腥和恐惧似乎就是政治的原色,动物世界的丛林法则似乎也在人类政治生活中起支配作用。明德慎罚和为政以德的思想却如石破天惊,拨云见日,告诉我们,刑杀、暴力镇压虽然是不得已而为之的事情,但这毕竟是野蛮的动物丛林法则的残存,而绝非人类"文明"的本质和方向;通过提供更多的保护、更多的说服感召去治理,给人民提供起码的安全和生命保障,以及起码的尊严和希望,才是政治中应有的常态,才是人类政治"文明"永远不变的方向。总之,"明德慎罚"和后来孔子的"为政以德"思想,强调的都是政治中文明的因素,即保护和服务的因素以及能够给人温暖、安全和尊严的方面;而克服和反对政治中的野蛮、血腥、恐惧的因素,仍然是我们人类政治文明发展的愿景。

---

① 参见刘小枫:《儒家革命精神源流考》,上海三联书店2000年版,第33—43页。

进一步思考的问题

1. 西周天道观发生了哪些变化?导致这种变化的原因是什么?
2. 西周的天道观表达了什么样的政治观念?
3. 在商周时期政治思想领域内,主要提出和思考了哪些政治问题?
4. 如何评价商周政治思想的地位和影响?

第二讲

争鸣与繁荣

——春秋战国时期的政治思想(上)

核心内容

◎ 社会变革与思想动向：重建秩序与文明的时代课题；社会条件；思想动向

◎ 孔子："仁"为最高法则；复礼行仁；为政以德；以道事君

◎ 孟子：性善论的详细论证；仁政与王道思想；君臣关系

◎ 荀子：性恶、理智与天人相分的哲学；礼的必要性与功能，"化性起伪"与礼的实现条件及途径，隆礼尊君

按照一般的历史分期方法，春秋战国时期始于公元前770年周平王迁都于洛邑，止于公元前221年秦始皇统一六国，历时549年。本讲以及接下来的第三讲的内容，就是介绍和讨论这个时期的主要政治学说和政治观念。

春秋战国时期是中国历史上一次社会大动荡、大变革、大转型的时期，也是思想文化空前繁荣、人类精神活动大飞跃的时期。德国哲学家卡尔·雅斯贝斯在《历史的起源与目标》一书中，曾把中国的这一时期与古希腊、古印度时期共同列为公元前800至前200年间的历史"轴心期"，认为这个时期为后来的历史进程奠定了基本价值、思考典范和精神动力。国内也有的学者把这个时期视为中国文化的"元典时期"。虽然具体说法不同，但都凸显了这一时期在人类文明进程中的至关重要的地位。从中国传统政治思想和政治文化的角度说，春秋战国的地位也应作如是观。这一时期不仅产生

了众多的思想流派,而且探讨社会政治问题的深度与系统化程度也达到前所未有的水平,形成了所谓"百家争鸣"的局面。正是在这一时期,孕育和奠定了中国传统政治文化的核心精神、基本观念和基本思维方式。

限于篇幅,本讲主要介绍和讨论春秋战国时期的社会变革与一般思想动向,以及儒家孔子、孟子和荀子的政治学说。

一、社会变革与思想动向

任何一个时代的思想,都是对当社会问题、社会环境刺激做出的应答与反映。春秋战国时期思想家们面临的基本问题和基本语境是:西周开创的以礼乐为中心的社会政治秩序全面瓦解,历史陷入长达几百年的动荡和混乱期,百姓简直陷入万劫不复的苦难,历史似乎重返丛林时代的血腥与野蛮,找到重建秩序与文明的方法和路径成为新的时代命题。

正如雅斯贝斯对"轴心期"人类思想状况的描述:"人类体验到世界的恐怖和自身的软弱。他探询根本性问题。面对空无,他力求解放和拯救",并"尝试了各种最矛盾的可能性"。[①] 春秋战国时期的思想家们也是如此。面对"礼崩乐坏""杀人盈野"的历史黑暗与空无,他们也要寻找救世之道,也要探寻政治生活的根本问题,并为此提出相互冲突的意见和各种可能性。百家争鸣的局面,就是在当时社会环境的挑战下形成的。当然,那时的知识生产状况(如私学的兴起),以及士阶层的形成,也为政治思想的繁荣提供了社会条件。

(一)秩序与文明问题

春秋战国时期(前770—前221年)是中国历史上大动荡、大变革的时期,也是思想文化空前繁荣、人类精神活动大飞跃的时期;不仅流派众多,纷繁多姿,而且对社会政治问题探索之精深与系统化也达到前所未有的水平,形成了百家争鸣的局面。

要想理解春秋战国时期这场深刻的思想变革运动,至少有两个关键因素值得注意:一是原有的社会制度与政治统治秩序全面瓦解,即"礼崩乐

---

① 卡尔·雅斯贝斯:《历史的起源与目标》,魏楚雄等译,华夏出版社1989年版,第8—9页。

坏";二是各诸侯国之间日益频繁、残酷的兼并战争。

西周初年,以周公为代表的统治者曾进行了系统的制度创设,奠定了整个西周社会政治制度的基本格局。这一制度体系的核心内容包括:周天子的天下共主和统治核心地位,世卿世禄的贵族制度;以宗法血缘关系为纽带的分封制,以及贵族领主制下的井田制等。进入春秋战国时期,这些制度逐渐遭到破坏,乃至消亡。

西周末年,由于周天子的日益腐败和荒淫无道,加上各诸侯国经过几百年的发展,政治、军事和经济实力日益强大,周天子的权威和地位日益衰微。原来诸侯对天子应该履行的纳贡、朝觐、拱卫王室等义务,现在已经很少履行。《春秋》所记载的240多年历史中,诸侯朝周天子仅3次,而朝齐、晋、楚这些霸主竟33次;本来应该是"礼乐征伐自天子出",由天子出面调解诸侯之间的和战,后来则变成诸侯之间根据实力自行和战、会盟。对于周王室这一昔日的宗主和大家长,有的诸侯甚至兵戎相见,如楚国国君(庄王)不仅自称为王,还对周王陈兵问鼎;郑庄公大败周室,周桓王甚至因此肩中箭伤而殒命。

在诸侯国内,各国国君也在采取一系列措施摧毁旧秩序,建立有利于君主个人集权的新秩序。在原来的制度中,像财富(如土地)、地位、荣誉、权力以及各种人力、物力资源的占有都是既定的,是基于身份、血统关系等先赋条件,通过等级贵族制、分封制和井田制等预先配置的,这就大大限制了君主个人权力和意志的发挥空间。为了最大限度地将各种资源从原有的地缘、血缘关系的"专有状态"中解放出来,变成随意支配的"自由流动的资源",①各国国君们首先采取的举措就是按照能、绩的标准选拔使用人才。包括:奖励耕战,按照军功大小、入粟纳税多少拜官进爵;在用人方面打破世袭制度,尚贤任能等。其次,对于新占领的地区和新开辟的土地实行郡县制,由中央政府按照能力和需要任命官员,对该地区的人、财、物进行直接控制,而不再按照原来的贵族世袭制进行分封。后来,由于郡县制对于加强各国国君的权力具有显而易见的好处,便逐渐由边地向内地推广开来。这些措施对于原有的以宗法血缘关系为基础的贵族制、分封制来说,具有釜底抽

---

① 参见 S. N. 艾森斯塔得:《帝国的政治体系》,阎步克译,贵州人民出版社1992年版,第30—31页。

薪的颠覆作用。再次,鼓励土地私有制的发展,奖励土地开垦,对私有土地"履亩而税",允许土地买卖。这些举措,无疑会直接动摇和瓦解自西周以来的世袭贵族制、分封制以及井田制等政治建制。如果说前面还是蚕食的话,那么战国时期各国纷纷发动的变法运动,更是对旧制度的全面冲击和破坏。此外,伴随着这些制度的瓦解,以长幼尊卑为核心的基本伦理规范也日益失去作用,内部政变中杀戮成风,父子相残、"犯上作乱"的事情层出叠见。

可见,这是一个剧烈的社会动荡和转型时期,旧制度正在全面失灵和瓦解,社会似乎正处于全面无序、混沌的状态,而新制度却尚未巩固和定型。处在这种新旧交替时期的人们不能不思考:如何重建秩序、恢复文明?建立什么样的秩序与文明?是靠神秘的天命或命运,还是靠人力?

与此相联系的是战争对人的思想冲击。由于周天子所代表的秩序已经崩坏,当时的"国际社会"已经陷于无政府状态,各诸侯国或出于生存安全,或出于扩充实力,展开了激烈的兼并战争,而且愈演愈烈,规模越来越大。以当时的人口规模,一次战争竟能动员数十万人,甚至一次坑杀活埋战俘就达几万乃至几十万。公元前405年的齐赵廪丘之战,齐国损失3万余人;公元前293年的秦韩魏伊阙之战,秦国大将白起击败韩魏联军,杀24万人;在秦赵长平之战的拉锯中,一次决定性的战役之后,白起坑杀赵国战俘40万人,整个战争期间秦军共杀敌45万人,而双方实际投入的总兵力一定会更多。孟子记述当时的情况是"争地以战,杀人盈野;争城以战,杀人盈城"。①世间几成血腥杀场,人命贱如草芥。历史在这里让人看到的不是互助、温暖、光明,而更主要的是冲突、血腥、黑暗。为此,孔子强调"仁者,人也",②提醒世人不要丢掉人之为人的东西;孟子认为,帮助不行仁政的君主奋力厮杀以扩充疆域是"率土地而食人肉,罪不容于死,故善战者服上刑";③墨子则倡导"非攻""兼爱"。这都是在呼唤人性中文明的东西,显示出社会普遍的愿望是实现和平、恢复秩序。

从人类历史经验来看,每当历史跌入苦难与黑暗的深渊,似乎看不到方向的时候,可能正是出现"哲学突破"、出现文化创造高峰期的前夜,世界各

---

① 《孟子·离娄上》。
② 《中庸》。
③ 《孟子·离娄上》。

大宗教以及各大思想体系往往都产生于人类文明面临严重危机的时期。

置身于春秋战国这样一种混乱、血腥的丛林法则支配的时代,人类该向何处走?能否重建秩序以拯救文明?如果能,又该采取什么样的重建、拯救之道?这对当时的人们来说是亟须回答的问题。于是围绕这些问题,正如章学诚在《文史通议》中所谓"思以其道易天下",诸子蜂起,各自提出其救世的主张。其中,儒家提出内圣外王之道,希望发现、扩充人性中的善端,并齐之以礼,以达于王道之治;法家则对于人性产生绝望,主张借助霍布斯式"利维坦"一样强大的国家机器,通过严刑峻法建立秩序;道家则认为祸乱的根源恰恰就在于人类过分自负、自大,违反自然大道而过于有为,因而主张道法自然、清静无为,建立小国寡民的社会。此外,还有墨家、名家、阴阳家等都各抒己见,互相辩难,由此形成百家争鸣的局面。

(二) 社会条件

百家争鸣局面的出现当然也需要一定的社会条件。首先是知识和权力的分离以及知识生产机制的变革。上古的知识系统主要是各种礼,以及各种天文占卜等所谓"通天"之术,由天子身边的诸如祝、巫、宗、史等半巫半史的贵族知识分子掌握,因为他们是替天子官府掌握"通天"的知识,故人们称这种知识与政治权力直接结合的状况为"学在王官"。东周以后,天子所代表的中央权威衰落,这些掌握"王官"之学的人流落到诸侯国,其知识也不断流传到民间。这就是孔子所说的"天子失官,学在四夷"。[①] 私自藏书、私自传授学问的民间私学于是逐渐兴起,而且七国"言语异声,文字异形",[②]各国都有自己的语言文字,以至于孔子讲学要用雅言(即当时的普通话)。这样,私学的兴起必然带来对思想大一统局面的破坏,"道术将为天下裂",[③]从而出现孟子所谓"圣王不作,诸侯放恣,处士横议"的局面。[④]

其次是士阶层的崛起。古代的"士"介于大夫与庶人之间,是最下层的贵族。在春秋战国时代社会流动加剧的背景下,许多上层贵族下降为士,同时又有许多庶民上升为士,造成士阶层扩大,性质也变化为"士民"。与过去

---

① 《左传·昭公十七年》。
② 《说文解字·序》。
③ 《庄子·天下》。
④ 《孟子·滕文公下》。

不同的是，他们不再是"有职之人"，而是"士无定主"，被抛出原来的社会等级，成为凭借知识、学说而求仕干禄的"游士"。这也意味着，知识话语权开始与政治权力分离，从而为思想的发展提供了较大的空间。另外，各国国君、贵族为了富国强兵，争相以优厚的条件招揽人才，形成"养士"之风，使"士"不但有了从事学术活动的条件，而且有了更大的社会影响力。其出类拔萃者甚至出将入相，也促进了"士"阶层的发展。所以，在"士"这一阶层与原有政治结构疏离的同时，也逐渐发生了"士的自觉"，他们开始以独特的眼光审视、思考现实的政治问题，在一部分人中产生了"士志于道"的新的身份意识，自觉地视自己为"道"的承担者，纷纷提出各自的"道"。[①]

(三) 一般思想动向与政治知识水平

百家争鸣中各派思想家的思想既是对于上述社会问题和现实条件的不同回应与反映，也是在当时的认识水平条件下，对于社会上普遍存在的一般思想和认识的理论化、系统化总结。因此，在集中介绍这一时期的政治思想家或思想流派之前，让我们首先透过当时人在政治活动中的一些言论，看看那个时期一般人的思想动向。

总体来看，在一般人心目中，也明显表现出疑天道而重人事的倾向，同时更加强调民惟邦本、君位无常的思想。

1. 疑天与重民

一位学者曾这样分析西周以来天道观的变化：

> 中国古代殷商的灭亡、西周的代兴，以广而无私、好生好德、哀四方民、爱天下人的"天"代替了卜辞中征战不休、钺俘无数、以人为牲的"帝"，是宗教文化传统的一次大转轴。后来，西周的覆没，带来春秋的乱世，此历史危机，又引起了人们对"天"和"天命"的怀疑，也是宗教文化上的一次大转轴。不过西周对"天"的信仰，在宗教崇拜之外，加上了很多历史理念（"殷鉴""鉴戒"）和文化信念（"周监于二代，郁郁乎文

[①] 参见葛兆光：《中国思想史》（第一卷），复旦大学出版社 2000 年版，第 79—87 页；余英时：《士与中国文化》，上海人民出版社 1987 年版，第 1—83 页。

哉"①)的成分,所以周文颓弊,不但是宗教危机,也是人文危机。这危机是激发战国时期诸子思想的直接源头。②

春秋战国时期,社会变革剧烈,旧的社会秩序和价值体系崩溃,促使人们进一步怀疑还有没有"天道""天理"在主持世间的公道和秩序。在许多人心中,"天"要么根本不存在,要么影子十分模糊,不起什么作用,人间之事似乎更能吸引他们的注意力。有人提出"天道远,人道迩"的观念,③有人干脆不承认天的存在,直接喊出"吉凶由人"的口号。④

还有的人虽然没有公开否定"神",却把民等于"神",甚至摆到"神"的地位之上,认为"夫民,神之主也,是以圣王先成民而后致力于神";⑤宋公要用人做牺牲,去祭祀神,司马子鱼也用同样的理由加以反对,说"祭祀以为人也,民,神之主也,用人,其谁享之"。⑥

类似的说法还有很多,如:

民和而后神降之福。(《国语·鲁语上》鲁国曹刿语)
国将兴,听于民;将亡,听于神。神,聪明正直而壹者也,依人而行。(《左传·庄公三十二年》虢国史嚚语)

在西方历史上,"上帝"信仰也在日趋高涨的现代理性化、世俗化运动中受到冲击和动摇,出现了诸如"上帝是不在家的主人""上帝隐退"的观念。春秋战国时代这种淡化乃至怀疑神而重视人、重视民的观念的流行,情形与前者大体类似。

为什么这时的为政者会有重民、重人事的思想? 主要是因为他们作为统治集团中的一员,在严峻的政治现实中,真切地看到了民众的力量,意识到民众虽然是统治对象,但却是实现统治意志的基础,没有民就不成其为国。

---

① 《论语·八佾》
② 陈启云:《中国古代思想文化的历史论析》,北京大学出版社 2001 年版,第 48 页。
③ 《左传·昭公十八年》。
④ 《左传·僖公十六年》。
⑤ 《左传·桓公六年》。
⑥ 《左传·僖公十九年》。

> 夫君国者,将民之与处;民实瘠矣,君安得肥?(《国语·楚语上》楚国伍举语)
>
> 无民而能逞其志者,未之有也,国君是以镇抚其民。(《左传·昭公二十五年》宋国乐祁语)
>
> 国之兴也,视民如伤,是其福也。其亡也,以民为土芥,是其祸也。(《左传·哀公元年》陈国逢滑语)

最起码,他们意识到了"众心成城,众口铄金",①"众怒难犯,专欲难成",②看到了民众的力量不可忽视。

这些"重民"的观念,基本还是着眼于把民众视为统治对象这一工具性价值。值得注意的是,这个时期还出现了另外一种"重民"的观念,如邾文公就说:

> 苟利于民,孤之利也。天生民而树之君,以利之也。民既利矣,孤必与焉。(《左传·文公十三年》)

可见,这是把国君的利益和人民的利益视为一体,将"利民"、为民谋福利视为国家和政治活动的最高目的,而不是实现统治者利益的手段。

2. 统治正当性(合法性)观念

从上述"重民"思想出发,势必将"利民"、为民谋福利作为取得统治资格、获得正当性的根本条件。如西周末年的史伯就说,"夫成天地之大功者,其子孙未尝不章",并认为虞、夏、商、周所以相继为君,就是因为他们的祖先有大功德于百姓,对于华夏文明的发展具有某些方面的创制之功,如虞舜化育万物,大禹治水,商契教民,周后稷播种百谷蔬菜等。③ 这是站在更高的层次上看待"利民""保民"问题,认为对民族整体有功德的人、对人类文明的进步作出重大贡献的人,其子孙最有资格成为统治者,其统治才能维持久远。

与此相联系的是,肯定人民有反抗昏君、暴君的权利。比如,针对卫国人驱逐其国君卫献公一事,晋悼公认为"卫人出其君,不亦甚乎",而晋国大

---

① 《国语·周语下》。
② 《左传·襄公十年》。
③ 《国语·郑语》。

夫师旷却针锋相对地指出,如果君主养民如子,则"民奉其君,爱之如父母";如果君主是"困民之主",则被赶下台也是合乎天理的,理由是"天生民而立之君,使司牧之,勿使失性,有君而为之贰,使师保之,勿使过度……天之爱民甚矣,岂其使一人肆于民上,以从其淫,而弃天地之性?必不然矣"。①

鲁国也发生了类似的事件。鲁昭公二十五年(前517年),鲁国发生内乱,昭公被以季氏为首的强卿打败而流亡国外,后来晋国有人主张接纳鲁昭公,但受季氏贿赂的权臣范献子认为"季氏甚得其民,淮夷与之,有十年之备,有齐楚之援,有天之赞,有民之助"。②后来昭公客死于晋,赵简子问史墨,为何季氏驱逐国君,而百姓悦服,诸侯赞同,国君客死异乡而无人向其问罪?史墨解释说:"天生季氏,以贰鲁侯,为日久矣,民之服焉,不亦宜乎?鲁君世从其失,季氏世修其勤,民忘君矣,虽死于外,其谁矜之。"③在这些议论中,"犯上作乱"的季氏因为"得其民",就被认为是受到"天赞",因而得到人们的肯定;而被推翻的君主因为被人民遗弃,则不被同情。

以"民"为出发点来思考统治的目的和资格问题,又会引申出"君位无常"的思想。既然统治的正当性基础在于利民、保民的功德,则天命就不会任意、"无理"地永远眷顾哪个王朝的统治者,而是随时根据人事和统治的好坏而改变,则必然是"天命靡常",这是在周初已经明确的思想。到了春秋战国时期,战争和政变经常发生,导致国家破灭,君主被逐或被杀,于是进一步出现了"社稷无常奉,君臣无常位""高岸为谷,深谷为陵"的思想。④

在"君位无常"观念的基础上,甚至还出现了承认平民为天子的思想。如《国语·周语下》就记载了周灵王太子晋的这样一段话:

> 天所崇之子孙,或在畎亩,由欲乱民也;畎亩之人,或在社稷,由欲靖民也,无有异焉。

大意是,君主如果无道,运用权力没有节制,其子孙就会成为供人役使的普通人;反之,在野的种田人如果能够使百姓安居乐业,也可以成为君主。这

---

① 《左传·襄公十四年》。
② 《左传·昭公二十七年》。
③ 《左传·昭公三十二年》。
④ 同上。

就是说，种田的农夫也可能受天命，成为社稷江山之主，可谓开启了后世"平民天子"思想的源头。

以上这些议论所反映出的思想，可以说是上古"天命"与"革命"观念的一种延伸，也集中反映了历史过程中的重大政治变迁。

3. 两种"忠"的政治规范及其影响

忠、孝被认为是中国政治和社会的两大支柱性观念。据统计，甲骨文以及《尚书》《诗经》中都没有出现"忠"字，而在《左传》中，"忠"字却出现70多次。因此，学术界比较倾向于认为它出现于西周中晚期，到春秋时期开始普遍流行。①

"忠"首先是指一种适当的心理状态，是"心诚"，而"心诚"又要表现为以身"信守"，所以"忠"和"信"是相联系的。

在春秋战国时期，"忠"被作为一种美德和政治伦理被提出来，其最初的主要内涵是指忠于以社稷、国家为代表的"公家""公室"。后来由于统治秩序的紊乱，卿大夫势力上升，忠的内涵又掺杂了私臣（奴仆）对于主子的个人依从效忠关系，这样，以个人利益为转移而忠于某个人，也就成了忠的内容之一。这样，"忠"就具有了两种不同的含义：一是"公忠"或道义之忠，其对象是忠于国、公家或作为普遍正义准则的"公道"；二是"私忠"或狭义的"忠"，对象是忠于君主个人或领主、主人，属于私臣、家臣的伦理规范。

首先看看这种"公忠"伦理在当时记载中的反映：

>　　所谓道，忠于民而信于神也。上思利民，忠也；祝史正辞，信也。（《左传·桓公六年》随国季梁语）
>
>　　公家之利，知无不为，忠也。（《左传·僖公九年》晋国荀息答晋献公"何谓忠贞"之问）。
>
>　　无私，忠也。（《左传·成公九年》晋国范文子语）
>
>　　季文子卒，大夫入敛，公在位。宰庀家器为葬备，无衣帛之妾，无食粟之马，无藏金玉，无重器备。君子是以知季文子之忠于公室也。相三君矣，而无私积，可不谓忠乎？（《左传·襄公五年》）

---

① 这里关于"忠"的讨论，主要参考了刘纪曜的有关论述，详情可参见刘纪曜：《公与私——忠的伦理内涵》，载刘岱主编：《天道与人道》，生活·读书·新知三联书店1992年版，第173—201页。

君薨，不忘增其名；将死，不忘卫社稷，可不谓忠乎！忠，民之望也。（《左传·襄公十四年》）

君民者，岂以陵民？社稷是主。臣君者，岂为其口实？社稷是养。故君为社稷死，则死之；为社稷亡，则亡之。若为己死而为己亡，非其私昵，谁敢任之？（《左传·襄公二十五年》齐国晏婴语）

可以看出，这里的"忠"是指忠于社稷、公室、道义、人民。其道理还是和前面所说"天"与君的关系一样，君和社稷、国家是应该有区分的，君并不当然意味着"公"，也并不当然意味着忠的对象。在君之上还存在着最高层次的公共利益——社稷或国家利益，以及"公道"或正义的原则。在这一层意义上，"忠君"是有条件的，即只有当君主能够代表这些公共利益和人间"公道"、正义原则时，才能成为"忠"的对象。

再看"私忠"观念的形成与表现情况。

一般来说，这种忠的伦理可能来自两个方面：一是因为天子、君主本身就被认为是"受命于天"，是"天"在人间的投影和代表，因此很容易产生诸如"君，天也，天可逃乎"或者"君命，天也"之类的认识，[1]从而把君直接等同于天，等同于秩序和社稷的化身而加以神圣化、绝对化；二是来自古代陪臣、家臣（家奴）对于主人（领主）的个人依从与绝对服从关系。

综合史籍中的记载，这种"私忠"或"私臣伦理"主要变现为：

首先，由于把君主直接等同于"天"，把君命视为不可抗拒的"天命"，则"忠"的基本含义就是，对君"无二"、对君命"不违"，绝对服从。比如主张"委质为臣，无有二心"，[2]"事君不二，是谓臣"，[3]或认为"事君者，竭力以役事，不闻违命"，[4]在任何危难情况下都要恪守使命和职责，否则就被视为"违命不孝，弃事不忠"。[5]

其次是"君辱臣死"，必要时"死君命"，为君主献身。如越国大夫范蠡认

---

[1] 《左传·宣公四年》。
[2] 《国语·晋语九》。
[3] 《国语·晋语四》。
[4] 《国语·晋语一》。
[5] 《左传·闵公二年》。

为"为人臣者,君忧臣劳,君辱臣死",①晋国大夫解扬也认为"臣之许君,以成命(完成君的使命)也,死而成命,臣之禄也"。② 管仲辅佐公子纠争位,曾经截杀当时的公子小白(后来的齐桓公)而未遂,但齐桓公也能理解这是管仲忠心事主,即位后不计其一箭之仇而重用之,就很能说明当时的人对这种家臣伦理的认可。此外,宠臣易牙烹子献食于桓公,也可算是"委质为臣,无有二心"的极端表现。

因此,"私忠"或者狭义的"忠",首先是以私家之利为对象,或者以君主个人利益为对象,体现的是君臣之间个人性的恩义关系。它肯定君主的意志高于一切,强调绝对服从,无保留地效忠君主直至为之献出生命,自然是统治者最需要的政治规范,因而历代君王都基本上从这个层面去理解、宣扬"忠"的内涵。这样,从春秋战国直到进入秦汉以后的君主专制时代,这种狭义的"忠"大有扩展蔓延之势,成为君主绝对集权、臣民绝对服从的专制主义理论的核心。

不过也要看到,第一种意义上的"忠"早已记录在西周以来的儒家经典中,成为中国文化传统中的主流话语,所以当儒家自汉代被奉为思想正统以后,这种"忠"的观念也就自然被传承下来。更何况在多数情况下,君主们至少也需要扮演"公道"、正义的角色,从而也会在某种程度上鼓励或容忍这种超越具体的个人恩义的"公忠"伦理。这样,在同样是"忠"的符号和口号下,中国思想传统中实际上存在着两种"忠"的伦理或政治规范,它们关系暧昧、若即若离,有时候融为一体,有时候又互相撕裂、摩擦冲突,其错综复杂的关系绵延于中国政治史的整个过程之中。落实到对"忠"的实践上,一些人坚持前一种"忠",往往触犯君主,甚至付出生命代价,这些忠正之士的历史遭际多半是生前寂寞身后名;另一些人则奉行后一种"忠",以迎合上意、效忠君主个人为能事,往往深得恩宠、飞黄腾达,然而这在坚持"公忠"或道义之忠的人看来,恰恰是奸佞小人的行径,或孟子所谓的"妾妇之道"。正是由于这两种"忠"的摩擦冲突,特别是由于第一种"忠"至少在国家的正式表达中占据了正统、支配地位,才使得中国文化传统中的"忠"并没有被完全塑造成专制思想体系中的"愚忠"。

---

① 《国语·越语下》。
② 《左传·宣公十五年》。

4. 礼、仁以及"华夷"观念

- **对礼的认识**。

礼治思想在西周基本确定,成为重要的治国思想和基本原则。重视礼在国家政治生活中的重要作用,略同于我们今天所说的重视制度文明建设的思想。在当时的宗法农业社会下,以当时人处理人际关系的智慧,一方面提出德、道、忠以及重民等伦理要求,另一方面又逐渐意识到,必须通过具有一定强制性的"礼"或"礼制"对伦理规范的要求加以制度化、仪式化,才能在日常生活中实现这些规范。特别在世道纷乱、人心如决堤之水难以收束的时候,更显示出制度化建设的重要性。因此这时候的人们谈到礼,无不强调其重要性。认为"礼,王之大经也",①"上下之纪,天地之经纬也,民之所以生也",②可以"经国家,定社稷,序民人,利后嗣",③还可以界定君臣、上下、父子、兄弟、内外、大小之间的关系。④ 当然,对礼的进一步理论化的论述,还要到儒家思想中寻找。

- **"仁"的观念**。

"仁"不见于甲骨文、金文以及《尚书》,一般认为其起源于西周后期。根据《国语》的记载,我们可以知道春秋时仁的含义比较纷杂,有的认为"爱亲之谓仁",有的以"利公室"为仁,有的认为"仁所以保民也""爱人能仁",或"杀身以成志,仁也"等等。直到孔子加以整理和系统化之后,"仁"才成为中华民族伦理道德的核心观念。

- **"华夷"之论与"文化中国"意识的萌芽**。

至迟在西周时期就已经出现了"中国"一词,有了"中国"与"四方"之分。如《诗经·大雅·民劳》中有"惠此中国,以绥四方"之句;《尚书·梓材》有"皇天既付中国民,越厥疆土于先王"的记载。另外在出土于宝鸡的何尊中,也有"余其宅兹中国,自兹乂民"的铭文。这些文献中的"中国"一词虽然具体含义可能不同,但至少可以说明,那时已经开始有中心与四方的观念,并由此逐渐产生"中国"为"天下之中"的观念。

春秋战国时期已经有了"华""夷"区分的意识,也有了视中国为文明

---

① 《左传·昭公十五年》。
② 《左传·昭公二十五年》。
③ 《左传·隐公十一年》。
④ 《左传·襄公三十一年》。

先进之区的"天下中心"观念。如有人提出,中原之国的争斗是兄弟之争,与戎狄是内外之争,认为"兄弟阋于墙,外御其侮","弃亲即狄,不祥",乃至出于华夏文化的优越感,认为戎狄"豺狼之德","封豕豺狼也,不可厌也","冒没轻儳,贪而不让,其血气不治,若禽兽焉";或认为"戎狄无亲而贪","禽兽也"。①

也有人用比较包容、平等的眼光看待"华""夷"之间的区别,认为他们只是因为居住地及生活习俗不同而形成的不同民族。如晋惠公就认为诸戎是"四岳之裔胄也",并主张"毋是翦弃"。② 所谓"四岳",就是尧舜时期四方部落的首领,他们推举尧舜为共主。言下之意,诸戎是"四岳"的后裔,也是认同华夏文明的。

上述议论中虽然有的充满狭隘的侮慢他族之意,但从另外的角度来看,则是民族意识形成中的必经过程,是"中国"这一共同体意识觉醒和形成的表现。③

在这一小节中,我们首先分析影响春秋战国时期思想大变动的主要因素和条件,如传统的社会政治秩序瓦解("礼崩乐坏"),不断加剧的战争刺激,使得如何创建秩序以维护文明的发展成为突出的时代课题;然后重点围绕天命观的淡化、重民思想的抬头,以及两种"忠"的观念的形成及影响、"华夷之辨"观念影响下"中国"意识的萌芽等问题,分析介绍了当时一些政治人物或"政治行动者"的思想。与后面我们将要介绍的儒、法、道等系统的思想流派相比,这些思想显然是比较零碎的,而且也只是当时思想世界中的冰山一角。不过我们还是可以管中窥豹,大致了解一下当时人的一般思想状况与政治知识水平,这有助于我们理解下面这些思想家们较为"理论化"的思想。

二、儒家的政治思想——孔子

提到儒家,今天的人们自然就会想起孔子。但根据学术界比较一致的

---

① 《国语·周语中》《左传·襄公四年》。
② 《左传·襄公十四年》。
③ 关于"华夷之辨"问题的更为详细的论述,可参考张星久:《政治情境中的"华夷之辨"——秦汉以后"华夷之辨"的历史语境与意义生成》,《武汉大学学报(哲学社会科学版)》2015年第5期。

看法,其实在孔子之前已经有"儒"者之名,所谓"儒名不自孔立,其道至孔子始大"。① 综合各家所说,"儒"大概最早起源于殷周时代参与操持礼仪事宜的巫、祝、史一类职事之官,或者是从事文化教育的人。② 只不过自孔子以后,才有了今天人们熟悉的儒家。

儒家在其历史演变中也分成很多流派,据说孔子之后"儒分为八",但都有下列共同特点:

第一,奉孔子为宗师。

第二,其思想体系以"仁"为核心,隆礼尚德,法先王。

第三,有共同的儒家经典。最初列为经典的是《诗经》《尚书》《仪礼》《乐经》《周易》《春秋》等"六经"。据说经秦始皇"焚书坑儒"后,《乐经》失传,东汉在此基础上加上《春秋公羊传》《论语》,共七经;到唐代先后又加上《周礼》《礼记》《春秋穀梁传》《孝经》《尔雅》,共十二经;宋代又加上《孟子》,形成儒家十三经,并刻《十三经注疏》传世。

在先秦,儒家代表性的人物为孔子、孟子和荀子。本节讲述孔子的政治思想。

(一) 孔子的生平及其主要贡献

1. 漂泊一生

孔子名丘,字仲尼(前551—前479年),春秋末期鲁国人。综合司马迁《史记·孔子世家》以及《孔子家语》等书的记载,孔子先祖原为宋国贵族,至其曾祖父时为避宋国内乱而逃到鲁国。孔子的父亲叔梁纥是鲁国出名的勇士,晚年与年轻的颜氏生下孔子,三年后就去世了。故孔子家境十分贫寒,自称"吾少也贱,故多能鄙事",曾任管仓库的"委吏",以及管放牧牛马的"乘田"。

作为周公之子伯禽的封地,虽然当时的鲁国也逃脱不了礼崩乐坏的命运,但相对而言,礼乐传统在这里积淀更为深厚。一位晋国的大夫在鲁国

---

① 参见萧公权:《中国政治思想史》,辽宁教育出版社1998年版,第49页。
② 参见李泽厚:《中国古代思想史论》,人民出版社1985年版,第10—11页;葛兆光:《中国思想史》(第一卷),第88—92页。最早考证"儒"者起源的是章太炎的《原儒》以及胡适的《说儒》,分别参见章太炎:《国故论衡》,上海古籍出版社2003年版,第104—107页;胡适:《胡适文存》(四集),黄山书社1996年版,第1—57页。

"观书"之后,就曾感叹"周礼尽在于鲁矣"。① 孔子从小生活在这种文化氛围中,自然会受其影响熏陶。同时作为贵族的后裔,身处动荡不安的大时代,又幼年丧父,很早就涉入世事,有丰富的生活体验,使他不仅聪敏早慧,而且对于代表社会秩序和稳定的"礼",以及对于事关人类命运、文化本质的"仁",有着更加深刻的体认和思考。孔子15岁即"志于学",而且是学无常师,善于取法他人,每事必问,到30岁时已经是出了名的"博学"。

大约在30岁时,孔子开始设坛讲学。虽然私人讲学未必自孔子开始,但奉行"有教无类"原则、大规模招收弟子则自孔子而始。其"弟子三千,贤人七十二",相当一部分人出身贫贱。鲁昭公二十五年(前517年),鲁国发生内乱,孔子来到齐国,齐景公曾经问政于他,说明那时他在诸侯国已经颇有名气。后来孔子从齐国回到鲁国,在51岁时开始了一段短暂的从政经历,先后当过中都宰和鲁国大司寇,因为政治抱负得不到施展,于是在55岁时离开父母之邦,开始了长达十余年的周游列国。遗憾的是,他不仅没有找到施展政治抱负的机会,反而遭受了不少困苦与屈辱。如在卫国的匡这个地方,当地人误把孔子当做曾侵扰过匡的鲁国大臣阳虎(长相相似),把他困了五天,在弟子们拼死相救下他才得以脱险。孔子为此曾感叹说:"文王既没,文不在兹乎?天之将丧斯文也,后死者不得与于斯文也;天之未丧斯文也,匡人其如予何?"②想到了死亡,想到了自己肩负的文化使命可能就此终结,可见这件事对孔子刺激很大。谁知刚刚逃离险境来到蒲地,就赶上了卫国贵族在这里发动叛乱,孔子再一次被困,也是经过一番周折才得以逃脱。这就是孔子遇险于匡、蒲的事件。

孔门师徒还曾遭遇绝粮七日的"陈、蔡之厄"。孔子到陈国三年后,恰逢吴国准备攻打陈国,便和弟子们启程前往楚国。而陈国、蔡国的大夫们因为害怕孔子到楚国后对他们不利,于是派人将孔子师徒围在了陈、蔡交界处,绝粮七日,弟子们都饿得站不起来了,子路甚至发生了"路线上"的动摇,愤怒地责难老师说:"君子亦有穷乎?"孔子则斩钉截铁地回应说:"君子固穷,小人穷斯滥矣。"③孔子告诫子路,做一个君子,再穷困潦倒也要守住做人的

---

① 《左传·昭公二年》。
② 《论语·子罕》。
③ 《论语·卫灵公》。

底限,不要像小人那样,一遇穷困就没有底限、胡作非为。《庄子·让王》篇还记载了他此时对子路说的又一句名言:"天寒既至,霜雪既降,吾是以知松柏之茂也。陈蔡之隘,于丘其幸乎!"成语"岁寒知松柏"就出自此处。最后,还是子贡找到楚国救兵,才让他又一次化险为夷。

在楚国,孔子虽然受到昭王的礼遇,但楚国这时正要雄心勃勃地争霸中国,需要的是富国强兵、克敌制胜且立马见效的奇谋,孔子对他们大谈施仁政、尊天子、抑诸侯的道理,简直就是鸡对鸭讲。在楚国待了不到一年,孔子又经陈国返回卫国,还是未能发挥政治影响,最后在68岁那年回到鲁国。在人生最后的几年里,孔子主要是整理文献,继续讲学,偶尔也过问一下政事,但终不见重用。在鲁哀公十六年(前479年)二月,孔子寝疾七日而殁。

孔子不像庄子那样心如死灰,他对人间还有热情和执着,而离开现实的政治权威这个"器",孔子的"道"就无所附丽、无从实现。但是在那样的时代,他的"道"又给人一种迂阔、不切实用的感觉。所以他终生都在或隐或现、若即若离之间徘徊,处在栖栖遑遑、颠沛奔波乃至要"乘桴浮于海"的漂泊状态中。这种漂泊、动感的生命状态极富象征意义。爱因斯坦50岁时所作的《我的世界观》一文就说:"我实在是一个孤独的旅客,我从来没有全心全意地属于一块土地或一个国家,属于我的朋友甚至我的家庭。我总是感觉到有一种莫可名状的距离并且需要回到自己的内心——这种感受正与年俱增。"孔子的生存状态,亦差近之。

2. 孔子的主要贡献

孔子的一生在政治上固然说不上成功,但就其对中国文化乃至对世界文化的影响来看,又是成就"天地之大功"的巨人。

孔子在整理和保留古代中国的文献典籍方面无疑作出了巨大贡献,但作为一个思想家,他最大的贡献当属重新解释和创造性地改造了"仁"这一观念,充实了"仁"的内涵,把过去含义比较混乱、莫衷一是的"仁"加以概括和理论化,使之成为中国传统文化的核心价值或"轴心观念"。正是以"仁"为基础,形成了传统中国的基本价值规范和文化主流,并对中国人的精神世界产生了深远影响。这也是中国文化能够对外部世界产生持久影响力的源头活水之一。

孔子对人类文明的另一个贡献是他的平等思想。他超越过去贵族等级制下的身份不平等,把人根据品德、德性区分为君子与小人,认为决定一个人是君子还是小人的因素，不在于出身贵贱，而在于个人的道德努力；一个人在政治上的地位、政治上的职位高低也取决于他后天的道德修为，而非靠血统、身份这些与个人努力无关的因素。于是，君子与小人不再是阶级、社会等级的标志，而是道德高低、道德实践成功与否的标志。这也意味着，对人的价值判断、评价也是以德为依据，平等地评判一切人；在德的问题上，不承认统治者当然地优人一等，尤其是对统治者的道德要求是以爱民为根本，政治不是镇压人民、谋取一己一姓私利的过程，而是保护人民、为人民谋求福利的过程。所以，墨子攻击孔子"劝下乱上，教臣弑君"。同时，既然承认每个人在成人、成德上都是机会均等的，则在教育方面孔子自然就会主张"有教无类"，承认人人都有平等受教育的机会。① 平等受教育的权利，在今天被视为现代化的重要内容和基本人权，而孔子在两千多年前就身体力行这一理念。

当然，孔子的贡献远不止于此。近些年来，联合国教科文组织等机构也纷纷把孔子列为"世界十大文化名人""世界十大思想家"之一，就很能说明问题。

3. 观察社会政治问题的着眼点

在看待社会政治问题时，以孔子为代表的儒家有两个基本着眼点。

一是从现实社会中人们的基本经验、生活常识出发，思考社会政治问题，阐发人类生活和生命的本质，总结处理各种社会问题的准则和规律。在孔子看来，真正有说服力、有生命力的理论——"道"一定是来自日常生活的人之常情，思想家要做的是"述"而不是"作"，是把这些生活经验和常识总结阐发出来，而不是远离现实生活经验和常识，去刻意地造作、"外铄"，去发明杜撰出一种新的"理想"的社会秩序和制度。所以孔子才说"道不远人"，主张理论固然要"察乎天地"，要有高大上的东西，但首先得接地气，贴近那些没有文化的村夫村妇的生活，做到"夫妇之愚可以与知焉"，否则远离普通百姓的生活就"不可以为道"；而孔子自称一生的工作就是"述而不作"，而不是在炮制什么大理论。② 一些当代新儒家学者把孔子及其儒家归结为一种"常

---

① 参见萧公权：《中国政治思想史》，第49—51页；徐复观：《中国人性论史·先秦篇》，台湾商务印书馆1999年版，第65—66页。
② 参见《中庸》第十二章、十三章；《论语·述而》。

道"性格,认为它虽像家常便饭一样平常,却又须臾不可离,其根据就在于此。①

从现实的人的状况和人类社会出发去思考问题,至少意味着不是站在世界之外,从诸如"上帝"或"来世"的角度去看待人类和人类社会,这一观察角度直接决定了儒家学派归根到底属于"入世"的"人学",而非宗教的"神学"。

二是从人和人类生活的本质属性,或者说从人区别于动物的独特性出发去看待社会政治问题。

应该说,在看待社会政治问题的基本着眼点上,孔子及其儒家与韩非子及其法家的眼光都是现实的,这一点决定了它们同属于中华文化系统。只不过,在具体从哪个角度去看待现实中的人这一问题上,二者产生了重大分歧。孔子、孟子他们是着眼于人之为人的根本标志,着眼于人和动物或者世上其他物种的不同之处。在他们眼中,人和禽兽尽管在生理上有很多相同点,甚至"人异于禽兽者几希也",但不管人和禽兽有多少相同处,还是比禽兽多了些东西,与禽兽相比存在着最起码的不同。这个比禽兽多出来的东西,或者与禽兽相比有着最起码的不同之处就是,人的行为并不完全受动物本能支配,人会顾及家庭、社会、政治等各种关系,发展出仁、义、礼、智、信等各种伦理规范来调节人的行为,处理人们之间的关系,从而具有了不同于禽兽的伦理属性。

以孔孟这样的智慧,当然不会看不到人性中阴暗、丑陋的一面,但是他们认为这不能代表人的独特性,当然也不能成为人类生活的本质和方向。而只有这种伦理属性——虽然有时显得很稀少——是证明我们不同于禽兽的、人之为人的"文明",也是人类社会生活的本质和方向。这是思考一切政治问题和社会问题的现实出发点。一个君子,乃至一个意识到自己是人类一分子的人,就是要努力承担起作为一个人的责任,发扬人类所独有的伦理的、人性的、文明的东西,使人性更加完善,人生更有尊严,人类社会更远离动物的丛林法则,使人更加像人。

而以韩非子为代表的法家,虽然也是从现实的人性出发,但他们更多的是看到了人性阴暗的一面,把人看得和禽兽没有多大区别,其行为几乎完全受制于"力"和"利"的控制,乃至"以肠胃为本"。在对人性几乎不抱任何希

---

① 参见牟宗三:《政道与治道·序》,台湾学生书局1987年版。

望的情况下,他们只有寄希望于强大的国家——"利维坦",利用赤裸裸的暴力和利益,再辅之以权谋诈术去建立秩序。

(二)"仁"为政治的最高目标与原则

从对现实中的人性、人的境况的基本判断出发,孔子提出了自己的"仁学",构筑起整个思想体系。

1. "仁"的含义及其在人类文明中的地位

如上所述,在孔子之前已经产生了"仁"的概念,但其在各种用法中的含义不同。孔子利用"仁"的概念,概括、表达人类社会中各种美德,或者说把人类的基本美德、人类文明的根本原则与目标,概括并抽象为一个"仁"字。

"仁"在《论语》中出现了100余次,通观孔子的各种说法可以看到,"仁"是人之为人的本质规定性;用《中庸》引述的孔子的话,就是"仁者,人也"。这也就是说,"仁"就是把人当做"人"对待(不是动物、物品),人要活得"像人",有人的尊严,保持人的独特性或"人性"。

怎样才算是"仁",才算是把人"当人"? 最起码的就是"爱人",对人要有悲悯心,要有仁爱心。

这种"爱人"之心又可分为两层基本含义:一为爱亲;一为爱人、"爱众"。首先,父子之间、亲人之间要有起码的亲情之爱。在孔子及其弟子看来,爱自己的家人,有亲情之爱是行"仁"的起点,一个连自己家人都不爱的人,怎么指望他去爱其他人? 所以孔子才说"仁者,人也,亲亲为大",①并由此提出,"立爱自亲始",②"君子笃于亲,则民兴于仁",③强调要从家庭感情出发培养对于人类的爱心。

其次,从爱亲之心出发,推己及人,推广延伸到爱他人、"爱众"。孔子认为,"仁"的要求不是自外向内强加于人的,即"不由外铄"。它不像基督教那样,爱出于上帝这个"外力"或外在源头,出于对上帝的绝对敬畏感而生,而是根源于我们人类最基本、最原始的家庭感情和亲人的血缘关系,这是最自

---

① 《中庸》。
② 《礼记·祭义》。
③ 《论语·泰伯》。

然而然的感情。"仁"的唤醒就是服从于自己的内在感情。① 从这种爱己及人,推广到群类的关系上,就会导致对于人类整体有一种类的自觉与同情。谈到自己一生的志业,孔子说自己之所以不肯像一些隐者那样消极避世,就是觉得"鸟兽不可与同群,吾非斯人之徒与而谁与？天下有道,丘不与易也",②认为自己是人类的一分子,不能和鸟兽混在一起,要尽到自己作为人的责任,对人类整体做点什么。"如果天下有道,我就不会从事变革的事了",正是基于这种对于人类整体的终极关怀与同情,才引申出"爱人"和"泛爱众"、博施济众的境界：

（仲弓问仁）己所不欲,勿施于人。(《论语•颜渊》)
樊迟问仁。子曰："爱人。"(《论语•颜渊》)
弟子入则孝,出则悌,谨而信,泛爱众,而亲仁。(《论语•学而》)
子贡曰："如有博施于民而能济众,何如？可谓仁乎？"子曰："何事于仁！必也圣乎！尧舜其犹病诸！夫仁者,己欲立而立人,己欲达而达人。能近取譬,可谓仁之方也已。"(《论语•雍也》)

可见,爱亲只是"仁"的起点,其最理想、最高的境界还是要把这种爱亲之情推而广之,博施济众,达到对人类全体的尊重。能做到这一点,已经不止是"仁",而且达到了连尧舜都有所欠缺的"圣"了。孟子曾引孔子的话说："始作俑者,其无后乎！"③孔子从来对人心存厚道,一般不会骂人,但对于用人俑殉葬这样的事情,认为是太有损于人的尊严和价值,因此忍不住用"断子绝孙"这类最恶毒的语言加以咒骂。这也具体反映出孔子对人类整体的关怀与责任担当。

而这种对于人的"一视同仁"式的爱,又具体体现为,把自己和他人摆在同等的地位上看待,推己及人,将心比心,"己所不欲,勿施于人","己欲立而立人,己欲达而达人"。对此,我们将在后面的部分详细解释。

总之,爱亲或者差等之爱是"仁"的基础和起点,由此出发而推及人类全

---

① 参见李泽厚：《中国古代思想史论》,第15—18页；李泽厚：《论语今读》,安徽文艺出版社1998年版,第30—31页。
② 《论语•微子》。
③ 《孟子•梁惠王上》。

体,"仁"又表现为"爱众"。这是"仁"的两层基本含义或原则。在孔子以及儒家的思想中,"仁"对于人类社会乃至对人类文明史有着极为重要的作用:它是人区别于动物、人类文明区别于动物法则的本质规定性,是人类社会一切伦理美德的总和,因而也是人类文明的核心原则和发展方向。可以说,一部《论语》实际上都是在讲孔子的行"仁"之道,即如何实践"仁"的问题。

2. "仁"的内在根据和行"仁"之道

如果问题到此,孔子还只是回答了"仁"是美好的、重要的,是"应该"追求的人类核心价值目标,还不能回答为什么能够实现"仁",有什么条件、根据去实现"仁"。这就要从孔子对于人性的看法进行考察。

一般而言,孔子并没有明确表述人性为善还是为恶的问题,性善论的问题到孟子那里才明确提出来。对于人性,孔子只说过"性相近,习相远"之类的话。但是孔子也说过,"为仁由己","君子求诸己,小人求诸人","仁远乎哉?我欲仁,斯仁至矣",以及"求仁而得仁"等等。① 这说明他确实已经看到,"仁"的根苗、行仁的根据不在外部,不是远在天边,它就存在于我们自己身上,存在于我们的人性深处。而且从孔子思想内在逻辑上说,如果我们行仁的"律令"不是来自于我们自身,不是发自内心,势必只能归于其他的力量(如对上帝的敬畏,或者荀子式的外部"化性起伪"),这明显与儒家"不由外铄""不假外求"的"内在开掘"路线相抵触。从这个意义上讲,孔子思想中实际上已经存在着性善论的预设,孟子后来明确点出性善论的命题,实际上也是孔子思想中的应有之义。至于说"仁"的根据具体是什么,前面已经说了,就是指我们人人皆有的以家庭亲情为基础、以仁爱之心为核心的伦理属性。②

明白了行"仁"的重要性和可能性,再来看如何行"仁"。

孔子对此大致提出了两个方面的行"仁"之道。首先是"为仁由己"。就是说,首先要自己修身以德,在道德方面严格要求自己,"躬自厚而薄责于人","君子求诸己,小人求诸人",③自己要有道德上的自觉,努力发掘、弘扬自身作为人的属性。

---

① 分别参见《论语·颜渊》《论语·卫灵公》《论语·述而》。
② 参见徐复观:《中国人性论史·先秦篇》,第98页;张端穗:《仁与礼——道德自主与社会制约》,载刘岱主编:《天道与人道》,第136—147页。
③ 《论语·卫灵公》。

其次是对他人要待以"恕道"。什么是"恕"呢？有一次，子贡提出"有一言而可以终身行之者乎"的问题，孔子在回答时明确提出："其恕乎，己所不欲，勿施于人。"①意思是，人要宽容，要推己及人，把别人和自己一样对待，自己不想接受的，不要强加于别人。

反过来也就意味着，当你重视、追求自己的成功和利益的时候，要允许别人追求自己的成功和利益，自己想发达，也要允许别人发达，这也就是"己欲立而立人，己欲达而达人"。②

所以，这种"恕道"就是平等地对待自己和他人，包容、尊重、同情、热忱地对待他人，这和现代社会所提倡的公共道德以及"消极自由"的精神是基本一致的。③

当然，"仁"作为美德的总称，表现在各个方面，如：

刚毅，木讷，近仁。（《论语·子路》）

樊迟问仁。子曰："居处恭，执事敬，与人忠。虽之夷狄，不可弃也。"（《论语·子路》）

仁者必有勇，勇者不必有仁。（《论语·宪问》）

博学而笃志，切问而近思，仁在其中矣。（《论语·子张》子夏语）

概括起来说，"仁"的精神虽然可以体现在多个方面，但是其基本的实现途径或表现方式可以归结为两个方面：一是如何对待自己；二是如何对待他人。对自己要尽量发挥、扩充人的伦理属性，使自己具有"仁"之德；对他人要包容、尊重、同情，有爱心。

3. "仁"是人类生活的中心和最高目标

既然"仁"对人类生活是至关紧要的，既然最终可以"求仁得仁"，孔子于是顺理成章地对自己和世人提出了实现"仁"这一最高道德目标的要求。

首先，儒家士大夫应以对"仁"的追求作为人生的最高目标和职责，做到"士志于道""仁以为己任"；时时刻刻都要用"仁"的精神要求自己，"无终食

---

① 同上。
② 《论语·雍也》。
③ 参见李泽厚：《论语今读》，第114、389页。

间违仁,造次必于是,颠沛必于是",①在任何的情况下都不违背它的要求。甚至为了实践、捍卫"仁"而随时准备付出生命的代价,即所谓"志士仁人,无求生以害仁,有杀身以成仁"。②

其次,行"仁"也是王者的志业。孔子一生周游列国,奔波求索,目的就是希望得君行道,说服国君实行其"仁政"主张,并认为能行"恭、宽、信、敏、惠"等五种美德于天下则"为仁矣"。③

总之,"仁"是最高的美德,仁政是最高的政治境界,孔子之道就是行仁之道。一切社会政治行为,最终都被看作道德实践过程:以道德内心的自觉(即唤醒内心的仁爱之心)为起点和基础,然后在外在行为上要正名、要尊礼,推而广之,构造出社会政治制度和秩序。

(三)"克己复礼":行仁的外在条件

1. 周礼与"先王"的典范意义

前面说过,"仁"在现实中的人情、人心和日常生活中已有端倪可寻,有现实的根据。不仅如此,在孔子以及儒家看来,"仁"与"仁政"的实践也有历史经验和根据,从而进一步说明,"仁"的境界也是完全可以预期的。因为仁政、王道的时代已经在历史上切实地实现过,那就是所谓的"三代盛世",其代表人物就是尧、舜、禹、汤、文、武、周公。比如,孔子在《论语·泰伯》篇中称赞尧、舜、禹说:

> 巍巍乎,舜禹之有天下也,而不与焉。
>
> 大哉尧之为君也。巍巍乎,唯天为大,唯尧则之。荡荡乎,民无能名焉。巍巍乎其有成功也,焕乎其有文章!
>
> 禹,吾无间然矣。菲饮食而致孝乎鬼神,恶衣服而致美乎黻冕(衣帽,此指祭服),卑宫室而尽力乎沟洫。禹,吾无间然矣。

先说舜和禹是多么伟大,取得天下而不去享受它;尧又是何等伟大,天的广

---

① 《论语·泰伯》《论语·里仁》。
② 《论语·卫灵公》。
③ 《论语·阳货》。

大,只有尧能仿效,其广博的恩惠,百姓无法言说(无能名);他的功绩实在太崇高了,他的礼制文采太美好了。又说,对于禹啊,自己可真的没话说了。吃得差而敬神丰厚,穿得差而祭神的礼服礼帽华美(美乎黻冕),住得差而尽力修整好农田水利设施。在《论语·卫灵公》中,孔子又一次赞美舜说:

> 无为而治者,其舜也与?夫何为哉?恭己正南面而已矣。

说他能够用美德教化、感召人民,做到不用暴力强制手段就可以天下大治。另外在《中庸》里面,可以看到孔子称赞周文王、武王为"达孝",从"孝"出发把天下治理得井井有条;在回答鲁哀公问政时,孔子又是从"文武之政,布在方策"讲起,接着大讲了一番修身、齐家、治国、平天下的"五达道""三达德",把他对政治的见解归于"文武之政",表示他的政治智慧来自周朝的开国者。① 在《论语·泰伯》中,孔子也称赞"周之德,其可谓至德也已矣"。

  不难看出,在孔子对三代政治与制度的称道、赞美和向往中,流露出对历史发展的坚定信念,即坚信理想的社会既然曾经在历史上出现,则当前的黑暗苦难只是历史中的暂时扭曲,而不是常态,人类历史一定还会走出深渊,向着美好的社会前进。在对历史的信仰中,孔子看到了救世的希望和典范。由于西周距孔子较近,"文武之政,布在方策",各种礼制典籍灿然具备,孔子本人又是生活在周代礼乐文化积淀深厚的鲁国,这就很自然地使他的"法先王"以救世的路线,具体落实到以恢复西周文、武、周公的礼制作为起点。他毫不掩饰对周代礼乐的推崇与向往:

> 周监于二代,郁郁乎文哉,吾从周。(《论语·八佾》)

说周代积累并总结了前面两代的经验成果,礼乐制度完美文雅,自己要取法周代的制度。孔子甚至对周公魂牵梦绕,把对周代文化的向往与自己的生命联系起来,说"甚矣吾衰也!久矣吾不复梦见周公",②好像许久梦不见周公,生命就要走到尽头了。

---

① 分别见《中庸》第十九、二十章。
②《论语·述而》。

一般人常常据此认为,儒家是复古、崇古、开历史倒车的,特别是在"文革"时期,孔子简直成了顽固、复辟、守旧的代名词。现在看来,这种认识不免过于简单。实际上,孔子不过是把人类的理想境界置于历史的开端,托于古代,是通过推崇三代、回归三代的形式表达一种政治理想。① 从世界历史的范围看,人类各种理想社会的思想乃至乌托邦思想在"时间位置"上可以是过去,可以是将来,也可以是和我们共存却又是我们无法到达的"大洋国""桃花源",但有一点是共同的,即都表达的是一种要求改善现实的"进步""发展"观念,因而都具有反思、批判和超越现实的倾向。所以,对于一种理想,不能一看到它寄托在古代,就说是"开历史倒车"。具体而言,儒家作为一种入世的思想,它坚持"道"可知、可行,尧舜之治可期于今世,从逻辑上必然是托古改制,借建构历史上的黄金时代表达一种进步的希望。所以儒家虽然在形式上向往三代,但实质上和其他有关至善社会的理想一样,表达的是超越、批判现实的理想主义。

　　总之,孔子希望以三代特别是以西周为典范,实现其"仁"的理想目标。为此,首先就要以托古改制的方式,从恢复周礼着手。

2. 礼的功能与可行性

　　"礼"字在甲骨文中写做 ，其象形为盛着玉器的祭器。大约在西周时期被引申为祭祀的礼仪制度。在春秋时期其涵义扩大为人伦规范的总称。从礼和祭祀的礼节、仪式相联系来看,礼可能是从原始的巫术仪式演变而来的;从"礼"由祭器演变而来的情况看,礼可能起源于祭神,而后推及其他。《左传》所载周公制作的周礼,已经是包含各种典章制度、人伦规范在内的庞大社会、政制体系,也被认为是维系西周四百年盛世的主要因素。②

- 礼的功能。

　　孔子要从恢复周礼入手去实现"仁"的理想,在认识上还要回答一个问题:为什么行"仁"要靠礼,礼对"仁"的实践有什么意义或功能?孔子对这个问题的看法是,人的道德实践既有内在的根据和动力,即需要良好的道德修养功夫,发明扩充自身的仁爱之心,但光有这点还不够,还需要借助一定

---

① 参见牟宗三:《政道与治道》,第12页。
② 参见张端穗:《仁与礼——道德自主与社会制约》,载刘岱主编:《天道与人道》,第113—119页。

的外在的、比较有刚性强制力的礼仪规范加以约束和界定。比如他说,"恭而无礼则劳,慎而无礼则葸(畏缩拘谨),勇而无礼则乱,直而无礼则绞(刻薄伤人)";[1]认为没有礼来明确界定行为的标准和分寸,对美德的实践就没有保证和可操作性,就会感到活得太累,或畏缩拘谨,或胡作非为,或流于刻薄伤人。更具体地说,"非礼无以节事天地之神也,非礼无以辨君臣、上下、长幼之位也,非礼无以别男女、父子、兄弟之亲,昏姻、疏数之交也"。[2] 用今天的话说,人和人之间的社会关系、交往活动确实有一大部分是靠伦理规范、风俗习惯来界定和处理的,但伦理规范、风俗习惯的缺陷在于它是隐性的规则,具有一定的模糊性和弹性,主要靠个人的道德自觉去实践,靠强制力不大的舆论评价去维持,因而就需要发展出一套更明确、更正式、更有约束力的规则和制度体系,把各种社会关系、政治关系、行为规范加以明确规定。

礼的作用首先是明确规则,确立秩序,但其最终目的还是实现人类以"仁"为核心的道德原则,使人类的独特价值和尊严得以彰显。比如孔子说:

> 道德仁义,非礼不成。(《礼记·曲礼上》)
> 教民相爱,上下用情,礼之至也。(《礼记·祭义》)
> 克己复礼为仁。一日克己复礼,天下归仁焉。(《论语·颜渊》)

认为礼的作用就是为了实现道德仁义,礼的极致或最终目的就是使人民相爱、上下用情,一旦每个人都做到修身以德、行为合乎礼仪,天下就可以达到"仁"的境界了。

因此在孔子看来,礼对于一个良好的社会应该具有两个方面的意义:直接的功能是构建起以家庭伦理为原型的社会的、政治的秩序;最终的作用与目的则是行"仁",即借助礼的规则、制度体系,为道德实践提供准绳、规矩,使内在于每个人生命中的道德之心、仁爱之心得到升华与发扬光大,从而实现"仁"的精神。

可见,礼对于个人和社会是非常重要的,甚至"不学礼,无以立",[3]就会

---

[1]《论语·泰伯》。
[2]《礼记·哀公问》。
[3]《论语·季氏》。

丧失立足为人的资格。所以君子要"博学于文,约之以礼",①用礼来约束自己的行为,做到"非礼勿视,非礼勿听,非礼勿言,非礼勿动",在一切方面都符合礼的要求,就会"一日克己复礼,天下归仁焉"。②

还需要强调的是,孔子重视礼是由于它是实践仁的必不可少的手段和形式。所以孔子一方面强调礼,一方面坚决反对离开"仁"去追求形式主义的礼,认为"人而不仁,如礼何,人而不仁,如乐何",③离开"仁"去追求形式上的礼,就成了做表面文章,颠倒本末。

- 礼的内在根据。

那么,礼为何能导向仁,或者说实行礼的内在条件和基础是什么?

在孔子看来,礼虽然是对个体成员具有一定外在约束力的规则、礼仪、制度,但它不是无源之水,不是凭空捏造、从外部强加于人的,而是有人心、人性方面的基础和根据。所谓"礼也者,理也",④是人们心中先有了以仁爱之心为基础的道德伦理,然后为了更好地实践这些伦理,才需要用礼加以进一步确定和约束。正如前面所说,道德伦理一类的规范有一定的模糊性和弹性,如果仅靠个人主观把握,实行起来可能要么太累,要么紧张拘谨,要么我行我素,因此就需要一套礼去发挥制度性功能,具体界定人们之间的关系和地位,进而明确人在各种情况下的行为标准,使"仁"或道德伦理的各项要求得以落实。

所以,在孔子心目中,礼不是荀子性恶论基础上的"外铄"力量。礼的制度性约束和直接的道德教化一样,都是着眼于人内心的道德根基和内在的"理";礼是在此基础上设计一套规则和制度体系,使人性之善和各种道德规范得到更好的实践与发扬光大,这样才能"天下归仁",达到"导之以德,齐之以礼,有耻且格"的效果。⑤ 所谓"人而不仁,如礼何",离开了仁,离开了道德伦理的基础性、引导性作用,礼既无必要,也不可能凭空建立。

从现代人的观点来看,一种能够持久维持、给人类带来良好秩序的制度,一定是在社会既有道德规范这一类非正式制度或内在规则基础上建立

---

① 《论语·雍也》。
② 《论语·颜渊》。
③ 《论语·八佾》。
④ 《礼记·仲尼燕居》。
⑤ 《论语·为政》。

的,是正式制度与非正式制度(内在规则)的结合体。孔子的思想和现代人对"制度"的理解大体上是一致的。

3. 复礼始于"正名"

《论语·子路》中有一段著名的对话：

> 子路曰："卫君待子而为政,子将奚先?"子曰："必也正名乎!"子路曰："有是哉,子之迂也! 奚其正?"子曰："野哉,由也! 君子于其所不知,盖阙如也。名不正则言不顺,言不顺则事不成,事不成则礼乐不兴,礼乐不兴则刑罚不中,刑罚不中则民无所措手足。故君子名之必可言也,言之必可行也。君子于其言,无所苟而已矣。"

孔子把"正名"作为治国为政的开端,足见"正名"在孔子政治思想中的重要性。

那么何谓"名"及"正名"? 学术界对此有不同的理解,如有人就认为是整理礼制等方面的用词问题。这里采取大多数人的看法,把"名"理解为"名分"以及与此相联系的秩序、规范、法则,"正名"就是用适当的行为去满足"名"所代表的规范。①

知道了"名"及"正名"的意思,就不难理解"正名"与实行"礼"的关系。比如君臣、父子、兄弟、夫妇、朋友这些"名"目背后,本身就蕴涵着各自的规范,以及彼此的尊卑长幼与权利义务关系,则"名"本身就代表着某种"道理"和伦理规范;"正名"就是循名责实,用具体而适当的行为和道德实践去满足"名"所代表的规范与权利义务要求。如"君君、臣臣、父父、子子",就是要求做君的要"像"(符合)君,做臣的"像"(符合)臣,各自尽到其社会角色所应做之事。② 而"名分"本身就是通过"礼"来界定和体现的,"礼"是总的规范体系,"名"是具体的"名分"和社会角色规范,"名"与"礼"二者在表达和实践社会规范方面是一致的。所谓"正名",就是实践了"名"所要求的规范,也就实践了礼,否则就是"名不正则言不顺,言不顺则事不成,事不成则礼乐不兴"。

---

① 参见陈启云:《中国古代思想文化的历史论析》,第 126—142 页;杨伯峻:《论语译注》,中华书局 2006 年版,第 151 页。

② 参见李泽厚:《论语今读》,第 301—303 页;冯友兰:《中国哲学简史》,赵复三译,世界图书出版公司 2011 年版,第 36 页。

可以说,"名"是通过"礼"具体加以规定和体现的,"正名"就是对"礼"的具体实施。所以,"正名"对于礼的实施十分重要,故孔子将它摆在为政之先。

(四)"为政以德":孔子的政治过程观

如果说"复礼"是建构社会政制体系的话,则实行德治就是孔子的基本政治过程观。在他看来,政治就是统治者以仁民爱物为原则或出发点,以政令刑罚为辅助,对人民实行道德教化的过程;或者是成己成物、由内圣开出外王的过程。为政以德虽然涉及许多问题,但其重点则在于深刻把握政治的本质,在此基础上以德化民,对人民先富后教,以及处理好德礼与政刑的关系。

1. 孔子的"政治"观

首先,让我们看看孔子对政治本质的理解,或者孔子的基本政治观是什么。对这个问题,孔子曾有一段定义式的话:

> 政者,正也。子率以正,孰敢不正?(《论语·颜渊》)

就是说,政治或者治国的活动本质上就是一个统治者在道德上正己正人,对人的道德潜质进行开发弘扬的道德教化过程。它具体包括两个方面:一是在上者自己首先做到思想和道德上的纯正,合乎"仁"或"道"的要求;二是对人民、对在下的人进行道德感召与教化。在上的统治者和在下的人民在思想、道德上都归于"正"了,天下就没有不能治理的道理。

当然,孔子说这段话有一个预设的前提,即每个人身上都具有可以被教化的道德潜质,人人都有成为君子的可能性。这与前述孔子"仁"的思想和"有教无类"的思想是一致的。

2. "为政以德"与"无为无不为"

既然政治的本质如此,则统治者修身以德并对人民实施德治,自然就成为政治中的关键。他反复强调说:

> 上好礼,则民莫敢不敬;上好义,则民莫敢不服;上好信,则民莫敢不用情。(《论语·子路》)

子曰:"其身正,不令而行。其身不正,虽令不从。"(《论语·子路》)

子曰:"无为而治者,其舜也与。夫何为哉?恭己正南面而已矣。"(《论语·卫灵公》)

在孔子看来,一种最高的治理境界应该是像舜治理天下那样,自己首先把该做的事情做好了,把自己的思想道德归于纯正,率先遵守各种礼制和道德规范,人民则自然心悦诚服,到那时就不需要那些繁琐苛刻的行政规制和刑罚等强制手段,就可以"无为而治"了。

需要注意的是,儒家虽然也讲无为,但是和道家齐万物、等死生的无为不同的是,它的"无为"是尽量少用强制性的行政、刑罚手段去对付人民,多用道德感召、教化的力量去引导人民,对于行政、刑罚而言是"无为",对于以德化民而言恰恰是"无不为"、大有作为。①

3. 处理好"以德"与"以刑"的关系

强调政治的重心在于以德化民、对人民实行德治,势必涉及如何处理道德礼乐教化(德、礼)与各种强制手段(政、刑)的关系问题。

虽然孔子在终极意义上认为,一般人都有机会成为君子,但也承认现实中的人性不齐,有君子、小人的区别,因此政令刑罚等强制手段也就有其必要性。他说:"听讼,吾犹人也,必也使无讼乎?"②一方面,孔子承认自己也和别人一样,也接受诉讼这类法律事实有存在的必要,所以不否认自己也可能"听讼",并且在听讼中也会按照现有法律处理案件(他在任鲁国大司寇时确实杀过少正卯);另一方面,孔子又强调,"听讼"这样的事情乃是不得已而为之,其最终目的应该是使国家没有诉讼。所以,当季康子问"如杀无道,以就有道,何如"时,孔子反问说:"子为政,焉用杀?"③意思是当政者不要一上来就想到杀人,在对人民使用刑罚的问题上要慎之又慎,尽量少用。在此基础上,孔子提出了他对待政刑的基本原则:

导之以政,齐之以刑,民免而无耻。导之以德,齐之以礼,有耻且

---

① 参见张星久:《儒家"无为"思想的政治内涵与生成机制——兼论"儒家自由主义"问题》,《政治学研究》2000年第2期。

② 《论语·颜渊》。

③ 同上。

格。(《论语·为政》)

认为不能把政治的重心放在用政令来管理、领导,用刑罚来规制、惩罚,那样人民只求免于受罚,心中没有耻感;而应该以德为根本,以礼制加以规范,那样民众才会有耻感,内心也会认同规范。

4. 对人民"先富后教"

对人民实施道德教化为本的政治,首先要养民富民,解决好人民的基本生活问题。从根本上说,满足人民基本生活、生存的需要,使人民免于战争、饥饿等灾难,是孔子关心人民疾苦、悲悯人类命运的仁爱精神的最低要求。同时,也是由于孔子看到了现实中的人在道德水平、利益追求方面是不一样的,所谓"君子喻于义,小人喻于利","君子怀德,小人怀土,君子怀刑,小人怀惠",[①]有人关注原则和道德伦理,有人关注实际的生活和利益。

因此,首先要满足百姓的现实利益要求。所谓"足食足兵,故民信之矣","百姓足,君孰与不足,百姓不足,君孰与足",[②]满足了百姓的基本生活、生存需要之后,再来实施道德教化才会有效果。所以,当冉有问孔子百姓"既富矣,又何加焉"时,他回答说"教之"。[③] 这就是孔子"先富后教"的思想,正是在孔子思想的基础上,后人提出"仓廪实而知礼节"的观点。可见,孔子在物质文明和精神文明的关系上是非常务实的,他的这种先富后教的思想和一些人"饿着肚子干革命"的做法是不一样的。

总之,一般人都认为政治离不开强制镇压和暴力,孔子虽不否认这一点,但又认为血腥和暴力的成分不应该成为政治的本质和主流,否则就使人类偏离了"仁",偏离了政治的"文明"大道。政治的本质和主流应该是维护人类的文明和弘扬人性光辉的一面,政府应重在发挥爱护百姓、保障民生、教化人民的职能,使人们得到道德自尊和生活幸福,尽量缩小政刑的作用范围,扩大教化、礼制的调控范围。这大概就是当时中国人的"小政府、大社会"的思想。

[①]《论语·里仁》。
[②]《论语·颜渊》。
[③]《论语·子路》。

(五)"以道事君"式的"公忠"伦理

在孔子看来,一个士大夫应以行仁、行"道"为自己的终身事业。所谓"志于道,据于德,依于仁",直至"杀身成仁"。① 同时孔子及其弟子也知道,在世道混乱、人心浇薄、功利原则大行其道的时代,他所标举的以仁为核心的道德理想事业极其艰巨,所谓"士不可以不弘毅,任重而道远,仁以为己任,不亦重乎?死而后已,不亦远乎"。② 倡导士大夫应发扬自强弘毅、不畏艰险的精神,努力实践其道德理想,其中就包括致力于得君行道,说服国君们接受其政治理念,实现其政治抱负。终其一生,孔子都在寻找这样的"用我者"。这样,在入仕为官的时候,一个士君子与君主在礼数上虽然是君臣关系,但却是以"道"而不是以君主的利益和意志为最终目标,从而对君的"忠"也就是有条件的了。具体看看他对这个问题是怎样阐述的:

所谓大臣者,以道事君,不可则止。(《论语·先进》)
天下有道则见,无道则隐。邦有道,贫且贱焉,耻也。邦无道,富且贵也,耻也。(《论语·泰伯》)
邦有道,谷;邦无道,谷,耻也。(《论语·宪问》)
道不行,乘桴浮于海。(《论语·公冶长》)

他认为,臣不应该为了个人的私利去出仕做官,牺牲"道"以迎合君主的好恶,而是应该按照"道"的准则和要求去处理与君的关系,如果不能,也只好终止自己的仕途。具体地说,在政治清明、君主"有道",有实现自己政治抱负的可能性的时候,君子可以去做官,活跃在政治舞台上;反之,如果世道黑暗、天下无道,一个人还享受高官厚禄、荣华富贵,那是一个君子应该感到可耻的事情。正因为如此,孔子甚至有时感叹世无贤君而萌生流亡海外的念头。

同时,他认为在日常生活中,君臣之间也要相处以道,符合礼的规范,而不主张臣下一味地服从,片面地愚忠。所以他说:

---

① 《论语·述而》《论语·卫灵公》。
② 《论语·泰伯》。

> 君使臣以礼,臣事君以忠。《论语·八佾》

可见,在君臣关系上,孔子延续了春秋时期基于道德理想和某种"公道"原则的"公忠"伦理,坚决反对无条件地服从君主个人意志和利益的愚忠或"私臣"伦理的"忠"。从古代知识分子和政权的关系看,他那以道为己任、以仁为己任的追求,使他具有了对现实的某种独立精神和疏离、超越意识。有人说,知识分子最大的特点或宿命就是流亡心态,就是无家可归的漂泊感;[①] 也有人说,哲学家就是怀着一种乡愁到处寻找家园的人,孔子就是这样的哲人。在那样黑暗的时代,他一生周游列国,进行身体的流亡,可谓"绕树三匝,无枝可依";还经常在梦里回到周公的身边,甚至还要浮海远去,时刻经受着精神的流亡。庄子讥讽孔子是主张"君臣大义,无所逃于天地之间",事实上是误解。从孔子本人的进退出处上看,亦非忠臣不事二主,而是朝秦暮楚,去鲁仕卫。这种以道事君的精神,是后世儒家与权势者之间(道与势)始终存在紧张关系的原因。

总之,孔子把"仁"作为人类社会从而也是国家政治生活的最高法则和目标,认为"仁"的基本含义是以家庭亲情之爱为起点,然后推己及人达到爱众,即关怀、包容、平等地对待他人,达到对人类整体的关切和责任;为了实现"仁"的精神,一方面需要社会成员加强道德修养和学习,另一方面需要以西周为典范建立礼仪制度。在政治方面,认为政治的本质应该是维护人类文明的基本原则,彰显人性的光辉,君主和国家应该为政以德,把治国的重心放在保民富民、以德化民方面,尽量缩小法律制裁和暴力镇压的范围,进而提出以"仁"为核心的政治观(主要表现为"为政以德")。

三、儒家的政治思想——孟子

(一) 孟子的生平简介

孟子,名轲,战国中期邹国人。相传孟子是鲁国贵族孟孙氏的后裔,按

[①] 参见爱德华·W.萨义德:《知识分子论》,单德兴译,生活·读书·新知三联书店 2002 年版,第 44—57 页。

照较流行的说法,生卒年代大约在公元前 372 年至公元前 289 年,是战国百家争鸣高潮中儒家学派的主要代表,孔子思想的主要传承人和发扬光大者。

有关孟子早年的生活经历,史书记载不是很详细,在其流传至今的故事中,所谓孟母三迁、断杼教子的故事,主要是汉代人追记的,最早见于《韩诗外传》(一般认为是汉初韩婴所撰)和刘向的《列女传》。而且关于孟子的早年记载中,大多只见其母,不见其父,所以多数人认为孟子早年丧父。根据后人的追记,孟子在母亲的教导下,自幼勤奋好学,15 岁左右开始"受业于子思(孔子之孙)"。① 大约 30 岁到 40 岁之间,孟子在邹鲁一带收徒讲学,学生曾经有数百人。大约在 40 岁左右,孟子也像孔子一样,带着弟子周游列国,试图推行其政治学说。先后辗转到过梁(魏)、齐、宋、滕、鲁等国,但大多数国君都和梁惠王差不多,觉得他的主张"迂远而阔于事情",不能用。在他第二次去齐国的时候,正赶上齐宣王恢复"稷下学宫"(相当于国家最高学府),招揽了百家争鸣中各派代表人物数千人。齐宣王虽然对他很欣赏,聘他为客卿,待遇很好,"致禄万钟",但齐宣王最关心的是如何称霸,对孟子那一套仁政学说终觉派不上用场。在 60 多岁时,孟子回到邹国,在家乡著述教学,直至去世。

孟子虽然也没能施展抱负,但生活似乎比孔子优越。他所到之处,各国国君动辄赠以厚资,且"车数十乘,从者数百人,以传食于诸侯",②声势很大。孟子在孔子基本思想体系的基础上,对孔子思想中隐而未发的内容(如性善论等)进行了正面系统的阐述,对孔子关于"仁"的思想做了进一步发挥,系统阐述了仁政、民本、王道等思想,使儒家思想体系更丰富、更完善。当然,由于具体时代条件、个人经历的不同,孟子的思想比孔子似乎更激进,也更具有亲民性。

孟子在儒家中被奉为"亚圣",被视为儒学的嫡系传人,也经历了一个历史过程。总起来看,汉唐以前提起儒家的传承谱系,一般都是周(公)、孔并称,孟子尚不为人重视。唐代韩愈在《原道》中提出儒家道统传承系统时,才把孟子作为孔子之后的唯一传人。宋代王安石变法时期,开始把《孟子》列为科举考试科目,孟子本人被封为邹国公,并从祀孔庙,纳入国家祭

---

① 也有观点认为是受业于子思的门人。
② 《孟子·滕文公下》

祀对象；徽宗时期又把《孟子》列为十三经之一。元至顺元年（1330 年），文宗皇帝加赠孟子为"邹国亚圣公"，孟子正式被官方确认为与孔子并称的"亚圣"。

（二）性善论：仁政的哲学基础

1. 性善的证明

性善论在孔子那里比较隐晦，在孟子那里得到了系统而明确的阐述。在孟子看来，"人性之善也，犹水之就下也"。[①] 如何证明呢？他从经验和常识方面加以论证，举例说："今人乍见孺子将入于井，皆有怵惕恻隐之心，非所以内交于孺子之父母也，非所以要誉于乡党朋友也，非恶其声而然也。"这就说明人人皆有"不忍人之心"或恻隐之心，否则，"无恻隐之心"就"非人也"。[②]

这种潜在的性善是天生的，没有谁专门去教育，人身上就有这种"不学而能"的"良能"和"不虑而知"的"良知"。比如，"孩提之童，无不知爱其亲者，及其长也，无不知敬其兄也；亲亲，仁也；敬长，义也；无他，达之天下（天下人心皆同）也"。[③]

所以，只是由于我们是人，就会具有人才会有的恻隐之心。所谓"人之所以异于禽兽者几希"，[④]这点善心、亲亲之心，是我们人之为人以及与禽兽的根本区别所在。当然，从今天的眼光看，孟子的这种论证还是直觉式的、或然性的，未必符合严格的逻辑论证要求。

2. 从四善到四德

那么，人性善具体表现在哪些方面呢？孟子认为，我们人身上潜在地存在着四种善的端苗：

> 恻隐之心，人皆有之；羞恶之心，人皆有之；恭敬之心，人皆有之；是非之心，人皆有之。恻隐之心，仁也；羞恶之心，义也；恭敬之心，礼也；是非之心，智也。（《孟子·告子上》）

---

① 《孟子·告子上》。
② 《孟子·公孙丑上》。
③ 《孟子·尽心上》。
④ 《孟子·离娄下》。

恻隐之心,仁之端也;羞恶之心,义之端也;辞让之心,礼之端也;是非之心,智之端也。(《孟子·公孙丑上》)

有了这四种善的端点、生长点,就可以在此基础上加以发明扩充,经过一定的修为,就可以成长为仁、义、礼、智四德,即所谓"凡有四端于我者,皆知扩而充之矣。若火之始燃,泉之始达;苟能充之,足以保四海;苟不充之,不足以事父母"。①

同时,他也强调仁、义、礼、智四德"非由外铄我也,我固有之也",②说明在解决对善如何进行发扬的问题时,他还是遵循了孔子的内在开掘路线。

3. 人性本善与"皆可以为尧舜"

人人身上都有善端,首先意味着人人都有平等向善的机会,同时说明,人性在原初状态下也是根本接近的。孟子举例说,鞋匠做鞋子,事先并不知道天下所有买鞋者的脚的尺寸大小,但人们还是可以买了穿,鞋匠做的鞋不会和人的脚差得太远,不会把鞋做得像草筐子那么大,使人没法穿。为什么呢?是因为"屦之相似,天下之足同也"。③ 又比如人的口味、听力、审美等感觉能力也是接近的,"口之于味,有同耆也,易牙先得我口之所耆者也;如使口之于味也,其性与人殊,若犬马之与我不同类也,则天下何耆皆从易牙之于味也?至于味,天下期于易牙,是天下之口相似也;惟耳亦然,至于声,天下期于师旷,是天下之耳相似也;惟目亦然,至于子都,天下莫不知其姣也;不知子都之姣者,无目者也;故曰,口之于味也,有同耆焉;耳之于声也,有同听焉;目之于色也,有同美焉"。④ 意思是说,大厨师易牙做的饭菜每个人都觉得好吃,是因为他事先知道每个人的口味是差不多的,如果人的口味存在像狗和马之间那样大的差别,再好的厨师也无法满足人的口味了;同样的原因,天下人莫不欣赏音乐大师师旷的音乐,莫不承认美男子子都的美貌,都说明人的感觉能力是一致的。既然人对事物的感知能力是一致的,当然在义理方面也是"人心同然"。据此,孟子得出一个著名的观点,即"人皆可以

---

① 《孟子·公孙丑上》。
② 《孟子·告子上》。
③ 同上。
④ 同上。

为尧舜",①认为人人在道德资质上是平等的,都有成为圣人君子的机会。

在此基础上,孟子更提出圣人与民众为同类的观点,认为"圣人与我同类者","圣人之于民,亦类也"。就如同凤是鸟类,麒麟也是走兽类一样,"舜,人也;我,亦人也"。② 这些言论意味着,对于我们普通人来说,圣人、君子也并非不可企及。

4. 人性的后天差别

孟子认为,虽然每个人在善的潜质和成圣的机会方面都是一样的,但是人性却有后天的差别,有君子小人、先觉后觉的分别。故"天之生斯民也,使先知觉后知,先觉觉后觉"。③ 之所以存在这种后天的差别,主要是后天的环境影响,特别是后天的主观努力不同造成的。

他举例说,"富岁,子弟多赖;凶岁,子弟多暴,非天之降才尔殊也,其所以陷溺其心者然也",认为丰年的时候,年轻子弟们为善的多,而荒年的时候则为恶的多,不是上天赋予他们的材性不同,而是饥寒使他们陷溺了本心。就好比种庄稼,虽然播下同样的种子,也采取了相同的管理方法,还是由于土地、气候条件和具体耕作管理不同,即由于"地有肥硗,雨露之养,人事之不齐"等因素,造成实际收成不同。④ 不过在孟子看来,虽然人不能改变客观的环境,但同样的禀赋下,后天的主观努力不同,其道德实践的结果却大不相同。就好比五谷,对人来说本来是好的,但如果种不好,可能还"不如荑稗"。⑤

在孟子看来,现实中许多人之所以善的本性不能发扬光大,成为小人或恶人,就在于主观上任由环境控制,放纵了私欲,使欲望压倒了本然的良心,而不求追复——他把这叫做"放心"。所以,善与不善,能否将潜在的善变为现实,最终取决于个人后天的修养,取决于在环境诱惑面前不失本心、不"放心"。因此,要成就现实的善,成为君子,就要加强后天修养,与"放心"做斗争。这就好比养了鸡犬,放养在外边,到时候就会将其找回来;种了桐梓之树,就要不断灌溉培养。孟子把这种后天的自我道德修养又叫做"尽心""存

---

① 《孟子·告子下》。
② 《孟子·告子上》《孟子·公孙丑上》《孟子·离娄下》。
③ 《孟子·万章下》。
④ 《孟子·告子上》。
⑤ 同上。

心",具体来说就是"以仁存心,以礼存心",从而"不失其赤子之心"。① 这样,现实生活中君子、小人的分野就在于,前者"尽心""养性""存心",后者"放心""从欲"。

(三) 仁政与王道

在性善论的基础上,孟子提出了他对政治的基本看法:大体上也是沿着内圣外王的思路,强调"以不忍人之心,行不忍人之政",②从"尽心""存心"、唤起人们内在的仁爱之心出发,推广到政治的各个层面,形成他的"仁政"或者"王道"政治思想。而"仁"的精神在政治生活中的集中体现,就是"贵民""重民"的民本思想,以及如何"养民""保民"的政策主张。

1. "贵民"与民本:仁政的核心原则

孟子吸收和继承了西周以来的天道-民本思想,将其纳入自己的仁政思想体系中,并进一步明确提出,国家或者政治的根本目的在于保民利民,民心向背是君王获得政治合法性的根本基础。从逻辑上说,孟子既然认为统治者应该基于仁心施政,在政治上自然就会"贵民""重民",把增进民众的利益、解除民众的疾苦放在第一位。比如,他认为"民为贵,社稷次之,君为轻,是故得乎丘民而为天子";认为尧舜禹汤得天下虽然是"天与",实际上也是"人归",因为"天听自我民听,天视自我民视"。③ 孟子虽然也不否认君主的权力在形式上仍然受命于天,但是认为天命最终又以人心归向为转移,所以人民才是国家根本,才是国家的真正主体,人民的利益才是政治的根本目的。这也是判断一个君主或政权是否具有合法性、是否得天命而具备统治资格的根本标准。

既然人民是政治生活与国家活动的最高目标,民意是统治合法性的基础,孟子进而提出重视民心、尊重民意的主张。他认为统治者在施政时应该一切从民心、民意出发。比如用人时,应该是国人皆曰贤,则察之而后用之;判案时,国人皆曰杀,则察之而后杀之。同时,统治者也应该乐民之乐,忧民之忧,"乐以天下,忧以天下",④以人民的利益为最高利益,与人民同甘共苦。

---

① 《孟子・尽心上》《孟子・告子上》《孟子・离娄下》。
② 《孟子・公孙丑上》。
③ 《孟子・尽心下》《孟子・万章下》。
④ 《孟子・梁惠王下》。

这已经接近现代人"人民的意志高于一切"的观念。

为了进一步强调其民本思想,孟子还从反面暗示反抗暴政的革命正义性。他认为,既然政治的根本目的在于民,政治统治的根本前提和基础是民心,则不行仁政就必然失去民心,丧失统治资格。比如,有一次他问齐宣王:"大王的臣下中有人去楚国远游,行前把妻儿托给一个朋友照料,等到这个人回来后,发现自己的妻儿却正在挨饿受冻,大王您觉得对这样的朋友该怎么办?"齐宣王回答说,"弃之",意思是放弃这个朋友算了。孟子马上话锋一转追问到:"四境之内不治,则如之何?"言下之意是说,既然不能保护自己妻儿的朋友该放弃,则一个君主失职,不能保护百姓平安,也应该"弃之",齐宣王对此当然只好"顾左右而言他"。① 在另外一次谈话中,孟子针对贵戚之卿的功能提出:"君有大过则谏,反复之而不听,则易位",明确指出与君主同宗的卿大夫有放逐、驱逐不道君主的权利,说得齐宣王"勃然变乎色"。②

不仅如此,孟子认为在必要的时候甚至可以诛杀暴君。孟子认为商汤放逐夏桀、武王伐纣是正义的,在他看来,"贼仁者谓之贼,贼义者谓之残,残贼之人谓之一夫,闻诛一夫纣矣,未闻弑君也"。③ 此外,像"君之视臣如土芥,则臣视君如寇仇",④讲的也是同样的道理。

孟子的思想已经近于"大逆不道",难怪朱元璋看到后龙颜大怒,要将孟子从从祀孔庙的名单中除名,并下令删节他那些鼓励犯上作乱的话,编修《孟子》删节本。

2. 保民养民:仁政的政策主张

君主的职责就在于保民,"保民而王,莫之能御",⑤这也是仁政和王道的要求。具体如何施政才算是保民、养民、实行仁政呢?《孟子·梁惠王上》有一段孟子说给梁惠王的话,基本上可以反映孟子关于"仁政"的具体政策主张:

地方百里而可以王。王如施仁政于民,省刑罚,薄税敛,深耕易耨;

---

① 《孟子·告子上》。
② 《孟子·万章下》。
③ 《孟子·梁惠王下》。
④ 《孟子·离娄下》。
⑤ 《孟子·梁惠王上》。

> 壮者以暇日修其孝悌忠信,入以事其父兄,出以事其长上,可使制梃以挞秦、楚之坚甲利兵矣。彼夺其民时,使不得耕耨以养其父母;父母冻饿,兄弟妻子离散。彼陷溺其民,王往而征之,夫谁与王敌? 故曰:"仁者无敌。"王请勿疑。

这里提到仁政的具体内容包括省刑罚、薄税敛、不夺民时等,再结合孟子的其他有关论述,可以将其养民、保民的仁政措施概括为几个主要方面。

首先,要给人民一定的"恒产",使其具有基本的经济生活条件。孟子认为,除了士君子能够做到"无恒产"而"有恒心",[1] 大部分小民百姓还是容易看重眼前私利,正所谓"无恒产者无恒心"。[2] 这和孔子"君子喻于义,小人喻于利",以及先富后教的思想是一致的。与孔子不同的是,孟子所处的具体社会条件又有很大的变化,当时井田制已遭到彻底破坏,很多农民失去土地这一基本谋生条件,故孟子特别重视农民的土地问题,主张国家应确保农民享有稳定的、基本的财产,以维持基本的生存条件。在实现了仁政的社会制度中,孟子认为理想的财产状态应该是,每个"八口之家"的农户都有"五亩之宅""百亩之田",[3] 在此基础上构建一个安定和睦的基层社会。那么,如何使民众保有一份稳定的土地"恒产"、实现上述目标呢? 他提出的解决方案是在平均分配土地的基础上"正经界",明确划定土地的边界和归属,具体说就是恢复古代的井田制,并认为这就是实现仁政的起点。

> 夫仁政,必自经界始。经界不正,井地不钧,谷禄不平,是故暴君污吏必慢其经界。经界既正,分田制禄,可坐而定也。(《孟子·滕文公上》)

孟子认为,正是由于土地边界不固定、不清楚,容易造成赋税负担不公,贫富分化,暴君污吏任意侵夺,才使得小民百姓丧失赖以生计的土地,而恢复井田制则可以解决这一问题。其井田制的具体内容是:

---

[1]《孟子·梁惠王上》。
[2]《孟子·滕文公上》。
[3]《孟子·梁惠王上》。

其一，以八家为一井（大方块田），共九百亩土地，其中每家各一百亩私田，剩余一百亩为各家共耕的"公田"；

其二，"公事毕，然后敢治私事"，八家农户共同耕作公田，公田的耕作任务完成后，再去干自己私田上的农活；

其三，"死徙无出乡，乡田同井，出入相友，守望相助，疾病相扶持，则百姓亲睦"，各户永不离开家乡，互相友爱、帮助，形成和睦的小农经济社区。[1]

在西方的"天赋人权"思想中，因财产是维持生命的基本条件，故把财产权列为一项基本人权。孟子则从其仁政、民本思想出发，实际上也是基于对人民生命和生存权的重视，提出国家具有赋予和保护民众"恒产"的职责问题。应该说，二者在大的方向是一致的。但他关于井田制度的规划，明显具有空想成分，其八家共耕一井土地的设想，既不考虑各家的人口多少及其人口变化情况，也没考虑土地的肥瘦以及是否齐整。他更没有看到，春秋时期已经出现"公田不治""田在草间"的问题，在现有的"思想觉悟"下，人们关心自己的利益往往超过"公家"的利益，种自己的"自留地"（私田）总比种公田更有积极性，这类"吃大锅饭"引发的难题，似乎都不在其考虑之列。

其次，要薄赋敛，"不违民时"。主张实行什一税，去关市之征，[2]尽量减轻农民的赋税负担，减去对工商业的征税；官府的徭役征发也不要干扰正常的农业生产，以维持农民的基本生产生活秩序，保障基本的生产生活条件。

再次，轻刑罚。在对人民进行规制和处罚时，统治者要有仁爱、同情之心，尽可能使刑罚宽松。

此外，他坚决反对各国君主穷兵黩武的兼并战争，认为"民憔悴于虐政，未有甚于此时者也"，主张"善战者服上刑"。[3]

3."王道"思想

把"仁"的精神用于治国，其最高的成效和境界就是人民心悦诚服，四海归心，天下一统，也就是由内圣而达到外王的境界，孟子把这种仁政的最高

---

[1]《孟子·滕文公上》。
[2]《孟子·滕文公下》。
[3]《孟子·公孙丑上》《孟子·离娄上》。

境界叫做"王道",用以区别于他所坚决贬斥的"霸道"。

虽然王道作为一种整体的政治境界,内涵十分丰富,但是作为一个与霸道相对的概念,王道的基本特点是,统治者能像古代的圣王那样以仁心治天下,"以德行仁""以德服人",获得人民"心悦诚服"的拥戴;而霸道则是"以力服人","未有不嗜杀人者",用暴力劫持残害人民,使人民"憔悴于虐政"。①同时,王道政治下由于得道多助,人民心悦诚服,因此能够不追求国家规模的扩张而使国家自然强大,如汤以七十里小国而王;而霸道政治则是失道寡助,只能靠扩张国家的规模、靠国家体量的增大来谋求和维持"霸者"地位,这就是所谓"以力假仁者霸,霸者必有大国;以德行仁者王,王不待大"。② 但是,孟子告诉世人,要对王道政治充满信心,无论实行霸道的国家及其统治者一时多么强大,终会因违反人类文明大道而没有出路;只有行王道,施仁政,"保民而王",才会"莫之能御"。

不过在孟子看来,要实行王道政治,当务之急是采取"以德服人""以德行仁"的方式实现统一。因为连年不断的战争已经使百姓困苦之极,早日结束这种血腥残暴的战争,实现和平与统一是社会普遍的愿望。《孟子·梁惠王上》有这样的记载,梁襄王一见到孟子,就急切地"率而"提问"天下恶乎定",孟子认为"定于一",梁襄王又问"孰能一之",孟子答以"不嗜杀人者能一之"。尽管孟子觉得梁襄王"望之不似人君",还是不厌其烦地向他阐述以德服人、"仁者无敌"的道理,说"今夫天下之人牧,未有不嗜杀人者也,如有不嗜杀人者,则天下之民皆引领而望之矣"。可见,在孟子的心目中,既强烈主张结束战乱、实现统一,又希望以王道统一天下,反对迷信武力的霸道统一路线。为了突出其坚决反对暴力征服、反对兼并战争的主张,孟子甚至把"王道"的要求降到了"不嗜杀人"的标准,并提出"善战者服上刑",③"五霸者,三王之罪人也"。④

孟子的王道思想对于当时忙于武力竞赛的国君们来说,自然是迂阔不切实用,但它似乎给我们揭示了"国家能力"的另一种衡量指标:从长远看,靠武力征服拼凑的仅仅是经济、军事和人口规模意义上的"大国",未必强

---

① 分别参见《孟子·梁惠王上》《孟子·公孙丑上》。
②《孟子·公孙丑上》。
③《孟子·离娄上》。
④《孟子·告子下》。

大;建立在人类文明核心价值基础之上、具有道义精神共同体的国家,也就是具有文明力量等"软实力"的国家才是真正有力量的。

(四) 君臣、"道""势"之间

1. 以德致位与"天吏""天位"思想

在如何看待君权的问题上,孟子继承了上古的"代天理民"思想,以及孔子"以道事君""杀身成仁"的精神,从人性(性善)自然平等的思想出发,进一步提出"以德致位"与"天吏""天位"的思想。他认为,君主虽然在人间是地位最高的,但君主权位来自于天,因而君主是"天吏",其职位是"天位",其享有国家元首的地位也意味着享有一种"天禄"。① 他要强调的是,君主只是众多的"吏"和职位、俸禄中的一种,只是天的代理者,是上天给予的一种职责,其权位并不是自己所有,不能用来谋求私利。而君主的天职即在于为政以德、保民利民——这一问题在前面已经说过——则君权对于天、民来说便不再具有终极价值。

2. 从"道"不从君

既然君权来自天道,则在君臣之上有个更高的准则或意志——道,君臣关系也完全是以道为转移的,而君子出仕做官,实际上是献身于"道"的实践。孔子提出"士志于道",孟子认为君子出仕应"立天下之正位,行天下之大道,得志,与民由之;不得志,独行其道,富贵不能淫,贫贱不能移,威武不能屈",②而不应该委身于君主个人。他借用子思对鲁缪公的话说:"以位,则子君也,我臣也,何敢与君友也?以德,则子事我者也,奚可以与我友也。"③认为尽管从名分地位上说,君主和君子之间是君臣关系,但是如果从君子作为道德承载者这一点来说,则应该是师徒关系。此外,孟子提出"古之贤王,好善而忘势,古之贤士,何独不然?乐其道而忘人之势",④也是强调在权势者面前要保持守道者的尊严,使"道"尊于人主的威势。

在坚守从道不从君、保持作为一个"道"的承载者的自尊自重感的前提

---

① 分别参见《孟子·公孙丑上》《孟子·万章下》。
② 《孟子·滕文公下》。
③ 《孟子·万章下》。
④ 《孟子·尽心上》。

下,孟子认为一个大臣的真正职责应该是"务引其君以当道,志于仁而已",①时时注意"格君心之非",②遇到君主有过错,就应无保留地谏诤,反复谏诤不听则离开。如果是暴君在位,甚至可放、可伐、可诛。为了实践道,还要做到"志士不忘在沟壑,勇士不望丧其元",③和孔子一样抱持杀身成仁的信念,随时准备抛尸沟壑。

基于这一原则,孟子坚决反对人臣以顺为忠,盲目地服从君主的意志,认为"以顺为正者,妾妇之道也"。此外,还认为"君不乡道,不志于仁,而求富之,是富桀也……君不乡道,不志于仁,而求为之强战,是辅桀也",这些当今所谓的"良臣"却是古时所谓的"民贼"。④

孟子政治思想的主要特色和贡献在于,他沿着孔子"为仁由己""不假外求"的逻辑思路,系统地提出和论证了性善论,认为人有先验的道德情感和能力,因而在道德完善方面是机会平等的,现实中的君子和小人之分是后天的原因造成的;他在孔子"仁"的思想框架下,综合了西周以来以民本为核心的天道观,提出了仁政和王道思想,以及相应的保民、惠民的政策建议和制度设计,使儒家的仁学理论在政治领域内得到进一步丰富和完善;他在孔子"以道事君"的原则基础上,提出了"天吏"说、"格君心"说,以及道尊于势、暴君可诛的思想,是造成中国历史上儒家与专制国家之间存在内在紧张、发生摩擦冲突的主要理论源头,同时也把中国传统意义上的"革命"思想推向高潮。

四、儒家的政治思想——荀子

(一) 荀子思想的特点

荀子,名况,字卿,战国末年赵国人,曾周游于赵、魏、秦、齐等国,齐襄王时曾三次担任稷下学宫的祭酒(学宫之长)。晚年定居于楚国,曾被当权的春申君委任为兰陵令,在秦统一六国前十多年卒于楚国。荀子是孔子之后

---

① 《孟子·告子下》。
② 《孟子·离娄上》。
③ 《孟子·滕文公下》。
④ 《孟子·滕文公下》《孟子·告子下》。

儒家的另一位重要思想家,他在批判清理先秦诸子思想的基础上,对儒家思想作了重要的发挥和修正,其思想主要保留在由他参与撰写的《荀子》一书中。

荀子在一些基本问题上和孔孟(特别是孔子)是一致的。孔孟主张立君为民,"士志于道",荀子也强调"天之生民,非为君也,天之立君,以为民也","从道不从君";孔孟主张王道、仁政,荀子也认为"行一不义,杀一无罪,而得天下,仁者不为也"。① 孟子主张"关市讥而不征""无夺农时",荀子也主张"轻田野之税,平关市之征,省商贾之数,罕兴力役,无夺农时";孟子提出"人皆可以为尧舜",荀子则说"涂之人可以为禹"。②

但荀子也和孔孟之间存在着许多差异,其基本差异在于各自观察问题的视角、方法不同。和孟子强调人有先验的道德情感,重视德性的作用不同,荀子更强调人有先验的理智能力,重视理智的作用,因而理智主义是他观察思考问题的基本方法和视角。③

首先,在知识论与方法论上,孟子认为"学问之道无他,求其放心而已矣",④认为求知是一种把放散的心找回来的内省过程,或心性开掘过程,所以孟子的学问成为心性之学。荀子则针锋相对,认为求知的过程恰恰是向外开掘的过程,而知识也是一种客观的经验性知识。

其次,在对待天以及以天为核心的宇宙论问题上,孔孟思想中虽然人文主义色彩十分浓厚,天的形象已经十分模糊,基本是用道、用仁来界定天,或者把天作为道德的超越形式,但还是承认天的存在,承认天在形式上为万物的主宰,为政权转移的最高根据。而荀子则将这种人文意义上的天彻底否定,提出"天人相分"的观点,将其视为与人事无关的纯粹自然之天,甚至进一步提出了"制天命而用之"的主张。

再次,在人性论上,孟子主张人性本善,而荀子则认为人就其自然本性

---

① 《荀子·大略》《荀子·臣道》《荀子·王霸》。
② 《荀子·富国》《荀子·性恶》。
③ 参见韦政通:《中国思想史》(上),上海书店出版社2003年版,第207页。牟宗三先生也指出,荀子思想"实与西方重智系统相接近",参见牟宗三:《名家与荀子》,载《牟宗三先生全集》(2),台湾联经出版事业股份有限公司2003年版,第165页。另外本节关于荀子思想的特点以及哲学基础的介绍,亦参考了韦政通《中国思想史》(上)第九章的相关内容。
④ 《孟子·告子上》。

而言本无善恶,是人放纵了自然本性之后,才使人性在现实中表现为恶。

最后,在政治主张方面,孔孟强调"为政以德",主张以道德教化为本,重在发挥人性善,而荀子则偏于礼法,重视尊君和外王之学。

正因为这些特点,使他的思想在某些方面接近法家,故韩非子、李斯皆曾学于荀子。加上荀子常指名道姓地抨击"亚圣"孟子,因此唐宋以后的儒者认为其学不纯,甚至欲将其逐出儒门。

总之,荀子的思想比较复杂,也存在一些自相矛盾之处,留下许多让后人争论不休的问题,但他基本上仍然属于儒家,只不过在具体问题上有所偏离。

学习荀子政治思想这一节内容前,我们首先不妨给自己提出这样的问题:人类的各种社会制度、秩序是如何产生的?其功能是什么?思考以后再来看荀子对这些问题的回答。

(二) 荀子思想的哲学基础与方法

荀子关于政治的思考和主张,是建立在他对人性、对世界的基本看法基础之上的,这些对于人性和世界的基本看法主要包括性恶论、关于理性能力是人的独特性的认识以及"天人相分"的观点,它们构成了荀子政治思想的哲学基础和方法论。

1. 性恶论

在人性的问题上,荀子主张人性本恶,与孟子性善论的观点明显不同。他在《荀子·性恶》里断言"人之性恶,其善者伪也",认为所谓的人性善是后天人为努力的结果。对于这一论断,我们不能简单地从字面上进行理解,而必须结合荀子的具体论述,才能准确把握其含义。

在荀子看来,人性就是大自然赋予的天性,是和生物本能一样天生的、自然的,所谓人性"感于自然","性者,天之就也,不可学,不可事",或者说"生之所以然者谓之性"。① 具体地说:

> 凡人有所一同,饥而欲食,寒而欲暖,劳而欲息,好利而恶害,是人之所生而有也,是无待而然者也,是禹、桀之所同也。(《荀子·荣辱》)

---

① 《荀子·性恶》《荀子·正名》。

照此看来,人性中的情欲和欲望本来是天生所有、自然而然的生物属性,也是凡圣无别、不分贵贱高低的。既然是自然的、类似生物本能的东西,则人性本来就无所谓善恶(不是孟子的人性本善),荀子为什么又说人性是恶的呢?

荀子的回答是:当我们人类顺从这些本能而放纵它们,使之无节制地发展时,就走向了恶。他说:

> 今人之性,生而有好利焉,顺是,故争夺生而辞让亡焉;生而有嫉恶焉,顺是,故残贼生而忠信亡焉;生而有耳目之欲,有好声色焉,顺是,故淫乱生而礼义文理亡焉。然则从人之性,顺人之情,必出于争夺,合于犯分乱理而归于暴。(《荀子·性恶》)

好利、好声色,趋利避害是人皆有之的天性,但是"顺是"——放纵它而不加以节制,"从人之性,顺人之情",就会导致争夺、残贼、淫乱,产生恶。

这样,我们就可以把荀子性恶论的具体含义概括为:人性本无善恶,人性的恶是人放纵自己自然本性的结果,是人性的一种恶的倾向性或特殊表现。① 经由这样一种性恶论,荀子已经在暗示对这人性恶的倾向性加以控制的必要性,而下面将要介绍的荀子对人的理性能力的讨论,则又预设了人性由恶走向"伪"和国家治理走向礼治的可能性。

2. 理性与人的独特性

如果人身上只有动物属性或恶的一面,首先就无法解释人和其他生物的区别,更谈不上构建人类社会的礼乐文明秩序。所以,思考人在万物中的独特性,进行人禽之辨,也是荀子必须面对的问题。不同于孟子把四端及其扩充而成的仁心作为人之为人的特质,荀子提出:

> 水火有气而无生,草木有生而无知,禽兽有知而无义,人有气、有生、有知,亦且有义,故最为天下贵也。力不若牛,走不若马,而牛马为用,何也?曰:人能群,彼不能群也。人何以能群?曰:分。分何以能行?曰:义。(《荀子·王制》)

---

① 参见韦政通:《中国思想史》(上),第208页。

在这里，荀子通过对人和水火、草木、禽兽之间的异同进行层层比较，发现人的独特性就在于"有义"，正是这个"义"，才使人区别于其他生物，"最为天下贵"。

那么，什么是"义"呢？综合来看，它不属于孔孟所谓仁、义、礼、智四德之一的范畴，而是一种理智的辨别力或理性思维的潜能。在大致相同的意义上，他又把这种"义"称为"辨"或"分"的能力。比如，在有的地方他又说，人之所以为人者，"以其有辨也"，"辨莫大于分"。[1] 有时候，他把这种理性的选择、权衡能力叫做"心之择"或"心虑"。他说：

> 不事而自然，谓之性。性之好恶喜怒哀乐，谓之情。情然而心为之择，谓之虑。心虑而能为之动，谓之伪。（《荀子·正名》）

结合后面我们还要讲到的"化性起伪"问题，就可以清楚地看到，荀子认为人顺着"性"这种自然本能的要求就会产生情，对情不加控制就会产生恶与争斗，而人与其他动物的不同之处就在于，人思维中还有一种"心虑"的功能，或理性的判断能力，使人有可能在性情发动之初就加以权衡利弊、合理引导，作出更有利于自己长远利益的选择，"化性起伪"，选择一条通往"善"的道路。[2] 可见，正是人所独有的这种理智判断能力，或驾驭情欲的理性能力，才使人有可能从恶扭转到善，从自然之性达到"伪"，进而构建起礼乐文明秩序。而所谓"圣人"，就是比一般人更加"能伪者"，实际上也是更具有这种理性判断和驾驭能力的人。

弄清了这种人区别于动物的独特性，我们就不难理解荀子思想体系中其他的主要问题，如在人性恶的条件下，人如何能化性起伪，如何能够作出对"礼"的选择等问题。

3. 天人相分论

前面我们已经说过，孔孟思想中人文主义色彩已经十分浓厚，天的形象已经十分模糊，但还是承认天在形式上为万物主宰，天仍被视为政权转移的最高根据。而荀子连这种人文意义上的天也予以彻底否定，明确提出"天人

---

[1] 《荀子·非相》。
[2] 参见韦政通：《中国思想史》（上），第208页；李泽厚：《中国古代思想史论》，第113—114页。

相分"的观点,认为天命与人事无关,政治治乱的原因在于人。

荀子基本上把天理解为一种自然力量。星移斗转,四时运行,寒暑变化,风雨雷电,万物方生方死,这些自然现象都属于天。人的生理现象也是天所赋予的:人有肉体后就有精神活动,叫"天功";人有好恶、喜怒、哀乐,叫"天情";人有耳、目、鼻、口等感觉器官,叫"天官";人心作为一身的主宰,叫"天君"。① 总之,所有非人为的自然现象都属于天。

既然天是一种自然现象,则天不会干涉人事,祸福吉祥都是人自己行为的结果,与天无关。那些勤劳积极、生活节约的人,天不能使他穷,反之也不能使懒汉变富,所以"不可以怨天";当然,人的行为也不能改变、影响天,所谓"天行有常,不为尧存,不为桀亡"。天不会因为一个人好就格外照顾他,也不会因为人的喜好而改变自己的运行,好比人人都厌恶冬天的寒冷,但是"天不为人之恶寒也辍冬"。②

从这种天人相分、天道即"自然"的观念出发,荀子又提出"制天命而用之"的主张,认为"大天而思之,孰与物畜而用之;从天而颂之,孰与制天命而用之",③强调与其崇拜天、歌颂天,不如利用它、控制它。但是荀子在这里却明显混淆了两种"天"的概念,即把他所认为真实的自然之天,等同于人们信仰中主宰万物的天神,这就把他的观点带到了自相矛盾之中。按道理,既然要"制天命而用之",当然就必须了解它、研究它,发展出一套客观的知识系统,掌握它的规律,可是荀子却又通过一段很长的论证提出,"君子敬其在己者,而不慕其在天者","唯圣人为不求知天"。④ 这样,荀子的思想刚刚向外打开探索客观、独立知识的一线之天,便又回到"六合之外,圣人存而不论"⑤的思想框架中去了。所以有的学者评论说:"荀子有客观精神,而其学不足以极成之。"⑥

不过,他提出的天人相分观点,恰恰是为了打破人们由"天"引起的焦虑、恐惧以及对治乱原因的误解,把人从传统天命观的困扰中解放出来,以

---

① 参见《荀子·天论》。
② 同上。
③ 同上。
④ 参见《荀子·天论》。
⑤ 《庄子·齐物论》。
⑥ 牟宗三:《名家与荀子》,载《牟宗三先生全集》(2),第174页。

便集中注意力讨论和关注人事;他重在强调,政治上的治乱与天无关,不应该向上天追问社会矛盾和人间苦难的根源,而应该积极行动,尽起我们作为人的一份责任来,从而在对天命观的解构中,为他的礼治思想的提出进一步扫清障碍。

大体上可以这样总结荀子的主要哲学观点与后面所要讲的政治学说之间的关系:其性恶论意在强调或暗示对人性恶的倾向加以控制的必要性;他的天人相分、天道自然的观点则进一步说明,人类应对善的道德、良好的政治负起责任;而他对人的理性或理智能力的阐发,又预设了人性由恶走向善、走向礼治的条件和可能性。

(三) 以"礼"为核心的政治学说

1. 礼的必要

正如前面所说,荀子认为每个人生来具有各种欲望和趋利避害的本能,如果不对这种欲望和本能加以节制,就会产生各种恶行,社会就没有了起码的秩序。为此,就必须通过后天的主观努力,矫正控制人性之恶,"化性起伪"。这种"化性起伪"的人性控制工程,除了依靠"积学"、教育之外,最主要的就是靠礼义法度。他说:

> 礼起于何也?曰:人生而有欲,欲而不得则不能无求,求而无度量分界则不能不争。争则乱,乱则穷。先王恶其乱也,故制礼义以分之,以养人之欲,给人之求。(《荀子·礼论》)

又说:

> 立君上,明礼义,为性恶也。《荀子·性恶》)

具体说来,人生而有欲,虽然"力不若牛,走不若马,而牛马为用",但是人"能群",能过群体生活,得以成为"最为天下贵"的主宰;然而,人又是性恶的,趋利避害的,"群而无分则争,争则乱"。① 为了社会整体的利益,必须制定礼以

---

① 《荀子·富国》。

界定相互间的关系。人之为人,人类的群体生活得以维持下来,就在于人有礼制。与此相反的是,"人无礼不生,事无礼不成,国家无礼不宁"。①

尽管荀子的论证不那么严密,但有一点是非常清楚的:由于人性本是恶的,必然要从外部设立礼法制度对人的欲望加以约束、改造,这和孟子的观点不同。孟子认为人性是善的,政治的重点就在于扩充、拓展这些善而达于仁政。

从现代人的眼光看,荀子的"礼"实际上就是一套社会制度或规则系统,它对实现起码的社会秩序,维持一个社会免于崩溃,当然是至关紧要的。

2. 礼的内涵与功能

由于在荀子的思想中,"礼"是社会制度、规则体系的总和,因此礼的内涵和作用范围就非常广泛。举凡传统的祭祀礼节仪式、饮食、服饰、行为细节等等,都要按照等级尊卑关系,通过礼加以界定和调节。荀子把礼概括为三个方面:

> 礼有三本:天地者,生之本也;先祖者,类之本也;君师者,治之本也。无天地,恶生?无先祖,恶出?无君师,恶治?三者偏亡,焉无安人。故礼,上事天,下事地,尊先祖而隆君师,是礼之三本也。(《荀子·礼论》)

可见,按照用途,礼可以分成三个类型:一是侍奉天地的,处理与天地关系的;二是侍奉先祖的,处理与先祖关系的;三是侍奉君师的,处理与君师关系的。这意味着礼实际上涉及人如何通过一定的规则系统,处理好与天地所代表的自然界、祖先所代表的家庭社会关系,以及君师所代表的政治关系。

结合前面的介绍可以看到,荀子认为礼的根本功能就在于防止人的恶性泛滥,使人类"能群",能够处理以上各种社会关系,实现群体生活中的秩序。那么,礼的功能究竟如何发挥呢?荀子反复强调说,是因为礼能"分"或"明分",即礼能设定我们在社会中的地位、利益关系以及权利义务关系。正如现代人所见,由于存在着资源稀缺这个"刚性约束"条件,所以人类需要制

---

① 《荀子·大略》。

定规则，对资源进行优化配置，荀子也非常敏锐地看到了这一点：

> 欲恶同物，欲多而物寡，寡则必争矣。故百技所成，所以养一人也……穷者患也，争者祸也。救患除祸，则莫若明分使群矣……礼者，贵贱有等，长幼有差，贫富轻重皆有称者也。（《荀子·富国》）

又说：

> 人之生，不能无群，群而无分则争，争则乱，乱则穷矣。故无分者，人之大害也；有分者，天下之本利也；而人君者，所以管分之枢要也。（《荀子·富国》）

在他看来，在一个资源有限而人的欲望、需求无限的社会里，为防止人们无序竞争乃至斗争，关键在于"明分"，建立起合理的资源配置规则，这种规则就是礼。而以"人君"为代表的国家和政府，其最重要的职责就是制定礼的规则体系，使社会"有分"，即社会成员"贵贱有等，长幼有差，贫富轻重皆有称"，其地位、权利义务以及各种利益分配等，都得到合理界定与规范，从而避免因无序争斗而引起的祸患，维持良好的社会秩序。

荀子甚至在某种程度上涉及了现代制度经济学的一些重要观念：在"欲多物寡"、资源稀缺的情况下，制度创制非常重要，优良的制度可以在某种程度上改变"穷"，缓解资源稀缺的问题。原因在于，一旦建立起礼的秩序，就可以使社会有"贵贱之等，长幼之差，知愚能不能之分"，进而形成良好的社会分层和职业分工，"使人载其事而各得其宜"，"农以力尽田，贾以察尽财，百工以巧尽械器，士大夫以上至于公侯，莫不以仁厚知能尽官职"，士农工商、劳心者与劳力者各安其业。[①] 这样，礼治不仅带来秩序，而且会造成财富的涌流，所谓"万物得宜，事变得应，上得天时，下得地利，中得人和，则财货浑浑如泉源"，"天下何患乎不足也"。[②]

礼具有这样的功能和作用，所以《荀子》一书里反复强调其重要性，认为

---

① 《荀子·荣辱》。
② 《荀子·富国》。

礼事关人生和国家治乱的根本。比如,认为"礼者,人道之极也","国之命在礼","礼之于正国家也,犹如权衡之于轻重也,如绳墨之于曲直也,故人无礼不生,事无礼不成,国无礼不宁"。①

3. "化性起伪"与礼的产生

通过前面对性恶论和礼的功能的论述,荀子告诉我们,礼对于人类社会是极其必要和重要的。那么在现实生活中,这种礼是否具有产生和实现的可能性呢?特别是在他已经断言人性为恶的情况下,礼产生的现实条件和途径又是什么呢?

想想荀子对人类理智潜能的分析,不难找到问题的答案。荀子认为,虽然人性本来为恶或具有恶的倾向,但是人又具有独特的理智潜能和驾驭情欲的理性能力,正是因为这种潜能和能力,使人又具有控制自然本性、向善转化的可能性。换句话说,有了这种潜能和能力,人类才不至于只有一种恶的归宿,而是还存在着一种向善的、向文明转化的可能性。

具体来说,由于人类具有理智潜能和理性能力,也就具备接受教化、接受礼乐制度规训的条件和可能。所谓"木中绳则直","性也者,吾所不能为也,然而可化也",②只要经过后天锲而不舍的积累、学习,就可以培养善的东西。荀子把这种接受教化和规训、控制和扭转恶性的过程,叫做"化性起伪"。所谓"伪",从"人"从"为",意指经过人的后天努力获得的、并非"感于自然"的东西。在荀子看来,人类身上文明的、善的东西都是"化性起伪"的结果,都是矫正、改造人性恶的结果,所以"化性起伪"实际上就是改恶从善、彰显人类文明的过程。而"圣人"之所以不同于常人,就在于他能把人类理智潜能、人类文明的东西发挥到极致,因而是最能"明分",从而也是最能"伪"的人。用他的话说就是:"圣人之所以同于众,其不异于众者,性也;所以异而过众者,伪也。"③

人性既然有可"化"、可"伪"的条件与可能,接下来就要思考"化性起伪"的途径了。荀子主张通过制定一套礼仪制度这一根本途径,来遏制、扭转人性的恶,达到礼治和善的社会秩序。可以说,一部《荀子》,其中心内容就是

---

① 依次见《荀子·礼论》《荀子·强国》《荀子·大略》。
② 《荀子·劝学》《荀子·儒效》。
③ 《荀子·性恶》。

围绕着礼展开的;通过礼来实现理想的社会秩序,也是荀子思想体系的逻辑结论。正是这个原因,他才不厌其烦地强调礼的重要性,视之为人道之极、国家命脉。而圣人最能"明分"、最能"伪",当然也就顺理成章地成了荀子心目中礼的创制者或第一推动力:

> 圣人化性而起伪,伪起而生礼义,礼义生而制法度。然则礼义法度者,是圣人之所生也。(《荀子·性恶》)
>
> 圣人积思虑,习伪故,以生礼义而起法度。(《荀子·性恶》)

不过,礼被制定出来后还只是一套客观的制度规则,它要发挥"善"的功能,还需要社会成员经过后天的学习、修养,克服、扭转本性中的恶,去充分认识礼,自觉实践礼。他认为,只要经过后天锲而不舍的学习、积累,就可以培养起善的道德:

> 积土成山,风雨兴焉;积水成渊,蛟龙生焉;积善成德,而神明自得,圣心备焉。故不积跬步,无以至千里;不积小流,无以成江海。(《荀子·劝学》)
>
> 今使涂之人伏术为学,专心一志,思索熟察,加日悬久,积善而不息,则通于神明,参于天地矣。(《荀子·性恶》)

也正是从这个意义上,荀子提出"涂之人可以为禹",认为只要发挥好后天修养、积学的功夫,人人都有成为君子、圣人的机会。虽然这和孟子的"人皆可以为尧舜"的人性论预设不同,结论却是殊途同归。

总之,荀子认为尽管人性为恶,但是又存在着扭转向善的可能,如果任其泛滥不加节制、不去扭转,社会就会陷于无序的争斗混乱而瓦解,因此需要圣人这个力量,由他们出来制定礼仪制度,对人们加以规训引导,再经过人们后天的修养学习,就可以使人们"化性起伪",去恶向善,建立起以礼为中心的良好社会秩序。

4. 隆礼与尊君的政治主张

礼的制度规范体系既然对于人类的生活、社会的维系和文明的延续如此重要,而且又有创制礼、实践礼的条件、途径和力量,则不难想见荀子的基本治国主张首先就是推崇礼的作用、重视礼的制度设计与实施。同时,由于荀子总体上认为人性恶,人虽然具有理智思维和判断的潜能,但必须通过圣人、先王这个外部力量的引导,才有选择向善的可能,因此从荀子的性恶论和崇礼思想,必然又导致崇尚圣王之治、维护君权的人治主张。

具体来说,荀子尊君的理由大致有如下三点:

第一,圣人是礼的创制者。所谓"圣人化性而起伪,伪起而生礼义,礼义生而制法度。然则礼义法度者,是圣人之所生也"。①

第二,圣人、君主是一个国家政治生活的中心,是礼制的推行者和道德实践的监督者。他认为,"有治人,无治法","法不能独立,类不能自行;得其人则存,失其人则亡;法者,治之端也;君子者,法之原也",②没有君主这个推动和监控力量,礼法制度不会自己运行。

同时,君主也是社会分工体系和伦理秩序中的核心。在他看来,"天地生君子,君子理天地,君子者,天地之参也,万物之总也,民之父母也。无君子则天地不理,礼义无统,上无君师,下无父子,夫是之谓至乱",③所以,"君者,国之隆也",④君是一个国家的最高权威和代表。

第三,尊君是礼的核心内容。如前所说,"上事天,下事地,尊先祖而隆君师,是礼之三本也",则"隆君师"是礼制的三个根本内容之一。

总之,对于国家的治理,应该以"隆礼义""隆君师"作为施政的基本原则。

需要注意的是,荀子强调"隆君"和圣人之治,主要还是着眼于圣人、贤君在创制、实施礼制中不可或缺的作用。从他坚持儒家立君为民的基本立场看,尊君不是目的,而是因为他看到,在现实社会中,离开君主及其所代表的国家权威这个手段,无法建立和维持其以礼为中心的社会秩序,无法使人民过上"善"的优良生活。所以说,他是出于功利的目的提出尊君主张的,这和儒家的立君为民、天下为公的原则并不矛盾。

作为儒家思想阵营的重要成员,荀子以罕见的理论勇气提出了诸如性恶论、天人相分说等具有颠覆意义的哲学理论,并站在"化性起伪"的理论高

---

① 《荀子·性恶》。
② 《荀子·君道》。
③ 《荀子·王制》。
④ 《荀子·致士》。

度上,论述了礼的制度规范的必要与功能,及礼的产生条件、途径与力量,提出了尊君隆礼的现实政治主张,从而系统地构建起了以性恶论为基础、以礼为中心的政治学说。虽然他的理论体系中还存在着一些薄弱、模糊乃至自相矛盾的地方,但他无疑是儒家思想传统中少见的、极富理性主义精神和制度思维的人。

总结与讨论

主要政治学问题

本讲首先分析影响春秋战国时期思想大变动的主要因素和条件,并透过一些政治人物的言论和重要观念分析了当时的思想新动向。接下来,从仁的内涵与地位、复礼行仁、为政以德、以道事君等方面介绍了孔子的仁学思想;围绕孟子对性善论的详细论证、仁政与王道思想、君臣"道""势"关系等方面,介绍了孟子的政治思想;最后,在分析荀子性恶论、人的理智特质以及天人相分哲学的基础上,介绍了荀子以礼治为核心的政治学说,主要涉及他关于礼的必要与功能、"化性起伪"与礼的实现条件及途径,以及隆礼尊君的主张。通过这些内容可以看出,以儒家为代表的思想家们至少提出和继续深化了以下几个重要的政治学问题:

• 政治权力的终极来源和正当性依据(合法性基础)问题,表现为更加强调民心、民意为基础;"天"的作用日益形式化和淡化,到荀子则提出"天人相分"说,从根本上斩断了"天"这个政权的形而上依据。

• 关于政治分析中的人性论问题,孟子和荀子各自展开了正面讨论,在构建政治理论时提出了性善论和性恶论两种不同的人性预设。

• 关于政治的目的和最高原则问题,在西周"保民"思想的基础上,进一步明确以"仁"为目标和最高原则,并提出实行"仁政"的具体政策和制度设计,如轻徭薄赋,明德慎刑,保障百姓的基本财产权。

• 关于对"政治"的理解问题,认为政治在本质上是一种实施仁政和进行道德教化的过程。

• 关于国家和政府职能问题,讨论更为丰富,除了道德教化、保民惠民之外，开始意识到国家应该作为制度供给者，在制定以礼为核心的制度规则体系方面发挥更大的作用。

● 关于"反叛"和政治忠诚问题，产生了以"道"为对象和以君主个人为对象的两种"忠"的观念与伦理，儒家主要奉行前者，认为臣民有权反抗无道、暴虐君主的统治，而这并不违反"忠"的伦理。

影响、意义与尚待探讨的问题

孔子在继承、综合前人思想的基础上创立了以仁为核心的儒家学说，确立了儒家的重要概念体系与基本理论逻辑；孟子沿着孔子的逻辑思路，系统地提出和论证了性善论，开辟了儒家心性之学的发展方向，同时提出了仁政和王道思想，使儒家的仁学理论在政治领域得到进一步丰富和完善；荀子则系统地构建了以性恶论为基础、以礼为中心的政治学说，在推进儒家外王之学的发展方面作出了独特贡献。在他们的努力下，儒家基本完成了其概念体系、理论内涵和理论逻辑的构建，成为内涵丰富、体系比较完善的思想体系。儒家虽然也看到了人性堕落的问题，但是依然对人类和人类文明怀抱着希望与热忱，坚持以人的幸福和尊严、人性和人道的丰盈作为社会、国家政治生活的中心任务，作为人类文明的根本原则和方向，把保护人民、造福人民而非镇压、恐吓人民作为政治的主流，可谓登临思想绝顶，抓住了文明的实质问题与根本法则。儒家一方面肯定君权、父权所代表的伦理秩序，注重家庭亲情，维护百姓生产生活秩序，主张明德慎刑、对人民先富后教；一方面始终坚持"仁""道"的理想，主张公天下，反对私天下，主张从亲情之爱推己及人，发展到对人"一视同仁"，对他人、对人类全体的关怀与友爱，因而既有扎根生活常识常情、"造端乎夫妇"的现实主义的一面，又有"察乎天地""任重道远"的超越与理想的一面。正是这些特点，使得儒家思想在传统社会中显得更有解释力，更能包容人们各个层次的心理需求和愿望，因而更容易成为当时中国人集体意识的代表性符号，这是它最终能够成为中国文化传统中主流思想的根本原因所在。

同时，儒家思想的许多观念和概念，在剥离了原来的语境之后，也能对人类现代文明的发展、民主政治以及公民社会的建设发挥积极影响。比如，儒家强调以人作为社会生活和政治生活的中心，实际上揭示了文明社会的普遍法则；它主张政治的主要功能是保护、造福人民而不是镇压、控制人民，政治的本质不在暴力统治而在人道、人性等文明的方面,这与人类政治文明发展的大方向当然是一致的;它的"推己及人""恕道""己所不欲,勿施于人"等观念,与现代社会倡导的平等、宽容、友善等公民美德也大体是一致的;它主张"从道不从君",强调忠诚于规则和道义而不是君主个人,也符合现代社会崇尚规则、反对人格型隶属关系的公民文化要求。另外,儒家思想特别是在荀子的思想中,还存在着相当丰富深刻的制度思维,这也为我们在与西方新制度主义对话时提供了一定的本土资源。

当然,这些思想家也留下了一些后人持续争议的问题。

比如,在孔子关于仁的观念中,"爱亲"和"爱众"之间的关系还是有些模糊不清,儒家的仁究竟是特殊之爱还是普遍主义之爱?这一问题成为人们争论不休的问题。孟子重视心性功夫的作用,强调"仁者无敌",推动了儒家"内圣"之学的发展,但不免有弱于"外王事功"、轻视制度作用的缺憾;另外,他提出的正经界、复井田的小农社会蓝图,实际上是要构建一个绝对静止、封闭、平均的空想社会,成为中国传统文化中空想乌托邦思想的重要来源。荀子思想的明显缺陷在于,他的性恶论与圣人制礼、"化性起伪"之间的逻辑关系还是很模糊的,甚至是牵强、矛盾的。既然人人都是性恶的,既然圣人是人不是神,那么,他为什么就没有恶而能"伪",为什么有资格创制礼以使人向善?同样的道理,从荀子性恶论出发,势必需要一个贤明之君创制维护礼仪制度,从外部对人性加以约束,但是如何能保证君主这个"第一推动者"是善而不是恶?在传统的思想和政治知识限制下,荀子无法找到限制君权、保证其不会滥用权力的答案,这不光使他的理论有成为空中楼阁之嫌,而且在实践中又为君主的专制集权提供了依据。

进一步思考的问题

1. 概述春秋战国时期"忠"的两种内涵及其影响。
2. 孔子"仁"的内涵是什么?
3. 荀子对"礼"的起源和功能是怎样论述的?
4. 概述孟子性善论的主要内容。
5. 概述孟子的"仁政"思想。

第三讲

争鸣与繁荣

——春秋战国时期的政治思想(下)

> **核心内容**
>
> ○ 墨子：社会的出路在于"兼爱"代替"自爱"；"尚同"、敬天、实行贤能之治是实现"兼爱"社会的条件与保证
> ○ 老庄道家："道"为本体、"道法自然"的世界观与方法论；"有为""乱性"为社会混乱的总根源；对理性、道德与制度文明的解构；无为而治的主张
> ○ 法家：自利是人类行为的动因；利益关系是政治统治关系的基础；以暴力为核心的专制国家论；以法为本，法、术、势结合的政治过程论

在上一讲，我们主要介绍和讨论了春秋战国时期的社会变革与一般思想动向，以及儒家中孔子、孟子和荀子的政治学说。本讲则接着介绍和分析法家、墨家以及道家的学说。如果说，理解儒家思想的关键词是"仁"和"礼"，那么墨家的关键词就是"兼爱"，道家的关键词就是"道"和"无为"，法家的关键词就是"尚法"。

一、墨子的政治思想

墨子名翟，生卒年代不详，一般认为是春秋末期战国初期宋国人。墨子虽是宋国贵族目夷的后代，但到他出生时，已沦为社会下层，其制造木器的

手艺十分高超,与公输班(鲁班)齐名,曾当过宋国的大夫。据说墨子最初从孔子学习儒家思想,后来自创门户,成为战国时的显学之一。墨家有严密的纪律,违反者受制裁,"杀人者死,伤人者刑";墨子死后,其首领需要选举,弟子出仕要由首领委派,俸禄要上缴一部分。墨家既宣传自己的政治主张,又习武打仗,帮助他认为是正义的一方(曾派弟子为宋国守城),很像是一种行侠仗义、文武结合的民间结社组织。

墨子的政治思想主要围绕"兼爱"展开。他认为,"自爱"而不能"兼爱"是人类社会争斗、动乱的根源,解决这些问题的出路就在于建立一个"兼爱""尚同"的社会。所以,"兼爱"既是他观察社会政治问题的理论方法,又是他的基本政治主张。

(一)"兼相爱、交相利"的基本理论

1."兼爱":国家的基本职能和目标

墨子首先从国家权力的起源和历史发展的客观趋势方面,说明君主等国家权力的基本职能和目标。

墨子认为,在"未有刑政"、没有政治法律和国家的时代,人们都是自私自利的,只知自爱而不相爱,结果是"一人一义",每个人追求自己的利益,坚持自己的价值偏好各不相让,于是便"交相非也",产生利益冲突,造成"天下大乱,至如禽兽然"。[①] 所以,人类历史是从自私引起的混乱、冲突开始的,这类似于霍布斯所谓的人对人像狼一样的"自然状态"。

为了改变这种混乱状态,就需要国家和政府的力量以"同天下之义",确立统一的是非判断标准,为此就要选择"贤良、圣知、辩慧之人",担任天子、三公、诸侯国君、将军、大夫、乡长、里长等职,建立各级国家政权机构。

> 明乎民之无正长,以一同天下之义,而天下乱也,是故选择天下贤良、圣知、辩慧之人,立以为天子,使从事乎一同天下之义。天子既以立矣,以为唯其耳目之请,不能独一同天下之义,是故选择天下赞阅贤良、圣知、辩慧之人,置以为三公,与从事乎一同天下之义。天子、三公既已立矣,以为天下博大,山林远土之民不可得而一也,是故靡分天下,设以

---

① 《墨子·尚同中》。

为万诸侯国君,使从事乎一同其国之义。国君既已立矣,又以为唯其耳目之请,不能一同其国之义,是故择其国之贤者,置以为左右将军、大夫,以远至乎乡里之长,与从事乎一同其国之义。(《墨子·尚同中》)

那么,以天子为代表的国家或政府究竟是如何产生的? 墨子思想中还不可能有"民约论"或"选举民主"的主张,他在《尚同》篇里虽不止一次地说到"选"天子,但究竟如何选择、由谁来选择,他并没有正面说明。不过从其"天志"说来看(详后),他既然把"天"视为一切权力、政治制度的终极来源,则他所谓的"选择"天子其实是"天选"。① 比如,他将古书《相年》里的"夫建国设都,乃作后王君公,否用泰也;轻大夫师长,否用佚也;维辩使治天均"就解释为:

此语古者上帝、鬼神之建设国都、立正长也,非高其爵、厚其禄、富贵佚而错之也,将以为万民兴利除害、富贵贫寡、安危治乱也。(《墨子·尚同中》)

古人"建国设都"被说成"上帝、鬼神""建设国都、立正长"。另外他还提到,文王、武王这些人之所以成为"三代圣王",是因为"其为政乎天下也,兼而爱之,从而利之,又率天下之万民,以尚尊天事鬼、爱利万民,是故天鬼赏之,立为天子,以为民父母",②在这里就明确地说,是上天将这些三代圣王"立为天子"。不过墨子尚贤的重点在于强调,由于人类的私欲私利导致冲突、争斗乃至战乱等灾祸,客观上需要国家公共权力加以调节、控制,君主等国家权力就是为了改变这种人人自利自爱、实现兼爱的社会而产生和存在的。墨子的这一思想也意味着,政治的根本在于舍去自爱而达于兼爱,从而实现由乱返治。

2. "自爱":社会矛盾的总根源

在历史分析之外,墨子又用他的"兼爱"说解释社会问题产生的总根源。在他看来,人类社会一切祸乱的总根源,就在于人人自爱而不相爱,臣不爱

---

① 参见萧公权:《中国政治思想史》,第130—131页。
② 《墨子·尚贤中》。

君,子不爱父,弟不爱兄长,大夫各爱其家而不爱异家,诸侯各爱其国而不爱异国。① 而墨子认为,当时社会问题的总根源也在于此。他说:

> 今诸侯独知爱其国,不爱人之国,是以不惮举其国,以攻人之国。今家主独知爱其家,而不爱人之家,是以不惮举其家,以篡人之家。今人独知爱其身,不爱人之身,是以不惮举其身,以贼人之身。是故诸侯不相爱,则必野战。家主不相爱,则必相篡。人与人不相爱,则必相贼。君臣不相爱,则不惠忠。父子不相爱,则不慈孝。兄弟不相爱,则不和调。天下之人皆不相爱,强必执弱,富必侮贫,贵必敖贱,诈必欺愚。凡天下祸篡怨恨,其所以起者,以不相爱生也。(《墨子·兼爱中》)

可见,自爱或人人之间不相爱,是天下一切怨恨、矛盾和冲突产生的总根源。

3. "兼爱"精神的特点

既然自爱、自利为万恶之源,所以必须"以兼相爱、交相利之法易之"。而"兼"的对立面就是"别","兼爱"的基本精神是消除人我之间的"别","视人之国,若视其国,视人之家,若视其家,视人之身,若视其身",②把别人的利益等同于自己的利益一样看重。墨子认为,只要每个人都做到这样的兼爱,则一切争斗、灾祸都会消除。

这是否意味着取消了个人利益,使兼爱完全成为利他主义?墨子对兼爱基本上采取的是功利主义态度。在他看来,"无德而不报",通过爱他、利他就可以换来他人的爱己、利己,实现群己关系的协调。他说,要想别人爱利自己的亲人,何不自己先爱利别人的亲人,如果自己这样做了,则别人就会"报我爱、利我亲",所谓"投我以桃,报之以李,即此言,爱人者必见爱也,而恶人者必见恶也"。③ 他甚至把这个原则推延到君臣父子关系上,认为"虽有贤君,不爱无功之臣;虽有慈父,不爱无益之子"。④

可见,爱人利他不是基于儒家所谓人类固有的仁爱之德,也不是上帝

---

① 参见《墨子·兼爱上》。
② 《墨子·兼爱中》。
③ 《墨子·兼爱下》。
④ 《墨子·亲士》。

绝对命令式的外在感召,而是利益计算的结果,是功利的、理性权衡的结果。

4. 非攻

从兼爱出发,墨子强烈反对侵略战争。首先,他从道义上谴责侵略战争,把战争和偷窃等同视之。他认为战争和偷盗都是亏人利己的行为,都是不义的,而人们往往谴责惩罚偷盗者,却将攻入别人国家的行为视为义,这是十分荒谬的。其次,墨子更从人道的角度谴责侵略战争。他认为战争就会杀人,杀一个人在平时都不被法律舆论允许,杀一人就是一重不义,而战争则"刺杀天民","灭鬼神之主,废灭先王,贼虐万民,百姓离散",造成成千上万的人死亡,给百姓造成严重灾难,剥夺上天赋予的生命权利,是触犯天地鬼神的最大不义。①

也正是因为墨子痛恨那种满足君主一己私利私欲的侵略战争,所以才会带着弟子帮助宋国守城,并在《墨子》里面用很大的篇幅讨论如何自卫、如何备战抵抗侵略问题。

墨家兼爱与儒家"推己及人"的"仁"的区别在于:第一,儒家虽然以仁民爱物、兼善天下为最高目标,但始终以家庭亲情为基础,即所谓"家齐而后国治""孝为仁始""爱有差等";而墨家的"兼相爱、交相利"思想则无亲疏之分。第二,仁爱的本源不同。儒家言仁,是以个人固有之仁心为起点,其内在的仁是爱的动力与本源;而墨家的兼爱则是以外在的利、互利的"义"为根据,前者诉诸人的主观情感,认为是天生的、无条件的,不以客观效果为转移的,后者则以现实的利害计较为爱的动力。第三,儒家言仁爱,是本于人类自然感情;而墨家一再暗示人性为恶,如认为人类的政令、君主、刑法的产生,就是因为人类自利。②

(二)尚同与敬天:兼爱的条件与保证

为了达到兼爱交利以治乱世的目的,墨子一则主张在政治上尚同尚贤,统一秩序与思想;一则在思想上抬出鬼神,主张"天志""明鬼",提倡敬天思想。

---

① 《墨子·非攻下》。
② 参见萧公权:《中国政治思想史》,第 126—127 页。

1. 以天子定天下"同一之义"

既然争乱是因为人人自爱、"一人一义"的利益与思想冲突引起的,则实现兼爱的社会,其关键就应该是全国有一个统一的意志、统一的思想,能够"一同天下之义"。意志、思想同一了,也就消除了人与人之间容易产生的分别和冲突,为"兼爱"创造了条件。这种同一之"义"的具体形成办法是:家君发布命令于家,国君总各家之义而同之,然后上同于天子,天子依照天命而总其义。这就是层层"选其义""总其义"。天子实际上是社会公共意志的集大成者和代表者,是最高的立法者。墨子明确地提出:"天子之所是,皆是之;天子之所非,皆非之。去若不善言,学天子之善言,去若不善行,学天子之善行⋯⋯察天下之所以治者,何也?天子唯能一同天下之义,是以天下治也。"①所以,统一的意志,实际上是最后统一于君主的意志。

为了贯彻统一的意志,实现一同之义,还需要相应的具体实施手段。首先是建立统一的国家统治体系,按照"贤良、圣智、辩慧"的标准选择天子,天子选三公,然后分封诸侯为国君,国君选左右将军、大夫,诸侯下设乡长,乡长下设里长,如此层层节制。② 其次是"富贵以道其前,明罚以率其后"。③为了富民,就要停止征战等"费财劳力之事",提倡节用、富民。只有人民生活富裕了,才有可能服从于国家的意志。富民之外,还要制定严明的刑法去赏善抑恶,并在国中广设贤良的羽翼心腹,了解民情,监视坏人,达到"举天下之人,皆恐惧振动惕栗,不敢为淫暴,曰天子之视听也神"的效果。④

墨子提出尚同思想,希望借助国家强制力量在人们心灵中塑造出同一的"义",去统一人的思想和意志,消除人与人之间客观存在的差异,实现社会的高度一致和和谐,这虽然反映了古代中国人对"大同"社会的美好幻想,但在实践上却是不可能实现的"乌托邦工程";而一旦统治者把这种幻想付诸实施,为了要把他自己理解的"义"强加给全社会,必然导致对社会成员从精神到身体的全面控制和奴役,从而走向全能主义的专制独裁。

2. 尚贤事能

墨子提出尚贤,既是理论逻辑所导致的结论,也是对现实问题的有感而

---

① 《墨子·尚同上》。
② 参见《墨子·尚同中》。
③ 《墨子·尚同下》。
④ 参见《墨子·尚同中》。

发。既然他把订立同一之义、尚同作为政治的关键,则必然格外重视人的因素。同时,墨子所处的时代正是贵族世袭制度开始破坏而势力尚存的时期,任人唯亲、"无故富贵"的现象仍然十分严重,造成政治的腐败和混乱。正是基于这种情况,墨子提出要以"尚贤事能为政",并提醒统治者要知道"尚贤之为政本也"。① 这种尚贤的基本要求和做法是:

> 以德就列,以官服事,以劳殿赏,量功而分禄,故官无常贵,而民无终贱。有能则举之,无能则下之。(《墨子·尚贤上》)

或者是:

> 圣王之为政,列德而尚贤,虽在农与工肆之人,有能则举之,高予之爵,重予之禄,任之以事,断予之令。(《墨子·尚贤上》)

总之,要根据功、德、能、劳等德能标准选拔任用人才,强调打破世袭制,不分高低贵贱,人人机会平等。

这样,做到了社会地位、职位与个人的才德、功劳相适合,从根本上说就是以"义"用人,以"义"定富贵,在"义"字面前人人平等,实现了所谓"不义不富,不义不贵,不义不亲,不义不近"。②

可见,墨家和儒家在重视人治、尚贤方面有相通之处。墨家主张在治理国家时,以贤能标准选用人才,儒家虽然主张以孝悌伦理作为政治基础,但也不主张直接把亲亲原则应用到统治人才的选用上,也坚持在用人方面尚贤使能。但两家还是有所区别的,儒家尚贤最终在于成就君子事业,以德化民;墨家则偏重于以实际技能达到治国利民的事功,所以荀子批评墨家"蔽于用而不知文"。③

3. 敬天明鬼

墨子把现实社会中政治秩序的最后根据交给明君、贤人,但是从理论逻

---

① 《墨子·尚贤上》《墨子·尚贤中》。
② 《墨子·尚贤上》。
③ 《荀子·解蔽》。

辑上说,明君、贤人不能凭空产生,也需要有其产生的来源和终极依据。而从现实情况看,墨子一再暗示人性是自私的、倾向为恶的,现实中"仁者寡",找不出足以成为人民师法对象的人,于是最终抬出"天",作为人类的最高主宰。在他看来,"天为贵,天为智",义"自天出",天不仅是全知全能的,而且公正无私,是公益公正的代表,"天志""天意"就是爱民利人、兼爱天下。① 天和鬼神最聪明,自古就能公正赏罚,连天子也比不上,所谓"天子为善,天能赏之;天子为暴,天能罚之;天子有疾病祸祟,必斋戒沐浴,洁为酒醴粢盛,以祭祀天鬼,则天能除去之",故"天之贵且知于天子",因此他反复强调,统治者要像古代圣王一样"顺天之意","敬祀上帝、山川、鬼神"。② 在《墨子·明鬼》篇里,墨子还举出许多例子证明鬼神的存在。

总之,墨子认为人类社会的根本问题在于人的自利和私欲,造成一人一义,互相冲突、互相怨恨,社会混乱;解决这些问题的根本方法在于,建立一个贤能的国家和政府,由它顺从天意,统一人民的思想和意志,消除人与人之间的利益差别和冲突,建立一个在精神和利益上同一、兼爱的社会。

二、道家的政治思想

(一) 道家的特点与代表人物

1. "道"与道家

"道"是中国哲学中的重要范畴。儒家、道家等都曾在不同意义上使用这个概念。一般认为,"道"最初就是指道路,中国人喜欢"观物取象",由"道路"联想到走路要遵循的特定线路、方向,同时道路又是四通八达、通行天下的,由此进一步联想到一种通行天下的规则和道理,联想到世上事物的联系性和同一性,于是这种代表规则、道理和世界同一性的事物就被概括为"道"。

从春秋到战国时期,社会日益混乱,一部分思想家如儒家、墨家人物积

---

① 《墨子·天志中》。
② 《墨子·天志中》《墨子·天志下》。

极入世,致力于谋求济世的道路;一部分思想家则主张独善其身,或者对当时的统治者乃至国家极端失望,认为他们不仅不能给人民带来任何福利,反而成为祸乱的根源,因而痛恨并否定国家和政治社会,认为政治根本就是多余无用之物,主张顺其自然、消极无为,并从哲学上提出"道"为本体的理论加以论证,这一派就被人称为"道家"。

"道"是道家特别是老子理论的核心概念,它有两个基本含义。一是指化生万物的本原或始基。所谓"道生万物""道为天下母",道的本质为"虚"、为"无",所谓"道可道,非常道",是看不见、摸不着,没有任何物质形态的"虚""无"。所以"道生万物",又可以说是"天下万物生于有,有生于无"。总之,它是化生万物的、非物质的实体。二是指世界的最高法则和根本规律。"道法自然",道化生万物的根本法则是自然而然,没有任何意志和造作。

2. 道家的代表人物

一般认为,道家主要代表人物为老子、庄子和杨朱。

老子为道家的创始人,是道家中的正统派。他虽然主张消极无为,对现实的政治采取强烈的批判态度,但仍然表现出参与、改善现实政治的愿望,其代表作《道德经》有许多内容讲的是政治权谋术或君人南面之术。

庄子一派主张"无我"而纯任自然,认为人是自然的一部分,人的本性就是人的自然性,后天的社会性就是"伪",就是反自然、反人性的,文明的社会就是一大牢笼、一大粪坑。所以,人不应该有任何高于自然的念头,应该自视为牛马一类,回归自然,齐于万物,融于自然。

杨朱一派以"贵我""贵己""为我"为基本命题,主张以个人为思考问题的中心,在天下滔滔的世道中,采取隐退和独善其身的态度,拒绝与一切政权合作,并认为这是"贤者避世"。杨朱派多为南方楚人,孟子称这一派是"取为我,拔一毛而利天下,不为也","为我,是无君也……是禽兽也"。[①]

由于奉行消极避世的生活态度,道家的思想家们没有给世人留下多少可记述的生平事迹。杨朱没有留下著作,只是在《孟子》《列子》中保留了一点零星记载;老子生卒年代不详,大约和孔子同时并年长于孔子,司马迁在《史记》中也只有寥寥几句,说他是楚国苦县(今河南鹿邑)人,"姓李名耳,字

---

① 《孟子·尽心上》《孟子·滕文公下》。

聘"。今存的《老子》一书,虽然学术界对其具体的成书年代尚有争议,但一般认为还是基本上保留和反映了老子的思想。① 庄子(约前369—前286年),姓庄名周,战国时宋国蒙(一般认为即今河南商丘)人。史书上关于他的生平事迹记载也很少,只知道曾做过管漆园的小吏,其余大部分时间都过着贫困的归隐生活,拒绝与统治者合作。现存《庄子》一书是研究其思想的主要资料,分为内篇、外篇和杂篇,一般认为内篇是庄子自著,其余为庄子后学所著。

(二) 老子"清静无为"的政治思想

1. "道法自然"的原理与方法

从理论逻辑上说,老子的政治主张是从其以"道"为本体的宇宙观引申出来的,所以我们先从他的"道"说起。

在老子的哲学中,基本观点是强调"道生万物",道是创生万物的本原和母体。但这个"道"是如何化生万物的呢? 老子的解答是:

道生一,一生二,二生三,三生万物。(《老子》第四十二章)

或者反过来说:

天下万物生于有,有生于无。(《老子》第四十章)

在他看来,一切存在的事物、一切具体的"有",都是有限的,道既然是化生万物之母,它当然就不是那具体、有限的"有"了,而只能是包含万有的、无限的"无"了,所以才是"有生于无"。这就意味着,道在万物之外,在本质上就是"无"、就是"虚",对我们具有有限性的人类而言,道就是不可言说的,就是无法从根本上认知之物。所以他说:"道可道,非常道,名可名,非常名。

---

① 《老子》的版本有很多,除了原来流传的汉魏古本如王弼注本外,后来出土了马王堆汉墓帛书《老子》,以及年代更早的郭店楚墓竹简本《老子》。陈鼓应教授撰写的《老子今注今译》,参考了新发现的版本特别是竹简本,综合各家注释详加考订,是较能反映《老子》研究最新成果的著作。读者在阅读使用《老子》一书时,需要注意这一情况。

无,名天地之始;有,名万物之母。"①在他看来,"道冲,而用之或不盈",②大道玄虚无形,作用无穷无尽。

总之,世界起源于道,道是从"无"、从玄虚的状态开始化生万物的。

道既是"无",它生成万物的时候,就不可能是有意识的。一旦有意识,道就沦为"有"了。所以老子强调说,"道常无为而无不为""道法自然",③认为道化生万物就是以纯任自然、"无为无不为"为根本法则,没有任何意志、造作,既不是出于上帝创造世界般的神意,也不是圣人、伟人的意志。

这样一种宇宙观已经预设了观察社会政治问题的基本原理和方法:既然万物都由一个最高的主宰力量(道)化生,既然最真实永恒的东西是虚无、自然的道,这就要求人应该认识到自己是自然的一分子,也应该"顺天""法自然",以使行为合乎"道"的法则;同时,一个理想的、应然的社会,也就应该是符合宇宙大道、顺乎自然、无为而无不为的社会。

2. "有为"是造成社会问题的总根源

从"道法自然"的立场出发,老子对人类社会各种矛盾、苦难的根源展开了分析,进而提出了对文明社会的严厉批判。

在老子看来,天道在于自然无为,符合自然、符合道的东西才是最真实、最长久的东西,但是人类却总有无止境的贪欲,欲望本质上是不能满足的,不能满足却硬要贪求,硬要"有为"。人人都希望"服文采,带利剑,厌饮食",④导致争夺与占有。愈"有为"就愈争夺,所谓礼仪道德等人类文明的东西实际上都是贪欲、有为的结果,人的历史就是食色的历史。天道的本质是"损有余而补不足",而所谓的人道则是"损不足以奉有余",其本质上就是人欲,就是不满足,是违反天道的。⑤ 老子还从历史事实方面证明自己的观点,认为从上古的尧舜禹以来,没有任何一个朝代的制度实现过长治久安,可见文明的制度都有缺陷。

按照老子的逻辑,所谓仁义道德也是与这种欲望、"有为"相联系的。

---

① 《老子》第一章。又《老子》第二十五章:"有物混成,先天地生。寂兮廖兮,独立而不改,周行而不殆,可以为天下母。吾不知其名,强字之曰'道',强为之名曰'大'。"
② 《老子》第四章。
③ 《老子》第三十七章、第二十五章。
④ 《老子》第五十三章。
⑤ 《老子》第七十七章。

"失道而后德,失德而后仁,失仁而后义,失义而后礼。夫礼者,忠信之薄,而乱之首也。"①仁义道德一方面似乎掩盖、抑制了人的欲望,另一方面却似乎又激发了人的欲望和罪恶,所谓"大道废,有仁义;六亲不和,有孝慈;国家混乱,有忠臣"。② 他揭示了人类社会的一种近乎荒诞、悖反的现象:道德总是以不道德为前提,提倡一个方面的道德,恰恰是以这个方面的缺失为前提。试想,在和睦自然的家庭关系中,父慈子孝是再正常不过的,有谁会天天把"孝慈"挂在嘴上?父母为儿女做一点事就说,"我这是爱你的啊",儿女为父母做一点事就说,"我是在践行'孝'的高尚品德啊",这不是虚伪造作吗?同样,在一个正常运行、大臣各尽其责的国家中,也不需要大力弘扬"忠臣"精神。但老子却把对道德的提倡和不道德的现实之间的或然性关联,说成是必然关系,甚至颠倒了因果关系。

立足于这种对于人类社会发展的总体批判思路,老子进一步展开对现实社会问题的分析,对统治者的"有为"、过分干预进行了激烈的抨击。他认为,恰恰是统治者的"有为"、贪得无厌,才使百姓显得"难治"、难以管理,才会造成各种社会问题,才是百姓的灾难。他批评说:

> 以道佐人主,不以兵强于天下。其事好还:师之所处,荆棘生焉。大军之后,必有凶年。(《老子》第三十章)
> 天下有道,却走马以粪;天下无道,戎马生于郊。(《老子》第四十六章)
> 民之饥,以其上食税之多,是以饥。民之难治,以其上之有为,是以难治。(《老子》第七十五章)
> 天下多忌讳,而民弥贫;民多利器,国家滋昏;人多伎巧,奇物滋起;法令滋彰,而盗贼多有。(《老子》第五十七章)

可见,统治者一旦"有为",有了各种贪欲,就会想方设法"折腾"事情,今天用兵打仗、陈兵田野,明天增加收税,这也想管,那也要问,以政令扰民,增加了百姓的负担和苦难。

---

① 《老子》第三十八章。
② 《老子》第十八章。

总之，人类历史每一次所谓"发展""进步"都是"有为"和不断背离大道的过程，一切社会混乱和矛盾、一切政治问题的总根源，就在于掌权者有太多欲望，太想有作为。老子的这些思想，不仅是对当时黑暗的社会现实以及统治者贪婪多欲、任意盘剥压榨百姓行为的抗议和批判，而且还把这种抗议批判上升到了宇宙法则的高度，引申为对整个人类文明弊端的反思，这就使得他对现实的政治和社会抗议达到了前所未有的高度，给人们强有力的震撼。正是在这个意义上，有的学者把老子称为"革命家"，把他的哲学称为"革命的政治哲学"。①

3. 清静无为与小国寡民的政治主张

既然人类社会的一切演变都是与道相背离的，产生各种现实问题的根源就是人的"有为"，那么，解决社会政治问题的根本出路当然也就在于从"有"（有限的、暂时的"有"）退到"无"，从贪婪"有为"回归到顺应自然，采取清静无为或无为而治的政治原则。

在老子的思想中，实行清静无为的政治并非要彻底废除一切国家和政治生活，使社会重归于混沌未开的原初状态（那样也是刻意造作），而是要把"道法自然""无为而治"的精神运用到政治过程中，做到"清静为天下正"，②"处无为之事，行不言之教"，达到"为无为，则无不治"的效果。③

为了实现无为而治，首先要减少政府的功能，收缩政府的管理范围。在老子看来，天下的事能让百姓自治则尽量自治，这样就可以上下皆安，不必庸人自扰；否则，"天下多忌讳而民弥贫"，"法令滋彰，而盗贼多有"，过多的干预会扰民，法禁太多反而会增加腐败的机会。应该说，老子看到了政治过程中一些难以克服的弊端——要管制就需要更多地使用权力，使用权力也就有了更多的腐败可能，所以国家权力的运用与权力腐败之间存在一定的对应关系，但他却把两者之间或然的联系说成是必然的。不过重要的是，老子是要就此强调，政府的管理范围要"损之又损"，实际上是最早提出了管得越少越好的"小政府"思想。

对于这种清静无为的治国理念和智慧，老子还有一个非常精妙的比喻：

---

① 参见胡适：《中国哲学史大纲》，上海古籍出版社1997年版，第36—37页。
② 《老子》第四十五章。
③ 《老子》第二章、第三章。

"治大国,若烹小鲜。"①他认为治理一个大国的要义和智慧如同烹制小鱼一样,要善于把握火候,更要少动、轻动,如果乱翻乱动,繁琐多事,就会把事情办糟。

如何才能做到清静无为呢?前面已经说过,百姓之所以难治,社会之所以问题丛生,根本原因是在上者"有为",贪婪而不知足。因此,统治者首先要做到"无为",减少不必要的活动,"去甚,去奢,去泰",②要薄赋敛、轻刑罚、慎用兵、尚节俭。

其次,被统治者也要认同无为。老子认为,人类的罪恶是由贪欲、有为、进取之心引起的,因此对于人民要采取愚民政策,达到釜底抽薪的效果。这就是"圣人之治,虚其心,实其腹,弱其志,强其骨,常使民无知无欲,使夫智者不敢为也"。③ 在他看来,"绝圣弃智,民利百倍",同时,还要"不尚贤,使民不争;不贵难得之货,使民不为盗;不见可欲,使民心不乱"。④

因此,对老子来说,理想的政治境界就是顺从自然之道,达到"我无为而民自化,我好静而民自正,我无事而民自富,我无欲而民自朴"。⑤ 而他心目中的理想社会,就是一种人民无知无欲、和谐相处的小国寡民社会。

> 小国寡民。使有什伯人之器而不用;使民重死,而不远徙。虽有舟舆,无所乘之;虽有甲兵,无所陈之。使民复结绳而用之。甘其食,美其服,安其居,乐其俗。邻国相望,鸡犬之声相闻,民至老死,不相往来。(《老子》第八十章)

如果说儒家是把人类理想的社会放置于历史开端的"三代盛世",则以老子为代表的道家就是把理想境界放置于历史之外;但两者共同的指向,都是表达了对美好社会的向往和对现实社会某种程度的不满与抗议。

当然,老子还通过对道的体认以及对事物有无相生现象的认识,引申出关于人生智慧和政治智慧的总结,如以柔克刚、谦和虚心、宽容不争、知足不

---

① 《老子》第六十章。
② 《老子》第二十九章。
③ 《老子》第三章。
④ 《老子》第十九章、第三章。
⑤ 《老子》第五十七章。

辱、以屈求伸、委曲求全等等,这里不再赘述。

(三) 庄子的社会批判思想

前面说过,庄子主张"无我"而纯任自然,基本上对人类文明持拒绝态度,是比较典型的自然主义者,所以庄子对于政治问题很少提出正面的意见与主张,他在政治思想史上的意义,主要在于其社会批判思想。庄子和老子虽然在基本观点与立场上是一致的,但是老子对"道"为本体的世界观主要偏重逻辑推演,庄子则长于文学想象力的铺叙,其崇尚自然、回归自然的态度似乎更加明确坚决,同时庄子也更关注个体生命的解放与自由。

1. 纯任自然的世界观

和老子一样,庄子也坚持道为万物本体的立场,并对道的这种本原性地位作了淋漓尽致的发挥,认为道超越感官,在时间和空间范围限制之外,却又无时不在,无处不在。比如他说,道在"在蝼蚁""在瓦甓""在屎溺",帝王从它而兴,天地神仙从它而生。① 又说:

> 夫道,有情有信,无为无形;可传而不可受,可得而不可见;自本自根,未有天地,自古以固存;神鬼神帝,生天生地;在太极之先而不为高,在六极之下而不为深,先天地生而不为久,长于上古而不为老。(《庄子·大宗师》)

道自本自根,无始无终,思维不能认识,语言不能言说,却又被人领会知觉;它无意志,却又无不为,化生一切。所以,庄子有时候也把道叫天或自然。

既然道是"万物之所由也",②则人也是道的产物,是自然的一种存在形式。所谓"天地与我并生,而万物与我为一",③人与万物在根本上就是平等的。

于是,从人与万物同源于道,庄子进而提出"齐物论"的价值观。他认为,人既然和万物是一体的,则人生就应该师法自然,与道浑然一体,做一个

---

① 《庄子·知北游》。
② 《庄子·渔父》。
③ 《庄子·齐物论》。

"齐万物"的真人。他说：

> 古之真人，不知说生，不知恶死；其出不䜣，其入不距；翛然而往，翛然而来而已矣。不忘其所始，不求其所终；受而喜之，忘而复之。是之谓不以心损道，不以人助天，是谓真人。(《庄子·大宗师》)

> 何谓天，何谓人？北海若曰：牛马四足，是谓天；落马首，穿牛鼻，是谓人。故曰：无以人灭天。(《庄子·秋水》)

一切人为、有意识的活动和思想都是违背道的，只有放弃有意识的"心"或"我"，才能成为齐物我的"真人"。而做这样的"真人"，也就意味着要忘我、丧我。所以他又说，"至人无己，神人无功，圣人无名"，并主张人要"形如槁木""心如死灰"，"同与禽兽居，族与万物并"，要"有人之形，无人之情"。①

既然在内心已经和自然融为一体，达到永恒，就会达到"不乐寿，不哀夭，不荣通，不丑穷"，从而走出生死之态、世俗之礼、安乐之情；就会摆脱物役，达到"无所待"的彻底解放和自由，"乘云气，骑日月，而游乎四海之外，死生无变于己，而况利害之端乎"。②

2. 对人类理智与道德规范的反思

庄子既然认为人性应该是自然之性，丧我、无我、与万物齐同的生活才符合自然之道，则文明社会中一切有意识的活动，一切"有我"之心，包括智慧之心、利欲之心乃至道德追求，都是"失性""乱性"的行为，今天所谓的人类的"发展""进步"，在他眼里不过是"去性而从于心"的过程。

在庄子的眼中，世界浩茫无际，大道造化无穷，虽楚国冥灵之树五百岁为春、五百岁为秋，上古大椿树八千岁为春、八千岁为秋，都是有数有限的，而人类更是"渺乎小哉"。以渺小且知识极其有限之躯去认识无限的世界，本来就是徒劳无益的。所谓"吾生也有涯，而知也无涯，以有涯随无涯，殆已，已而为知者，殆而已矣"，人们有了智慧、知识之心后，就会执着于对各种问题的追问与解决，使人一切"皆囿于物"，受外物所限制，失去真正的生活

---

① 依次见《庄子·逍遥游》《庄子·齐物论》《庄子·马蹄》《庄子·德充符》。
② 《庄子·天地》《庄子·齐物论》。

乐趣。① 更可怕的是，"世俗之所谓知者，有不为大盗积者乎？所谓圣者，有不为大盗守者乎？"人类发展出的智慧、机巧之心，还被窃国大盗所利用，可谓"圣人生而大盗起"。② 庄子看到了人的理性能力的局限性以及知识被滥用的可能，但也使他走向否定理性和知识的反智主义。

然而，名利、功利之心让人追逐富贵、尊显，陷入无休止的争斗，使人"残生伤性"，甚至丧失起码的尊严。为此他讲了一个故事：秦王有病召医生，结果能够破痈溃痤者得一车，舐痔者得五车，"所治愈下，得车愈多"。③ 在庄子看来，政治上求治心切也是常见的功利之心。如同陶土与陶冶者、树木与木匠、马与伯乐的关系一样，人类社会的政治治理过程实际上就是乱性、破坏人的自然之性的过程。他举例子说，圣人如黄帝、尧、舜等都是"不忍一世之伤而骜万世之患"，而且"尧不慈，舜不孝，禹偏枯，汤放其主，武王伐纣，文王拘羑里，此六子者，世之所高也，孰论之，皆以利惑其真而强反其情性，其行乃甚可羞也"。因此，圣人"其存人之国也，无万分之一；而丧人之国也，一不成而万有余丧矣"。④ 庄子生活在战国那样的乱世，看到的都是统治者的"有为"给社会带来的灾难，于是对一切政治上的作为都产生了根本质疑。

同样，对礼乐制度、仁义道德的提倡也会导致许多恶果。首先，礼乐制度人为地引起了"分"，制造了差别。庄子认为，人民本来浑然一体，没有什么高下贵贱差别，而礼乐制度却专讲尊卑上下，人为地把人分开了；人情本来是多样的，圣人偏要使之纳入一个礼乐制度的框架下，"屈折礼乐以匡天下之形……民乃始踶跂好知，争归于利，不可止也"。⑤ 前面说过，儒家认为礼乐制度对建构社会秩序具有不可或缺的功能，特别是荀子提出，礼的首要作用就是明"分"以止争斗；而庄子则认为任何礼乐对社会成员身份的区分、界定，都离不开主观的建构和扭曲，造成对人性的伤害，虽不无片面之处，但也深刻地揭示了制度可能带来的另一种后果。其次，仁义道德规范不仅给人生带来许多约束，使人劳心费神，活得沉重，"皆生人之累也"，⑥也造成了

---

① 分别参见《庄子·逍遥游》《庄子·养生主》《庄子·刻意》。
② 《庄子·胠箧》。
③ 《庄子·骈拇》《庄子·列御寇》。
④ 依次见《庄子·外物》《庄子·盗跖》《庄子·在宥》。
⑤ 《庄子·马蹄》。
⑥ 《庄子·至乐》。

虚伪和争夺。他说,"爱利出乎仁义,捐仁义者寡,利仁义者众,夫仁义之行,唯且无诚,且假夫禽贪者器",①认为宣扬仁义的人,实际上都是要别人对他行仁义而自己得好处。最后,仁义道德和知识一样,也会成为窃国大盗的工具。以齐国为例,往昔齐国的统治者发明了许多圣智之法治理国家,结果田成子一旦杀齐君而盗其国,连同"其圣智之法而盗之",虽有盗贼之名,"而身处尧舜之安,小国不敢非,大国不敢诛,十二世有齐国,则是不乃窃齐国,并与其圣智之法以守其盗窃之身乎"。在此,庄子确实看到了政治生活中的一个常见现象:窃国大盗不光盗窃了政权,而且盗窃了礼义道德等"符号权力",具有了合法性。所以他尖锐地指出,"彼窃钩者诛,窃国者为诸侯,诸侯之门而仁义存焉","圣人不死,大盗不止"。②

3. "天放"、无为的政治理想

庄子从其纯任自然、齐同万物的世界观出发,认为天下混乱恰恰是因为那些圣人自作聪明,以人灭天,自负地设计出仁义法度,则在政治上自然就会以无为而治、顺其自然为最高境界。为此他提出,应该"不刻意而高,无仁义而修,无功名而治,无江海而闲,不道引而寿,无不忘也,无不有也,淡然无极而众美从之。此天地之道,圣人之德也",③并据此描绘了一幅"至德之世"的理想蓝图:

> 至德之世,不尚贤,不使能,上如标枝,民如野鹿,端庄而不知以为义,相爱而不知以为仁,实而不知以为忠,当而不知以为信,蠢动而相使,不以为赐。是故行而无迹,事而无传。(《庄子·天地》)

照此看来,最理想的状况当然是不刻意立君,不用心求治。不过庄子也承认,一个君子也会有"不得已而临莅天下"的时候,这种情况下还是应该贯彻无为而治的精神,让人民"耕而食,织而衣",实行自由放任的"天放"。④ 他还列举大量事实,说明政府对人民干预必然产生灾难,而只有"绝圣弃智",

---

① 《庄子·徐无鬼》。
② 《庄子·胠箧》。
③ 《庄子·刻意》。
④ 《庄子·盗跖》《庄子·马蹄》。

才是解决社会问题的出路。①

总起来看,庄子相信没有国家和政府的干预,人民才可以享受自生自灭、自得其乐、"无所待"的自由生活,从而在主张回归自然、拒绝文明社会的道德与制度规范约束方面走得更远。正因为如此,他的思想甚至被有些学者认为是"古今中外最彻底之个人主义,亦古今中外最极端之自由思想"。②

三、法家的政治思想

(一) 法家的特点与代表人物

法家是春秋战国时期以尚法和尊君为核心观念的重要思想派别,因为崇尚法律,因此也被称为刑名之学。法家内部人物众多,且不像儒家那样有明确的创立者和师承系统,列入法家的人物中,有的还与道家甚至儒家等存在关联和交叉,但其共同特点是任法尊君,以君主本身为政治目的或政治主体,人民仅仅是实现国家富强的手段,本身没有最高价值。而儒家主张"贵民",以民为政治本体和政治目的,其政治思想中至少含有"民享""民有"的成分;③就其对"政治"本质的理解来说,法家把政治视为君主"以法治国"、运用严峻的法律来统治人民的过程,而儒家则将政治视为道德教化的过程。

法家在前期的主要代表人物众多,主要有管子、李悝、商鞅、慎到、吴起、申不害等,但一般认为有传世著作、保留较多思想资料者则有管子、商鞅、慎到。但托名这些人的著作,其成书年代、成书于何人等真伪问题往往存在争议。管子(前723—前645年),春秋时期齐国人,名夷吾,字仲,曾辅佐齐桓公成就霸业。传世的《管子》一般认为出自管子后学对其思想的整理,可能成书于战国时期,虽未必出于一人一时之手,其内容也不纯为法家之言,但他主张尊君,最先提出君主要"以法治国",总体上还是可以被认为是法家思想的先驱。商鞅(前395—前338年),战国时期卫国人,姓公孙,名鞅,故称

---

① 分别参见《庄子·在宥》《庄子·胠箧》。
② 萧公权:《中国政治思想史》,第175页。
③ 参见上书,第179页。

卫鞅、公孙鞅，后辅佐秦孝公推行变法，使秦国迅速强盛，因为被封于商（今陕西商洛）十五城，故又称商鞅、商君。其传世著作有《商君书》，一般认为由商鞅言行思想及其后学著作汇集而成，但也有很多人认为是托名商鞅的伪作。不过对于今天的政治思想史研究而言，重要的是该书能帮助人们更好地了解法家思想，而不在于它是否出自商鞅之手。慎到（前390—前315年），又称慎子，战国时期赵国邯郸人，早年研习黄老之术，后来成为法家。齐宣王时，慎到曾长期在稷下讲学。著有《慎子》四十二篇，大部分失传，现存《慎子》仅有七篇，其主要思想为尚法、贵势，主张"民一于君、事断于法"。

而在法家思想发展的后期，则以战国末年的韩非子为其集大成者。韩非子（约前280—前233年）系战国末期韩国贵族出身，曾与李斯一起师从荀子，但他的思想并没有走向儒家，而是偏好刑名之学，通过全面总结、吸收以往各派法家思想和概念，同时也借鉴了荀子、老子等人的思想，形成了系统的法家思想体系。在有关性恶论的论证方面，以及在主张君主可以不择手段地实施绝对专制方面，韩非子的观点更为彻底，论证也更加全面透彻。韩非子的学说在韩国未能得到国君的重视和采用，到秦国后虽受李斯陷害而死，但其学说却大受秦王嬴政的赏识，成为秦王富国强兵、统一六国的重要理论工具。

在这一讲里，我们将以韩非子的政治思想为纲，同时综合其他法家人物的思想，对法家思想进行综合梳理和介绍。

（二）观察社会政治问题的方法与视角

根据前面的介绍，我们知道儒家也是以现实的眼光，从现实社会中人类生活的基本经验、常识出发去思考社会政治问题，但是儒家主要是从人区别于动物的独特性，即从"人禽之辨"出发去看待"现实中的人"，进而思考社会政治问题。儒家通过"人禽之辨"发现，这种人区别于动物的独特性，或者说表明人之为人的本质属性就在于人的道德属性。从而在儒家思想中，以"仁"为核心的道德属性就成为证成人的存在、支撑人类社会的根基或实体，同时也成为儒家理论的基石和出发点。但是换一个角度看，儒家的这种观点也很容易受到批评，很容易被认为是对人和人类社会本质的一种先验的、"应然"的抽象，而非"实然"的反映。法家与儒家的分歧，首先就表现在这种看问题的方法和角度的不同上。

在法家看来,看待事物、认识世界不能靠先验的抽象,更不能从应然出发,而要从可观察、可验证的事实出发,根据经验事实去立论和判断。韩非子就批评儒、墨二家,认为它们都喜欢称道尧舜,自称得到了尧舜之道的真传,但尧舜之世离开现在几千年了,谁能证明尧舜思想的真伪?而"无参验而必之者,愚也,弗能必而据之者,诬也",①没有事实验证就做判断,并以这种判断为依据,这就是愚蠢和欺诈。因此,他主张要"循名实而定是非,因参验而审言辞"。②

因此,判断一种思想、理论的对错,也要以是否有用、是否产生功效为标准。他举射箭为例说,正如射箭要对准靶子一样,"言行者,以功用为之的彀",否则,"言虽至察,行虽至坚,则妄发之说也",③所以要"听其言必责其用,观其行必求其功"。④ 以韩非子为代表的法家,重视经验,重视实践对理论的检验,这当然是有一定道理的。但是他们没有看到,如果过分强调理论的有用性和功效性,一切以当下是否有用、有效出发去衡量理论和思想,也容易在思想和知识探索方面产生过分实用化的"短期行为"问题。因为许多思想、观念的价值很难用当下的功用来检验,当下"有用"的思想、知识,时过境迁后可能会显得无用;反之,当下看似"无用"的,后来却可能产生大用场。比如,法、儒二家的境遇就是如此:法家思想在战国时期很有市场,特别是对秦国统治者来说无疑是非常"有用",而以孔子为代表的儒家则往往被认为"不周世用",孔子在当时一些人眼里就是个"四体不勤,五谷不分"的最无用的人;但到了汉代"罢黜百家、独尊儒术"之后,儒家却被中国人"用"了两千年,法家似乎又成了"无用"的了。

从这种重视现实经验、功效的思想原则出发,法家强调要从现实中人的"实然"状态出发,去思考、处理社会问题,所谓"凡治天下,必因人情"。⑤ 而在当时那种混乱、黑暗的时代条件下,法家看到的现实"人情"绝不可能是儒家所抽象、概括的人的道德本性,而更多地看到了人性中自利乃至恶的一

---

① 《韩非子·显学》。
② 《韩非子·奸劫弑臣》。
③ 《韩非子·问辩》。
④ 《韩非子·六反》。
⑤ 《韩非子·八经》。

面,更多地看到了人是"以肠胃为本","生则计利,死则虑名"。通过法家的论述不难发现,这种关于自利的人或者"性恶"的人,正是他们思考一切社会政治问题的基本预设和出发点。

(三) 法家思想中的"人"与"政治"

总体来看,法家对人的看法是比较悲观的,认为自私自利、追逐利益是人的本性,也是人类一切社会政治活动的动因和起源。

1. 自利的人性与利益关系中的人

什么是人？人的本性如何？与儒家刻画的"道德人"或"性本善"的人不同,法家所描述的人是一个以利益为本的"自利人"形象。比如,慎到认为,人人都是"自为"、自私的人,"匠人成棺,不憎人死;利之所在,忘其丑也"。①《商君书》也说,"民生则计利,死则虑名","民之欲富贵也,共阖棺而后止"。②在他们眼里,人几乎和霍布斯所说的一样,对财富和权力的追求是死而后已的。韩非子更认为,人性好利是出于生理和本能需要,人是"以肠胃为根本,不食则不能活,是以不免于欲利之心",③可以说是肠胃决定大脑,人人不免利欲之心。

既然每个人都是"以肠胃为根本",生则计利,死则虑名,则每个人都是一个利益主体,都是靠本能驱使的自私自利之人,则人与人之间根本上就是利益关系,人类社会、人类的政治世界根本上就是一个名利场,连家庭中的父子亲情关系,在利益关系面前也显得不堪一击。如韩非子说:

> 父母之于子也,产男则相贺,产女则杀之。此俱出父母之怀衽,然男子受贺,女子杀之者,虑其后便,计之长利也。故父母之于子也,犹用计算之心以相待也,而况无父子之泽乎！(《韩非子·六反》)
>
> 故舆人成舆,则欲人之富贵;匠人成棺,则欲人之夭死也。非舆人仁而匠人贼也,人不贵则舆不售,人不死则棺不买。情非憎人也,利在人之死也。(《韩非子·备内》)

---

① 《慎子·佚文》。
② 《商君书·算地》《商君书·赏刑》。
③ 《韩非子·解老》。

在韩非子看来,这种利益关系首先是一种利益交换关系:

> 夫卖庸而播耕者,主人费家而美食,调布而求易钱者,非爱庸客也,曰:如是,耕者且深,耨者熟耘也。庸客致力而疾耘耕者,尽巧而正畦陌者,非爱主人也,曰:如是,羹且美,钱布且易云也。此其养功力,有父子之泽矣,而心调于用者,皆挟自为心也。(《韩非子·外储说左上》)

人和人纯粹是利益交换关系,君臣之间纯粹是一种买卖关系,"臣尽死力以与君市,君垂爵禄以与臣市,君臣之际,非父子之亲也,计数之所从出也",[①]则所谓忠君、爱民根本上是不存在的。

在利益计较、利益交换的另一面,也就意味着利益矛盾、利益冲突关系。这是因为,在人人怀有"自为之心"的情况下,父子之间"犹用计算之心以相待","以妻之近与子之亲而犹不可信,则其余无可信者矣";加上社会资源的稀缺,"人民众而货财寡",利益冲突就不可避免了。这种冲突甚至在父子、夫妻之间都能达到你死我活的地步,比如后妃、太子这些君王最亲近的人竟然也"或有欲其君之蚤死者",而为人臣者更是"窥觎其君心也无须臾之休",[②]"一旦君主懈怠于上则劫君弑主,故君臣之间是'上下一日百战'"。[③]

这样,从法家的立场来看,人们的社会关系在本质上就是一种利益关系,不是利益交换,就是利益冲突。

2. 人性自利是政治统治关系形成的基础

既然人的一切行为都是围绕着利益展开的,则利益也就成为理解一切政治关系尤其是政治统治关系的关键。

政治统治关系是如何产生和维持的?或者说,面对一种政权,人为什么服从?马克斯·韦伯认为,人们之所以服从某个统治,可能会有多种理由,比如可能是因为恐惧,或者因为服从可以得到好处(利益);还有一种服从理

[①] 《韩非子·难一》。
[②] 《韩非子·备内》。
[③] 《韩非子·扬权》。

由是基于对这个政权合法性的承认,即觉得它的统治具有正当性,应该服从。可见,服从的原因并不都是出于功利和利益计较(恐惧和希望得到好处)。而韩非子则把问题看得比较单一绝对。对他而言,人生来具有的自利自私性,恰恰是政治统治关系的起点,是统治现象赖以产生和存在的条件。因为,人们为了利益可以很勇敢、很疯狂,也可以很懦弱,可以放弃任何原则和立场,正好可以被统治者利用。所谓"利之所在,则忘其所恶","利之所在,民归之,名之所彰,士死之"。① 有了利欲之心,才有可能被君主利用去杀人、去打仗,才有可能被被征服、被控制。

因此,人的自私、自利之心不仅不可怕,恰恰是统治者可以利用的弱点。他又说:

> 圣人之治国也,固有使人不得不爱我之道,而不恃人之以爱为我也。恃人之以爱为我者危矣,恃吾不可不为者安矣。夫君臣非有骨肉之亲,正直之道可以得利,则臣尽力以事主;正直之道不可以得安,则臣行私以干上。明主知之,故设利害之道以示天下而已矣。(《韩非子·奸劫弑臣》)

因此,君臣关系是建立在"利害之道"上的,人们之所以效忠君主也是出自利益所需,而绝对不会是出于对君主的爱。高明的统治者一定要清醒地看到这一点,不要指望别人会因为爱而效忠自己,重要的是用"利害之道"控制他,使他不得不忠、不得不爱。在《慎子》里也有类似的表述,如该书《因循》篇就指出,"人莫不自为也,化而使之为我,则莫可得用矣",认为既然人人都是为了自己的利益而"自为",则只要善于利用人的"自为"这一特性,就没人不为我所用了。

3. 自然演进的历史观

法家以利益解释人的社会关系与政治关系,把这种观点运用于对历史的解释中,就形成了其以利益为核心的自然演进的历史观。

在对待人类历史的起源与发展问题上,儒、墨二家往往从其预设的道德原则或理想出发,或者认为古代圣王以仁义道德治天下,或者认为古代圣王

---

① 《韩非子·内储说上》《韩非子·外储说左上》。

以"兼爱"精神治天下,因此统治者的根本任务就是努力回归这些圣王的治国之道。这样,人类历史就成了实现某种道德原则的过程。法家基于自己的理论立场和经验观察,坚决反对这样的历史观。《管子·正世》篇就明确提出"不慕古,不留今,与时变,与俗化",认为不存在古今通用、永恒不变的理想治国原则,一切都应该根据时代条件、环境的变化而转移。而《韩非子》的《五蠹》篇对这个问题论述得最为详细透彻。

上古之世,人民少而禽兽众,人民不胜禽兽虫蛇。有圣人作,构木为巢以避群害,而民说之,使王天下,号曰有巢氏。民食果蓏蚌蛤,腥臊恶臭而伤害腹胃,民多疾病。有圣人作,钻燧取火以化腥臊,而民说之,使王天下,号之曰燧人氏。中古之世,天下大水,而鲧、禹决渎。近古之世,桀、纣暴乱,而汤、武征伐。今有构木钻燧于夏后氏之世者,必为鲧、禹笑矣;有决渎于殷、周之世者,必为汤、武笑矣。然则今有美尧、舜、汤、武、禹之道于当今之世者,必为新圣笑矣。是以圣人不期修古,不法常可,论世之事,因为之备。宋有人耕田者,田中有株,兔走触株,折颈而死,因释其耒而守株,冀复得兔,兔不可复得,而身为宋国笑。今欲以先王之政,治当世之民,皆守株之类也。

古者丈夫不耕,草木之实足食也;妇人不织,禽兽之皮足衣也。不事力而养足,人民少而财有余,故民不争。是以厚赏不行,重罚不用,而民自治。今人有五子不为多,子又有五子,大父未死而有二十五孙。是以人民众而货财寡,事力劳而供养薄,故民争,虽倍赏累罚而不免于乱。

尧之王天下也,茅茨不翦,采椽不斫;粝粢之食,藜藿之羹;冬日麑裘,夏日葛衣;虽监门之服养,不亏于此矣。禹之王天下也,身执耒臿以为民先,股无胈,胫不生毛,虽臣虏之劳,不苦于此矣。以是言之,夫古之让天子者,是去监门之养,而离臣虏之劳也,古传天下而不足多也。今之县令,一日身死,子孙累世絜驾,故人重之。是以人之于让也,轻辞古之天子,难去今之县令者,薄厚之实异也。夫山居而谷汲者,膢腊而相遗以水;泽居苦水者,买庸而决窦。故饥岁之春,幼弟不饷;穰岁之秋,疏客必食。非疏骨肉爱过客也,多少之实异也。是以古之易财,非仁也,财多也;今之争夺,非鄙也,财寡也。轻辞天子,非高也,势薄也;争士橐,非下也,权重也。故圣人议多少、论薄厚为之政。故罚薄不为慈,诛严不为戾,称俗而行也。故事因于世,而备适于事。

《五蠹》通篇主要以儒家和墨家为论辩对象,针对儒家推崇的"先王之道"和墨家的"兼爱",韩非子在上述话里主要提出了以下观点。

第一,人类是根据环境的挑战,根据人在特定环境中形成的利益需求而选择自己的行为方式的,所谓"事异则备变",冬裘夏葛,人在环境中碰到的问题不同,应对的方法也就不同,人类历史就是在解决一个个具体问题的过程中展开的,因而不存在既定的道德目的和普遍原则。

第二,古人"不争",不是因为他们比今人道德高尚,而是因为古时候"人民少而财有余",今人之所以好争也不是因为道德堕落,而是因为"人民众而财货寡";而人们"轻辞古之天子",也不是因为他们讲"兼爱"、有仁爱之德,而是做天子利益太"薄"而辛苦超过了"臣虏之劳",人们"难去今之县令",也不是因为人品低下,而是利益丰厚、权势重大的缘故。因此,在古人与今人之间,不存在道德水准上孰高孰低的问题,一味推崇古人、菲薄今人是毫无道理的。

第三,基于上述客观事实,高明的统治者应该"不期修古,不法常可,论世之事,因为之备",根据当下面临的问题采取相应的对策,否则如果"以先王之政,治当世之民",就无异于守株待兔那样可笑。

总之,人人都是自为、自利的,政治统治关系的实质和基础就是利益关系,人类社会的历史也是围绕着利益而展开的自然演进过程。这就意味着,政治统治就是利用人类这种自为、自利的本性的过程,就是通过暴力、强制力操控人的利益,进而达到控制人的行为和思想的过程。所以,从由人性自私自利推出政治统治关系就是利益控制关系这一点来看,法家所建构的国家会是一个强大的专制国家。而这种基于利害关系的社会秩序和政治统治秩序,恰恰是儒家所担心的。孟子就针锋相对地指出:"为人臣者怀利以事其君,为人子者怀利以事其父,为人弟者怀利以事其兄,是君臣、父子、兄弟终去仁义,怀利以相接,然而不亡者,未之有也。"①从这里可以更清楚地看出儒、法之间的根本分歧所在。

---

① 《孟子·告子下》。

(四)绝对君主专制思想

1. 从人性"自利"到政治中的尚"力"

法家和西方的马基雅维利大体接近,①都是从人性自私、性恶的预设出发,为了在"乱世"重建政治秩序,主张建立强大的国家,支持君王的铁腕统治。

在法家看来,人性自私自利,为了利益可以不择手段,必然引起争斗、混乱,必然需要强大的国家政权和统治者。中国的历史就是在利益的争斗、冲突中,从非国家、非政治统治的时代发展到国家时代和政治统治时代。如《管子》就认为,人类最初就是从"兽处群居,以力相征"开始,在争斗中"智者假众力以禁强虐",于是"神圣者王,仁智者君,武勇者长",②那些有智术者或武勇有力者在斗争中获胜,成为统治者,由于"人心之悍,故为之法",③于是通过设计出法律制度来控制人的自利和竞争,从而产生国家和政治统治现象。《商君书·开塞》篇也说,上世之人"亲亲爱私"导致争斗,于是出来"贤者"树立了"中正"的准则,评断人们的冲突矛盾;但是"贤者"后来自己也出了问题,自私自利,破坏了秩序,于是又出现"圣人"制定了制度,"立禁""立官""立君",一个君主专制、法禁严密的国家由此诞生。前面引的《五蠹》篇中的那段话也说得很明白:古时候"民不争",所以"厚赏不行,重罚不用",不需要国家强制力对人民控制,而是听"民自治"。现在"民争,虽倍赏累罚而不免于乱",就产生了国家暴力。总之,人性的自私导致争斗,争斗必然导致国家和强权产生。从大的方面看,马克思主义也是从人类冲突的角度考察国家和政治统治现象的起源。但与法家不同的是,它认为人类的自私之心不是从来就有的,是有了私有制之后才有了私有观念,才有了表现为阶级斗争的社会冲突,进而阶级斗争的加剧及其不可调和最终导致国家的产生。

强大的专制国家的诞生不仅是历史的必然趋势,更是现实的要求。因

---

① 尼克罗·马基雅维利(Niccolò Machiavelli,1469—1527 年),意大利政治思想家和历史学家,著有《君主论》,认为人类总是受利害关系的左右,自私自利,背信弃义,偶尔行善只是一种伪装;君主应该具有狮子一样的凶残和狐狸一样的狡诈,为了达到目的可以不择手段,而丝毫不用考虑道德问题。该书因此被称为"独裁者手册"。
② 《管子·君臣下》。
③ 《管子·枢言》。

为在法家看来，人性自私这一点上没有什么古今区别，无论什么时候的人，道德上总是靠不住的，道德教化不可能奏效。以孔子之贤，所服者不过七十二人，以鲁哀公之庸，却可号令一国，可以看出"民者固服于势，寡能怀于义"。不仅人民在道德上不可靠，在心智上也蒙昧无知，不知好歹，缺乏基本的判断是非的能力，所谓"民智之不可用，犹婴儿之心也"，"昔禹决江浚河，而民聚瓦石；子产开亩树桑，郑人谤訾；禹利天下，子产存郑人，皆以受谤，夫民智之不足用亦明矣"。①

民智、民德本不可靠，而所处的时代更是一个"多事之时""大争之世"，②因此治理国家就只能靠实力和强制力。于是，政治过程在本质上就是强者、当权者运用强力支配弱者的过程。所以，商鞅说，"国之所以重，主之所以尊者，力也"，"力生强，强生威，威生德，德生于力"；韩非子也说，"力多则人朝，力寡则朝于人，故明君务力"，"好力者，其爵贵，爵贵则上尊，上尊则必王，国不事力而恃私学者，其爵贱，爵贱则上卑，上卑者必削"。③

因此，与讲究王道、相信"仁者无敌"的儒家恰恰相反，法家特别是韩非子基本上采取的是马基雅维利式的立场：政治和道德无关，政治过程实际上是力量强大的国家暴力控制那些自利、愚蒙无知的人民的过程。

2. 君主集权与君权至上论

从"利"和"力"的原则出发，法家认为掌握国家权力的统治者就应该是大权独揽的专制君主，用韩非子的说法，就是"事在四方，要在中央，圣人执要，四方来效"；君主"独制四海之内，聪智不得用其诈"，臣下"远在千里外，不敢易其辞"，君主一人独掌国家最高权力，不允许任何牵制、分割、抗衡，"使天下不得不为己视，天下不得不为己听，故身在深宫之中而明照四海之内"。④

当然，在主张绝对君权方面，前期法家与韩非子还存在一定差别。在其他法家思想家那里，至少还能感觉到一点思想上的紧张，即其绝对君权主张与更高的公共利益、国家目标之间的紧张。如慎到就说："古者立天子而贵之者，非以利一人也。……立天子以为天下，非立天下以为天子也。立国

---

① 《韩非子·五蠹》《韩非子·显学》。
② 《韩非子·八说》。
③ 《商君书·慎法》《商君书·靳令》《韩非子·显学》。
④ 《韩非子·扬权》《韩非子·有度》《韩非子·奸劫弑臣》。

君以为国,非立国以为君也。"①在慎到看来,设立君主,赋予他至高无上的权力和地位,是为了天下、国家而不是为了君主个人。从这个意义上说,天下利益、国家利益才是最高的,君主的权位就不是绝对的,不是政治所追求的最高价值和宗旨。甚至《商君书》也认为,在统治者利益之上还存在着更高的"公",历史上的贤君都是公高于私,如"尧舜之位天下也,非私天下之利也,为天下位天下也",因而抨击"今乱世之君臣,区区然皆擅一国之利,而管(控制)一官之重,以便其私"。② 当然,对于如何保证被赋予绝对权力的君主一定体现"公"的精神,商鞅他们也没有提出更具体的措施,因此他们的理论实际上还是止于绝对君权的水平。而在韩非子的思想中,似乎看不到这种紧张,看不到在君权之上还有什么更高的目标或利益。他明确提出:"国者,君之车也;势者,君之马也。"③用今天的话就是,君主是国家的最高主权者,国家是君主的工具。在谈到公私关系问题时,他也是把人主的利益直接等同于"公利"。在他看来,"匹夫之私毁,人主之公利也","匹夫有私便,人主有公利",人主和"公"是合而为一的。④

肯定君权的绝对性,也就意味着臣民的一切行为都必须服从、满足君主的利益。韩非子举例说,正如驯鸟者断鸟之翎,才能使其"必恃人而食","焉得不驯";"明主畜臣"的道理也是要把臣下弄得像捏在手中的鸟一样,使之"不得不利君之禄,不得无服上之名",⑤围绕着君主的意志和利益而存在。具体来说,臣民对君主的价值就在于"有难则用其死,安平则尽其力",⑥除此之外,臣民没有任何别的价值。基于这种思路,他提出:

>   明主之道,臣不得以行义成荣,不得以家利为功。功名所生,必出于官法,法之所外,虽有难行,不以显焉。(《韩非子·八经》)

就是说,一切荣誉、一切美好的名声都不能由臣下得到,而必须归于君主。

---

① 《慎子·威德》。
② 《商君书·修权》。
③ 《韩非子·外储说右上》。
④ 《韩非子·八说》。
⑤ 《韩非子·外储说右上》。
⑥ 《韩非子·六反》。

不仅如此,还要一切以君主的视听为视听,不能有任何个人意志。

> 贤者之为人臣,北面委质,无有二心。朝廷不敢辞贱,军旅不敢辞难,顺上之为,从主之法,虚心以待令而无是非也。故有口不以私言,有目不以私视,而上尽制之。(《韩非子·有度》)

为了强调君主的绝对至上性,韩非子甚至把矛头直指中国人最重视的代表人类最基本秩序的家庭关系,认为"君之直臣,父之暴子也……父之孝子,君之背臣也",①强调臣民在感情上都要直属于君主,而不能有任何"私人"的家庭式感情。

3. 强干弱枝,尊君抑臣

从人性自利的基本立场出发,韩非子提出了君臣"异利"论,认为"臣主之利相与异者",甚至说君臣上下"一日百战",君臣之间的利益矛盾是必然的,在根本上无法调和。尤其对于君王身边的后妃、太子、大臣来说,君不死"则势不重",利之所驱,他们甚至"欲其君之蚤死"。② 为此,韩非子以非常冷酷的语气告诫君主们,对大臣绝对不能信任,绝对不能存有幻想,"爱臣太亲,必危其身,人臣太贵,必易主位"。③ 相反,还要从多方面着手,强化君权,防范大臣。比如:要严格限制分封,以避免人主国小、"权轻臣重";④要牢牢控制军权,防止臣下专擅兵权,大臣"党与虽众,不得臣士卒";⑤要牢牢控制财权,否则,"臣制财利,则主失德";要牢牢控制人事权,严禁臣下"树人","臣得树人,则主失党";⑥要牢牢控制刑赏权,认为"明主之所导制其臣者",就是刑、德这两大权柄,如果这"二柄"落入臣下之手,就会导致国人"皆畏其臣而易其君,归其臣而去其君";⑦要禁止臣下结交私党,"大臣之门,唯恐多人","欲为其国,必伐其聚",以防"腓大于股"。⑧

---

① 《韩非子·五蠹》。
② 《韩非子·孤愤》《韩非子·扬权》《韩非子·备内》。
③ 《韩非子·爱臣》。
④ 《韩非子·广征》。
⑤ 《韩非子·爱臣》。
⑥ 《韩非子·主道》。
⑦ 《韩非子·二柄》。
⑧ 《韩非子·扬权》。

总之,君臣之间就像树干与树枝的关系一样,不能使树枝过大、过密,"为人君者,数披(经常清除)其木,毋使木枝扶疏","毋使枝大本小",①而要始终保持强干弱枝的态势。

当然,最高超的统治境界还是控制人心,让权力进入被统治者的精神世界去操纵他,实行高度的文化专制和严密的思想控制。这就是韩非子所谓"以法教心","太上禁其心,其次禁其言,其次禁其事"。②

4. 胜民、弱民之术

君主以一人制天下,除了下大气力对付大臣之外,还要注意"胜民""弱民"。在这方面,商鞅的思想比较典型。他明确提出"民弱国强"的观点,认为民与国之间存在着不可调和的对立关系,因此"有国之道,务在弱民",强调要把弱民当作治国的根本。如何弱民?根本的途径是采用"法胜民"的办法,利用强大的法律威严去征服人民。③ 此外,商鞅还为君主设想了各种弱民的招数。例如,人民怕死怕苦,政令就用死和苦威胁他们,这叫作"政作民之所恶,民弱";"用奸",即使用奸细的方法使人人互相监视、告发,并规定严酷的法律奖励告密,"令民为什伍……不告奸者腰斩,告奸者与斩敌首同赏";设法使穷人变富人,富人变穷人,认为"贫者富,富者贫,国强",穷人渴望富,正好可以利用他们去打仗、耕地,富了的人不容易控制,就要设法使之再变穷(如重税、严刑);采用愚民、穷民之术,认为民"朴则畏令",人民愚朴就便于管制,而民贫穷、愚朴也容易被利益操控,正所谓"夫民之情,朴则生劳而易力(不惜力气),穷则生知而权利(计较利害),易力则视死而乐用,权利则畏罚而易苦"。④

(五)"以法为本"的政治过程论

君主具体如何实现绝对统治权呢?总的精神是以强大的"势"(权位与威势)为后盾,以"法治"为本,结合高超的统治权术与手段,实现君主对国家的专制统治。

1. "尚法"与"以法治国"原则

关于治国尚法不尚德的思想,法家各派都有详尽明确的论述。如《慎

---

① 《韩非子・扬权》。
② 《韩非子・用人》《韩非子・说疑》。
③ 《商君书・弱民》《商君书・说民》。
④ 《商君书・弱民》《史记・商君列传》《商君书・说民》《商君书・算地》。

子·佚文》篇提出"事断于法,是国之大道也",《管子·明法》篇强调"威不两错,政不二门,以法治国"。商鞅则有"任法而治"的主张,韩非子也明确提出"以法为本""上(尚)法而不上贤"的口号。① 为什么要"尚法",法在国家政治统治中具有什么样的重要意义?综合起来大致有以下理由。

一是从法的本质和功能出发,认为法可以界定人们的行为规范,规定每个人的地位、职责,因而是治天下的根本法则。如《管子》中指出,"法者,天下之至道也","法者,天下之程式也,万事之仪表也"。②《商君书》也提出"立法明分"的思想,认为法的根本功能在于"定名分","名分定,势(必然)治之道也;名分不定,势乱之道也",③而只有通过法律明确社会成员各自的地位、职责,才能形成良好的社会秩序。

二是基于对个人能力有限性的认识。如《慎子》就认为:"一人之识识天下,谁子之识能足焉?"个人的知识有限,加上君主往往根据主观好恶进行赏罚,容易产生怨恨或矛盾,"以心裁轻重",导致赏罚不公,则"怨之所由生"。④这十分接近亚里士多德的名言:"法律是最优良的统治者。"

三是基于对人性恶的判断和绝对君权的认识。法家主张"以法为本""以法治国"的思想,其中一个非常重要的原因就是对人类的道德心、道德自律能力完全不抱希望。关于这一点,我们在前面已经有过不少介绍,这里再引用韩非子的观点加以说明。比如他说,"夫民之性,恶劳而乐佚。佚则荒,荒则不治,不治则乱……故治民无常,唯治为法",所以"法重者得人情,禁轻者失事实"。⑤ 所以,只有严刑峻法才能维持基本的政治秩序,保持君权的强大。

2. 立法与执法思想

从立法方面看,法家认为君主的意志当然是法律的来源。《管子·任法》篇明确提出:"生法者,君也。"而在韩非子那里,法、术是"人主之大物",⑥当然也肯定君主是最高的立法者。

---

① 《商君书·慎法》《韩非子·饰邪》《韩非子·忠孝》。
② 《管子·任法》《管子·明法解》。
③ 《商君书·定分》。
④ 《慎子·佚文》《慎子·君人》。
⑤ 《韩非子·心度》《韩非子·制分》。
⑥ 《韩非子·难三》。

不过,法家虽然承认君主在制度上掌握着最高立法权,但是君主立法也不是随心所欲的,而是首先要合乎人心、人性和社会生活的实际。如《管子·正世》中强调,立法先要"观国政,料事务,察民俗",然后"法可立而治可行";慎到强调,"法非从天下,非从地出,发于人间,合乎人心而已"。其次,在立法的价值目标上,慎到主张要讲求公平公正,认为"法制礼籍,所以立公义也","立法而行私,是私与法争,其乱甚于无法"。① 韩非子也强调,"立法令者以废私也",立法要"塞私便"而谋"公利"。②

在执法方面,法家一般都强调执法公平,刑无等级。《商君书·赏刑》篇提出:"一刑者,刑无等级,自卿相将军以至大夫庶人,有不从王令、犯国禁、乱上制者,罪死不赦。"《韩非子·问辩论》也强调,执法要做到"言无二贵,法不两适",主张所有人都要适应同样的法律标准,不能有特殊和例外。

这里就面临一个问题:君主受不受法律约束?他的意志是在法律之内还是在法律之上?对于这个问题,法家各派态度有所不同。管子似乎看到一个专制的君主本身就是实行"法治"的障碍,所以他明确提出,"法令者,君臣之所共立也",主张要"君民上下贵贱,皆从法"。③ 应该说,在法家中,管子是对权与法的关系分析得比较尖锐、明确的一位。但是他也只讲了"应该如此",而"未立制君之法"。④ 同时,法家的"公"以及法律面前的平等意识,虽然也含有一定的与君主意志之间的紧张关系,但总体上看,对诸如什么是"公",什么是君主的意志,二者之间的关系究竟如何等问题,其观念还是比较模糊的。

3. 贵"势"任"术"

法家既然尚力,主张绝对的君权,自然也就极为重视"势"在实现君主专制度过程中的作用。道理很简单,君主以一人独制天下,将一切利益、资源据为己有,只能靠威势和强制力震慑、压服。故《管子·法法》篇说:"凡人君之所以为君者,势也。"《韩非子·八经》篇也强调:"势者,胜众之资也。"

那么什么是"势"呢?法家对此没有作出统一的解释。《管子·七臣七主》篇说:

---

① 《慎子·威德》《慎子·佚文》。
② 《韩非子·诡使》《韩非子·八说》。
③ 《管子·七臣七主》《管子·任法》。
④ 参见萧公权:《中国政治思想史》,第225—226页。

> 权势者，人主所独守者也。

这是将"势"与"权"并用。《慎子·威德》篇则说：

> 故贤而屈于不肖者，权轻也。不肖而服于贤者，位尊也。尧为匹夫，不能使其邻家；至南面而王，则令行禁止。由此观之，贤不足以服不肖，而势位足以屈贤矣。

这是将"势"与"位"、"权"连用。另外，《韩非子·人主》篇则认为：

> 万乘之主、千乘之君，所以制天下而征诸侯者，以其威势也。威势者，人主之筋力也。今大臣得威，左右擅势，是人主失力。人主失力而能有国者，千无一人。

这是将"威"与"势"连用。

综合起来看，"势"大概是指君主所应有的尊崇的权位、强大的权力、崇高的地位与威势。

另外，在法家思想体系中，"法"强调的是制度，"术"大致是指君主运用"法"和"权势"的权谋技巧。从对象上说，法是使用于一切臣民的，而术主要是对付官吏的。从表现形态上看，"法"是公开的、显见的，"术"的运用则具有神秘性。① 虽然法家中如管子、申不害都对"术"非常重视，但是韩非子才是集其大成者。其"术"的基本精神在于明察臣下之奸，消灭私门之势。比如，人君要保持神秘性，装聋作哑，把术"藏之于胸中""潜御群臣"，"其用人也如鬼"；② 要"疑诏诡使""挟知而问""倒言反事"，③ 故意疑神疑鬼，明知故问，说错话办错事，以试探臣下；要时时提防大臣，"不举不参之事，不食非常之食"；必要时对大臣实行暗杀，所谓"生害事，死伤名，则行饮食"。④

---

① 《韩非子·难三》就明确指出："法莫如显，而术不欲见。"
② 《韩非子·难三》《韩非子·八经》。
③ 《韩非子·内储说上》。
④ 《韩非子·备内》《韩非子·八经》。

当然，防范大臣的苦心奇术远不止这些。总之一句话，为了实现君主的绝对统治权，在统治术上可以不择手段，不能有任何道德障碍。至此，法家可谓从道义上彻底解放了君权，也解放了一切国家权力。

（六）耕战为本的基本国策

农业经济是中国传统社会的主要经济形式，农民也是国家赋税、徭役和兵员的主要承担者。在春秋战国那种"大争之世"，粮食和兵员主要由农民提供，法家既然以"力"取天下、守天下，则奖励耕战、重农抑末就成为他们所主张的基本国策。

《管子·治国》中就指出，粮食是当时财富的主要形式，"粟也者，财之所归"，"粟多则天下之物尽至"，因此粮食是富国强兵、夺取战争胜利的物质基础。在管子看来，"地之守在城，城之守在兵，兵之守在人，人之守在粟"，"粟者，王之本事也，人主之大务"，而一个合格的统治者要禁止妨害农业的那些"末业"，所谓"凡为国之急者，必先禁末作文巧，末作文巧禁，则民无所游食"。①

商鞅也认为，"国待农战而安，主待农战而尊"，国家的"力"来自农战，君主的地位也是靠农与战而巩固。为此，要对那些力耕的农民实行奖赏，而对工商等"末业"要课以重税，"境内之食必贵，不农之征必多，市利之租必重"，限制其发展。全国的人都要服兵役，"一民于战"，"举国而责之以兵"，实行总体战，全民皆兵，使"富贵之门必出于兵"。同时，宣传舆论也要围绕战争进行，"起居、饮食所歌谣者，战也"，以达到一种"民之见战也，如饿狼之见肉也"的效果，甚至亲人送战士出征时也会说，"不得（立功受赏），无返"。②

韩非子继承了法家耕战为本的传统，明确提出"困末作而利本事"，以及"富国以农"、使"商工游食之民少而名卑"的主张。③

---

① 《管子·权修》《管子·治国》。
② 《商君书·农战》《商君书·外内》《商君书·赏刑》《商君书·画策》。
③ 《韩非子·奸劫弑臣》《韩非子·五蠹》。

总结与讨论

主要政治学问题

本讲对墨家、道家和法家政治思想的主要内容进行了梳理,我们大致回顾一下这三派思想的主要脉络。

墨家认为,人类社会之所以产生各种冲突、争斗、动乱等问题,根本原因在于人人自爱、自利而造成"一人一义",没有起码的共同是非观和价值观。因此,社会的根本出路在于组织成由贤能者治理的国家,确立统一的是非标准即"一同之义",最终消除"自爱"而建立"兼爱"的社会;"尚同"、"尚贤"、敬天明鬼则是实现"兼爱"的条件与保证。

道家则基于以"道"为本体的世界观,认为"道法自然"为宇宙的最高法则,而人类社会的各种理性的或道德方面的"有为",特别是统治者的胡乱作为,恰恰是违反自然法则的"乱性"表现,是造成社会混乱的总根源,因此唯一的出路在于回归清静无为之道,采用无为而治、小国寡民的政治模式。

法家对人性向善的可能性不抱希望,把人理解为自利的、处在利益关系中的人,追逐私利是人类一切行为的动因,从而利益关系也就构成了政治统治关系的基础;人类追逐利益的冲突、斗争,必然导致以暴力为基础的强大的专制国家的形成,而政治统治的过程,也就是以法为本,综合运用法、术、势等手段对人民进行控制的过程。

本讲所介绍的墨家、道家、法家政治思想,至少从不同层面讨论了以下政治学问题:

- 关于政治生活中的人性论问题。墨家在理论出发点上倾向于把人看成是自利的、性恶的人,因而需要借重君主乃至鬼神这些外力,社会才有可能是有秩序的"兼爱"社会;道家基本上以"齐物"的眼光把人性等同于自然属性,因此所谓人性"善""恶"的判断本身就是"乱性"、违反人性的;法家则是典型的性恶论者,把人理解为"利益人",认为只有强大的国家暴力才能把这些利益冲突的人控制在一个共同体内。

- 关于政治的价值与目标问题。墨家认为"兼爱"、互利是政治的最高目标,法家则以实现君主主导下的"法治"为目标,其实质是以君主以及专制国家的意志和利益为目标,除此之外再无更高的目标和价值追求;道家既以"法自然"为宇宙和人生的最高原则,则根本否认此外还有什么单独的政治目标,如果勉强地说,则也只能说是以清静无为、"道法自然"为目标;法家总体上认为政治的目标主要是保持和巩固君主的权力,进而富国强兵。

● 关于政治或国家的起源问题。墨家倾向于认为国家是为了消除自利引起的冲突、实现兼爱而产生的;道家倾向于认为现实政治中的国家是逐步败坏的,是不断倒退的;法家则认为国家和政治统治现象是人类社会内部冲突、斗争的结果,在利益冲突或利益追逐过程中,强者不断战胜并淘汰弱者,最强者就成为最高统治者和国家的代表。

● 关于国家的职能问题。道家可谓中国式"最弱国家论"或"小政府、大社会"的主张者;墨家和法家基本上都属于全能国家或强国家论者。所不同的是,墨家为了兼爱的道德理想势必走向国家对社会的全面干预;法家则旗帜鲜明、直截了当地主张建立强大无比的专制国家,对社会进行全面的监控。

墨、道、法三家的历史地位与价值

墨家虽然作为一个思想流派在秦汉以后失传,但其"兼爱"思想却表达了无数中国人对于一个好社会、好政府的共同期待或集体想象。在这个"兼爱"的社会里,政府贤能英明,永远不会犯错误;人民思想高度一致,人人平等,互相友爱,没有等级差别、压迫和斗争。这和《礼运·大同》篇中对终极理想的憧憬十分接近,它们共同构成了中国文化传统中关于理想社会、理想政府的心理原型,对于中国人的政治文化产生了深远影响。

关于老庄的道家思想,学术界评价存在很大反差。有人认为,道家只是一种活命哲学,"不要自己放光放热,只图保住臭皮囊"。[①] 在20世纪80年代中国文化的反思热中,老庄思想被视为中国文化孱弱颓废的象征。但是也有许多人从自由、审美的角度,歌颂庄子自由、决绝的反叛精神,说他是最彻底的自由主义者和最早的无政府主义者。有的学者指出,庄子生当战国

---

① 孙隆基:《中国文化的深层结构》,华岳文艺出版社1988年版,第315页。

时代,不愿意参与无义的、杀人如麻的战争,不愿意与以杀人为事功的战争狂人合作,表达的是一种坚定的道德信仰,一种斩钉截铁的拒绝。这种深刻的信仰和拒绝,只有经历极大忧患、极大怀疑,看破一切、超出世俗襟怀的人才能具有。[①] 如果我们站在今天的学术视野下,把道家思想理解为一种社会批判理论,至少能给我们提供反思的智慧,增强我们对文明进程的风险意识。

第一,道家用一个无限的"道"让我们知道世界之大,知道我们会处处面临着一个未知的世界,知道人的理性和能力的有限性,让我们看到在无限的世界面前我们不是全能的、万能的,也有力所不及的地方,因此更会心存敬畏,保持对世界、对未知的谦卑,不自负、不傲慢,也不迷信万能的国家和全能的统治者。

第二,道家对历史文化、对人类政治生活的批判,虽然有些夸大偏激,但却提醒我们,任何文明的进步都是有代价的,文明的进步和知识的发达可能会造成"人为物役"的异化、物化问题。

第三,老子的清静无为、"损之又损"思想,庄子的"天放"思想,似是最早的"小政府、大社会"思想,和儒家的消极政治观具有相通之处,其中一些重要思想已经为后世儒家所吸收。道家最早注意到,政治过程不光包括有为,也包括有所不为:必须在尽好自己职责的同时,允许一定范围的自治,防止政务噪音和政务扰民。这不仅符合中国农业文明时代的社会需要,也与当今世界的政治发展趋势合流。

法家尽管对于人性的看法过于阴暗,但至少向人们揭示了人在政治生活中最坏的一种可能性,使我们能够以更加现实、理性的眼光看待人,对现实社会中人的缺陷和局限性保持足够的警觉意识,进而更加注重从法治建设、制度设计和创新方面解决人类的政治问题。

另外,法家特别是商、韩之学还有其重要的学术价值,它在中国政治思想史上对专制国家的构造原理和专制政治的基本原则进行了最系统、最明白的阐述,从而为后人认识专制国家这种政治类型和专制政治形式提供了比较典型的文本。

[①] 参见周桂钿:《中国传统哲学》,北京师范大学出版社1990年版,第96—98页。

思想局限与尚待探讨的问题

墨家思想最容易受到质疑的地方在于,他一方面把君主认定为"兼爱"原则的承载者和是非标准的裁判者与维护者,但另一方面又一再暗示人性本身是自私自利、"一人一义"的,这就不能不使人产生这样的疑问:如果君主错了怎么办?怎么能保证君主所持之"义"就不是出于私利,而一定能代表天下共同之义呢?退一步说,姑且不论君主所立之"义"是否真是人民愿意接受的"义",即使为了推行这"一同天下之义",保证做到"天子所是,皆是之;天子所非,皆非之",也非得通过高压手段和全面控制不可,岂不是从"兼爱"的美好愿望出发,走向恐怖和奴役之路?另外,在存在着不同利益主体和利益差别的情况下,主要靠投桃报李式的功利算计来维持"兼爱",这样的"兼爱"会有多少真实性和生命力也是值得怀疑的。

法家基于性恶论的立场,似乎只看到了政治中强制、暴力统治甚至血腥的一面,把政治当成军事管制,当成管理犯人和奴隶一般,而看不到政治统治除了以暴力、强制力为后盾之外,还需要具有某种道义的感召力,需要最起码的、唤起民众自愿服从的能力,这样才能维持下去,而不至于因为不断追加暴力而崩溃。同时,不断降低政治中的暴力、野蛮的因素,减少动物式丛林法则的作用,不断增加政治中文明的因素,使政治生活更能彰显人的尊严、捍卫人类文明的基本价值,也是政治文明发展的基本趋势和要求。一切与这一趋势、要求背道而驰的思想和行为,虽然有可能得逞于一时,但终究不能持久。法家赤裸裸地主张君权至上和暴力强制为本的统治,剥夺了人们对政权的起码的希望和幻想,严格说来,它只是"打天下"的理论而非完整的"治天下"理论,甚至在学理上自我窒息、自我取消,流为纯粹的权谋之术,而不再有任何理论发展空间。这是它在秦汉以后的"专制天下时代"未能成为显学的重要原因。

另外,法家所讲的"法治",显然也不同于现代"法治"。首先,现代法治精神强调法律至上,强调一切人都要平等地接受法律的约束;而法家中即使最激进者如管子,也只是原则性地提到"令尊于君"、君主"能生法不能废法"等等,并没有具体讨论如何通过法律限制君主权力,其理论的重点还是放在如何对付和镇压人民的问题上。而韩非子更是把君权当成一个不加质疑的前提,在此前提下大谈君主如何以法治民、胜民、弱民问题。

其次，从国家和政治的目标看，现代法治的核心目标是实现公民的利益，保护公民的权利；法家的"法治"则是以实现君主及其统治集团的意志和利益为核心目标，以人民为纯粹的统治对象和实现其统治目标的工具。最后，现代法治中的法以保护、调节人民的利益为基本精神，镇压、强制措施只是不得已的选择，所以现代"法"的内涵不仅有刑法，更有民法等；而法家的"法"主要是刑法，是镇压、制裁之法。概言之，法家的这种"法治"实际上是君主及其统治集团利用严刑峻法统治人民的所谓"胜民""弱民"的过程。

老庄特别是庄子希望摆脱文明社会的一切牵累、束缚，通过回归自然实现绝对的解脱，似乎表达了中国人对自由、解放的渴望，但也留下了引起后人争论的问题。因为，无论是在西方还是在中国思想传统中，自由都是以"人"这个主体的存在为前提的，都意味着某种人的意志自由。古人的"自由"直译过来就是"由自己"，而西方思想传统中的自由，一般也理解为是和某种意志自由联系在一起的。但庄子却要人等生死、齐万物，取消自我，把自己等同于蝼蚁、虫鱼、泥土等自然之物，无是无非，方生方死，这种无意志的"自由"还算不算自由？这种对文明社会中的道德礼俗、制度和异化现象的大拒绝、大解放，恰恰是以对自然的彻底皈依、对人的社会属性和人的自由意志的连根拔除为代价的。所以有的学者批评说，道家提倡"无为""无己""无待"，"完全是一种放弃意志自由和一切作为的人生观"，或者是一种不同于西方的"无意志的自由"，[①]而胡适则干脆把这种人生观叫作"人死观"。即使绕开这些质疑，姑且承认这也是一种自由精神，但这种自由基本围绕着"真乐"、彻底解放、绝对自由的层面展开，并没有进一步区分诸如意志自由、政治自由和法律自由等内容。离开政治自由、法律自由这些具体的操作层面去谈论自由，而不顾及其实践问题，最终只能流于空想。

进一步思考的问题

1. 试比较墨家"兼爱"与儒家仁爱观的主要区别。

[①] 参见邓晓芒：《灵之舞——中西人格的表演性》，东方出版社1995年版，第177—181页。

2. 试比较墨家与法家在国家起源问题上的主要异同点。
3. 试分析老庄的自然观与其社会批判思想之间的关系。
4. 试分析法家人性论与其政治学说之间的关系。
5. 试分析法家的"法治"与现代法治原则之间的关系。
6. 怎样看待老庄式"自由"?

第四讲

"独尊"儒家与国家意识形态的确立

——秦汉时期的政治思想

> **核心内容**
>
> ◎ 秦王朝败亡与法家丧失正统地位；汉初黄老之治；《吕氏春秋》《淮南子》与秦汉之际的思想融合及过渡；"独尊"儒家的背景与过程
> ◎ 董仲舒：天为人间政治秩序的本原，以"仁"为本的政治原则；君为臣纲的政治伦理；"受命"说与"谴告"说；董仲舒在政治思想史上的地位
> ◎ 董仲舒以后的"灾异说"及其政治批判意义；谶纬说与"王莽革命"；桓谭、王充对谶纬学的批判，对汉朝政治的肯定；王符、荀悦、仲长统等关于时政的议论和对分封制的辩护

秦汉时期，中国历史上首次建立起大一统的中央集权帝国，这无论在我国国家形态演变的历史上，还是在中国政治思想史上，都具有划时代的意义。

秦王朝的统治者利用法家学说的指导，在"打天下"的军事斗争中取得了胜利，但对于如何治理一个规模空前的新型帝国，却没有理论上的准备，而是延续着"打天下"的惯性，"以吏为师，以法为教"。他们没有看到，新帝国的"国家建构"需要借助一种新的意识形态，为这个帝国进行正当性论证或道义包装，使国家成为思想上存在有机联系的精神共同体。否则，帝国就会沦为仅靠武力劫持天下、没有道义根基的碎片拼图。

秦帝国的短命，使得意识形态方面的"国家建构"问题凸显出来。西汉

在经历了一段"无为而治"之后,终于在汉武帝时期将儒家确定为国家意识形态的正式代表。从此,借助政权和体制的力量,儒家开始深深影响中国人的精神世界和政治生活,并由此形成源远流长的、以儒家思想为主干的政治文化传统。所谓"汉承秦制",仅就秦、汉之间在正式政治制度方面的延续性而言,固然是事实,但在帝国的意识形态建构和儒家的体制化方面,则汉代有开创性贡献。

儒家"独尊"之后,一方面发挥了"以经术润饰吏事"、为现实政治提供合法性论证的作用,另一方面也让儒家士大夫看到了期待中得君行道的机会。由于儒家思想中存在的"公天下"和王道政治的理想主义精神,加上在帝国政治运行中逐步暴露的各种矛盾和问题,造成儒家理想与现实政治之间的鲜明反差,于是引发了儒家士大夫对现实政治的各种不满和批评,并最终走向否定帝国政治的"王莽改制"运动。随着王莽的"新"政权垮台和东汉的"中兴",政治理想主义遭到重挫,肯定汉家"治绩"、主张王道与霸道并用的现实主义思潮兴起。同时,针对当时泛滥的神秘主义思潮,如"天人感应"和谶纬之学等,一些思想家如桓谭、王充等也提出了激烈批评,使东汉政治思想总体上趋于理性、务实。

一、从"黄老之治"到"独尊儒术"

作为法家思想的实践者,秦国在吞并六国、建立秦朝之后旋即覆灭,继起的西汉帝国很容易把法家与亡秦和秦朝暴政联系在一起。而经过连年战乱,民疲国弱,人们普遍渴望统治者能够清静无事,给天下以休养喘息之机。于是,崇尚清静无为的黄老之学就成了汉初统治者奉行的政治哲学。

与此同时,以刘邦为首的统治集团也没有停止对长治久安之道的探讨。想想贾谊在《过秦论》中的描述:秦皇"振长策而御宇内,吞二周而亡诸侯,履至尊而制六合,执敲扑而鞭笞天下,威振四海",曾是何等气象,结果却是"一夫作难而七庙隳,身死人手,为天下笑"。秦帝国为什么会一朝覆亡?如何才能避免重蹈亡秦的覆辙?在对这些问题的总结与思索中,儒家与西汉统治者的距离越来越近,并开始在某种程度上进入体制之内。

在这一过程中,先秦以来的主要思想流派开始出现交汇融合的迹象,儒家思想也在进行着自我调整,以便更能适合成为专制帝国这种新兴共同体的集体表达。一种新的、以儒家思想为表达符号的帝国意识形态正逐步形成。

（一）秦帝国的覆灭与法家思想的流变

在战国七雄中，秦国处在华夏文化圈的边缘，颇受东方各国轻慢，被他们以"夷翟遇之"，以至于秦孝公在《求贤令》中痛陈"诸侯卑秦，丑莫大焉"。现有记载表明，秦文化中没有严格的宗法制度，没有严格的男女之别，不采取嫡长子继承制，也没有"唯德是依"的德位观，在其主流价值系统中，尚武重利而少礼义道德，即所谓"秦与戎翟同俗，有虎狼之心，贪戾好利无信，不识礼义德行，苟有利焉，不顾亲戚兄弟"。① 也正是由于这方面的原因，秦国统治者在用人时并不注重"亲亲"原则，能够不拘一格地任用异国人才。比如，自秦穆公到秦始皇时期，对秦国政治产生重大影响的主政者如百里奚、商鞅、张仪、范雎、吕不韦、李斯等都来自六国客卿，这与"多任其贵戚"的东方各国形成鲜明对照。②

秦人缺乏宗法伦理文化背景，对儒家思想很有隔膜。秦昭襄王就曾怀疑儒家思想"无益于国人"，而秦孝公起初听商鞅讲王道、帝道，提不起兴趣，而一听霸道、强国之术就来了精神。嬴政看到韩非子所著的《孤愤》和《五蠹》，更是高兴地说："嗟乎，寡人得见此人与之游，死不恨矣。"③ 客观地讲，法家的那一套学说，对于加强国家的组织化程度和控制能力、集中力量动员社会资源从事兼并战争，确实十分有效，能够在一定程度上满足统治有效性的需要，所以能够成为秦的理论武器。而秦成功统一六国，则标志着法家的胜利和高峰。

但在统一六国之后继续奉行法家路线，则是泥于"打天下"的路径而不知时变。司马谈说法家"可以行一时之计而不可长用"，贾谊则说秦之亡在于"仁义不施而攻守之势异也"，陆贾也认为"马上得天下，不能马上治天下"。用今天的观点来看，治天下与打天下、政治统治与军事征服是有重大区别的。治天下固然要以暴力威慑为后盾，但是要想保持政权巩固，实现长

---

① 《史记·魏世家》。
② 参见顾炎武：《日知录》卷二十二《九州》。
③ 《荀子·儒效》《史记·老子韩非列传》。

治久安,还需要一定的统治合法性,需要被统治者最起码的自愿服从,否则单靠暴力强制是无法持续统治下去的。而秦朝的统治者囿于法家意识形态的"路径依赖",看不到这一点。他们过分迷信、沉醉于运用法家思想打天下的成功,继续原有的路线,企图用赤裸裸的暴力去维持统治。所谓"秦为无道,残贼天下,杀术士,燔诗书,灭圣迹,弃礼义,任刑法……百姓悲痛愁思,欲为乱者十室而六",使国家"赭衣半道,群盗满山",[①]最后在下层农民和六国贵族的联合反叛中短命而亡。

由于秦帝国的兴衰是与奉行法家思想、焚书坑儒分不开的,所以它的崛起和速亡也是中国政治思想史上的一个重大事件。[②] 这一事变对中国政治思想史的最大影响就在于,它使秦王朝成为思想史上的"反面教材",使法家从此丧失了官方正统思想的地位,并促进了儒家思想与后来的专制国家的结合。在后人眼里,"法家亡秦",秦的短命是推行法家路线、实施暴政、焚书坑儒的结果。这一事实就像立下了一条可怕的咒语,时常被儒家士大夫用来警醒那些桀骜不驯、恣意妄为的君主。正所谓:"汉兴以后,论事者每以秦为喻;故始皇为后世所诟厉,甚于桀纣。"[③]可以说,秦的灭亡已经为儒家登上正统地位埋下了伏笔。

虽然法家从此不能被摆在中国政治的台面上,无法成为专制国家的正统思想,但仍然在很大程度上影响着秦汉以后中国政治的现实。法家反映了人类政治生活中某些真实的情况,特别是真实地揭示了专制政治的某些规律和构造原理,只要像秦王朝一类的专制政治形式在世界上还存在,反映这种政治形式的法家思想就不可能完全过时。另外,法家抛开统治的道义合法性,把思考的重心放在国家控制能力和统治效率方面,也可以为专制国家提供一定的统治技术和行政管理方法等实用性知识,满足其对统治有效性和工具理性方面的需要。所以,到汉昭帝时期,在一次讨论经济政策的

---

① 参见《史记·淮南衡山列传》《汉书·贾山传》。
② 关于秦始皇焚书坑儒事件,还有许多细节有待进一步研究,比如是否坑杀的都是儒生,是否把诗书全部烧了等等,详情参见陈登原:《中国文化史》(一),辽宁教育出版社1998年版,第216—220页;柳诒徵:《中国文化史》(上),上海古籍出版社2001年版,第341—342页。重要的是,秦始皇确实发动过这样一场大规模镇压儒家的活动,而且后世儒家士大夫也认为确有其事,"每以秦为喻",这就足以构成思想史上的一场大事件。
③ 陈登原:《中国文化史》(一),第196页。

"盐铁会议"上,儒、法之间公开辩论,以桑弘羊为代表的负责实际政务的官员公开为法家原则和秦政辩护。汉宣帝更是明确反对纯用儒道,主张杂取霸道,说"汉家自有制度,本以霸王道杂之,奈何纯任德教,用周政乎"。①

(二)汉初的"黄老之治"

西汉立国初期,一方面"法家亡秦"几乎成为各方力量的共识,另一方面长期的战乱使人民疲惫厌倦之极,西汉政权国力虚弱,客观形势并不适合统治者采取积极有为的政策,因而也没有给儒家等其他学说留下多大发挥影响的空间。儒士叔孙通帮助刘邦施行礼乐,连当时的一些民间儒生都讥笑他迂阔:"天下初定,死者未葬,伤者未起,又欲起礼乐,礼乐所由起,积德百年而后可兴也。"②意思是说战争刚过,国家初立,当务之急是埋葬那遍地的尸骨,抚慰那些伤者,施行礼乐是长期积德以后的事情。而就当时的实际情势而言,自战国(更不算春秋)到汉代连年战乱、征发,民生确实已经凋敝至极,《史记·平准书》形容当时的情况是"自天子不能具钧驷,而将相或乘牛车,齐民无藏盖",连皇帝都无法找到四匹一样毛色的马来驾车,将相们有的干脆乘坐牛车,老百姓无物可储藏。于是,只有轻徭薄赋、与民休息,采取清静无为的政策。汉初高祖曾率领大军追击匈奴,结果被匈奴诱敌深入,在白登(今山西大同附近)遭遇七日之围,几乎全军覆没,最后用计始得脱身,从此对匈奴采取和亲的政策。甚至在吕后当政时期,匈奴冒顿竟写信给吕后说,"孤偾之君,生于沮泽之中,长于平野牛马之域,数至边境,愿游中国;陛下独立,孤偾独居,两主不乐,无以自娱",极尽侮辱戏弄;吕后在回信时也只能卑辞请和,说自己"年老气衰,发齿堕落,行步失度,单于过听,不足以自污,弊邑无罪,宜在见赦"。③而高祖刘邦之后的各项政策也是奉行黄老无为而治的主张,长期实行三十税一的低税率。惠帝即位,宰相曹参也继续推行前任宰相萧何的政策,不做大的调整更张,力求清静无事,形成所谓"萧规曹随"的历史典故。

在这样的背景下,道家的"黄老之学"自然受到统治集团的推崇与喜爱。

---

① 《汉书·元帝纪》。
② 《史记·刘敬叔孙通列传》。
③ 《汉书·匈奴列传》。

如文帝因喜好黄老之学,即位之初,"有司议欲定仪礼",他"以为繁礼饰貌,无益于治",因此搁置;景帝时窦太后好黄老而不喜儒术,景帝本人也是"不任儒者","因修静默,勉人于农,率下以德"。①

事实证明,这种以道家黄老之术为指导思想的政策取得了明显的成效。到武帝即位数岁之后,经过七十余年的休养生息,已是"人给家足"。司马迁这样记述:

> 国家无事,非遇水旱之灾,民则人给家足,都鄙廪庾皆满,而府库余货财。京师之钱累巨万,贯朽而不可校。太仓之粟陈陈相因,充溢露积于外,至腐败不可食。众庶街巷有马,阡陌之间成群,而乘字牝者傧而不得聚会。(《史记·平准书》)

也就是说,到汉武帝即位初年,大小城市的粮仓都是满的,京师积累了成千上万的钱财,穿钱的绳子都朽烂了,国家粮库的粮食堆积如山,吃用不尽,以至于腐烂,成群马匹散布于大街小巷、田边路旁,堪称民富国强。

(三)《吕氏春秋》《淮南子》与秦汉思想的过渡

在考察秦汉之际的思想动向时,还有两本著作值得注意,即《吕氏春秋》和《淮南子》。

1.《吕氏春秋》的主要内容与历史地位

《吕氏春秋》是战国末期秦相吕不韦组织门客编写的著作,又称《吕览》。全书分为十二纪、八览、六论,共二十六卷二十余万言,内容综合了儒、道、墨、名、法、阴阳诸家学说,所谓"兼儒墨,合名法",故史称"杂家"。据说书成之日,悬于国门,声称能改动一字者赏千金,这就是"一字千金"的典故。

《吕氏春秋》成书于秦国统一六国、专制帝国建立的前夕,其写作目的就是要在综合各家学说思想精华的基础上,形成统一的、适合新形势下政治需要的思想体系,为即将诞生的专制帝国作好思想和文化上的准备。所以,它主张君主首先应该破除门户之见,一切从现实的政治统治需要出发,博采众

---

① 依次见《史记·礼书》《史记·儒林列传》《史记·孝景本纪》之"索隐述赞"。

长,所谓"取于众,此三皇五帝之所以大立功名也",是"君人之大宝也"。① 然后,要在集中众人智慧和意见的基础上,集中形成统治者自己的思想体系。它说:

> 听群众议以治国,国危无日矣。何以知其然也?老耽贵柔,孔子贵仁,墨翟贵廉,关尹贵清,子列子贵虚,陈骈贵齐,阳生贵己,孙膑贵势,王廖贵先,倪良贵后。有金鼓所以一耳也;同法令所以一心也;智者不得巧,愚者不得拙,所以一众也;勇者不得先,惧者不得后,所以一力也。故一则治,异则乱;一则安,异则危。夫能齐万不同,愚智工拙,皆尽力竭能,如出乎一穴者,其唯圣人矣乎!(《吕氏春秋》卷十七《不二》)

又说:

> 王者执一,而为万物正。军必有将,所以一之也;国必有君,所以一之也;天下必有天子,所以一之也;天子必执一,所以抟之也。一则治,两则乱。(《吕氏春秋》卷十七《执一》)

一方面,《吕氏春秋》承认老子、孔子、墨子为代表的各种思想流派都有其长处和价值。另一方面,强调统治者的一项重要职责在于思想上的"执一",必须将各种思想揉和、"抟之",形成统一的思想和意志,就像用金鼓统一人们的听觉、用法令统一人们的是非标准一样,达到"齐万不同",使天下人的思想和行动"如出乎一穴"。否则,如果听任众人的各种议论来治理国家,则"国危无日"。

所以,《吕氏春秋》看似内容很"杂",其宗旨却是很明确的,即"执一"或"齐万不同",就是要在融合、吸纳各派思想的基础上,实现新的思想综合和统一的专制国家意志,终结春秋战国以来"处士横议"的局面。这也是该书所要强调的基本的思想文化观念和政治主张。

为达到上述目的,该书在哲学方面主要吸收了道家以及阴阳家的一些观念,用以建立起解释世界和历史发展的基本理论。比如,它认为万物起源

---

① 《吕氏春秋》卷四《用众》。

于"道",这种"道"也叫"太一",它"视之不见,听之不闻,不可为状……不可为形,不可为名,强为之,谓之太一",从这种"太一"产生阴阳两种气,然后阴阳二气化为万物,即所谓"万物所出,造于太一,化于阴阳"。① 同时,由于人也是天道、阴阳所化生,故人与天之间存在着感应关系:

> 凡人物者,阴阳之化也。阴阳者,造乎天而成者也。天固有衰嗛废伏,有盛盈坌息;人亦有困穷屈匮,有充实达遂。(《吕氏春秋》卷二十《知分》)

因此,人应该"察阴阳之宜,辨万物之利以便生,故精神安乎形,而年寿得长焉"。② 也就是说,应该根据自然界阴阳变化的情况与规律,选择适当的行为。

而在社会政治思想方面,《吕氏春秋》则主要吸收了儒家思想,同时根据需要融入各家主张,主要强调了以下思想和观念。

- "王者执一"。

如上所述,全书的基本宗旨就是强调,君主应集中权力,统一全国的思想和意志。

- 为政以德。

如该书《上德》篇说:

> 为天下及国,莫如以德,莫如行义。以德以义,不赏而民劝,不罚而邪止。

《适威》篇也说:

> 古之君民者,仁义以治之,爱利以安之,忠信以导之,务除其灾,思致其福。

---

① 《吕氏春秋》卷五《大乐》。
② 《吕氏春秋》卷三《尽数》。

- **民本与爱民**。

如该书《务本》篇说：

> 主之本在于宗庙，宗庙之本在于民。

《顺民》篇也说：

> 先王先顺民心，故功名成。夫以德得民心以立大功名者，上世多有之矣；失民心而立功名者，未之曾有也。

《精通》篇则说：

> 圣人南面而立，以爱利民为心。

不过从整体上看，这里的民本重点还是强调人民对于政治统治的重要性，而儒家的"民本"则强调以人民为政治最高目标，两者之间还是存在差异的。

- **公正与王道**。

如该书《贵公》篇说：

> 昔先圣王之治天下也，必先公，公则天下平矣。平得于公……凡主之立也，生于公。故《鸿范》曰："无偏无党，王道荡荡；无偏无颇，遵王之义；无或作好，遵王之道；无或作恶，遵王之路。"天下非一人之天下也，天下之天下也。阴阳之和，不长一类；甘露时雨，不私一物；万民之主，不阿一人。

这段话几乎纯是儒家的语言，不仅强调一个君主治理天下一定要公平，公平就是"王道"，不要因为个人的好恶、私情而偏离公正的原则；更值得注意的是，在秦王的专制政治之下，竟能提出"天下之天下"这一儒家"天下为公"的思想。

- **无为无不为**。

它认为，为君之道是君上虚静无为，而尽可能让臣下发挥聪明才智。这显然吸收了道家的思想,同时又赋予了新的时代内涵。认为为君之道的最高境界是"因而不为""虚静以待",①但是这种"无为""虚静"是为了更好地"使众智",更好地发挥众人的作用。

> 夫君也者,处虚素服而无智,故能使众智也。智反无能,故能使众能也。能执无为,故能使众为也。无智、无能、无为,此君之所执也。人主之所惑者则不然,以其智强智,以其能强能,以其为强为,此处人臣之职也。处人臣之职而欲无壅塞,虽舜不能为。(《吕氏春秋》卷二十五《分职》)

具体来说,就是"大圣无事而千官尽能","贤主劳于求人而佚于治事"。反过来说,如果"人主以好暴示能,以好唱自奋,人臣以不争持位,以听从取容,是君代有司为有司也"。② 可见,这里重点强调的是君臣之间的职权划分原则,认为君主的主要职责在于选人、用人,善于授权委任,创造好的条件让臣下更好地发挥聪明才智,而不是越位、错位,越俎代庖去干一些臣下应做的事情。

• **重农**。

作为一个以小农经济为主体的农业国家,重视农业的基础性、战略性作用是十分自然的事。故该书《上农》篇说:

> 古先圣王之所以导其民者,先务于农。民农非徒为地利也,贵其志也。民农则朴,朴则易用,易用则边境安,主位尊。

不过,值得注意的是,它强调农业的重要不仅是出于汲取赋税、富国强兵的考虑,更重要的是因为以农业为生的小自耕农比较淳朴"易用",便于统治,是专制国家最稳固的社会基础。类似的看法在《商君书》里也有反映。比如它说,一个君主要做到"民不贵学问,又不贱农",因为"民不贵学则愚,愚则

---

① 《吕氏春秋》卷十七《知度》。
② 《吕氏春秋》卷十七《君守》、卷十二《士节》、卷十七《任数》。

无外交,无外交则勉农而不偷"。① 可见,它是把重视农业和愚民、国家的安定联系在一起的。

- **重法思想**。

《吕氏春秋》虽然成书于一个以法家为指导思想的专制国家中,但是由于主要编撰者的世界观及其基本政治价值取向已经有所变化,所以法家的思想在这本书中并没有占据很突出的地位。它虽然也强调治国"无法则乱""凡举事必循法以动",但又认为"守法而弗变则悖,悖乱不可以持国",应该"因时而化",所谓"世易时移,变法宜矣"。②

从以上内容不难看出,《吕氏春秋》在糅合、构建统一的思想体系时,虽然主张吸取各家之长,但是从实际效果上看还是以儒家为主,特别是在社会政治思想方面更是如此。③ 为什么在法家思想已经给秦国的霸业带来明显功效的情况下,它没有继续坚持和发展法家的思想? 比较可能的解释是,吕不韦等人通过法家在秦国的实践已经敏锐地看到,法家在集中国力进行耕战和打天下的军事征服中固然可以收一时之效,但是靠严刑峻法和暴力恐惧未必能长期有效地维持统治;而儒家之所以在吕不韦集团的这次理论综合中占有优势地位,是因为比较各家,儒家与中国古老的经济社会传统如小农经济、家族宗法制度等具有更深的现实联系,对于现实生活更有解释力,更能表达那时中国人的心理需求与愿望,从而也更有利于未来帝国的统治合法性建构。④

2.《淮南子》与道家思想的演变

《淮南子》又名《淮南鸿烈》,由西汉淮南王刘安(约前179—前122年,刘邦之孙)与其门客合作编著。《汉书·艺文志》著录此书原有内外篇,今本仅存内篇二十一篇。全书虽融汇了先秦以来的道家、阴阳家、墨家、法家、儒家的思想内容,但还是偏重于道家,故一般将其列为道家著作。关于写作该书的宗旨,其中《要略》部分已经明确说明,是要通过"上考之天,下揆之地,中通诸理","观天地之象,通古今之事",达到"总万方之指,而归之一本""四海之内,一心同归"。实际上就是要在吸收各家所长、总结汉初实行黄老

---

① 《商君书·垦令》。
② 《吕氏春秋》卷十五《察今》。
③ 参见徐复观:《两汉思想史》(第二卷),华东师范大学出版社2001年版,第31—34页。
④ 参见李泽厚:《中国古代思想史论》,第135—141页。

之治经验的基础上，从理论上梳理天人之间的关系，为统一的专制帝国构建理论基础。

基于以上宗旨，《淮南子》在世界观方面主要以道家哲学为原理，并借助阴阳学家对事物生成变化的论证框架，解释世界以及人类社会的生成变化。在这方面，《淮南子》基本上继承了老子以道为本体的宇宙观，认为万物起源、派生于道。该书《天文训》篇对道化生万物的过程是这样描述的：

> 道始于虚廓，虚廓生宇宙，宇宙生气。气有涯垠，清阳者薄靡而为天，重浊者凝滞而为地。清妙之合专易，重浊之凝竭难，故天先成而地后定。天地之袭精为阴阳，阴阳之专精为四时，四时之散精为万物。

又说：

> 道始于一，一而不生，故分而为阴阳，阴阳合和而万物生。故曰："一生二，二生三，三生万物。"

大意是说，道化生了一，一又分为阴阳，阴阳和合化生万物；具体地说就是，道开始于虚廓，虚廓产生宇宙，宇宙产生气，气分"清扬"和"重浊"，分别凝结为天和地，天地产生阴阳，阴阳化生四时万物。

既然"万物同出于一"，人类作为道的产物，自然也要受道的支配和影响，从而天与人之间形成感应关系，"天之与人，有以相通也"。具体来说：

> 人主之情，上通于天。故诛暴则多飘风，枉法令则多虫螟，杀不辜则国赤地，令不收则多淫雨。（《淮南子·天文训》）
>
> 故圣人者怀天心，声然能动化天下者也。故精诚感于内，形气动于天，则景星见，黄龙下，祥凤至，醴泉出，嘉谷生，河不满溢，海不溶波……逆天暴物，则日月薄蚀，五星失行，四时干乖，昼冥宵光，山崩川涸，冬雷夏霜……天之与人，有以相通也。故国危亡而天文变，世惑乱而虹霓见。万物有以相连，精祲有以相荡也。（《淮南子·泰族训》）

而道的基本属性又是虚静、自然的，道化生万物不是刻意的作为，一切都是自然而然的。由此，《淮南子》提出了"无为无不为"的政治主张。我们知道，早期道家特别是庄子主张消极无为、纯任自然，甚至要求"齐万物""一死生"，取消人的一切作为和努力，如果完全贯彻这种"无为"，不仅否定了一切国家政治组织和政治制度存在的必要性，甚至连人类文明、人类社会也无存在的必要，这就需要对其作出理论上的调整，才能成为有操作性的政治理论，以解释和指导现实的政治。所以，《淮南子》明确指出，无为绝不是一切无所作为，绝不是"寂然无声，漠然不动"，①而是有所不为、有所为，即从尊重、敬畏事物发展规律方面说是"无为"，而从因势利导、顺势而为方面说是"有为"。故《泰族训》篇说：

> 圣人之治天下，非易民性也，拊循其所有而涤荡之，故因则大，化则细矣。禹凿龙门，辟伊阙，决江浚河，东注之海，因水之流也。后稷垦草发菑，粪土树谷，使五种各得其宜，因地之势也。汤、武革车三百乘，甲卒三千人，讨暴乱，制夏、商，因民之欲也。故能因，则无敌于天下矣。……故先王之教也，因其所喜以劝善，因其所恶以禁奸，故刑罚不用而威行如流，政令约省而化耀如神。

《修务训》篇又说：

> 若吾所谓无为者，私志不得入公道，嗜欲不得枉正术。循理而举事，因资而立，权自然之势，而曲故不得容者。

可见，这种"无为无不为"思想否定的是违反规律、刚愎自用、以私害公，强调的是尊重规律、敬畏公义。

这种思想反映在政治上，最主要的就是"无为而治"，实行"君逸臣劳"的"人主之术"。具体来说，君主要"处无为之事，而行不言之教，清静而不动，一度而不摇，因循而任下，责成而不劳"，或者说是"上操其名，以责其实；臣

---

① 《淮南子·修务训》。

守其业,以效其功"。① 概言之,君主自身清静无为,对臣下委任责成,才是为君之道。而做到这一点,就能"刑罚不用而威行如流,政令约省而化耀如神",达到"无为而治"的效果。

而为了做到"无为而治",就要求君主首先必须清虚无欲、省心省事,即所谓"君人之道,处静以修身,俭约以率下"。②

这样,《淮南子》以道为本体,推演出无为而治的政治思想,其核心是处于政治中心的君主既要清静无为,又要对臣下循名责实,还能爱民教民,这与儒家以德化民的思想已经没什么区别。所以,这种无为思想后来逐渐融入中国的政治文化传统中,成为官僚士大夫们讨论君臣分工及其权责关系的基本理论依据。

(四)"独尊"儒家的过程与背景

儒家为什么会在汉武帝时期取得"独尊"的地位?换句话说,按说孔子的学说是旧时代的产物,为何能在秦汉以后的新时代得到独尊,而商鞅、李斯这些人本是"新时代"的开创者,他们的学说为什么没有在这一"新时代"取得正统地位?这类疑问,最初由民国时期的学者提出来,引起了不少人参与讨论。③ 这里结合历史事实,参考各家观点,从儒家被独尊的具体历史语境与过程、专制国家的需要以及儒家本身的特点等方面,对这个问题加以说明。

1. 汉初儒学的传承

刘邦以布衣平民出身而征服天下,成为统一帝国的君主,儒家思想最初并未引起他的注意和重视。虽然刘邦也曾采取过诸如"约法三章"之类的策略,比较接近儒家的"得人心者得天下"的要求(朱熹也说他和唐太宗都曾"假仁借义以行其私"),但其打天下的成功与儒家思想并没有直接关系。刘邦手下的那些开国功臣们,也多是来自下层社会。刘邦本人"好酒及色""不事家人生产",当过亭长,在地方上属于那种"豪猾"一流人物;手下的人亦多为挽车屠狗之徒,奉行的主要是实用主义原则。从文化背景上看,刘邦及其

---

① 《淮南子·主术训》。
② 同上。
③ 参见韦政通:《中国思想史》(上),第313—314页。

第四讲 "独尊"儒家与国家意识形态的确立——秦汉时期的政治思想

集团与儒家文化本来就存在较大的距离。也正因为如此,刘邦作为中国历史上第一个布衣天子,常常遭到文人儒生的鄙视奚落。①

然而,刘邦集团的文化背景反倒有利于他们夺取政权。因为从事军事斗争首先讲的是杀敌制胜的效果,而不会在乎是实行"王道",还是采用"霸道""诈力"。因此,像儒家那样追求"王道""仁政"的学说,对刘邦这样忙于打天下的征服者而言,自然显得空洞无用。正是由于这个缘故,刘邦自起兵时非常鄙视儒生,以至于"诸客冠儒冠来者","辄解儒冠溺其中"。②

总之,无论是从文化背景还是从打天下的实际需要看,刘邦集团起初对儒家不仅不重视,甚至十分轻蔑。

不过正如前面所说,儒家思想毕竟在很大程度上反映了中国传统社会小农经济生活、家族宗法制度的现实,尽管在主观意识方面,一些帝王权势人物喜好黄老之术,但是儒家的一些观念已经成为当时的政治常识,正在潜移默化地向现实政治体制和过程渗透。有历史学家就注意到,在汉高祖、汉文帝发布的诏书中,"多粹然儒者之言,文帝除肉刑一诏,原本《书传》,尤能行经义以除秕政"。③ 另外据《汉书·高帝纪》记载,刘邦即帝位时曾推辞说:"寡人闻帝者贤者有也,虚言亡实之名,非所取也。今诸侯王皆推高寡人,将何以处之哉?"又说:"诸侯王幸以为便于天下之民,则可矣。"又如《史记·孝文本纪》载,有司请早立太子,文帝说:"今纵不能博求天下贤圣有德之人而嬗天下焉,而曰豫建太子,是重吾不德也,谓天下何?"这虽然是客套话,但是却透露出,天下为一姓私产,当时并不被视为理所当然。有学者甚至据此以为,"贤者为帝""立君为民"已成为那个时代的普遍观念。④ 这就为儒家登上历史舞台奠定了心理基础。

同时,由于官方采取无为政治而不太干预民间学术,儒家凭借自己比较严格的师承关系,使得以"五经"为基础的典籍和知识系统,依然在民间得到

---

① 比如,唐代诗人章碣曾作诗《题焚书坑》云:"竹帛烟销帝业虚,昔年曾是祖龙居。坑灰未冷山东乱,刘项元来不读书。"(见阮阅《诗话总龟·卷十六》)北宋政治家张方平年轻时曾作《高祖庙》诗云:"纵酒疏狂不治生,中阳有土不归耕。偶因乱世成功业,更向翁前与仲争。"(见叶梦得《石林诗话·卷中》)
② 《汉书·郦食其传》。
③ 参见吕思勉:《吕思勉读史札记》(下),上海古籍出版社 1982 年版,第 642 页。
④ 参见阎步克:《士大夫政治演生史稿》,北京大学出版社 1996 年版,第 335 页。

某种传承和延续。汉惠帝时已经废除了秦代的"挟书律",留存于民间的一些儒家古籍陆续为世人所知,如旧秦博士伏生出其壁藏《尚书》二十余篇,文帝曾使晁错从他受业。这种情形,为汉武帝刘彻独尊儒术提供了有利条件。

更重要的是,无论多么陶醉于"马上得天下"的成功,刘邦他们也无法回避这样一个严肃的问题:秦王朝为什么短命而亡,如何避免重蹈亡秦覆辙而使刘姓江山长治久安?

2. 陆贾、叔孙通等人的"体制化"努力

正是在上述前提下,儒生陆贾与刘邦的一次机智对话,开始改变刘邦对儒家的印象。

史称有一次陆贾在刘邦面前谈论《诗》《书》,刘邦一听就不耐烦地骂道:"乃公居马上得之,安事《诗》《书》!"但是陆贾却毫不客气地反驳说:"马上得之,宁可以马上治乎?且汤武逆取而以顺守之,文武并用,长久之术也。……向使秦以并天下,行仁义,法先圣,陛下安得而有之?"把秦朝不用儒家而灭亡的事实讲得非常清楚尖锐,说得刘邦面有"惭色",转而要求陆贾总结"秦所以失天下,吾所以得之者"的经验教训。陆贾于是陆续写就十二篇文章,"每奏一篇,高帝未尝不称善,左右呼万岁,称其书曰《新语》"。[①] 陆贾所著《新语》,一方面灵活地杂揉了一些道家无为的思想因素,以调适儒家与现实政治的距离;另一方面,重点阐述以儒家仁义思想为核心的政治学说,即"行仁义,法先圣"的道理。

而大约与此同时,儒士叔孙通为朝廷制定礼乐的活动,又进一步拉近了西汉王朝与儒家的距离。

西汉立国之初,统治秩序尚未建立,开国大臣都是和刘邦一起打天下出来的,还保持着原来那种兄弟义气的习惯,喝了酒就在皇宫大吵大闹,甚至拔出剑朝着柱子乱砍。刘邦虽然觉得不成体统,但也实在拿这些功臣没办法。这时已经获得刘邦好感、颇懂得入世策略的儒士叔孙通提出,儒家虽然不能进取,却可以守成,就建议制定礼仪制度,以规范君臣关系,建立统治秩序。于是刘邦让他带一班人先设计排练,并要求应简便易行,不要搞得太烦琐。

叔孙通将礼仪排练成功之后,于高祖七年用于文武百官朝会觐见,一下子使秩序井然,气氛庄严肃穆,那些平时散漫跋扈的大臣个个服服帖帖、战

---

① 《汉书·陆贾传》。

战兢兢,而大大显示了皇帝的尊严威仪。刘邦高兴地忍不住脱口而出说:"吾乃今日知为皇帝之贵也!"叔孙通从对皇帝最直接有用的方面去恢复儒学,确乎十分奏效,难怪人们说他能"与时变化",知道"当世之要务"。①

刘邦晚年在一次平定叛乱北返的归途中,路过鲁地,"以大牢祠孔子"。以上种种都说明,儒家与专制国家开始了初步的结合。

此外,在西汉前期儒家体制化过程中,还需要提及的另一个重要人物是贾谊。贾谊是文帝时期的博士,后为长沙王太傅,为当时少年才俊。因为被周勃等权贵排挤,也因为当时的大环境所限,不得施展政治抱负,33岁即死去。他的政治学说基本上也是立足儒家的立场,总结秦朝的教训,论证实行儒家的礼治、民本政治、礼义廉耻四维教化等的必要性。贾谊在秦亡之后,法家思想一度大行其道,而儒家贵民思想几成绝响的时代,仍高唱贵民之说,声言"自古至于今,与民为仇者,有迟有速,而民必胜之","夫民,万世之本也,不可欺"。② 他的思想的另外一个时代特色就是,针对汉代初期实行的分封同姓子弟为诸侯王的做法,尖锐地指出了中央政府与地方封国之间的矛盾,主张采取"众建诸侯而少其力"的积极措施,削弱地方诸侯国的势力,巩固中央集权的汉帝国的统一,实际上为后来汉武帝削藩作了理论准备。贾谊的思想,着眼于汉帝国政治统治的实际需要,融合了其他思想流派的精华,最后归宗于儒家的"仁政"思想,也为更加具有包容性的、统一的汉帝国统治思想的形成作了准备。

3. 国家内外情势的变化

到了汉武帝时期,国家的内外情势都发生了很大的变化。

一方面,经过七十余年的休养生息,国力逐渐恢复而至于强盛;另一方面,自文帝、景帝开始,这种"无为而治"的治国方针逐步遇到新挑战和新问题。比如,那些同姓诸侯王国的势力不断强大,逐渐有凌驾于朝廷之上的尾大不掉之势;那些富商、豪强利用自己的政治、经济实力大肆兼并小农,造成社会上严重的贫富分化。再就是匈奴对汉帝国无休止地侵掠,造成帝国持续的边患问题。这样,汉帝国对内需要打击诸侯国分裂割据以及豪强兼并势力,对外需要解决匈奴侵扰问题,客观上要求以一种积极进取的思想为指

---

① 《汉书·叔孙通传》。
② 《新书·大政上》。

导。儒家特别是其中的公羊学派强调"大一统",强调君臣大义等等,都很符合汉武帝这位少年天子的口味。

另外,从历史发展的大趋势看,秦汉以来形成的统一的中华大帝国,用今人的眼光看可谓一种新的民族国家(以汉族为主要的)和新的共同体。① 以往周秦时代的国家形态,则大致属于一种中国式"城邦的国家社会",而从春秋中叶开始,中国进入了从城邦国家向大一统的中央集权制国家过渡的"转型期"。② 皇帝制度的出现与西汉帝国体制的最后巩固,标志着这一历史转型过程的完成。这种共同体的诞生也需要一种更有包容力和解释力、具有宇宙论根据的意识形态,作为维系这个帝国心理认同的思想基础。而法家讲求赤裸裸的镇压和征服,没有超越的形而上的理论旨趣,老庄则过于消极而无法满足人们在常态下对政治的期望。

4. 儒家自身的特点

相比其他各家而言,儒家自身的特点使之更能适合新时代的政治需要,也更能表达当时华夏民族的集体愿望和想象。

首先,儒家学说内容丰富,其《诗》《书》《礼》《乐》《易》《春秋》"六艺"之学涵盖了整个上古文化的传统,对于不同的思想有兼容并包的可能。其次,从孔子到董仲舒几百年间,儒学代有传人,形成源远流长、脉络分明的传承系统,即使在受到秦帝国沉重打击的情况下,依然在民间保留了相当数量的传承者,这是其他思想流派所不能企及的。③ 再次是前面所提到的因素:儒家与中国古老的经济社会传统(如小农经济、家族宗法制度等)具有更深的现实联系,对于现实生活更有解释力,更能表达那时中国人的心理需求和愿望。与其他流派相比,儒家更具有思想上的包容性和丰富性。比如,对于"法"和"刑"的问题,儒家可以在"德主刑辅"的思想下加以解释和兼容,而法家则很少能承认"德"的价值;对于"无为"的问题,儒家可以在"以德化民"、减少刑杀和强制命令的意义上,通过"有所为有所不为"的命题加以兼容,而道家则是从根本上否定"德治"意义上的"有为"。④ 因此,儒家确实最能体现

---

① 参见葛兆光:《中国思想史》(第一卷),第229—230页。
② 参见杜正胜:《周代城邦》,台湾联经出版事业公司1979年版,第138—150页。
③ 参见韦政通:《中国思想史》(上),第314—315页。
④ 参见张星久:《儒家"无为"思想的政治内涵与生成机制——兼论"儒家自由主义"问题》,《政治学研究》2000年第2期。

宗法农业社会条件下人们的生产生活的常道、常情和最圆熟的智慧,实际上代表了中国宗法农业社会条件下政治智慧的最高成就,是任何一个明智的统治者都无法真正超越的智慧。最后,从儒家对现实政治的态度看,它固然有对现实政治的批判超越精神,但是又不是采取打破现实、否定现实的外在超越路线,而是采取肯定利用现实的政治力量、从体制内进行超越的路线,这就使得儒家具有了与现实的政治势力结合的可能。

这样,到了汉武帝时,为了巩固西汉帝国统治,加强君主集权,决定以儒家学说作为治国的指导思想,于是开始征纳贤良文学之士。但即位之初,年轻的汉武帝仍然受到太皇太后窦氏的牵制,而窦氏素来喜欢黄老之术,厌恶儒生和儒家之言。所以,直到汉武帝即位六年窦太后去世,在一向崇儒的丞相田蚡等人的支持下,正式开始了以尊儒为核心的统治思想大变革运动,黄老之术逐渐遭到废黜。特别是汉武帝元光元年(前 134 年),五经博士董仲舒在举贤良对策时上了《天人三策》,明确提出:"诸不在六艺之科、孔子之术者,皆绝其道,勿使并进。"[①]这一建议被汉武帝采纳,于是出现了中国历史上著名的"罢黜百家,独尊儒术"事件。[②] 儒学从此成为正统的官学和国家意识形态,读儒经与当官获得权力直接挂钩,儒家话语成为读书人必备的、中国文化主要的知识系统,孔子成为中国"思想上的君主"(素王),这是中国政治思想史以及中国文化史上的大事件。

二、董仲舒以"天人感应"为基础的政治学说

(一) 董仲舒面临的主要问题

董仲舒(前 179—前 104 年),广川(今河北枣强)人,自幼研习《春秋》,有"三年不窥园、乘马不知牝牡"之说,可见用功之勤奋。景帝时其为博士,汉武帝时在《举贤良对策》中系统地提出了以"天人感应""大一统"为基础的政治主张,并建议表彰六经、独尊儒术,受到汉武帝的重视。董仲舒先后任江

[①]《汉书·董仲舒传》。
[②] 近年来,关于汉武帝"罢黜百家,独尊儒术"一事以及董仲舒在这一事件中的作用问题,学术界出现了一些争论,但涉及的主要是一些具体过程、时间等细节问题,并不会改变汉武帝时期这场思想变革的事实及其意义。

都易王刘非国相和胶西王刘端国相,晚年辞官在家著书,传世著作为《春秋繁露》。

董仲舒思想的最大特色或者贡献就在于,他系统地阐述了"天人感应"说,从而在天人合一的宇宙观基础上,为儒家的伦理原则以及现实的政治秩序找到了形而上的终极依据。

儒家思想的这一新变化,既是为了顺应儒家自身理论发展的需要,也有现实政治方面的原因。

我们知道,作为一种解释天人关系的思维模式,天人合一的观念在中国可谓源远流长。至迟到西周时期,"天"已经开始被人文化、伦理化。而到了孔孟时代,这种天道观的"人文主义运动"进一步强化。孔子思想中的重点是强调"道",把"志于道""人能弘道"作为根本命题,而对于"天道"则是"不可得闻也"。孟子也是把对天的认识归结为"尽心""尽性",即人的内在心性的发掘上,也就是把天归结为人性或人伦之性。① 荀子则直接提出"天人相分"说,斩断了天与人之间的联系,把孔孟思想中的"道德之天"变为纯粹外在的"自然之天"。而在荀子这一思想的背后,反映的是社会上普遍怀疑、否定"天"的现实。尤其是那些直接服务于专制君主的政论家们,他们为了专制君主的"国家建设",更是大力宣扬对天的怀疑精神。

然而随着这种天道观的人文化趋势以及对天的否定、怀疑精神的发展,又产生了新的问题。

首先,儒家重视将"天道"归于人性、人道,重视对于人内在心性的发明扩充,而将"天道"虚化或"存而不论",固然使它远离了宗教迷信观念,但也限制了其哲学理论的展开空间,淡化了对诸如宇宙本体、世界起源、人与世界的关系等问题的终极追问,使得儒家在哲学形而上方面的理论建树不够。然而,我们知道,任何一种总体性的社会政治理论,都无法回避人与外部世界存在差距和张力的事实,从而都无法回避关于宇宙论、世界观以及人的地位、命运等"终极之问"。儒家漠视甚至回避这些问题,无疑会降低其理论的解释力和征服力,后来佛教、道家的流行,从某种意义上看正是对儒家这一缺陷的"趁虚而入"。同时,儒家试图从现实的生活经验、"人之常情"来论证人性为善,强调伦理道德的绝对性和必然性,在逻辑上和事实上也存在讲不

---

① 参见韦政通:《中国思想史》(上),第268—269页。

第四讲 "独尊"儒家与国家意识形态的确立——秦汉时期的政治思想

通、说不清之处。比如,孔子讲"爱由亲始""仁者爱人",但是如何从"爱亲"推出必然"爱人"?孟子认为人有仁、义、礼、智四种"善端",但这种"善端"毕竟只是潜质和可能性,如何从这种可能的善走向现实的、必然的善?尽管孟子也提出了有关心性修养功夫的理论,但这中间还有许多问题没有解决。

其次,这种对"天"的淡化、怀疑和解构,客观上恰恰配合了春秋战国时期以君权扩张为核心的国家建构运动。从社会和政治层面看,春秋战国时期的一大变革是逐步荡平阶级、消灭贵族等级制度,造成专制国家下面人人"平等"的"编户齐民"结构,形成毫无抵抗力的社会;同时,逐步确立科层制的官僚体制,从而在社会方面和政治体制方面为君主集权运动扫除障碍。而天道观的消解和衰落这一"思想解放"运动,其最大的政治后果恰恰是配合了当时的君主集权运动,从思想上解放了君权,使专制君权失去了"畏天"这最后一道防线。这种君权的扩张以及由此形成的专制国家,实际上已在一些敏感的思想家和士大夫心中产生了深深的压抑感。① 如文帝时一位叫贾山的儒士就形容当时君主的威势,简直有过于雷霆万钧之势,说"今人主之威,非特雷霆也;势重,非特万钧也";他还尖锐地指出"士修之于家,而坏之于天子之廷",说士大夫在家好不容易修成高尚的道德气节,一到"天子之廷",一遇到政治现实就被败坏掉了。② 而以诙谐滑稽著称的东方朔,当有人指责他不能像苏秦、张仪那样施展政治抱负时,他的回答也表达了同样的感受。

> 彼一时也,此一时也,岂可同哉?夫苏秦、张仪之时,周室大坏,诸侯不朝,力政争权,相禽以兵,并为十二国,未有雌雄。得士者强,失士者亡,故谈说行焉。身处尊位,珍宝充内,外有廪仓,泽及后世,子孙长享。今则不然。圣帝流德,天下震慑,诸侯宾服,连四海之外以为带,安于覆盂,动犹运之掌,贤不肖何以异哉?遵天之道,顺地之理,物无不得其所;故绥之则安,动之则苦;尊之则为将,卑之则为虏;抗之则在青云之上,抑之则在深泉之下;用之则为虎,不用则为鼠;虽欲尽节效情,安

---

① 关于士人在西汉帝国下的这种压抑心态,参见徐复观:《西汉知识分子对专制政治的压力感》,载《两汉思想史》(第一卷),第166—173页。本节引用的几则材料,最初也是通过阅读该书获得的。
② 《汉书·贾山传》。

知前后？(《汉书·东方朔传》)

可见，在东方朔这样的士人心中，他们所面对的是一个全新的、无比强大的新型国家，这种国家让君主拥有生杀予夺的绝对权力，让"天下震慑"，对士人"用之则为虎，不用则为鼠"。

在这样的时代，即使董仲舒本人也有进退维谷、无所适从之感。在著名的《士不遇赋》中，他感叹自己"生不丁三代之圣隆兮，而丁三季之末俗"，把后人眼中的汉代"盛世"视为"三季之末俗"，并说自己在当时"繇怀进退之惟谷"。

因此，如何从哲学上为儒家的道德原则和现实的政治秩序找到形而上的根基，如何面对君权的扩张，如何处理与一个专制帝国的关系，就成为汉代"新儒学"发展中的重要课题，这也是董仲舒在构建自己理论体系时需要回答的核心问题。

而自战国时期流行的阴阳五行说，其原意也是为了以"异说"警告君主，让他们知道国运会转移，威势不可靠。[1] 这种学说中有关万物生成、事物起源变化的思想，经过各家的阐述和传播，在汉初已经成为流行的信仰和共享的知识背景，这也为董仲舒构建天人合一的理论体系提供了重要条件。

（二）人类社会与政治秩序的起源："天人合一"的宇宙观

为了解释和论证人类社会各种秩序与制度的起源和根据，董仲舒吸取了前人的天道观以及阴阳五行学说，向人们描绘与构建了一个以"天"或"元"为支点的宇宙和人类社会的基本图景。

1. "天"("元")为化生万物的本源

在董仲舒所描述的宇宙与世界里，宇宙万物都有一个共同的起源或本原，它就是"天"，由于"天"是宇宙万物的本体和始基，所以也叫"元"，即所谓"天者，群物之祖""元者，万物之本"。一切自然现象和人类社会现象都是由"元"或"天"所化生的，它是宇宙间最高的创造者和主宰的力量，"百神之

---

[1] 参见萧公权：《中国政治思想史》，第273页。

君",连众神都要受它主宰。①

天是怎样产生世界与万物的呢？他的解释是："天地之气,合而为一(元),分为阴阳,判为四时,列为五行。"②"四时"就是春夏秋冬四季,"五行"就是木、火、土、金、水这五种创生万物的基本要素。大意是上天变化出阴阳二气,再变化出四时、五行,然后再通过这五种要素所处的方位变化与阴阳、季节时序相配合,化生了世间万事万物。具体来说,根据天地间阴阳之气的程度不同,分为四时,与五行相配,化成万物：

木居东方,属少阳,时序为春,主生；
火居南方,属太阳,时序为夏,主暑、主养；
金居西方,属少阴。时序为秋,主成、主杀；
水居北方,属太阴,时序为冬,主寒、主藏；
土居中央,兼具五行而四时之功,为"五行之主""天之股肱"也。③

不过,在化生万物的阴阳二气之中,又是以阳为本,阴为末,用董仲舒的说法是"阳尊阴卑",或"以阴为权,以阳为经",或"阳,天之德,阴,天之刑也","阳气暖而阴气寒,阳气予而阴气夺,阳气仁而阴气戾,阳气宽而阴气急,阳气爱而阴气恶,阳气生而阴气杀"。阳气代表暖,代表给予,代表仁、爱、生；阴气代表恶、戾、杀。所以,"阳常居实位而行于盛,阴常居空位而行于末"。④

有关世界由"一元"化生阴阳、阴阳化生万物的思想,在道家、阴阳学派以及《易经》里都有类似的表述,⑤但是董仲舒却将其发挥、阐述得最为系统。

2. "天"是社会道德规范、政治制度的根源和依据

人作为万物一分子,当然也是为天所生,在形体上"类天",在喜怒哀乐等感情上"象天"。比如：

---

① 参见《汉书·董仲舒传》《春秋繁露·重政》《春秋繁露·郊义》。
② 《春秋繁露·五行相生》。
③ 参见《春秋繁露·五行之义》《春秋繁露·天辨在人》。
④ 《春秋繁露·阳尊阴卑》。
⑤ 《易经·系辞上传》里有所谓"易有太极,是生两仪,两仪生四象,四象生八卦"之说。

> 人之形体，化天数而成；人之血气，化天志而仁；人之德行，化天理而义；人之好恶，化天之暖清；人之喜怒，化天之寒暑；人之受命，化天之四时。人生有喜怒哀乐之答，春秋冬夏之类也。(《春秋繁露·为人者天》)

人由天所生，人类的行为，人类的基本社会政治关系和政治组织，人类的基本治国大道，都来自于天，即所谓"道之大原出于天"，"仁义制度之数，尽取之于天"。① 具体地说就是：君主受命于天，所谓"唯天子受命于天，天下受命于天子"；官制也"象天"，取法于天，如设立三公之官，就是因为"天以三成之，王以三自持"。其他如九卿、二十七大夫、八十一元士等官职，也都取象于天，而且各种官职也与五行相合。如木居东，尚仁，产生了司农之职；火居南，尚智，产生了司马之职；土居中，尚信，产生了司营之职；金居西，尚义，产生了司徒之职；水居北，尚礼，产生了司寇之职。②

基本的社会政治关系来自于天。董仲舒认为，在人类社会中存在着君臣、父子、夫妇这三种基本的社会关系，其中"君为臣纲、父为子纲、夫为妻纲"，形成君、父、夫为主导的三种主从关系，构成所谓"三纲"，这三种主从关系来自于天，是宇宙秩序在人间的体现，故"王道之三纲，可求于天"。③ 而且正如上面所说，人类社会的仁、义、礼、智、信这五种基本道德规范（"五常"），也是顺应木、金、水、火、土五种宇宙要素的要求产生的。

天道决定了王朝的兴衰。如"天以天下予尧舜，尧舜受命于天而王天下"，周取代商也是"天之所以兴周国也，非周国之所能为也"。④

可见，天道表现于我们经验世界里的一切事物中，举凡人类一切社会政治现象，如官阶、官的员额、国政、民生都是取象于天，都是天地阴阳、五行变化的结果。

3. "天人感应"说

如上所述，既然人身上的一切都是化天道而生，人来自于天，天与人之间、天道与人事之间就是可以沟通、感应的。所谓：

---

① 《汉书·董仲舒传》《春秋繁露·基义》。
② 《春秋繁露·为人者天》《春秋繁露·官制象天》《春秋繁露·五行相生》。
③ 《春秋繁露·基义》。
④ 《春秋繁露·尧舜不擅移汤武不专杀》《春秋繁露·郊语》。

第四讲 "独尊"儒家与国家意识形态的确立——秦汉时期的政治思想

> 天亦有喜怒之气、哀乐之心,与人相副,以类合之,天人一也。(《春秋繁露·阴阳义》)

天与人一样,也具有人格、意志和情感。天意的最集中体现就是它那化育万物的"仁"的精神:

> 仁之美者在于天,天,仁也。天覆育万物,既化而生之,有养而成之;事功无已,终而复始,凡举归之以奉人。察于天之意,无穷极之仁也。(《春秋繁露·王道通三》)

而一个圣王或者合格的君主,应该是最能体察天道者,是沟通天人的代表与媒介,因此天人关系最核心的是天君关系。虽然理论上人人都是和天通的,但凡人无法体察和接触天,只有天子才能作为天人之际的媒介,这叫"以人随君,以君随天"。① 董仲舒还以"王"字的结构来说明这一点,认为"古之造文者,三画而连其中,谓之王;三画者,天、地与人也,而连其中者,通其道也,取天地与人之中以为贯而参通之,非王者庸能当是"。②

天高高在上,人如何感知"天意",天又如何向世人传递其喜怒哀乐?如上所述,通过世间万物欣欣向荣,生长发育,就可以体察到天的根本精神和最高要求是"仁",是"无穷极之仁"。同时,天还可以通过祥瑞、灾异来表达对君主政事的褒贬奖惩。他说:

> 谨案《春秋》之中,视前世已行之事,以观天人相与之际,甚可畏也。国家将有失道之败,而天乃先出灾害以谴告之,不知自省,又出怪异以警惧之,尚不知变,而伤败乃至。以此见天心之仁爱人君而欲止其乱也。自非大亡道之世者,天尽欲扶持而全安之,事在强勉而已矣。强勉学问,则闻见博而知益明;强勉行道,则德日起而大有功:此皆可使还至而有效者也。(《汉书·董仲舒传》)

---

① 《春秋繁露·玉杯》。
② 《春秋繁露·王道通三》。

如果一个君主在治国时将要出现失道之处，上天就会降下灾害加以谴责警告；如果君主还不知悔改，就会降下怪异之事以警觉恐惧之；如果仍不加以改变，就会以更大的"伤败"加以惩罚。这就是著名的"谴告"说。

总之，董仲舒通过以天（元）为原点，以君主为天在人间的代表，构建起了一个打通天地人、囊括自然界和人类社会的宇宙模式。以此为出发点，董仲舒实际上勾画出了他心目中一种理想的社会与政治结构，从这一理想结构出发，不难看出他的一些基本政治主张。

（三）法天行道、以仁为本的最高政治原则

上天之所以需要君主管理下民，其根本目的就是要通过君主实现天的意志，"法天而行道"，而天意的核心就是"仁"。所以，董仲舒说：

> 仁之美者在于天，天，仁也……人之受命于天也，取仁于天而仁也。（《春秋繁露·王道通三》）

又说：

> 天高其位而下其施，藏其形而见其光。高其位，所以为尊也；下其施，所以为仁也。藏其形，所以为神；见其光，所以为明。故位尊而施仁，藏神而见光者，天之行也。故为人主者，法天之行……泛爱群生，不以喜怒赏罚，所以为仁也。（《春秋繁露·离合根》）

强调君主要"法天之行"，以"仁"作为最高的政治原则来推行政务；而"仁"的基本要求就是爱民、利民，"以爱利天下为意，以安乐一世为事"。[①] 因为说到底，上天之所以设立君主，还是为了民。

> 天之生民，非为王也；而天立王，以为民也。故其德足以安乐民者，天予之，其恶足以贼害民者，天夺之。（《春秋繁露·尧舜不擅移汤武不专杀》）

[①]《春秋繁露·王道通三》。

所以，政治的根本目标是为民而不是为君主及其国家，这还是对传统的立君为民、代天理民思想的继承。

一个达到"圣王"标准的君主，在对人民行仁施德的时候，也会面临如何处理德与刑、赏与罚、说服教育与暴力强制的问题。对于这些问题，也要按照天道的要求来解决。

> 天之道，春暖以生，夏暑以养，秋清以杀，冬寒以藏，暖暑清寒，异气而同功，皆天之所以成岁也。圣人副天之所行以为政，故以庆副暖而当春，以赏副暑而当夏，以罚副清而当秋，以刑副寒而当冬。庆赏罚刑，异事而同功，皆王者之所以成德也。庆赏罚刑与春夏秋冬，以类相应也，如合符。故曰，王者配天，谓其道。天有四时，王有四政，若四时，通类也，天人所同有也。（《春秋繁露·四时之副》）

就是说，圣人治理国家要法天，就要按照四时季节的运行采取不同的手段：春天举行喜庆吉祥的活动，夏天奖赏，秋天惩罚，冬天用刑。不过，虽然治国要配合春夏秋冬而有庆赏罚刑"四政"，但是其重心还是在"德"而不在"刑"。因为如前所说，在天道的阴阳两种力量中，阳为德、为生，阴为刑、为杀，其中阳尊阴卑，阳是主要方面，"阳常居大夏以生育养长为事"；而阴则常常"积于空虚不用之处"。所以，"王者承天意以从事，故任德教而不任刑"。① 这其实还是西周以来"德主刑辅"的观念，只不过董仲舒用阴阳学说的语言把它论证得更有解释力。

行"仁"的政治原则体现在国家政策方面，就是要采取措施均贫富，防止财富占有差别过大、阶级分化严重。在董仲舒看来，秦汉以来造成贫富差别过大、小民百姓生计日益穷迫的主要原因，一是土地自由买卖带来的兼并，二是官府与豪强权势之家一起与民争利。他说：

> 至秦则不然，用商鞅之法，改帝王之制，除井田，民得卖买，富者田连阡陌，贫者无立锥之地。又颛川泽之利，管山林之饶，荒淫越制，逾侈以相高；邑有人君之尊，里有公侯之富，小民安得不困……故贫民常衣

---

① 《汉书·董仲舒传》。

牛马之衣,而食犬彘之食。重以贪暴之吏,刑戮妄加,民愁亡聊,亡逃山林,转为盗贼,赭衣半道,断狱岁以千万数。汉兴,循而未改。(《汉书·食货志上》)

所谓"颛(专)川泽之利,管山林之饶",大概是指政府垄断对盐、铁一类百姓生产生活日用品的经营与供应,老百姓只能从政府这一个卖家手中购买这些物品。从儒家的观点看,这显然是与民争利、造成贫富分化的举动。董仲舒对当时贫富分化、小民穷困状况的描述,还还可以从较其为早的文帝朝大臣晁错的一段话中得到佐证。

今农夫五口之家,其服役者不下二人,其能耕者不过百亩,百亩之收不过百石。春耕夏耘,秋获冬藏,伐薪樵,治官府,给徭役;春不得避风尘,夏不得避暑热,秋不得避阴雨,冬不得避寒冻,四时之间,亡日休息;又私自送往迎来,吊死问疾,养孤长幼在其中。勤苦如此,尚复被水旱之灾,急政暴赋,赋敛不时,朝令而暮当具,有者半贾而卖,亡者取倍称之息,于是有卖田宅、鬻子孙以偿责者矣。而商贾大者积贮倍息,小者坐列贩卖,操其奇赢,日游都市,乘上之急,所卖必倍。故其男不耕耘,女不蚕织,衣必文采,食必粱肉;亡农夫之苦,有仟佰之得。因其富厚,交通王侯,力过吏势,以利相倾;千里游遨,冠盖相望,乘坚策肥,履丝曳缟。此商人所以兼并农人,农人所以流亡者也。(《汉书·食货志上》)

针对这种情况,董仲舒虽然也承认不可能完全恢复古代的井田之法,但是主张应该稍稍采用古人之法,对土地占有的数量设置上限,废止奴婢,轻徭薄赋,同时放开政府对盐、铁的专卖,藏富于民。他说:

古井田法虽难卒行,宜少近古,限民名田,以澹不足,塞并兼之路。盐铁皆归于民。去奴婢,除专杀之威。薄赋敛,省徭役,以宽民力。然后可善治也。(《汉书·食货志上》)

(四) 君主的职责与"君为臣纲"的政治伦理观

1. "明教化民"与"正法度"

如前所说,天道是人间秩序的依据,是政治生活赖以维系的最高法则,而君主又是天在人间的最高代表,是沟通天人的媒介,则天意的实现自然要靠君主这个世间的权威来发挥保障监督作用。而君主"承天意以从事"、代天而行"仁",体现在基本职责方面,就是建立和维护以纲常伦理为核心的"法度",以及对人民实施道德教化。董仲舒说:

> 王者上谨于承天意,以顺命也,下务明教化民,以成性也,正法度之宜,别上下之序,以防欲也。(《汉书·董仲舒传》)

这里所谓"明教化民""正法度之宜",实际上还是和传统的儒家一样,一方面把政治理解为"以德化民",对人民进行道德教化的过程,即孔子所讲的"政者,正也";一方面把君主视为政治领袖与精神导师合二为一的角色,即《尚书》所说的"作之君,作之师"。不过,董仲舒又赋予这些传统观念以新的时代内涵,并从人性论上给出了新的理论阐释。

从董仲舒的具体阐述中可以看出,所谓"正法度之宜,别上下之序"的具体内容,就是前面提到的维持"三纲五常"为骨干的等级尊卑秩序。由于君臣、父子、夫妇之间的等级主从尊卑关系,是宇宙秩序在人间的体现,而所谓仁、义、礼、智、信这五种基本道德规范也是"天道"的体现,君主要"法天行道",当然要以维护这些纲常为职责。而要维护这些纲常秩序,除了靠建立一定的"法度"即制度来体现之外,再就是要代表上天对人民实施道德教化。他说:

> 天令谓之命,命非圣人不行;质朴谓之性,性非教化不成;人欲谓之情,情非制度不节。(《汉书·董仲舒传》)

2. "性三品"说

那么,人民为什么需要立法度、施教化?君主又为什么有资格对人民立法度、施教化? 董仲舒从人性论上对这些问题进行了解答。

前面说过,人为天生,在形象和情感上"类天",而天道的基本精神又是"仁",则人的德性是否就天生是善的,因而不再需要教化了呢?我们知道,孟子关于人性的看法是,人性先天是善的,是后天的原因造成了人性的不齐以及君子与小人的区别,所以需要道德教化和修养的功夫。董仲舒的人性论虽在逻辑上还存在一些尚待厘清的问题,但与孟子相比还是显示出以下特点。

第一,人性具有善的潜质,但不等于就是善,或者说,人性中有善,但不等于全是善。他认为,正像天有阴和阳两种属性一样,人性也有贪和仁的区分。就好比稻米虽然出于禾苗,而禾苗不见得都长出稻米;又好比小鸡虽由鸡蛋而来,但鸡蛋却需要一段时间孵化才能成为小鸡。所谓"天生民,性有善质而未能善","善出性中,而性未可全为善","性待教而为善"。① 这和孟子的天性之善是不同的。

第二,提出了"性三品"说。他认为现实中的人性可以分为三个品次:上等的是圣人之性,当然是善的;最下等的是斗筲之性,小器之人当然是恶的;居于中间绝大多数人是中等之性,是所谓"万民之性"。前两种极端的人性都是极少数的,可以略而不论,"名性者,中民之性",论人性主要应就一般人而论。而就一般人而言,都是"性有善质而未能为善"。②

既然大多数人都是有善的潜质而未能"全善",故上天要想把潜质变成现实的善,就要设立君主,对人民"教之然后善"。他说:

> 今万民之性,有其质而未能觉,譬如瞑者待觉,教之然后善……天生民,性有善质而未能善,于是为之立王以善之,此天意也。民受未能善之性于天,而退受成性之教于王,王承天意以成民之性为任者也;今案其真质而谓民性已善者,是失天意而去王任也。万民之性苟已善,则王者受命尚何任也?(《春秋繁露·深察名号》)

3. 君臣关系与纲常伦理观

我们知道,先秦儒家虽然也强调"忠君"的伦理,但这种"忠"是以君的

---

① 《春秋繁露·深察名号》。
② 《春秋繁露·实性》。

"像君"为条件的,而不是单方面的、绝对服从意义上的所谓"愚忠"。如孔子讲"君君、臣臣",讲"君使臣以礼,臣事君以忠",强调君首先要像个君,要遵守礼的规范,然后才讲臣对君要尽忠。至于孟子,更有"君之视臣如土芥,则臣视君如寇仇"的名言。而董仲舒则是沿着他的"天道"秩序观,沿着他的"阳尊阴卑""屈民伸君"的逻辑,把君臣、君民关系强调得过于绝对化。①他说:

> 君臣、父子、夫妇之义,皆取诸阴阳之道。君为阳,臣为阴;父为阳,子为阴;夫为阳,妻为阴。(《春秋繁露·基义》)

而按照他的"阳尊阴卑"的思想,自然推出"君为臣纲、父为子纲、夫为妻纲",形成君臣、父子、夫妇之间的三种尊卑、主从关系。

为了强调"屈民伸君"、君尊臣卑的思想,董仲舒还把君主与臣民之间的关系比作心与身体的关系。他认为:

> 君者,民之心也;民者,君之体也。心之所好,体必安之;君之所好,民必从之。(《春秋繁露·为人者天》)

君是民之"心",民是君之身体,人民对君主要绝对服从。在他看来,"君不名恶,臣不名善,善皆归于君,恶皆归于臣,臣之义比于地,故为人臣者,视地之事天也"。② 这就和前期儒家"天听自我民听,天视自我民视""民之所欲,天必从之"的思想有了很大区别,也和先秦儒家那种相对的忠君伦理观形成了很大的差别。这也是董仲舒常常遭到后人批评的地方。

(五)"受命"说与"谴告"说

那么,如何保证王或君主本人能够顺应天道,爱利天下百姓?如果君主违反了上天委托的初衷怎么办?这是董仲舒在强调"屈民伸君"的理论时不能回避的问题。他的解决方法是,在古人"天命有德"与"革命"思想的基础

---

① 参见韦政通:《中国思想史》(上),第326—327页。
② 《春秋繁露·阳尊阴卑》。

上,系统地提出"受命"说与"谴告"说,以便能够"屈君伸天",借助"天谴"威力来约束君权,使之不得不履行上天所赋予的爱民、利民职责。①

我们知道,秦汉的统治者取得天下主要靠的是武力,虽然有所谓"德运"说、"符应"说加以文饰,但那都是打下天下后再来寻找根据,实际上是没有履行任何"程序"而依仗武力自己登上皇帝宝座的。董仲舒否定这种取得政权方式的正当性,认为凡受天命都应该有"受命之符"(祥瑞符号、瑞征)才算数。实际上是说,当皇帝总要有点外在的凭借才行,不能说谁想当就当,用他的话说就是不能"自至"。那样就会人人自以为是,人人争当天子,陷天下百姓于虎狼之中。

而受命之符实际上还是靠德,所谓"德侔天地者,称皇帝,天佑而子之,号称天子"。②对君主内在之德的强调,这一点和古来的以德致位的思想是一致的。

君主既然受命于天,就要"法天而行道",就要对天负责,而天意又是以爱民、"爱利天下为意"的,即所谓"天之生民,非为王也;而天立王,以为民也"。③ 所以,对天负责实际上就是对社会的安定、百姓的富足负责。如果是合格、有道之君,就会"天下之人同心归之,若归父母,故天瑞应诚而至",④也就是上天会降下祥瑞,作为得天命的"受命之符";如果君主失德无道,不能履行职责、敬天保民,就违背了上天的意志,上天就会降下灾异加以谴告。他说:

> 天地之物,有不常之变者,谓之异,小者谓之灾。灾常先至,而异乃随之。灾者,天之谴也;异者,天之威也。谴之而不知,乃畏之以威……凡灾异之本,尽生于国家之失,国家之失乃始萌芽,而天出灾害以谴告之;谴告之,而不知变,乃见怪异以惊骇之;惊骇之,尚不知畏恐,其殃咎乃至。以此见天意之仁,而不欲陷人也。(《春秋繁露·必仁且智》)

如果君主在治国方面出现失职、失道之处,上天就会不断地降下灾异反复谴

---

① 关于董仲舒"谴告"说的解释,可结合本节上文关于董氏"天人感应"说的论述进行理解。
② 《春秋繁露·三代改制质文》。
③ 《春秋繁露·尧舜不擅移汤武不专杀》。
④ 《汉书·董仲舒传》。

告,反复谴告仍然不知悔过,就会给君主及其国家带来"伤败"或"殃咎",这种"伤败"或"殃咎"实际上也就是"汤武革命"、改朝换代的意思。

不过在董仲舒看来,上天的"符应"虽然"应诚而至",理论上说上天既可能降下祥瑞以奖励君主的善政,也可能降下灾异、殃咎以惩罚君主的恶政,但其重点还是在谈灾异,在于通过强调灾异、强调被"革命"的可能而警示、告诫君主。所以,萧公权先生指出,董仲舒天命观的特点在于,"重革命而轻受命,详灾异而略祯祥"。① 就是说,讲灾异是反复陈辞,而讲祥瑞、受命则要十分简略,其根本目的还是要"以天权限制君权"。他说:

> 天命神权,盛行于上古,至周季而中衰。观墨子致意于天志明鬼,可知其早不为王公大人所信奉。然战国时君权大张,渐趋专制。邹子(注:指邹衍)五德九州之天谈,其意正在以异说警时君,使其知主运可移而威势难恃。汉儒惩秦专制之失,略袭其旨,欲以灾异符命戒惧人主,使之自敛,不复为纵恣专横之事。此盖图以天权限制君权,藉防君主专制之流弊。②

或者如另一位学者所说,这种"屈君以伸天"的思想,反映了当时条件下知识阶层"希望君主有所畏惧"、有所收敛,希望"在权力已经无限的君主之上再安放一个权力更加无限的'天'",使知识阶层"能够又一次代天立言,拥有一些与政治抗衡、对君主制约的权力"。③

(六) 董仲舒在政治思想史上的地位

董仲舒通过综合吸收先秦以来其他思想流派(如阴阳家、道家)的思想成分,对古老的天人感应思想进行了系统论述,对原始儒家的伦理思想进行了充实丰富,试图以天道为理论支点,给人间的社会与政治秩序、道德原则找到客观根据,从天道的高度确立起人间纲常秩序和道德伦理的至上性与绝对性。同时也希望通过重建"天"的权威,通过对以"灾异"论、"谴告"说为

---

① 萧公权:《中国政治思想史》,第 279 页。
② 同上书,第 273 页。
③ 葛兆光:《中国思想史》(第一卷),第 268—269 页。

核心的天道观的系统阐述,限制君权,以应对战国以来专制国家崛起、君主权力扩张的新局面。他的思想,对于中国古代政治思想乃至政治制度的演变都产生了深远的影响。

首先,在推进儒家思想与专制国家结合,实现儒家思想的体制化、制度化方面,董仲舒无疑发挥了关键性作用。正是通过董仲舒,儒家思想才从民间走向庙堂,成为官方正统思想,才大体完成了儒家所代表的"道统"与专制国家所代表的"政统"之间的合流,从而中国古代专制国家才逐渐具有了"儒教中国"和"伦理政治"的特色。同时,儒家与专制国家的结合,儒家的体制化,也是儒家之"道"与专制君主之"势"发生内在冲突和摩擦的开端。就君主一方看,他只是需要儒家思想服务于其私天下统治的目标,即朱熹所谓"假仁借义以行其私";而儒家思想却是把君主及其国家当做行"道"之"器",当成实现"仁"和"公"等终极价值的工具,这样在儒者的理想王国与现实的君主专制国家之间,势必存在着难以消弭的鸿沟。而一部中国古代政治思想史和政治制度史,正是儒家思想与专制国家互相渗透又互相制约的过程。后面我们会看到,正是这种儒家道德理想主义的高扬和这种道与势的紧张,引发了西汉儒家的一些激烈批判现实的思想,并最终在西汉末年鼓动了王莽的王朝革命和改制运动,而在东汉又激发了太学生抗议宦官专政的运动。

其次,在中国古代政治思想史中,董仲舒第一次系统地阐释了"天人感应"的宇宙观,形成了关于宇宙、世界、人类社会生成和发展的总体思想,并尝试从这种哲学宇宙观和总体思想的视角去理解诸如政治秩序、政治关系的起源与本质等重大问题,以弥补先秦儒家在思想结构方面的缺憾;尽管这种尝试未必都是成功的,但至少显示出其思想对人类终极问题的某种回应能力。

最后,在儒家思想发展史上,孟子提出性善说——认为人一方面具有四种善的潜质(四种善端),另一方面在现实中由于个人的生活环境、自我修养功夫不同,而有君子、小人之分——董仲舒沿着孟子这种思路,试图进一步强化儒家人性论的解释力。他认为,人有善的潜质但现实未必善,善来自人性,但人性未必全善,并把现实中的人性分为三等,提出了"性三品"说,进一步丰富发展了儒家性善论。

但是,董仲舒的思想也存在着很大的缺陷和自相矛盾的地方。从他对

"天"的绝对性强调中,既可以限制君权,也很容易走向"君为臣纲"的绝对性,天命神权之说既可被臣下用来警惧君主,也可以被君主用来论证和实现其专制独裁。他提出的"灾异"说固然可以为大臣批评皇帝提供借口,但也可以被君主用来转移责任,处罚大臣;而"祥瑞"说更可以被用来论证君主的统治合法性。特别是沿着董仲舒的"天人感应"思想,汉代后来又发展出了所谓谶纬之学,专门研究和解释各种符应、灾异与人事的神秘对应关系,使儒家的天人之学沦落到神秘化与巫术化的境地。

三、董仲舒以后的汉代政治思想

(一) 思想脉络与特点

儒学在汉代取得正统地位后,一部分学者继承了早期儒家的道德理想主义精神,希望能在汉朝找到得君行道、实现儒家理想的舞台和机会。但是一旦他们用儒家的理想标准去衡量现实中"私天下"的专制帝国时,就会因失望而产生批判现实的思想,从而造成汉朝内部拥护还是批判现行体制的两种思想冲突。而无论是对现实政治的拥护派还是批判派,都在利用董仲舒"天人感应"理论中的符应说展开思想斗争,一则以"祥瑞"说肯定现实,神化汉朝的政权,一则以"灾异"说批判现实,最终导致了王莽发动的"易姓革命"。正是这两种倾向的共同推动,很大程度上造成了儒学的神秘化与巫术化,导致谶纬学的出现。

儒学的神秘化与谶纬学的泛滥,到西汉后期特别是东汉时期又激起了思想界的强烈反弹,成为当时思想家们思考政治问题时的一种重要语境。加上汉代专制帝国运行中出现了一些新的问题,如君权膨胀,专制君主往往表面崇儒,实际上以文法吏治国,以家族私利为政治最高宗旨,宦官则借助君权而干政,政治日益黑暗腐朽。再就是社会矛盾尖锐,表现为贫富差距太大、豪强大族兼并势力发展、小自耕农地位不稳定等,这些现实问题都不能不引起思想家们从不同角度加以回应和思索。正是在这些因素的作用下,西汉末年到东汉时期的思想家如桓谭、王充、王符、荀悦、仲长统等人的政治思想表现出以下特点。

第一,他们一般都反对神秘化、谶纬化的"天人感应"说,反对用谶纬神学的观点来讨论政治,主张用理性的态度看待天人关系,强调政治的良恶在人不在天。

第二,经历过王莽改制对儒家的乌托邦式试验,面对汉帝国政治统治中的许多现实问题,他们也反对政治上好高骛远,反对从儒家的理想和教条出发去厚古薄今甚至否定汉代的政治,而主张以务实的、发展的眼光,承认汉代统治者的功绩,在坚持"王道"的同时,肯定"文法"与"霸术"在政治中的合理性,从而表现出一种冷静、务实的政治现实主义精神。

第三,进入东汉中后期,虽然统治者已经尝试了各种政治理论和治国理念,东汉的各种社会矛盾依然不断加剧,并不可挽回地走向王朝末世,因此,在很多思想家中开始流露出虚无、悲观思想(如王充、仲长统)。

但是,此时的儒家思想已经成为人们赖以晋身、取得社会成功的主要知识系统,借助学校教育和官员晋身渠道,儒家思想已逐步渗透到每一个世家大族,进入社会生活与政治制度中;而儒生进入官僚队伍后,会凭借家世、师生关系等形成一股强大的力量,这股力量在儒家道德理想主义的催化下,在东汉后期掀起了太学生对把持朝政的宦官的抗议运动,并激起了两次"党锢"事件。所以,在某种意义上说,东汉后期的太学生运动和党锢之祸也可视为思想斗争的反映。

(二)"天人感应"思想的演变与汉代政治斗争

1."灾异"说流行及其政治批判意义

前面说过,董仲舒在阐述"天人感应"时虽然也讲祥瑞与人事的关系,但重点还是在于通过强调灾异以对君主提出告诫。后来的一些儒者和士大夫们正是继承了董仲舒的这一思想,利用"灾异"说为武器,表达其对现实政治的批判思想,甚至提出改变政权的"革命"要求。

其中,最为激烈的是董仲舒的再传弟子眭弘。汉昭帝元凤三年(前78年)出现了三件非常怪异之事:泰山上有一块大石头自己站立起来,"石立后有白乌数千下集其旁";"昌邑有枯社木卧复生";"上林苑中大柳树断枯卧地,亦自立生,有虫食树叶成文字,曰'公孙病已立'"。于是,眭弘就向皇帝上书说:

石、柳皆阴类,下民之象;泰山者,岱宗之岳,王者易姓告代之处。

> 今大石自立,僵柳复起,非人力所为,此当有从匹夫为天子者。枯社木复生,故废之家公孙氏当复兴者也。(《汉书·眭弘传》)

眭弘的意思是石头、柳树都属于阴类,是小民百姓的象征;泰山又是历代帝王即位告天的地方,现在大石自立,僵柳复起,这可是"匹夫为天子"的预兆!眭弘还引用老师董仲舒的话,"虽有继体守文之君,不害圣人之受命,汉家尧后,有传国之运",认为汉家有传国于他姓之运,公开要求汉朝统治者交出政权,所谓"汉帝宜谁差天下,求索贤人,禅以帝位",而汉帝自己则应"退封百里,如殷周二王之后,以承顺天命"。这等于直接宣布西汉政权已经丧失了统治合法性,因而惹恼了掌握实权的大将军霍光,最终眭弘以"妖言惑众,大逆不道"之罪被杀。①

还有一些人,如大臣盖宽饶、谷永和经学家刘向,则是从维护现有政权的角度,利用灾异提出批评和警告,希望国家的政治情况有所改善。宣帝时盖宽饶援引儒家"官(公)天下"的原则上书说,"五帝官天下,三王家天下,家以传子,官以传贤,若四时之运,功成者去,不得其人则不居其位",婉转地提出统治者应该按照"公天下"的原则让贤,不够统治资格的人应该让位,被认为"指意欲求禅,大逆不道",最后被迫自杀。②

如元帝、成帝之际的谷永也喜欢谈灾异,专门用灾异批评皇帝及其后宫。一次,在回答成帝关于近来灾异频发的询问时,他发挥儒家"立君为民""天下为公"的思想,提出上天"不私一姓",上天选立统治者的目的是"为民",所以"天下乃天下之天下,非一人之天下也",直斥当时皇帝及其统治集团种种"失道妄行,逆天暴物"的行径。

> 穷奢极欲,湛湎荒淫,妇言是从,诛逐仁贤,离逖骨肉,群小用事,峻刑重赋,百姓愁怨,则卦气悖乱,咎征著邮,上天震怒,灾异屡降,日月薄食,五星失行,山崩川溃,水泉踊出,妖孽并见,荧星耀光,饥馑荐臻,百姓短折,万物夭伤。终不改寤,恶洽变备,不复谴告,更命有德。(《汉书·谷永传》)

---

① 《汉书·眭弘传》。
② 《汉书·盖宽饶传》。

认为正是统治者的这些"逆天暴物"的行为,引起灾异屡降,妖孽并见,如果对这些上天的谴告"终不改寤,恶洽变备",上天终将不复谴告,而是"更命有德",实现改朝换代。

就连宗室出身的刘向也相信,天命并不专属于一姓,汉朝有亡国、易姓的可能性,所谓"天命所授者博,非独一姓也……自古及今,未有不亡之国也"。而通观刘向在元帝和成帝年间历次政治斗争中所上的奏章,我们可以看出他是一个坚定的"灾异"说的信奉者,在他看来,"和气致祥,乖气致异;祥多者其国安,异众者其国危,天地之常经,古今之通义也",要是君主能够"放远佞邪之党,坏散险诐之聚,杜闭群枉之门,广开众正之路,决断狐疑,分别犹豫,使是非炳然可知","则百异消灭,而众祥并至,太平之基,万世之利也"。①

这种利用灾异表达政治主张,对现实政治进行批评的思潮,一方面是对董仲舒"天人感应"思想的继承,是其理论在政治上的具体实践和运用;另一方面也是当时政治极其腐朽黑暗、社会矛盾尖锐激化在思想上的反映。

2. 谶纬学的泛滥与"王莽革命"

从董仲舒的"天人感应"说发展出来的另一支流,就是为当权者辩护、取媚统治者的谶纬之学。

所谓"谶",是把自然界的偶然现象(星象、山崩地震、洪涝蝗旱、瑞兽祥云等"反常"现象)附会为能够传递天、神、圣人意志的征兆和隐语,进而预测人事吉凶的一种神秘预言,即古人所谓"诡为隐语,预决凶吉"。因为常附有图或符,故又称图谶、符谶等。所谓"纬"是相对"经"而言的,原是编织物的横线,引申为与经相对应的对于经典的解释,后来演变为纬书。谶的产生先于纬,据说最古的谶书是《河图》和《洛书》,至迟春秋战国时期就已经存在。一般认为,用"谶"语来预测吉凶的方法与战国时期燕、齐一带的方士有更直接的关系。而在汉武帝独尊儒术之后,随着经学地位的提高,才出现了托名于经书的纬书。因为纬与谶都成了神秘的政治预言术,故统称为谶纬之学。

董仲舒的"天人感应"说虽然为谶纬学的发展提供了理论依据,但多数学者认为,谶纬学的泛滥主要发生在西汉后期的哀帝、平帝之后。当时,由于西汉帝国社会矛盾尖锐,统治危机四伏,妖言伴着各种灾异四起,各种政

---

① 《汉书·楚元王传》附《刘向传》。

治势力都在借助谶纬之学表达其政治主张，从而为谶纬学的流行创造了社会条件。大致说来，从哀帝、平帝到王莽覆灭期间的谶纬学，主要表达了以下三种政治主张。

第一种是通过制造"汉家尧后"之类的神话语言，为汉王朝的统治合法性辩护。为了抵制正在蔓延的"易姓革命"的改朝换代思潮，挽救统治危机，达到神化刘姓政权的目的，当时统治者要解决的一个现实问题是：以往各个王朝的统治者都是出身贵族，或者说都来自这个统治体系之内的人，而刘邦是中国历史上第一个出自"闾巷"的平民皇帝，如何使汉帝国接上正统？借助谶纬学，他们从以下方面对汉政权进行了神圣性论证。

首先，宣传刘邦为尧的后代。当时的纬书里就有所谓"卯金刀帝出，复尧之常"的说法，①社会上也十分流行"汉家尧后"观念。② 其中"卯金刀帝"这种藏头露尾的话，一看就很容易使人联想到是"姓刘的皇帝"，他接续了尧帝的正统。而"汉家尧后"说在当时的流行，更直接把汉朝统治者说成是尧的后代。

其次，鼓吹神秘的命定论，强调刘邦得天下是受到了神秘的"天命"。本来儒家讲的"天命"，是以"天命有德"为前提条件的，但是刘邦早年不仅谈不上有德，甚至好酒色，不事生产，游手好闲，所以只能说他有降生的神迹和神奇的外貌，早已是上天预定的"真龙天子"。早在司马迁撰写《史记》时就受了这种神秘的"符应"说的影响，说刘邦是其母感蛟龙而生，是赤帝子，相貌隆准龙颜，左股有七十二黑子等等。而一些纬书则制造出更加离奇的传说，说刘邦开创汉帝国是继承了孔子的衣钵，是孔子在世时就预见到的。如《孝经·援神契》说，鲁哀公十四年，孔子梦见三槐之间、丰沛之邦，有赤烟升起，孔子乃呼颜回、子夏往视之，见一奇异儿童，捉住了一只麟，口吐三卷图，每卷二十四个字，上写"赤刘当起日，周亡赤气起，火曜兴，玄丘制命，帝卯金"等等。③

第二种是鼓吹"再受命"说，变相维护汉朝的统治。面对各种怀疑乃至否定汉朝统治合法性的思想，成帝时信奉黄老之术的甘忠可撰写《包元太平

---

① 安居香山、中村璋八辑：《纬书集成》，河北人民出版社1994年版，第419页。
② 参见杨权：《"汉家尧后"说考论》，《史学月刊》2006年第6期。
③ 参见安居香山、中村璋八辑：《纬书集成》，第992页。

经》等书,提出了一种折中的观点,认为按照天道循环、阴阳消长的道理,汉家确实已经到了"天地之大终",如果还想继续维持统治,应当"更受命于天",搞一个"再受命"的程序,结果下狱而死。但到汉哀帝即位后,其身患疾病,没有子嗣,又屡遭灾变,于是在甘忠可弟子夏贺良以及儒生李寻的鼓动下,玩起"改元易号"的把戏,"以建平二年为太初元年,号曰陈圣刘太平皇帝",希图通过这种虚假的"改运受命"逃避上天"革命"的惩罚。但是在采取了这一切措施之后,汉朝的国运并不见好转,于是夏贺良下狱被杀,李寻遭流放。①

第三种则是利用谶纬主张刘氏禅让,实行改朝换代的"易姓革命"。到西汉末年,外戚王莽当政,由于特别推崇周礼,他很想按照周礼所载的儒家政治理想实现贤人政治,恢复三代的王道,以救时弊。而在当时的社会思潮中,所谓汉朝当有禅让之运的观念几乎成为儒生的共识,王莽本人也认为汉代统治的合法性已经丧失,于是在儒生们的推动下发动了改朝换代的改制运动。为了迎合王莽的政治需要,论证改制的合法性,谶纬之学愈演愈烈,各种符箓、图谶层出叠见,最后发展到"争为符命封侯"。例如,有人上奏,在武功这个地方挖井时得一白石,上书"告安汉公莽为皇帝"丹书,称白石符;梓潼人哀章制作了两个铜匮符,一为"天帝行玺金匮图",一为"赤帝行玺,某传予黄帝金策书","图书皆书莽大臣八人,又取令名王兴、王盛,章因自窜姓名,凡为十一人,皆署官爵,为辅佐"。② 王莽称帝后这些人果然或者得到重用,或者得官。王莽后来也有醒悟,曾着手打击造假者。总起来看,王莽一方面是一个虔诚的儒者,他所发动的恢复周礼的改制运动可谓两千年中儒家理想最大规模的试验,也是最不光彩的失败的尝试;③另一方面,他也是把儒家巫术化、庸俗化运动推向高潮的人。

3. 东汉的谶纬之学

王莽新朝灭亡后,谶纬之学依然很有市场。一部分人继续坚持"易姓革命"思想,认为刘氏一姓不得再受命,应当由异姓称帝。例如,公孙述就是一个利用符谶而在蜀地割据称帝者。他借口有人给他托梦,编造谶语说"八厶

---

① 《汉书·李寻传》。
② 《汉书·王莽传上》。
③ 参见萧公权:《中国政治思想史》,第288页。

子系,十二为期",暗示他公孙述有十二年的皇帝之运;殿中有龙出现,是预示着"帝业"的符命。于是自立为天子,定年号为龙兴。① 还有一部分人认为刘氏有再兴之运,说明人心思汉。一些儒生正是利用这种思想,劝说群雄归顺光武帝刘秀。刘秀本人更直接地在符谶的刺激、暗示下,一步一步地走上了帝位。他起兵的一个重要动机,就是手下人李通的一个符谶——"刘氏复起,李氏为辅"。刘秀发兵后又遇到一位在长安读书的同学疆华,疆华给了他一份《赤伏符》,上写"刘秀发兵捕不道,四夷云集龙斗野,四七之际火(火德)为主"。此外,还有人上谶语说"刘秀发兵捕不道,卯金修德为天子"。②

而刘秀既然在各种符谶的鼓动下取得了天下,似乎确凿地证明了符谶、天命的灵验。中元元年(56年),光武帝下令"宣布图谶于天下",正式把图谶之学列为官方意识形态的一部分。建初四年(79年),汉章帝亲自主持白虎观会议,讨论各派儒家的学术争论,最后以谶断经,讨论的结果被班固整理成《白虎通义》一书。在实际政治运行过程中,甚至发展至君主权臣利用灾异、"天人感应"说罢免大臣,排挤政敌。至此,天人学说由警主安民的灾异说,变为被君主用来夺权和巩固权力的工具。于是不能不引起思想界的反弹,东汉批评谶纬之学的思想便由此而起。

(三) 桓谭的政治思想

桓谭(约前23年—56年)字君山,沛国相(今安徽淮北)人,是西汉末年到东汉初期的著名思想家和经学家。西汉末年入朝供职,位不过郎官。当王莽改朝换代之际,"天下之士,莫不竞褒称德美,作符命以求容媚,谭独自守,默然无言",后任掌乐大夫。东汉光武帝即位,征召桓谭欲加以任用,后因"上书言事失旨,不用",因大司空宋弘极力推荐,得以任议郎给事中;任职期间,多次上书劝谏,均不为接纳,后因反对谶纬之学,以"臣不读谶"顶撞刘秀,被视为"非圣无法",险些被处斩,后被贬官而死于赴任途中。③ 他仿照陆贾《新语》作《新论》二十九篇,今已失传,仅存少量残篇。④ 针对当时思想界的空想、复古之风和谶纬神学盛行的情况,桓谭是第一个旗帜鲜明地进行批

---

① 《后汉书·公孙述传》。
② 《后汉书·光武帝纪上》。
③ 《后汉书·桓谭传》。
④ 现存世并流行的是朱谦之校辑的《新辑本桓谭新论》,由中华书局于2009年出版。

评和反思的人。他在政治上主要表达了以下观点和主张。

其一，坚决反对靠谶纬之学解释和处理政事，主张政事在人不在天，认为"国之兴废，在于政事"。① 如上所述，早在王莽当政时期，许多读书人都争相造作符命"以求容媚"，唯独桓谭"默然无言"；而到东汉时期，由于光武帝刘秀本身就是利用谶纬神学进行政治宣传、鼓动，最终实现"中兴"汉室，所以谶纬学更获得了"钦定"的身份。在这种情况下，桓谭还是冒死上书，直指谶纬之说为"奇怪虚诞之事"，"欺惑贪邪，诖误人主"，明确表示自己拒绝这种邪说。② 他还从理论上驳斥了谶纬说的虚妄，认为灾异本是极自然的现象，哪个时代都会发生，所谓"灾异变怪者，天下所常有，无世而不然"，最重要的还是看人的努力，"逢明主贤臣、智士仁人，则修德善政，省职慎行以应之"，则咎殃就会消亡，"祸转为福"。③

其二，反对政治上的是古非今的复古主义和好高骛远的浪漫主义，主张以发展进化的眼光肯定汉朝政治的成就与合理性，以现实主义精神治国理政。鉴于王莽对儒家道德理想的失败实践，他对政治的思考趋于务实。他认为，评价政治的好坏不能从某些陈义高大的教条、从处处美化古代"盛世"出发，而是要看其出台的政策、施行的制度是否合乎时宜，是否能解决当下的重大问题，即应该以是否"知大体""政合于时"为标准。他说，秦政固然不可取，但也不能像王莽及其周围的人那样，一味地"释近趋远"，"简薄汉家法令"，"事事效古，美先圣制度"，然后大规模地"多所变更"，导致社会的混乱和自身的垮台。他认为，王莽作为一个政治家，可谓"不知大体者也"；王莽"释近趋远，所尚非务"，最终导致失败，已经说明汉家制度本身就有值得取法之处。他更明确赞赏汉高祖的统治"卑而勿高""政合于时""民臣乐悦，为世所思"，是"知大体者"。④

其三，反对一味崇王道而贬霸道，主张德与威、王与霸并用，对历来为儒家多所不取的霸道给予一定的肯定。我们知道，传统儒家特别是孟子提倡"仁政"，主张采取"以德服人"的王道，反对法家式以诈术、"以力服人"的霸道。西汉以来的许多儒者以及王莽都往往秉持这一原则，对汉朝的政治提

---

① 《后汉书·桓谭传》。
② 同上。
③ 《新论》卷六《谴非》。
④ 《新论》卷四《言体》。

出尖锐批评,乃至公然要求改朝换代。桓谭则独树一帜,明确称道"王霸杂糅"的汉家政治,认为王道固然"大化四凑,天下安乐",而霸者之术"尊君卑臣,权统由一,政不二门,赏罚必信,法令着明,百官修理,威令必行",虽然"王道纯粹""霸道驳杂",但是"俱有天下,而君万民,垂统子孙,其实一也"。①桓谭对霸道的肯定,说明儒家思想一旦运用到实际政治过程,就必须考虑其"仁政"原则的具体操作性,要顾及统治的有效性,也就需要"威令"和刑罚,从而不得不对霸道给予一定程度的包容。从另一个角度看,汉代人在经历过失败的教训后,政治上开始务实起来。从此以后,越来越多的人开始意识到,"政卑易行",政治要讲究可行性,不能好高骛远,为政应该"取实事,不苟贪高亢之论"。②

最后,值得注意的是,桓谭虽然在总体上反对"事事效古"的复古主义,主张用务实、发展的眼光对待先王制度,但在关于分封与郡县的优劣问题上,却是明显地倾向分封制。通过总结历史的经验教训,他认为分封制最大的优势是可以"广立藩屏""强固国基",避免统治者孤立无援。强秦之所以"为帝十四岁而亡",就是因为"罢去诸侯,而独自恃任一身,子弟无所封,孤立无与";汉高祖"褒显功德,多封子弟",遂奠定立国的根本,武帝以后分封制名存实亡,"汉朝遂弱,孤单特立",被王莽轻而易举地篡夺天下。③

(四) 王充的政治思想

王充(27年—约97年),字仲任,会稽上虞(今浙江上虞)人。出身于一个孤贫之家,以农桑、贾贩为生,但他本人自幼聪慧好学。据说他青年时曾到京师洛阳的太学学习,并以班彪为师。因为贫穷无钱购书,常到洛阳的书肆,读人家摆卖的书籍,往往过目不忘,因此能够接触各种学派的思想和观点。他从20岁左右进入仕途,先后在县府和郡府担任小吏十余年。因为仕途不得志,最后在30多岁回到家乡,虽在60岁时短暂出任过州刺史幕僚,但主要还是在家从事学术著述。王充的存世著作为《论衡》一书,是研究其政治思想的主要资料。

---

① 《新论》卷二《王霸》。
② 参见刘珍等撰、吴树平校注:《东观汉记校注》(下),中华书局2008年版,第515页。
③ 《新论》卷六《谴非》。

《论衡》被称为"旷世超奇"之书，它基本上是沿着桓谭的思想方向展开，运用经验论的方法论，由直接批驳西汉以来"天人感应"说，进而展开对当时流行的各种虚妄思想的论战与系统清算，甚至对孔孟也不客气地予以激烈的批评。《问孔》一篇，就对孔子的思想百般诘难，认为孔子"安能皆是"，为了追求真理，要敢于怀疑孔子这位权威，所谓"追难孔子，何伤于义"，思维十分犀利大胆。《刺孟》篇也是直接批驳孟子的一些观点。正是在这一思想论战中，他有力地挑战和动摇了儒家的宇宙、道德、社会秩序一体化的假定，提出自己独特的政治观点。

1. 以经验论为基础的方法论

为了从根本上瓦解传统的"天人感应"说或"天人相与"说的虚妄性，王充从认识究竟如何起源、什么样的知识才是可靠的这一角度，提出了自己的以感官经验为基础的方法论。我们知道，在先秦以来的思想家中，孟子主张人先天地具有是非羞恶之心，具有良知良能，从方法论上大概属于先验论者；董仲舒更提出"道之大原出于天"，大致也属于此类；而荀子则偏重于经验论。法家韩非子则明确提出，要从经验事实、实践效果去检验一种思想和认识的是非对错。《墨子·非命》篇更是提出"三表法"，主张要通过是否符合古圣先王的经验做法（"本之于古者圣王之事"）、是否符合百姓生活的常识（"察百姓耳目之实"）、是否能产生实效（"国家百姓人民之利"）这三个方面，去判断一种观点的是非对错。王充基本上就是沿着这条经验论的路线，提出了证明认识来源与真伪的方法论。他提出一个著名的论断：

> 事莫明于有效，论莫定于有证。（《论衡·薄葬》）

认为事物的道理只有得到经验上的效验才是明白无误的，一个论断只有得到实证才是真实可靠的。进一步说，所谓真正的知识、可靠的道理，必须以人们的感觉器官所能听到、看到以及所能观察得到的客观事实为依据，这就是"任耳目以定情实"。否则，即使说得天花乱坠，文采飞扬，却背离事实，缺乏证据验证，也不会被人相信。即所谓：

> 凡论事者，违实不引效验，则虽甘义繁说，众不见信。（《论衡·知实》）

因此，他反对盲目迷信古人和圣贤的成说，对当时中国人"信师而是古"的思维习惯提出了尖锐批评。他认为古代的圣贤也不是"前知千岁，后知万事"，也做不到"不学自知，不问而晓"，他们和今天的人一样，在获取知识和真理方面也是靠感官经验，因此和我们普通人一样，有认识世界的能力，也有同样的局限，对事物也有"不可知之事"。[①] 从这一方法论原则出发，他在《论衡》中对主宰汉代人精神世界的知识和信仰，如天人关系、鬼神、生死、命运、祸福、符瑞等观念以及孔孟等前贤的观点，逐一提出诘难和辩驳，并由此进入对政治问题的讨论。

2. 以自然释"天"，反对"天人感应"说

根据"有效""有证"原则，王充以自然之"天"、物质之"天"的观念批驳了"天人感应"说的虚妄性。他否定天是有意志的人格神，认为"天地，含气之自然也"，天地代表自然现象，天在上地在下，"万物自生其中间"，人和万物的起源都是自然现象，不是出自某种神的有意创造。所以他说"天道，自然也，无为"，把"天"直接等同于自然。天既然只是自然，只是物质的力量，没有人的知觉和感情，天人之间自然无法相应、相感通。他明确提出：

> 人不能以行感天，天亦不随行而应人。（《论衡·明雩》）

所谓"天人感应""天人相与"根本就不存在，个人的行为、人世间的祸福穷通与天之间自然没有什么关系。

从传统儒家的观点看，良好的道德修养可以感通天道，促进人的健康长寿（"仁者寿"）；修养好的人也必然是一个心智发达的人，有仁爱之心的人必然有知仁之智，同时也可以获得极大的成功（"仁者无敌"）。而王充则打破了儒家的这种整体的生命观，认为一个人的生命可以分成生物的、道德的和社会政治的，这三者的存在可能是独立的，行善的人可能早夭，没有什么成就，并不必然得好的报应，身体健康的人也可能很愚蠢，或者道德败坏。

"天人感应"既不可信，则脱胎于这一思想中的"君权神授"说自然也不能成立，针对当时流传的刘邦为其母感蛟龙而生的传说，王充依据基本的常

[①] 《论衡·实知》。

识加以驳斥,认为"龙与人异类",龙本属于兽类,怎能与人类交合而生下后代?① 所以,所谓的"天人感应""君权神授",实际上是圣人吓唬人的话,是所谓"惧愚者"之言。②

"天人感应""天人相与"思想代表了汉代乃至整个古代中国最重要的知识与信仰体系,王充将其一概斥为虚妄荒谬,可谓对整个中国古代主流思想根基发起的最勇敢、最具有震撼性的挑战!

那么,小到个人的夭寿祸福、成功失败,大到王朝的兴衰,这些都是什么原因造成的呢?对于王充来说,这又是个不得不面对的难题。王充既然不承认天人之间存在感应关系,不承认个人的努力能够得到神秘的"天"的奖赏和报应,就只能把人世间的一切都归于偶然的"命"和"定数",从而对人类社会的起源和发展以及各种社会现象给出宿命论的解释。他说:

> 命,吉凶之主也。自然之道,适偶之数,非有他气旁物厌胜感动使之然也。(《论衡·偶会》)
>
> 教之行废,国之安危,皆在命时,非人力也。(《论衡·治期》)

他似乎看到,个人的祸福、荣辱是由许多复杂因素相互作用造成的,国家的兴衰也主要受制于由各种历史合力造成的大趋势、大格局。在一个残酷、黑暗的年代,不管一个人是高尚还是粗俗,生存状况都是很惨的;反之,在承平年代,每个人都会过上较好的生活。同样的道理,一个王朝的兴衰也在于命数,与人的行为、君德善恶无关,灾祥只是与治乱偶然巧合。

应该说,对于这种历史发展中的复杂性和偶然性,儒家也是在一定程度上给予承认的。孔子也曾说过,"道之将行也与,命也;道之将废也与,命也",把能否实现其政治主张和抱负归结于"命"。见到野鸡在山谷里自由飞翔,孔子曾感叹"时哉,时哉",③羡慕野鸡能得其"时",而感慨自己不得其"时"的人生际遇。不过,孔子虽然看到了影响个人成功、历史发展的因素有很多,承认不管多么努力、多么优秀,还是会有失败的可能,但还是要以自强

---

① 《论衡·奇怪》。
② 《论衡·谴告》。
③ 《论语·宪问》《论语·子路》。

不息的弘毅精神,甚至是"知其不可而为之"的精神,努力尽到自己的本分。荀子虽然也讲"天人相分",把"天"理解为自然之"天",但是他的目的恰恰是要强调,建构一个理想的合乎"礼"的社会,不能靠天,而最主要的是靠人,靠人后天的学习和主观的努力。而王充在这个问题上则走向消极悲观的宿命论,这在理论上会导致一个严重的后果,那就是有可能否认人在历史和社会发展中的作用,把国家的治乱兴衰完全诉诸于命运,而个人对于历史的进程则完全无能为力,从而否认甚至开脱了统治者在政治上的责任。比如,在他看来,尧、舜治理得太平,桀、纣治国无道,纯属"命期自然,非德化也",都是很复杂的因素造成的,而人们在"天人感应"的思维主宰下,国家一遇到危乱就责怪君主无道,只会导致"人君受以自责,愁神苦思,撼动形体,而危乱之变终不减除",所以这种论调也只能是"空愤人君之心,使明知之主虚受之责"。① 他说:

> 世治非贤圣之功,衰乱非无道之致。国当衰乱,圣贤不能盛;时当治,恶人不能乱。世之治乱,在时不在政;国之安危,在数不在教。贤不贤之君,明不明之政,无能损益。(《论衡·治期》)

但不管怎么说,王充在中国政治思想史上可算是一个例外。和一般把道德修养与善恶报应相联系的思想家不同,王充断言人的道德修养并不必然导致肉体的健康、事业的成功、政治秩序的和谐,这就暗示着道德生活不是由外在的因素决定的,而是个人自主决定的。有道德的人可能是身体不健康的、短命的,或是政治上不得志的、失败的,但这不过是生物的、社会政治层面的失败,而不意味着道德的失败;既然道德高尚的人未必会健康长寿或成功,则道德选择本身才具有独立的价值。这正如一位学者所说,在中国的思想家中,王充的这一看法最接近于西方道德自律的定义,如果沿着这种思路,确实可能会比较有效地"解救了儒家的道德理想"。②

3. 肯定现实政治的历史进化论

在历史观和如何看待汉代的政治问题上,王充也和桓谭一样,明确反对

---

① 《论衡·治期》。
② 陈启云:《中国古代思想文化的历史论析》,第198页。

中国思想传统中特别是西汉中后期以来流行的崇古思想。在王充看来,上古有圣人、有盛世,今世也有圣人、有盛世,而一些俗儒们动辄褒古毁今,认为今不如古,圣人、盛世只存在于上古,这是不符合常识的。他说:

> 上世之民饮血茹毛,无五谷之食;后世穿地为井,耕土种谷,饮井食粟,有水火之调。又见上古岩居穴处,衣禽兽之皮;后世易以宫室,有布帛之饰。(《论衡·齐世》)

可见,人类的文明程度尤其是物质生活条件是不断进步的。他还针对所谓"汉兴以来,未有太平"的说法,专门写下《宣汉》《恢国》等篇盛赞汉帝国的功业,力辩古不如今、周不如汉,认为黄金时代不仅存在于古代,而且存在于今世,高祖、光武帝相当于周文王、武王,而文帝、武帝、宣帝、明帝以及"今上"(章帝)则超过了周成王、康王和宣王。[1] 不仅如此,他甚至认为汉的"治绩"迈越古今,"五帝三王,孰能堪斯"。[2]

王充力主人类社会是一个不断进步的历史过程,认为人类在文明程度和物质生活条件等方面肯定是今胜于昔,这种进化论观点显然更符合历史事实和人类生活常识。如果这种进化论仅仅是作为对历史事实的一种认知,作为一种对历史发展实然状况的"事实判断",显然比崇古乃至复古思想更有说服力。但是,正如我们前面也曾提到的,在中国的思想传统中,事实判断和价值判断往往是混同的,儒家颂古非今,宣扬崇古思想,既有对"历史事实"的判断、认知成分,又有利用讲述(实为虚构)"三代盛世"的历史,表达其道德理想的功能,从而通过这种看似对历史作"事实判断"的形式,发挥理想寄托和"价值判断"的功能。于是,"上古""三代"的历史就和"盛世""圣人之治""王道"等联系起来,成为理想政治模式和理想社会的符号载体。而在现实生活中,一旦有人表达出"崇古"的思想,摆出"尧舜之治""三代盛世"的理想政治模式,都会有意无意、不同程度地表示出对现实政治与统治当局的不满和批判,产生俗话所谓"拿死人压活人"的效果。而反过来,主张历史进化论,坚持今胜于昔的立场,其政治表达往往就是肯定现实,为现实统治者

---

[1]《论衡·宣汉》。
[2]《论衡·恢国》。

辩护。这样,怎样看待历史就意味着怎样看待现实,意味着他将以什么立场卷入现实的政治实践乃至政治斗争。王充本人也是如此,在当时的政治语境下,他反对褒古非今,主张今胜于昔,实际上就自觉不自觉地介入了政治实践过程,成了对汉代政治毫无保留的辩护者,而不免有"媚汉"之嫌。①

4. 肯定"文吏"在汉代政治中的作用

另外,在如何发挥儒生与文吏在汉代政治中的作用问题上,王充也提出了不同的观点。一般坚持儒家理想的人,往往批评汉代统治者的治道不纯,喜欢任用文吏(文法吏),实际上是任用一些工具性的官僚。汉代还有一些人则认为,儒生没有实际的行政才能,所以宁愿用文吏。因此,究竟是用儒生还是用文吏,成为汉代政治中常常引起争论的问题。王充则认为,对于一个国家来说,儒生可以用来"治本",文吏只能"理末",儒生肯定重于、尊于文吏。但同时他也认为,"儒生所学者,道也,文吏所学者,事也",二者各有长短,"各有所宜";文吏在"理事"方面,即在处理具体事物方面胜过儒生,而儒生在对"道"、对社会的终极价值和原则的关怀方面,则又优于文吏。② 因而,他反对那种片面地肯定一方、否定另一方的看法,认为两者"皆浅略不及,偏驳不纯,俱有阙遗,何以相言"。③ 从今人的观点看,王充在这里实际上涉及了现代政治学中有关"政治"与"行政"、"政务类官员"与"事务类官员"的关系问题。应该说,王充的看法在一定程度上反映出,经过西汉末年以来理想主义失败的教训,汉代人看待政治更加理性、务实的思想动向。

(五) 东汉后期政论家的思想

在东汉后期,比较值得注意的政论家有王符、荀悦和仲长统等人。他们由于经历、学术渊源不同,加上处于东汉后期统治危机日益显现的时代,因此与王充的极力歌颂、赞美现实不同,他们政论的重点主要在于针砭时弊,对政治的黑暗和社会问题进行批判揭露。

1. 王符

王符(约 85—163 年),字节信,安定临泾(今甘肃镇原)人,自幼好学,与

---

① 关于王充"媚汉"之说,参见萧公权:《中国政治思想史》,第 332 页。笔者倾向于认为,不管是否出于自觉,从王充反对厚古薄今的理论逻辑中,都很容易导出其为东汉政权辩护的结论。
② 《论衡·程材》。
③ 《论衡·谢短》。

当时的一些著名学者如马融、张衡等为友。因是庶出之子又无舅家可以依仗,遂为乡里歧视。当时士大夫追求仕宦,朝臣引荐成风,而王符耿介不合流俗,因而在仕途上也难以升进。于是心怀怨愤,隐居著书三十余篇,批评当世得失,又不署自己的姓名,名为《潜夫论》。该书的主要思想还是从儒家的治国原则出发,痛陈时弊,进而提出立君为民、富民教民、尚贤使能、确立法律刑赏制度等主张。

王符讨论政治的原则和目的,基本上还是沿着儒家立君为民、天下为公、保民而王的观念展开。他认为,上天设立君主的目的,就是为了造福于黎民百姓,所谓"天之立君,非私此人也以役民,盖以诛暴除害,利黎元也",① 设立君主的目的是为百姓兴利除害,而不是为了给君主私人带来好处,不是为了让他役使、烦扰百姓。君主最大的职责在于顺应"天心",调和阴阳,而"天以民为心",天心就是民心,所以顺应天心就表现为使人民安乐。②

而王符对于如何富民、如何确立国家基本经济政策的讨论,则具有比较丰富的内涵和时代特色。

首先,他认为治国以富民为本,而富民又要处理好农、工、商三者之间的关系。他说:

> 夫富民者,以农桑为本,以游业为末;百工者,以致用为本,以巧饰为末;商贾者,以通货为本,以鬻奇为末。三者守本离末则民富,离本守末则民贫。(《潜夫论·务本》)

可见,王符还是坚持把发展"农桑"作为富民政策的根本,对当时"举世舍农桑,趋商贾"所造成的"治本者少,浮食者众"的后果十分担忧。③ 这显然继承了中国人以农为本的传统思想,是对传统国家以农业为基本产业、以农民为立国之本的基本国情的反映。不过值得注意的是,他并没有沿着"重农"的思路走到简单的"贱商""抑商",而是在肯定农桑为本的前提下,承认工商

---

① 《潜夫论·班禄》。本节引用的《潜夫论》文字,主要参照的是彭铎校正的由中华书局于1985年出版的版本。其中"天之立君,非私此人也,以役民"一句今从萧公权先生,将其断为"天之立君,非私此人也以役民"。参见萧公权:《中国政治思想史》,第299页。
② 《潜夫论·本政》。
③ 《潜夫论·浮侈》。

业有其存在的必要,认为工商业以"致用"、"通货"(流通)为本,看到了工商业在一个正常的社会具有不可或缺的地位,这在盛行"重本抑末"思想的古代中国是难能可贵的。

其次,为了富民,当务之急是要政治清明宽简,解决政令扰民、百姓负担过重的问题。政治清明则劳动时间就能够得到保证,他认为,为了富民,国家本应不烦民、不扰民,"务省役而为民爱日",珍惜人民用以谋生劳作的时间,让人民"安静而力有余"。① 然而,东汉的情况恰恰相反,他针对当时的现象批评说:

> 今则不然,万官扰民,令长自炫,百姓废农桑而趋府庭者,非朝脯不得通,非意气不得见,讼不讼辄连月日,举室释作,以相瞻视,辞人之家,辄请邻里应对送饷,比事讫,竟亡一岁功,则天下独有受其饥者矣,而品人俗士之司典者,曾不觉也。(《潜夫论·爱日》)

这是讲官僚办事效率低下,耀武扬威,百姓办事困难,动辄耗时费力,不行贿送礼连见面都很难("非意气不得见")。他又说:

> 今自三府以下,至于县道乡亭,及从事督邮,有典之司,民废农桑而守之,辞讼告诉,及以官事应对吏者,一人之日废,日废十万人,又复下计之,一人有事,二人获饷,是为日三十万人离其业也。以中农率之,则是岁三百万口受其饥也。然则盗贼何从消,太平何从作?(《潜夫论·爱日》)

这是讲官僚机构庞大,百姓负担繁重云云。

幸亏有了王符的这些文字,让后人了解到当时官僚机构的运转情况以及官府与人民之间的关系,也看到了官僚主义、衙门作风源远流长。

另外,由于王符所处的时代正值君权旁落、宦官外戚专权、豪强势力嚣张之时,因此他特别强调加强君主权威和国家法律纲纪建设,说"法者,君之命也","法令者,人君之衔辔垂策也",认为重视刑罚,加强人主的刑杀之权,

---

① 《潜夫论·爱日》。

与圣人的"德化"思想并不矛盾；因为治理国家要懂得依据具体情况而"变通"，要像登山一样自卑至高，先维持基本的纲纪秩序，才能谈得上三代圣王的政治境界。所以，君主要"明操法术，自握权秉"。①

2. 荀悦

荀悦（148—209年），字仲豫，颍川颍阴（今河南许昌）人，荀子十三世孙。汉灵帝时期因宦官专权而隐居不出，献帝时应曹操之召出仕，累迁至秘书监、侍中。著有议论时政的《申鉴》五篇，另有史书《汉纪》三十篇。

根据现有资料，荀悦讨论政治，大体涉及以下几个方面。

其一是在天人关系方面，荀悦基本站在正统儒家的立场，对这个问题作了比较透彻的阐述。一方面，他坚持"天人相与"的观点，重点谈灾异，发挥天对人君的警示作用，认为君主的施政如有失误，上天就一定会降下灾异，所谓"政失于此，则变见于彼，由（犹）影之象形，响之应声"。所以，君主遇到灾异应当"见之而悟，救身正己，省其咎，谢其过"。不过他也看到，天人之间的关系十分复杂，"其详难得而闻"，人事的祸福兴衰"深不可识"，因此反对把这个问题简单化。他认为，完全否认天命、视天命与人事不相干，或者把天和人混为一谈，都属于各执一端，正确的态度应该是"尽心力焉以任天命"，或者像《易经》所说"穷理尽性以至于命"。② 从现实背景上看，他显然是在王充的自然天道观与谶纬神学之间进行调和折中。

其二是针对当时比较突出的问题，提出一些具体的政治主张和政策建议。他认为实现良好的国家治理，重要的是去"四患"，行"五政"。去"四患"就是去除当时普遍存在的"伪""私""放""奢"，因为"伪乱俗，私坏法，放越轨，奢败制"。行"五政"就是兴农桑、正风俗、宣文教、立武备、明赏罚，大致上涵盖了中国传统政治的基本内容。

其三是他对分封制的合理性所作的阐述与辩护，这也是荀悦最有特色的思想。在《汉纪》第五卷《孝惠皇帝纪》里，他对分封制与郡县制的利弊有过一段很长的议论，其主要观点可以概括为四个方面。

第一，阐述了分封制（"诸侯之制"）的宗旨或价值目标，认为分封制的核心在于去私为公、"为民"，使最高统治者"无所私"、不得"专其权利"，不得以

---

① 《潜夫论·衰制》《潜夫论·明忠》。
② 《汉纪》卷六《高后纪》。

天下为私有,所以才"封建诸侯,各世其位"。所谓:

> 昔者圣王之有天下,非所以自为,所以为民也。不得专其权利,与天下同之,唯义而已,无所私焉。封建诸侯,各世其位,欲使亲民如子,爱国如家。

第二,分封制不仅有利于实现"公天下"的目标,更加有利于国家的稳定和政权的长治久安,使"民主两利",对百姓和统治者都有好处。其道理在于,诸侯分治其封国,天子则作为天下共主而"总其一统",如果诸侯在治国方面出了问题,可能面临"民叛于下,王诛加于上"的后果,则诸侯国君不敢轻易产生"乱心";如果天子失道,王室衰微,则有诸侯矫正扶持,而不至于使全天下的人都跟着受害。所谓:

> 王者总其一统,以御其政。故有暴礼于其国者,则民叛于下,王诛加于上。是以计利虑害,劝赏畏威,各竞其力,而无乱心。及至天子失道,诸侯正之;王室微弱,则大国辅之,虽无道不得虐于天下。贤人君子有所周流,上下左右,皆相夹辅。凡此所以辅相天地之宜,以左右民者也。故民主两利,上下俱便。

第三,此前实行分封制之所以产生流弊,主要是因为封国大小不当造成的。夏商封国太小,最大不过百里,造成"诸侯微而天子强,桀纣得肆其虐";周则封国太大,"大国方五百里",以致"诸侯强大,更相侵伐,周室卑微",酿成祸乱;汉代分封、郡县"兼而用之",出现"七国之乱",也是失之于封国过大,而"非诸侯治国之咎"。也就是说,分封制所代表的治国理念和原则本身并没有错,而是在具体执行中出现了问题。

第四,秦废分封而改为郡县,其用意在于独揽威权,专制天下,是为君主个人而不是"为民";而一旦人主失道,统治中枢出了问题,全天下都是鱼烂土崩,老百姓连逃亡迁徙、躲避灾难的地方都没有。所以,实行郡县制是"民主俱害,上下两危",其在道德追求、心胸气量和深谋远虑方面与分封制不可同日而语。而汉代后来彻底废分封而行郡县,则不符合"百王之法"。所谓:

> 秦承其弊,不能正其制以求其中,而遂废诸侯,改为郡县,以一威权,以专天下。其意主以自为,非以为民。深浅之虑,德量之殊,岂不远哉。故秦得擅其海内之势,无所拘忌,肆淫奢行,暴虐天下,然十四年而灭亡。故人主失道,则天下遍被其害;百姓一乱,则鱼烂土崩,莫之匡救。贤人君子,复无息肩,众庶无所迁徙。此民主俱害,上下两危。汉兴,承周秦之弊,故兼而用之。六王七国之难作者,诚失之于强大,非诸侯治国之咎。其后遂皆郡县治民,而绝诸侯之权矣。当时之制,未必百王之法也。

总之,分封制是"公天下"、有利于国家长治久安的百王圣法,郡县制则是"私天下"、祸患无穷的专制之法。

关于分封制与郡县制孰优孰劣的问题,涉及中央与地方的权力配置关系问题,即究竟应该采取垂直控制、高度中央集权、君主独掌国家大权的体制,还是允许地方拥有一定自治权的问题,因而属于国家体制和国家结构形式方面重大政治问题。我们知道,在荀悦之前就曾有过关于分封制与郡县制优劣的讨论,如秦始皇三十四年(前213年),博士淳于越就针对已经实行的郡县制而重提分封之议,认为分封制不仅可以使朝廷得子弟"枝辅",而且还是殷周先王遗留下来的"美制",并尖锐地指出"事不师古而能长久者,非所闻也"。丞相李斯则不仅鲜明地指出三代分封之制不足为法,郡县制在政治上更能巩固帝国的统治;还敏感地从"思想路线斗争"的高度,从对待现实统治者的态度上看这场争论,认为提倡分封制者"语皆道古以害今,饰虚言以乱实,人善其私学,以非上之所建立"。李斯的奏议不仅捍卫了郡县制,还由此引发了一场焚书运动。① 西汉前期的贾谊也曾讨论过这个问题,其基本立场是肯定分封制,认为汉代主要的问题是封国过大,容易导致尾大不掉,因此主张在坚持分封制的前提下,"众建诸侯而少其力",即多封诸侯,缩减封国面积,削弱封国势力。再就是,桓谭也在其《新论》中为分封制辩护。虽然荀悦的观点和此前的"封建"论者基本一致,但是能够如此透彻地分析分封制所体现的儒家"王道"义理,阐述分封制和郡县制各自代表的"公"

---

① 详见《史记·秦始皇本纪》。另外,今存秦始皇所题的峄山刻石中也提到废分封、行郡县的原因:"追念乱世,分土建邦,以开争理,攻战日作,流血于野……乃今皇帝,一家天下,兵不复起。"

"私"精神,深刻揭示郡县制所代表的中央集权体制存在的结构性问题,荀悦应是第一人。而荀悦所处的时代已是东汉末期,内则君主孤危、权臣专政,外则战乱四起、百姓深陷水深火热之中,专制之祸带来的切肤之痛,构成了荀悦讨论分封制与郡县制的深厚历史语境,由此使他对问题有更深的思考和见解。

3. 仲长统

仲长统(179—220年),字公理,山阳郡高平(今山东邹城)人。自幼聪颖好学,博览群书,长于文辞,生性倜傥,敢于直言,不拘小节,"默语无常,时人或谓之狂生,每州郡命召,辄称疾不就"。汉献帝时,尚书令荀彧闻其名声,举为尚书郎,后在丞相曹操幕府参与谋划军事,但未受重用。"每论说古今及时俗行事,恒发愤叹息,因著论名曰《昌言》。"①《昌言》最初三十四篇,后多佚失,仅在《后汉书》卷四十九《仲长统传》中保留了《理乱》《损益》《法诫》三篇,另外《群书治要》、严可均辑《全后汉文》也收录了一部分文字,是研究仲长统思想的主要资料。

从保留下的文字材料看,对仲长统的思想,比较值得注意的有以下几方面内容。

首先,在对天道的认识方面,明确提出"人事为本,天道为末"的观点。他认为人的行为特别是统治者的政治举措是关乎治乱的主要因素。如果政治清明,做到了"政平民安,各得其所",则"天地将自从我而正矣,休祥将自应我而集矣";如果政事昏乱,则对上天神灵无论怎么虔诚也避免不了"败亡"的命运。所以,那种"信天道而背人事"者是"昏乱迷惑之主,复国亡家之臣也"。②

仲长统还把"天"区分为两种:一种是巫术迷信中的"天";一种是代表自然规律、法则的"天",如星辰运行、四时代序等都是这种"天道"的体现。他认为,后一种"天道"才是人们应该遵从的。譬如农业生产活动,就应该按照"天为之时",顺应自然节序来安排播种耕耘。③

其次,揭露了当时黑暗丑恶的社会现实和严峻的社会矛盾。比如,他抨击一些昏暴之君"奔其私嗜,骋其邪欲",穷奢极欲,荒废庶政,"遂至熬天下

---

① 《后汉书·仲长统传》。
② 参见《群书治要》卷四十五《昌言》。
③ 同上。

之脂膏,斫生人之骨髓"。① 他对当时严重的贫富分化以及豪强大族的腐朽生活的记述,更让人读来触目惊心。所谓:

> 汉兴以来,相与同为编户齐民,而以财力相君长者,世无数焉……豪人之室,连栋数百,膏田满野,奴婢千群,徒附万计。船车贾贩,周于四方;废居积贮,满于都城。琦赂宝货,巨室不能容;马牛羊豕,山谷不能受。妖童美妾,填乎绮室;倡讴伎乐,列乎深堂。宾客待见而不敢去,车骑交错而不敢进。三牲之肉,臭而不可食;清醇之酎,败而不可饮。睇盼则人从其目之所视,喜怒则人随其心之所虑。此皆公侯之广乐,君长之厚实也。苟能运智诈者,则得之焉;苟能得之者,人不以为罪焉。(《理乱篇》,见《后汉书·仲长统传》)

又说:

> 井田之变,豪人货殖,馆舍布于州郡,田亩连于方国。身无半通青纶之命,而窃三辰龙章之服;不为编户一伍之长,而有千室名邑之役。荣乐过于封君,势力侔于守令。财赂自营,犯法不坐。刺客死士,为之投命。至使弱力少智之子,被穿帷败,寄死不敛,冤枉穷困,不敢自理。虽亦由网禁疏阔,盖分田无限使之然也。今欲张太平之纪纲,立至化之基趾,齐民财之丰寡,正风俗之奢俭,非井田实莫由也。此变有所败,而宜复者也。(《损益篇》,见《后汉书·仲长统传》)

至于为什么会出现这样严重的贫富分化,仲长统和当时流行的看法是一样的,认为根本的原因在于"井田之变",即井田制被废以后,"分田无限使之然也"。因此,解决这一问题的出路在于,恢复实行带有国有制性质的井田制,即使一时难以实行井田制,也要采取限田的措施。这类限制土地集中、渴望实现财富占有上的公平正义的想法,在中国历史上不断被人提及,汉代统治者也曾做过这方面的努力。刘邦开国之初,就曾将豪族十余万口迁徙到关中,以后这种大规模地迁徙豪族到异地的做法一直没有间断,汉武

---

① 仲长统:《理乱篇》,见《后汉书·仲长统传》。

帝时还通过州部刺史处理豪右"田宅逾制"问题。① 然而东汉后期,土地财富集中的问题却愈演愈烈,究其原因,则是所涉及的早已根深蒂固的土地买卖和私有产权制度等复杂问题,远远超出了古代人的知识与思想水平所能解决的范围。所以,后来的论者也只能和仲长统一样,大体停留在一般地揭露和呼吁层面,而始终拿不出可行的解决办法。

再次,揭示和总结出王朝治乱兴衰的循环原因与过程,表达了对传统政治的悲观虚无思想。他在《理乱篇》中指出,每一个王朝从兴到衰大致都经历了三个阶段:一是豪杰争天下的创业阶段,有的人"伪假天威,矫据方国",通过斗智角力脱颖而出,使其他对手"羁首系颈,就我之衔继",最终取得天下;二是守成阶段,此时"豪杰之心既绝,士民之志已定,贵有常家,尊在一人",政权步入巩固阶段;三是败亡阶段,那些昏君暗主"见天下莫敢与之违,自谓若天地之不可亡也",于是"奔其私嗜,骋其邪欲……荒废庶政,弃亡人物",胡作非为,致使天下"怨毒无聊,祸乱并起,中国扰攘,四夷侵畔,土崩瓦解,一朝而去",完成一个王朝由兴起到衰亡的完整周期。

更为严重的是,似乎越到后世,祸乱越烈:战国乱于春秋,秦项之乱过于战国,新莽之乱又过于秦项,"以及今日,名都空而不居,百里绝而无民者,不可胜数,此则又胜于亡新之时也"。面对这种"变而弥猜,下而加酷"的历史衰变趋势,仲长统不由得发出感叹和困惑:

> 嗟乎! 不知来世圣人,救此之道,将何用也? 又不知天若穷此之数,欲何至邪? (《理乱篇》,见《后汉书·仲长统传》)

认为历史简直让人看不到任何希望,找不到任何扭转这种衰变的办法。正如一位学者所指出的,儒家对于政治本来持乐观态度,东汉以后渐渐流露出悲观之意,而到仲长统则不仅感叹社会动荡日趋严重,甚至怀疑乱局有解救之道,这"无异于对专制政体与儒家治术同时作破产之宣告"。因为对于秦二世而亡,人们还可以归咎于法家,但汉代却把黄老、申韩、孔孟之学一一拿来进行了实践,仍然"不免于乱亡",这就把专制政体的弱点一一呈露,使人开始发觉"古今已行之政体,圣贤所立之治道,无一可以维天下长久之安平

---

① 参见何兹全:《中国古代社会》,北京师范大学出版社 2001 年版,第 288—292 页。

者,而仲长统氏悲观之治乱循环退化论遂为秦汉儒家政治思想自然之结局"。①

由于悲观绝望,使他又产生消极避世、追求个人精神自由的想法。在著名的《乐志论》中,他渴望"消摇(逍遥)一世之上,睥睨天地之间,不受当时之责,永保性命之期,如是,则可以陵霄汉,出宇宙之外矣"。② 一叶知秋,在仲长统的思想中,我们似乎可以预见魏晋玄学家的气象了。

(六) 东汉党锢之祸在政治思想史上的意义

关于东汉末年太学生发动的群体性抗议运动及其引发的党锢之祸,学术界已经有很多讨论。这里想从政治思想史的角度,考察一下它对士大夫群体在政治动向和政治思想走向方面的影响。

儒家自从在西汉被官方奉为正统,获得独尊地位后,就迅速通过各种渠道体制化,儒家知识分子迅速成为官僚体制的重要组成部分,并形成一个相对具有广泛社会联系和影响力的阶层。儒士的第一个晋身途径是进入太学,"射策设科",成绩优秀者补为郎官,而后正式进入仕途。由于朝廷和社会的需求等原因,使得太学生(博士子弟)的名额日益众多。西汉武帝时太学生名额为 50 人,宣帝时 100 人,成帝时候达到 3 000 人,东汉后期达到 30 000 人,形成一股庞大的政治力量。第二个途径是直接通过察举孝廉进入仕途,察举主要由地方长官(太守)主持,这些郡太守本身就可能与当地高门大姓有师生、亲戚以及故吏等关系,因此被察举者也多半是世族高门出身。第三个途径是征辟,主要是皇帝和三公征召社会上那些有名望、有才能、品行高洁、敢于谏诤、特立独行的人出来入仕。除了进入政府一途之外,还有的在民间自修或私相传授学问,尤其是东汉后期政局动乱,一些原在太学的博士转入民间,聚徒讲学,故史载当时民间习儒之风颇为盛行,那些饱学硕儒动辄招生数百人、千余人乃至数千人,自然是门生故吏遍天下。③

这些读书人受到儒家道德理想的熏陶,有家族的基业和声望,有广泛的社会联系,从而形成了独立的政治力量,加之黑暗的政治现实刺激,遂产生

---

① 参见萧公权:《中国政治思想史》,第 303—304 页。
② 《后汉书·仲长统传》。
③ 参见钱穆:《国史大纲》(上册),商务印书馆 1996 年版,第 169—179 页。

第四讲 "独尊"儒家与国家意识形态的确立——秦汉时期的政治思想

了对自己士大夫身份的"群体自觉"。这些读书人与朝中高官互相倚重推崇,以清流自居,臧否人物,品评时事,甚至掌握了道德评判权和文化话语权。① 当时士林的领袖以李膺(字元礼)、陈蕃(字仲举)以及太学生郭泰(字林宗)、贾彪(字伟节)为首,士林中有"天下楷模李元礼,不畏强御陈仲举"谚语,往往三公征召人才也要以他们的评价为转移。哪个读书人如果被李膺接见,就被认为是"登龙门",是莫大荣耀,否则就难以立足。郭泰到京师之初默默无闻,见到李膺后被其视为奇人,"遂相友善,于是名震京师"。学者荀爽无缘见李膺,耿耿于怀,后乘拜访李膺的机会得以为他驾车,就倍感荣耀,回来后逢人便说:"今日乃得御李君矣。"② 正如钱穆先生所说:"大抵东汉至桓灵之际,朝廷禄位已不如处士虚声,社会重心在下不在上,此亦自秦统一以来世运一大转变也。"③ 这种现象说明,当时东汉政权已经不再被视为理想和正义的担当者,使得士大夫无法不以激烈的甚至挑战的态度来担当道义,凸显自己的立场和存在。但是,在这种担当道义、挑战朝廷权威的过程中,也会形成非此即彼的极化心理和道德上的自负,把政治问题和道德问题混为一谈,以苛刻的道德标准裁量一切,拒绝任何情况下的妥协。所以,士大夫的这种抗争,一方面确实展示了古代知识分子以天下为己任、不畏强暴的高尚品德和勇气,另一方面也预示着它是一种"朝野崩离"式的、无解的抗争。对此,范晔在《后汉书·党锢列传序》中明确指出:

> 逮桓灵之间,主荒政谬,国命委于阉寺,士子羞与为伍,故匹夫抗愤,处士横议,遂乃激扬名声,互相题拂,品核公卿,裁量执政,婞直之风,于斯行矣。

这种"匹夫抗愤,处士横议"的抗议终于激发了当局的反扑,而且在连续三四年内两次发动党锢之祸,前后有上千人被杀,而被禁锢、流放的则更多。东汉也就在这种"朝野崩离"中,在这种激烈的内部冲突中走向灭亡。

早在范滂等人仗义执言、激烈批评朝政,而自公卿以下皆为折节的时

---

① 详情参见余英时:《士与中国文化》,第287—309页。
② 参见《后汉书·郭泰传》《后汉书·李膺传》。
③ 钱穆:《国史大纲》(上册),第179页。

候,有个叫申屠蟠的太学生就预感,这种处士横议的局面和战国时代很相似,很可能再次引发焚书坑儒之祸,于是隐居梁砀之间。① 还有个叫刘梁的文士写了《破群论》,对"世多利交,以邪曲相党"的现象提出严厉批评。② "建安七子"之一的徐幹,面临东汉灵帝末年"国典隳废,冠族子弟结党权门,交援求名,竞相尚爵号"的时代环境,"闭户自守,不与之群,以六籍娱心而已"。③ 而党锢之祸以及接着发生的东汉灭亡的更大事变,进一步促使读书人开始由关注现实政治转向独善其身,追求个体的精神独立与自由。这和前述仲长统等人的思想一样,都似乎预示着一个像魏晋那样的时代即将到来。正如历史的演变所昭示的,随着东汉的覆亡而来的即是一个崇尚逃离现实政治、追求放达的玄学时代。

总之,从政治思想史的角度看,太学生抗争运动的失败与东汉的灭亡,反映出面对专制政体的具体实践和朝政的日益黑暗,满怀道德理想主义的士大夫极度失望,从而导致专制国家和知识精英之间产生严重脱节甚至冲突,直至同归于尽。这种结局,在一定意义上为"政治思想史上魏晋南北朝"时期的到来作了准备。

总结与讨论

主要政治学问题

本讲首先对法、道、儒三家在秦汉之际的政治舞台上的兴替过程与原因作了分析介绍。着重说明,法家无法提供"治天下"、巩固政权的道义合法性辩护,故信奉法家的秦王朝迅速败亡,其政治思想史上的意义在于为儒家的"独尊"作了准备。而汉初奉道家黄老思想为治国原则,主要是国力虚弱等现实条件所致。儒家之所以在汉武帝时最终取得官方正统思想地位,其主要原因包括三个方面:统治者渴望长治久安,需要一个圆融的意识形态来论证其合法性;儒家代表了中国宗法农业社会条件下政治智慧的最高成就;

---

① 《后汉书·申屠蟠传》。
② 《后汉书·文苑列传》。
③ 《中论·汉无名氏序》。

当时一些儒生对儒家思想的变通及其具体实践活动,拉近了与政权的距离。

第二部分主要介绍董仲舒以"天人感应"为基础的政治学说。为了给儒家的道德原则和现实的政治秩序找到形而上的根基,解决儒家与新兴的专制帝国的关系问题,董仲舒对古老的"天人感应"思想进行了系统阐述,一方面从天道的高度确立起人间纲常秩序和道德伦理的至上性与绝对性,继承和保留了儒家的仁政、立君为民、"天命有德"等观念,并希望通过重建"天"的权威来限制君权,以应对君主权力扩张的新局面;另一方面,也是借助天道,对现实政治秩序进行了论证和肯定,从而为儒家与专制国家的结合找到了连接点。

第三部分则介绍梳理了董仲舒以后汉代政治思想的动向。指出儒学在取得正统地位后,大体有两个发展方向:一则继承了早期儒家的道德理想主义精神,发挥了董仲舒思想中的灾异说来批判现实,最终导致了王莽发动的"易姓革命";二则利用董仲舒思想中肯定现实的一面,特别是其中的"祥瑞"说来为现实辩护,神化汉朝的政权。两种倾向共同推动了儒学的神秘化与巫术化,导致了谶纬学的出现。而此后桓谭、王充直至东汉后期的政治思想的发展,一方面是当时政治现实和政治斗争实践的反映,另一方面也是对于儒学神秘化与巫术化的反弹,从而表现出一些新的特点。例如,反对谶纬神学的政治观,强调政治的良恶在人不在天;反对从儒家的理想和教条出发去厚古薄今,承认汉代统治者的历史功绩,肯定"文法"与"霸术"在政治中的某种合理性;同时,汉帝国各种矛盾的不断加剧并最终走向崩溃,似乎也宣告了以儒家为代表的各种政治学说的集体大失败,引起很多思想家的悲观绝望与虚无思想。

本讲所涉及的政治学问题,包括以下主要方面:

● 伴随着儒家"独尊"地位的确立,在帝国政治体系中基本确立了天下为公、以仁为本或以民为本的政治价值观,以及仁政、德治(德主刑辅)的政治过程观。

● 作为一个新的国家类型,专制国家应该具有什么样的意识形态与思想构造?伴随着秦汉专制帝国的建立,这个问题在本时期政治思想领域内逐渐凸显出来。秦汉兴替的历史事实表明,一个专制帝国仅凭暴力机器发挥镇压、恐吓功能是无法长期维持的,通过文化意识形态确立其思想统治权是其完整的政治统治中不可或缺的部分。在历史的摸索中,儒家思想基本上被确立为新兴的、专制国家的意识形态,使专制国家具有了灵魂或思想结构。

● 围绕着天道观、王道与霸道以及历史是退化还是进步等问题展开的"话语战争",直接成为政治斗争的一种形式。如"灾异"说和"谴告"说往往用来批评乃至否定现实政治,"祥瑞"说以及"天道自然"说则主要成为肯定现实政治的符号表达;称颂王道、崇尚古代(三代)政治往往意味着对现实的不满,而肯定霸道、坚持"厚今薄古"的进步主义历史哲学观,则往往沦为对现实政治进行辩护的手段。

● 关于合法性问题,除了传统的以天道为形而上依据的合法性思想外,还出现了以政绩、统治效果为基础的绩效合法性思想。如桓谭、王充等人的思想。

● 出现了关于国家结构形式的讨论。如荀悦对郡县制的批评和对分封制的全面辩护。

● 关于国家(政府)在消除贫富差别、建立合理的财产权制度方面的职责问题。如仲长统认为,应该实行国有性质的井田制,或者起码限制土地私有制的无限发展,维护财富占有方面的公平与正义。

影响

儒家取得官方正统地位,是中国政治思想史乃至整个中国历史上影响深远的大事件。从长时段来看,经过专制帝国的政治实践,儒家取代了法家、道家等思想流派,成为国家意识形态的正式代表,通过国家政权的弘扬以及士大夫读经求官等渠道,儒家思想逐步融入国家政治结构与过程,从而开启了历史上的"儒教中国"时代。从此以后,中国的许多问题都与儒家文化密不可分,儒家文化成为理解中国文化传统和中国政治传统的一个重要切入点。从近处来说,儒家在汉代实现了与国家政权的结合之后,一方面其基本的价值观如"仁政""天下为公""立君为民"等仍然与家天下的君主专制制度存在紧张和冲突,使坚信这些观念的正统士大夫对汉代的政治现实产生强烈不满,甚至提出改朝换代的"革命"要求;而作为对王莽改制这一失败的儒家乌托邦试验的反弹,思想界又开始表现出一种冷静、务实的政治现实主义精神。另一方面,儒家作为国家意识形态又必然摆脱不了被教条化、神学(谶纬)化的命运,遂为人们的理性、常识所不能接受,加上汉帝国后期严重的统治危机,更造成对儒家"名教"的普遍厌倦、失望乃至反叛思想,从而成为魏晋玄学兴起、佛教"征服中国"的重要背景。

讨论

考察秦汉时期政治思想史的演变,也能让我们产生不少联想和需要进一步讨论的问题。

比如,当我们把儒家思想理解为一种官方的、专制国家意识形态的时候,是不是还应该考虑其不同于一般官方意识形态的特殊性和复杂性问题?因为很明显,儒家思想首先不是由统治者创立的,而是由先于专制国家的孔子创立的,在秦汉专制帝国产生之前,它已经有了自己的经典文献、创始人、传承者和独立的思想体系。而在儒家与专制国家结合之后,虽然统治者也在力图按照自己的需要对它加以控制、改造,但是其基本的经典文本、思想体系没有变,它在基本的价值观和政治原则上与专制国家之间的裂痕、冲突没有变。这和现代人理解的完全御用化的一般官方意识形态是不同的。这种意识形态的特殊类型、意识形态与国家政权的特殊结合方式,是意识形态研究领域中一个值得深入探讨的问题。

与此相联系的是,在把一种思想体系确立为国家意识形态之后,如何处理其中的"政道"与"治术"的关系,使政治的大目标、大原则与具体的操作方法、行政过程相配合,即如何构建起一种既包括符合人类政治文明发展方向的基本价值观、基本政治原则,又包括相应的具体政策、治国方略、法律制度等操作智慧的完整的思想体系,是一个国家的意识形态战略中的重要课题。而法家、儒家等思想都是由韩非、孔子这类在野之士提出来的,它们作为思想家的理论建构的产物,与现实政治的实际情况之间毕竟还存在一定距离(尽管这些理论都坚信自己穷尽了政治奥秘,具有万能的功效),在把这些理论学说用到政治实践当中时,还需要政治家运用个人的智慧和经验加以创造性转化和操作化;加上法家偏于治术,更关注统治效率而不考虑统治的正当性问题,而儒家则在政道、"内圣之学"方面讲得比较透彻系统,对于如何从"仁政""王道"的政治原则中开出"外王"之道,如何顺理成章地引申出可操作的制度、政策和行政技术,则始终存在着遭人诟病的缺憾,因此,照搬照抄哪一种学说都是有害的。而秦汉的统治者在这方面似乎都显得有些短视,他们要么"焚书坑儒",通过赤裸裸的严刑峻法维护统治而不要任何道义的包装；要么"独尊儒术"，满足于儒家的大道理而不注意从中发展出属于自己的"治道"理论，甚至像汉武帝、汉宣帝那样"始乱终弃"，发现儒家并不完全"有用"，仓促间改口说不能"纯任德教"，或者来个"外儒内法"，说一套做一套，解构了意识形态的严肃性，也打了自己的耳光。

再比如前面提到，桓谭、王充等人实际上是在传统的合法性思想之外，又提出了一种以统治绩效为基础的合法性。但是如果顺着他们的思想，放弃"天命"等形而上的标准，只是把现实的统治绩效作为合法性依据，这在没有现代意义上的民主表达机制和实践形式的古代，在任何统治者都可以自说自话，为自己找出统治功绩的情况下，很容易导致成王败寇的逻辑。

进一步思考的问题

1. 法家为什么在汉代以后丧失官方正统思想的地位？
2. 儒家为什么在汉武帝时取得"独尊"的地位？
3. 从天道观的发展演变情况，谈谈董仲舒"天人感应"思想产生的背景。
4. 试分析董仲舒在政治思想史上的地位。
5. 试梳理董仲舒以后汉代政治思想发展的基本脉络与动向。

第五讲

"名教""自然"之争与儒家文化的危机

——魏晋南北朝时期的政治思想

核心内容

◎ 玄学、佛学流行的原因及其造成的文化危机
◎ 主要政治思潮：玄学温和派的"无为而治"；激进反体制的"无君"论及其反弹；"封建"论的再起；"夷夏之辨"思想的特点
◎ 恢复儒家思想正统的各种努力与儒家思想的"体制化"

魏晋南北朝时期（220—589年）是继汉代统一帝国之后出现的大动荡、大分裂时期，也是以儒家为核心的中国文化遭遇空前危机的时期。综观这个时期政治思想的发展演变，需要注意以下动向和特点。

第一，玄学的兴起和佛教的流行，动摇了儒家作为国家意识形态的"独尊"地位，使得以儒家为核心的政治文化传统遭遇到了前所未有的危机。

第二，在思想文化领域内，儒学遭到了来自玄学和佛教的挑战与冲击。虽然这一时期在政治思想方面的理论成就不是很高，但其恰恰又是儒家思想深入影响政治过程、强烈塑造政治制度的时期。正是在这一时期，中国古代的政治法律制度经历了前所未有的"儒家化"过程。

第三，这个时期讨论和争论比较集中的问题主要有：由玄学兴起引起的名教（儒家）与自然的关系问题；由国家分裂、各民族政权林立而引发的"正统"问题与"夷夏之辨"问题；封建与郡县之争问题；以及由"无为"思想引起的以"无君"论为代表的无政府思想等。

另外，这个时期还有一些著名的政治家如曹操、诸葛亮等，虽然也提出一些政治主张——如曹操主张严明法纪、唯才是举；诸葛亮也是一方面尚贤，一方面重法——但这些主张基本上服务于"打天下"的军事斗争需要，侧重于从施政方针、策略方针方面提出，谈不上是系统深刻的政治思想。

一、玄学的兴起与儒家思想的危机

进入魏晋南北朝时期，思想史上发生了两件影响深远的大事：一是玄学的兴起；二是汉代从印度传入的佛教风靡天下。

（一）玄学产生的原因

兴起于魏晋时期的玄学，主要是从道家学说演化过来的，但又不纯是道家，而是改造、吸收了儒家的思想，是儒道结合的产物，所谓"在儒而非儒，非道而有道"，①也有人说它是儒家的道家化。"玄学"的说法，出自《老子》"玄而又玄，众妙之门"，"玄"就是幽微精深的意思，意在突出它的这样一种特点。与很少谈"性与天道"的儒家相比，玄学家们关注更多的是一些高度抽象的哲学问题，如性与命、有与无、本与末、体与用、一与多等命题。此外，玄学还有一些共同特点：基本上都主张自然无为，强调取法自然来治理国家，认为顺乎自然也是符合儒家之道的；都奉《老子》《庄子》《周易》为三部基本经典，号称"三玄"。

当然，在"名教"与"自然"关系等问题上，玄学阵营内部又存在一些差别。玄学之风主要兴盛于曹魏正始年间至西晋元康年间。正始玄学阶段，大致上可以分为三派：以何晏（东汉外戚何进之孙，与曹爽友善，为司马懿所杀）、王弼为代表的"贵无派"，虽然承认孔子为圣人，但以道家为本，儒家为末，强调"名教出于自然"，用道家观点去注释儒家的经典；以阮籍、嵇康为代表的"任自然"派，主张"越名教而任自然"，批判、反对儒家的态度最为激烈彻底；以向秀、郭象为代表的"独化"派，试图超越老庄"有生于无"的命题，提出更为彻底的自然论，认为万物自生自成，"独化于玄冥之境"，进而提出"名教即自然"的思想，表现出在"自然"基础上融合儒家的"儒道兼综"倾向。

---

① 《晋书·王湛传》。

第五讲 "名教""自然"之争与儒家文化的危机——魏晋南北朝时期的政治思想

玄学乃至道教、佛教的流行，首先与当时动荡混乱的时局有关。乱世本来就容易产生消极悲观的颓废思想。汉末的党锢之祸，汉末大乱，三国纷争，曹魏代汉，司马氏代魏，西晋八王之乱，永嘉之乱，晋室南迁等等，中间多少政权更迭、血腥屠杀与政治大清洗，使历史似乎陷入黑暗的时空隧道之中，看不到光明与出路。故汉末仲长统有"不知来世圣人，救此之道，将何用也"之问，庾信《哀江南赋》则有"日暮途远，人间何世"之叹。再则政坛变幻如同棋局，使得政治生态极其恶化，险象环生，稍有不慎就可能招来杀身之祸，所谓"天下多故，名士少有全者"。① 连身为宰辅重臣、名满天下的王戎、王衍，有时也得靠装疯佯狂以躲避政治的惊涛骇浪。② 在这种情况下，消极避世、追求精神世界的自由就成为明智的选择。比如，在司马氏当权时，阮籍的好友有的被杀，有的被迫变节，他为了避祸，出言非常谨慎，每次和人说话，都是满口抽象"玄远"的大道理，从不敢涉及时政和具体人事，人称"天下之至慎，其惟阮嗣宗乎"。③ 可见，清谈玄理成为一种避祸全身的办法。④

除了清谈之外，醉酒和放浪形骸也是那时人们消解苦闷、追求精神解放的一种办法。酒几乎成了当时名士的"标配"，"竹林七贤"几乎个个嗜酒，其中最著名的要数刘伶，他不仅写有《酒德颂》，而且"常乘鹿车，携一壶酒，使人荷锸而随之，谓曰死便埋我"。⑤ 甚至号称旷达的曹操，也感叹"人生几何，对酒当歌"。

其次，门阀制度的发展也为清谈之风的形成提供了条件。所谓门阀，指的是世代为官的名门大族，又称世族。在魏晋南北朝时期，由于门阀势力的大发展，逐渐形成了不问才德、只重门第出身的选拔官员的制度，使得一些门阀世族子弟仅凭家族出身（实际上是凭借血统）就可以"平流进取，坐致公卿"，垄断政权，形成"公门有公，卿门有卿"的局面。既然出身上等名门就可以坐致公卿，于是那些世家大族子弟便不思进取，穷极无聊，过上颓废、放荡

---

① 《晋书·阮籍传》。
② 据《晋书·王戎传》及《王衍传》记载，深陷"八王之乱"的王戎，有一次就是靠伪装"药发堕厕，得不及祸"，而王衍则在外戚杨骏"欲以女妻"的时候"阳狂自免"。
③ 《三国志·魏书·李通传》裴松之注引王隐《晋书·李秉传》。
④ 还有人原本信奉儒家，也因避世而转入道教。如葛洪的老师郑隐本为西晋大儒，精通《礼记》《尚书》，"晚而好道"；葛洪也是早年饱读儒家经典，有志于经世济民，后因时局刺激转入道教。
⑤ 《晋书·刘伶传》。

的生活。同时，优越的生活和地位，也使他们中一些人有条件、有闲暇去谈论佛道，思考一些"无用"的玄理，追求纯粹的精神生活，因而能在哲学思辨方面有所创获。

再次，玄学的兴起还跟儒家自身的问题有关。一方面，作为一种治学的方法，玄学是对汉代经学传统的反叛。在汉代儒学的发展过程中，一些儒家学者专注于对儒家经典的训诂注释，发展为讲究繁琐考证的经学传统，对经典中的一句话动辄注释几万言。读书人不经过皓首穷经，就很难有所成就。这种做法既不利于思想解放和新思想的产生，也使读书人难以出人头地。于是，经学被视为畏途，除非家学渊源深厚，一般人不敢进入这个领域。而玄学则活泼灵活，抛开经学文本，不拘章句，要言不烦，容易提出新说。如阮瞻回答关于"名教"与"自然"关系的提问时，用了"将无同"三个字，大受王戎激赏，当即任命他为属官，人称"三语掾"；甚至还有人觉得连说话都是多余，干脆提出"不用舌论"。① 所以谈玄学，只要头脑灵光，有奇思妙想，有精妙的语句，就很容易出名。儒学今文经学家董仲舒60多岁才出名，而大玄学家王弼死的时候才24岁，荀粲死的时候29岁。② 另一方面，就儒家本身的思想结构而言，始终存在一个问题，就是它比较多地关注现实的具体问题，诸如伦理、道德、政治问题，而不能清楚地解决宇宙与人生的形而上的终极根据问题。所谓"夫子之文章，可得而闻也，夫子之言性与天道，不可得闻也"。③ 夫子的道德文章的"究竟因"是什么？人类社会秩序、人的存在的根据究竟何在？儒家对于这种"千古一问"始终回避或者讲不清楚，董仲舒的理论不仅存在着矛盾，而且"天人感应"说到后来又沦落为谶纬之学，被庸俗化了。儒家对此问题不能有效加以解决，为玄学的兴起提供了重要契机。儒家追问的终点，恰恰成了玄学的起点。④《三国志·钟会传》附《王弼传》的相关记载颇具有象征意义：一次，吏部尚书何晏见到才子王弼，听他大谈一番性命、自然之后，感叹说，此人可与"言天人之际"。这说明，天人之际的问题不但没有解决，反而在世道变幻如棋局的乱世，变得更加突出了。

最后，对于像王导、谢安这样的东晋政治家来说，玄学"清静无为"的思

---

① 《晋书·阮瞻传》；张韩《不用舌论》，见严可均辑《全晋文》卷一百零七。
② 这里关于玄学与儒学差异的介绍，详见周桂钿：《中国传统哲学》，第136—137页。
③ 《论语·公冶长》。
④ 葛兆光：《中国思想史》（第一卷），第323页。

想也具有规训君权、实现政治稳定的用意。正如《晋书·王导传》所描述的那样,东晋政权前期,正值"天下丧乱,九州分裂,大业草创",可谓根基不稳,风雨飘摇。在这种情况下,明智的选择当然是采取清静和缓、渐进徐图的治国理念,而不可操之过急,发力过猛。然而,权力本身天然具有"运动"的性质,权力如果不被使用,不"作为",不发挥作用,掌权者就没有存在感。尤其是专制政治下的君主被赋予了绝对的权力,不可能真正接受这种"清静无为"的"虚君"思想的约束,只要他们认为环境许可,就会千方百计地独揽大权,并运用手中的大权去贯彻个人意志,去"有所作为",找到当权的存在感与成就感。事实上,晋元帝司马睿在政局稍稍安定之后,就试图采用法家的治国思想,"用申(不害)、韩(非)以救世",①"好刑名家,以韩非书赐太子"。②在用人方面也开始疏远士族,起用好为"刻碎之政"的官员。③ 正是见于这种情况,王导一开始就向晋元帝提出了"谦以接士,俭以足用,以清静为政,抚绥新旧"的施政方针。④ 实践证明,王导的这一治国理念对东晋政权的稳定产生了非常重要的积极影响,而后来主政的谢安大体也是采取"镇以和靖,御以长算……不存小察,弘以大纲"的指导思想。⑤ 可见,对于王导、谢安这样的政治家来说,提倡"清静无为"的治国思想主要是收束君主之心,防止其权力的膨胀与滥用,使君主比较"开明",使国家权力的运行比较适合当时的政治情势,实现东晋政权的稳定与巩固。

(二) 佛教的传入与流行

佛教传入中国的具体时间,各家说法不一,不过一般认为至迟在东汉明帝之时已经传入。据说,永平七年(65年)的一个晚上,汉明帝梦见一个金人,头顶有日月一样的光明,次日咨询大臣才知道胡神的名字叫"佛",于是遣使到西域求佛经,因为以白马驮经而来,于是在东京洛阳建立白马寺。我

---

① 《晋书·阮孚传》。
② 《资治通鉴》卷九十《晋纪十二》。
③ 《晋书·刘隗传》。
④ 《资治通鉴》卷八十六《晋纪八》。
⑤ 《晋书·谢安传》。有关东晋王导、谢安等人"清静无为"施政理念的政治背景问题,陈明有过十分精彩的论述,参见陈明:《儒学的历史文化功能——士族:特殊形态的知识分子研究》,学林出版社1997年版,第160—247页。

们关心的是,为什么佛教在汉代传入后并没有流行,而在魏晋得以大行其道?综合一些学者的分析,①原因大致如下。

第一,起初熟悉梵语的人不多,佛经翻译困难,因此流传不广,后来翻译的经书多了,自然也就流传起来。

第二,佛教初入中国后,需要经历一个自我调整过程,以便消除中国文化对它的排斥性。佛教至少有三个方面与中国文化存在冲突:僧人出家,被认为是不孝;不敬君主,是不忠;佛教为"夷人"之教,容易面临"夷夏之辨"思想的抵触。为了摆脱这方面的抵触和责难,佛教一些高僧开始对教义作出调整和新的解释,对儒家的"忠""孝"伦理采取包容的态度,认为佛教也讲忠孝,是更高层次上的忠孝。如目连救母的故事,就劝人要"孝",要"报答父母长养慈爱之恩"。② 还有后来流传甚广的少林寺十三棍僧救唐王的故事,也说明了佛家与世俗政权之间的合作。另外,佛教还多方寻找与儒家思想的一致性,如儒家讲"博施而济众",佛教就说他们也主张施舍,普渡众生;孔子在灰心丧气时说过"欲居九夷",佛教僧人就说,既然孔子可以居九夷,则无所谓"夷""夏"之别。甚至在儒家与佛教的辩论中,有人提出"周孔即佛,佛即周孔",③说明佛教为了征服中国的信众,不得不向儒家靠拢,不得不中国化。

第三,佛教的流行也与当时动荡不安的社会环境有很大关系。由于没有安全感,人们需要宗教寄托,特别是统治者处在充满凶险的政治环境中,自己也觉得朝不保夕,内心空虚恐慌,便对佛教大加提倡,甚至以媚佛来为自己祈福消灾。如梁武帝就几次"舍身同泰寺"当和尚,而直到隋唐时期的统治者,都对高僧礼遇极隆,许多皇帝都请僧人充当国师。

第四,儒家一方面讲天命决定世间的祸福,另一方面又讲"谋事在人",对于天命与人事之间的关系始终讲得比较含糊。而佛教则用因果报应来解释人的祸福荣辱,多配以生动具体的故事,又"难得而测",对于一般人显得很有解释力。

虽然在佛教流传的过程中,也遇到过一些挫折和佛教所谓的"法难",最

---

① 参见周桂钿:《中国传统哲学》,第 150—151 页;葛兆光:《中国思想史》(第一卷),第 375—425 页。
② 故事出自《佛说盂兰盆经》,讲述佛陀弟子目连拯救亡母出地狱的故事。这个故事在中国流传甚广,曾经是无数图画及戏曲的题材,京剧就有剧目《目连僧救母》。
③ 《弘明集》卷三《喻道论》。

第五讲 "名教""自然"之争与儒家文化的危机——魏晋南北朝时期的政治思想

著名的就是"三武之难",即北魏太武帝、北周武帝和唐武宗时期发动的三次大规模灭佛运动;但是由于上述种种原因,佛教还是在中国社会各个阶层中广泛传播开来,所谓"南朝四百八十寺,多少楼台烟雨中","自五百余年以来,寺塔遍于九州,僧尼溢于三辅",都是这种情况的真实写照。

玄学和佛教的流传,对于儒家来说无疑是一个巨大的挑战,也是中国文化遭遇的空前危机。《南史·儒林传》描述了当时儒学衰落的情况:

> 洎魏正始以后,更尚玄虚,公卿士庶,罕通经业……逮江左草创,日不暇给,以迄宋齐,国学时或开置,而劝课未博,建之不能十年,盖取文具而已。是时乡里莫或开馆,公卿罕通经术。朝廷大儒,独学而弗肯养众;后生孤陋,拥经而无所讲习,大道之郁也久矣乎!

这种思想变局,我们也可以从南朝张融的事例中看出端倪。张融是南齐的一位官员,同时也是文学家,他在临死前留下遗嘱,要求安葬他时左手执《孝经》《老子》,右手执小品《法华经》。① 这固然可以理解为儒、释、道三教合流的迹象,但也未尝不是儒家失去"独尊"地位的重要信号。

另外,且不说"竹林七贤"之类的名士如何放浪形骸,挑战礼教,就从当时一般的社会风气特别是妇女的生活情况看,也很能说明日常生活中人们观念的变化。如葛洪在《抱朴子·疾谬》篇②记述当时"礼教渐颓"的情况说:

> 礼教渐颓,敬让莫崇,傲慢成俗。俦类饮会,或蹲或踞,暑夏之月,露首袒体,盛务唯在摴蒱弹棋,所论极于声色之间,举足不离绮襦纨绔之侧,游步不去势利酒客之门。不闻清谈讲道之言,专以丑辞嘲弄为先。以如此者为高远,以不尔者为骇(念"挨",呆傻意)野。

他对当时妇女生活和社交活动描述得尤其生动详细:

---

① 《南史》卷三十二《张融传》。
② 本讲中引用的有关《抱朴子》的内容,源自杨明照校笺的由中华书局于2004年出版的《抱朴子外篇校笺》。

> 今俗妇女,休其蚕织之业,废其玄纴之务,不绩其麻,市也婆娑。舍中馈之事,修周施之好。更相从诣,之适亲戚,承星举火,不已于行……或宿于他门,或冒夜而反,游戏佛寺,观视渔畋,登高临水,出境庆吊,开车褰帏,周章城邑。杯觞路酌,弦歌行奏,转相高尚,习非成俗。生致因缘,无所不肯。

《晋书·愍帝纪》也有一段议论当时妇女生活的话:

> 先时而婚,任情而动,故皆不耻淫佚之过,不拘妒忌之恶。父兄不之罪也,天下莫之非也。

可见,当时社交活动的活跃,生活的世俗化以及妇女的开放程度,远远超出人们的想象,儒家"名教"对社会的控制力确实大大减弱。而站在传统"名教"的立场上看,岂不是又一次"礼崩乐坏"时代的到来?

二、魏晋时期的主要政治思潮

(一)玄学温和派的"无为而治"思想

从政治上看,玄学虽然都倾向于消极无为,但就其追求自然无为的程度看,又可以大致分两派。其中一派既承认君主及其所代表的政治秩序有存在的必要,又主张无为而治。这一派的代表人物中,何晏、王弼自不必说,前面提到的以向秀和郭象为代表的"独化"派,虽然在哲学上提出了更为彻底的自然论,但在政治上却殊途同归,同样主张顺其自然,无为而治。另一派则以阮籍、嵇康为代表,在"无为"问题上更为彻底,进一步要"越名教而任自然",甚至走向"无君"。在这一小节,我们先介绍何晏、王弼等比较温和的"无为"思想。

从理论逻辑上看,王弼、何晏的"无为"思想是从"贵无"的哲学立场推演出来的。《晋书·王衍传》记载说:

> 魏正始中,何晏、王弼等祖述老庄,立论以为"天地万物皆以无为

本,无也者,开物成务,无往不存者也;阴阳恃以化生,万物恃以成形,贤者恃以成德,不肖恃以免身。故无之为用,无爵而贵矣"。

前面说过,老子对万物本原的基本看法是"天下万物生于有,有生于无",认为一切具体的事物("有")都是有限的,都是从包含万有的、无限的道体("无")中产生的,所以是"有生于无"。王弼、何晏等沿着老庄的这一命题,进一步提出以"无"为化生万物本体的"贵无"思想。所以他们说:

有之为有,恃无以生;事而为事,由无以成。(张湛《列子注·天瑞》引何晏《道论》)

万物万形,其归一也;何由致一? 由于无也。(王弼《老子注》第四十二章)

从"无"的本体引申出政治上的"无为",有一个过渡性概念,即"自然"。从老庄"道法自然"的思想出发,何晏和王弼认为,世界万物从"无"到"有"是自然之道,是一个自然而然、自然运行的过程,不是因为天道有什么意志。如何晏《无名论》说:

夏侯玄曰:天地以自然运,圣人以自然用。自然者,道也。(张湛《列子·仲尼》注引)

王弼注释《老子》"天地不仁"时也说:

天地任自然,无为无造,万物自相治理,故不仁也。(王弼《老子注》第五章)

万物既是顺应自然而生,也就应该顺应自然而存,故顺应自然也是万物的属性。圣人在处理人类社会活动时,当然也要尊重事物自身的属性或规律,顺应自然,"以自然用"。而顺应自然就是不自作聪明,不刻意作为,就是"无为无造"。也就是:

> 万物以自然为性,故可因而不可为也,可通而不可执也。(王弼《老子注》第二十九章)

他们正是从这种以无为本、崇尚自然的思想出发,在政治上提出了无为而治的主张。与阮籍等人的激进主张不同,他们认为,设立君主,使人类过上一种有君主乃至有法律制度的政治生活,也是天道自然的结果。王弼在注释《老子》二十八章"朴散为器"一章时说:

> 圣人因其分散,故为之立官长……移风易俗,复使归于一也。

又解释《老子》三十二章"始制有名"说:

> 始制,谓朴散始为官长之时也。始制官长,不可不立名分以定尊卑。故始制有名也。

认为圣人、君主为代表的"官长"以及等级尊卑的"名分",对于构建和维持社会政治秩序,"使归于一"都是必要的,是合乎自然之"道"的。王弼在注释《老子》六十二章时更明确指出:

> 立天子,置三公,尊其位,重其人,所以为道也。

郭象也认为,"君臣上下,手足内外,乃天理自然",这种君臣关系就像天在上、地在下一样合乎天道。即所谓:

> 夫时之所贤者为君,才不应世者为臣,若天之自高,地之自卑,首自在上,足自在下。(郭象《庄子注·齐物论》)

但是,尽管君主和政治国家、纲常伦理秩序是必需的,是合乎天理自然的,却不能使君主的权力过分膨胀,治理国家也不必努力有为,而应该顺应自然,"可因而不可为","无为而治"。王弼说:

第五讲 "名教""自然"之争与儒家文化的危机——魏晋南北朝时期的政治思想

> 善治政者,无形,无名,无事,无政可举,闷闷然卒至于大治。(王弼《老子注》第五十八章)

> 以无为为居,以不言为教,以恬淡为味,治之极也。(王弼《老子注》第六十三章)

而要做到无为而治,最重要的就是君主要善于委任臣下,发挥臣下的作用,而不是事必躬亲,政繁扰民。在王弼看来,君臣的名分职位都是"天地设位"的结果,按照"物有其宗,事有其主"的道理,君主就不能"劳一身之聪明以察百姓之情",也不能"多其法网,烦其刑罚,塞其径路,攻其幽宅",否则就会导致"万物失其自然,百姓丧其手足,鸟乱于上,鱼乱于下"。①

郭象对"君无为"讲得更明确。他在《庄子注·在宥》中说:

> 故所贵圣王者,非贵其能治也,贵其无为而任物之自为也。

又说:

> 君任无为而委百官,百官有所司而君不与焉,二者俱以不为而自得,则君道逸,臣道劳。

或者说是"治由乎不治""为之出于无为","因臣以治而君无为",要求君主放任自然,不为繁苛之政。

可见,以何晏、王弼为代表的这一派玄学家,他们的思想中虽然糅合了一些道家的思想,但其政治思想上认为君主所代表的社会政治秩序符合天道自然,因而主张维护君主为核心的纲常秩序,同时强调君臣之间各有分工,君主不能管得太宽太细,这实际上并没有超出儒家思想的范围。正是在这个意义上,何晏、王弼被有的学者认为属于儒家或者魏晋时代的"新儒家",是儒家的"大功臣"。②

---

① 参见王弼《老子注》第四十九章。
② 参见钱穆:《中国学术思想史论丛》(三),台湾联经出版事业公司1998年版,第127—129页。

（二）阮籍、鲍敬言等激进反体制的"无君"论

与上述以道家为本、试图调和儒道关系的何晏、王弼等人不同，嵇康、阮籍等人则主张"越名教而任自然"，实际上是在彻底否定"名教"，否定儒家所崇尚的纲常伦理的前提下谈论"自然"，强调"无为"甚至"无君"，最终走向否定任何现行体制，否定任何国家与政治生活。① 如嵇康一面以"六经为芜秽""仁义为臭腐"，②公开主张"越名教而任自然""非汤武而薄周孔"，③一面又这样描述他心目中"无为而治"的境界：

> 古之王者，承天理物，必崇简易之教，御无为之治。君静于上，臣顺于下。玄化潜通，天人交泰，枯槁之类，浸育灵液，六合之内，沐浴鸿流，荡涤尘垢，群生安逸，自求多福，默然从道。（《嵇康集·声无哀乐论》）

又说：

> 圣人不得已而临天下，以万物为心，在宥群生，由身以道，与天下同于自得。穆然以无事为业，坦尔以天下为公。虽居君位，飨万国，恬若素士接宾客也。虽建龙旗，服华衮，忽若布衣之在身。故君臣相忘于上，蒸民家足于下。岂劝百姓之尊己，割天下以自私，以富贵为崇高，心欲之而不已哉？（《嵇康集·答难养生论》）

可见，嵇康虽然承认有君主，但基本上不承认政治国家有多大存在的必要，因此主张最大限度地推行"简易之教""无为之治"，要让百姓自生、"自得"、"自求多福"，要让君主如同"素士""布衣"，使国家与社会、君主与臣民之间没有什么界限，国家、君主融合于社会。以现代人的眼光看，这几乎就是要求国家"管得越少越好"的"社会中心"观点。

而阮籍则公开从"无为"走向"无君"。在那篇广为流传的《大人先生传》

---

① 本节所引用嵇康的文章，均源自戴明扬校注：《嵇康集校注》，人民文学出版社1962年版。
② 嵇康：《难自然好学论》，见《嵇康集校注》第七卷。
③ 嵇康：《释私论》《与山巨源绝交书》，见《嵇康集校注》第六卷、第二卷。

第五讲 "名教""自然"之争与儒家文化的危机——魏晋南北朝时期的政治思想

中,①他通过对"大人先生"这一"真人""至人"理想生存境界的描述和赞美,以及对"士君子""隐者"和"薪者"三种境界的批评,特别是通过对"士君子"的生存状态的辛辣嘲讽,提出一种追求绝对逍遥、绝对精神自由的理想。正是站在这种绝对精神自由的高度,展开对君主所代表的国家以及各种"礼法"制度的抨击和批判。他这样描述一种"真人"生活的理想社会:

> 昔者天地开辟,万物并生。大者恬其性,细者静其形。阴藏其气,阳发其精;害无所避,利无所争。放之不失,收之不盈;亡不为夭,存不为寿。福无所得,祸无所咎;各从其命,以度相守。明者不以智胜,暗者不以愚败;弱者不以迫畏,强者不以力尽。盖无君而庶物定,无臣而万事理,保身修性,不违其纪。惟兹若然,故能长久。

又说:

> 太初真人……不避物而处,所赌则宁;不以物为累,所遒则成。彷徉足以舒其意,浮腾足以逞其情。故至人无宅,天地为客;至人无主,天地为所;至人无事,天地为故。无是非之别,无善恶之异。故天下被其泽,而万物所以炽也。

生活在这样的社会,人们各适其性,各从其命,无所谓祸福寿夭,无所谓智愚强弱,也无是无非,无限制,无主宰,自由自在,遨游天地。在这样的社会,君主和国家政治生活已纯属多余,"无君而庶物定,无臣而万事理",无君无臣才是人间正道。而现实的政治生活、君主及其所代表的国家、"礼法"制度等不过是人类历史退化堕落的结果。他说:

> 今汝造音以乱声,作色以诡形,外易其貌,内隐其情。怀欲以求多,诈伪以要名;君立而虐兴,臣设而贼生。坐制礼法,束缚下民。欺愚诳拙,藏智自神。强者睽视而凌暴,弱者憔悴而事人。假廉而成

---

① 参见严可均辑:《全三国文》卷四十六,另参见商务印书馆1999年版《全三国文》。

贪,内险而外仁,罪至不悔过,幸遇则自矜。驰此以奏除,故循滞而不振。

认为一切文明社会的"声""色"符号,名利、智愚和仁义道德的价值观,都是束缚、扭曲人性的象征与手段;至于君主、官僚和"礼法"这些国家政治组织和制度,它们的作用就是兴虐为害,压抑人性,束缚人民,败坏道德。更具体地说:

今汝尊贤以相高,竞能以相尚,争势以相君,宠贵以相加,趋天下以趣之,此所以上下相残也。竭天地万物之至,以奉声色无穷之欲,此非所以养百姓也。于是惧民之知其然,故重赏以喜之,严刑以威之。财匮而赏不供,刑尽而罚不行,乃始有亡国、戮君、溃败之祸。此非汝君子之为乎?汝君子之礼法,诚天下残贼、乱危、死亡之术耳!

如此,国家所设立的各种"礼法",要么让人民上下相残,要么是为了搜罗耗尽天下资源,满足少数人"声色无穷之欲",要么用来威逼利诱,实为严刑峻法。总之,这种"礼法"就是"残贼、乱危、死亡之术"。

他还辛辣地嘲讽这些组织和制度给人带来的灾难和屈辱:

独不见群虱之处乎裈中,深缝匿乎坏絮,自以为吉宅也。行不敢离缝际,动不敢出裈裆,自以为得绳墨也。饥则啮人,自以为无穷食也。然炎丘火流,焦邑灭都,群虱死于裈中而不能出。汝君子之处区内,亦何异夫虱之处裈中乎?

生在有君、有"礼法"的时代,人就好比裤裆里的虱子,"行不敢离缝际,动不敢出裈裆",活得多么龌龊卑微,压抑局促,可怜危险。"礼法"及其所代表的国家真可谓万恶之源,天下多少罪恶借其之名以行之!

在那样一个让人悲观绝望的时代,怀疑和否定国家,怀有无君主、无国家的想法的人似乎不在少数。在《桃花源记》中,陶渊明也表达了对一种没有政治和国家的世外桃源生活的向往。

第五讲 "名教""自然"之争与儒家文化的危机——魏晋南北朝时期的政治思想

另外根据葛洪《抱朴子》一书的记录，①当时还有一位叫鲍敬言的人，"好老庄之书"，他提出的"无君"论更是旗帜鲜明，全面系统。其核心观点是认为"古者无君，胜于今世"。

围绕这一观点，他首先对有关君主制的主要理论依据进行彻底反驳。儒者为君主制辩护，经常会说君主是代天理民，是受上天之命来福佑人民的；而他则指出，君主是以强凌弱、以智诈愚的结果，与上天没什么关系。所谓：

> 儒者曰："天生烝民而树之君。"岂其皇天谆谆然，亦将欲之者为辞哉！夫强者凌弱，则弱者服之矣；智者诈愚，则愚者事之矣。服之，故君臣之道起焉；事之，故力寡之民制焉。然则隶属役御，由乎争强弱而校愚智，彼苍天果无事也。

君主的产生既不是"天与"，也不是出于民意。追求自由放任，既是万物众生的本性，更是人类的天性。他说：

> 群生以得意为欢。故剥桂刻漆，非木之愿；拔鹖裂翠，非鸟所欲；促辔衔镳，非马之性；荷轭运重，非牛之乐；诈巧之萌，任力违真，伐生之根，以饰无用，捕飞禽以供华玩，穿本完之鼻，绊天放之脚，盖非万物并生之意。

树木、飞禽、牛马都有求生存的意志，都以"得意为欢"，都追求有利的生存环境，每个人都享有上天、大自然赋予的权利，都要活得自由自在，安全尊严。而君主及其所代表的国家却背道而驰，"君臣既立，而变化遂滋，夫獭多则鱼扰，鹰众则鸟乱，有司设则百姓困，奉上厚则下民贫"；百姓好比鱼和鸟，君主、官员好比獭和鹰，有了君主和官僚机构，就变着花样奴役、鱼肉百姓，这显然是拂逆天道、违反民意的。就算是号称贤明的君主，他们也不过是"盗跖分财，取少为让"，其掠夺压榨的本质不过是五十步与百步的区别。这种从天道、从大自然赋予每个生灵平等的生存权利的观点，在根本上质疑了统

---

① 以下引用鲍敬言的观点言论，全部出自葛洪《抱朴子·外篇》卷四十八《诘鲍》。

治权的思想,已经很接近西方的自然法和天赋人权思想。

不仅儒家的关于君主存在的理由不能成立,在他看来,现实中君主及其国家带来的灾难、祸患更是数不胜数。在他所描述的君主国度里,百姓不光背负着无穷无尽的赋税徭役,终日辛劳以满足少数人的"不已之欲",过着"劳之不休,夺之无已,田芜仓虚,杼柚之空,食不充口,衣不周身"的困苦生活,而且生活在一个盗贼横行、动荡不安的社会,"救祸而祸弥深,峻禁而禁不止"。君主及其国家的存在不仅没有减轻百姓的苦难,反而加剧了他们的困难。

对君主及其国家,鲍敬言还有一个更令人震撼的观点,即:有了君主及其国家,会放大个人的恶,君主及其国家一旦作恶,就远远超过个人为恶,成为无法估量的大恶。他说:

> 使夫桀纣之徒,得燔人,辜谏者,脯诸侯,菹方伯,剖人心,破人胫,穷骄淫之恶,用炮烙之虐。若令斯人并为匹夫,性虽凶奢,安得施之!使彼肆酷恣欲,屠割天下,由于为君,故得纵意也。

像桀纣这样的人,如果不是掌握无限权力的君主,而是平民百姓,其性格再凶残,也不至于如此穷凶极恶,在那么大范围,给那么多人带来祸害。他又说:

> 且夫细民之争,不过小小匹夫校力,亦何所至。无疆土之可贪,无城郭之可利,无金宝之可欲,无权柄之可竞,势不能以合徒众,威不足以驱异人,孰与王赫斯怒,陈师鞠旅,推无仇之民,攻无罪之国,僵尸则动以万计,流血则漂橹丹野。无道之君,无世不有,肆其虐乱,天下无邦,忠良见害于内,黎民暴骨于外,岂徒小小争夺之患邪?

小民百姓之间即使偶有争执,也都是因为一些细小之事,危害大不到哪里去;而由君主引起的冲突,都是领土、城市、权柄、财富等重大利益之争,必然要通过有组织的暴力机关,展开大规模的流血冲突,把本来无冤无仇的百姓和国家拖入互相残杀的战争之中,动辄血流漂橹,成千上万人暴尸荒野。

总之,鲍敬言认为,君主及其国家的存在,犹如打开了人类罪恶的"滔天

第五讲 "名教""自然"之争与儒家文化的危机——魏晋南北朝时期的政治思想

之源",国家简直是一切人痛苦的根源！这和西方无政府主义者关于国家的看法几乎一样。

列数君主及其国家带来的无数罪恶、痛苦、灾难之后，他得出的结论是"古者无君，胜于今世"；并为人们描述了一个没有君主、没有剥削压迫，人人平等、独立的理想世界：

> 曩古之世，无君无臣，穿井而饮，耕田而食，日出而作，日入而息，泛然不系，恢尔自得，不竞不营，无荣无辱……势利不萌，祸乱不作，干戈不用，城池不设，万物玄同，相忘于道，疫疠不流，民获考终，纯白在胸，机心不生，含铺而熙，鼓腹而游，其言不华，其行不饰，安得聚敛以夺民财，安得严刑以为坑阱！

正如近代中国，一些人由于对现实极其悲观，于是接受和产生了各种无政府主义、新村主义思潮，阮籍、鲍敬言等人的"无君"论，首先也有其深刻的现实语境，是对黑暗的政治现实的反映，是对君主专制国家给人民带来的无穷灾难和祸害的揭露与控诉。同时，由于自古存在的君主之国就是古代中国人所见到的唯一国家类型，因此阮籍这些人对于君主所代表的国家的批判和反思还具有一般的、理论抽象层面的国家批判意义。在对人与生俱来的自由、生存意志的认识和捍卫方面，在对不受制约的国家权力可能带来的巨大危害认识方面，他们的观念都接近或达到西方近代资产阶级革命时期的思想水平。须知，在域外各种无政府主义、乌托邦思想尚未传入的前现代中国，在专制国家控制力已经达到"无所逃乎天地之间"的年代，古代中国人能够独立地提出如此根本否定、反思国家的理论，是需要很大的理论勇气和很高的政治思维水平的。当然，在西方政治思想传统中，有人和阮籍、鲍敬言一样，因痛恨国家的"恶"而彻底否定国家，走向无政府主义；也有人虽然看到了国家权力"恶"的一面，看到不受制约的权力可能带来巨大灾难，但还是认为国家与政府是一种"必要的恶"，没有国家的"自然状态"更加不利于人类的生存与自由，因而致力于探讨和建构一种坏处较小的民主宪政国家。后者恰恰又成为西方政治思想传统中的主流。而在中国古代，则没有也不可能从批判、警惕国家权力的理论路径，发展出从制度上控制国家、控制权力的思想，这便是中西政治思想传统之间的重要差异。

（三）葛洪对君主制的辩护

葛洪别号"抱朴子"，原本出身江南士族，早年饱读儒家经典，以儒家入世精神积极投身政治，有志于经世济民，曾在东晋元帝时因军功被授予关内侯，并被王导委任为主簿等职。但因时局的影响，思想上逐渐转入道教。著有《抱朴子》一书，分为内、外篇，内篇主要为道家方术的内容，而外篇的总体思想基调则在于调和儒、道；①但在谈到政治问题时，则明显地倾向儒家的立场，坚决拥护君主为代表的纲常秩序，反对鲍敬言等人的"无君"论。

在《诘鲍》篇中，针对鲍敬言否定君主制的观点，葛洪提出以下几点辩护理由。

第一，认为君主代表一种天然的秩序，人类社会存在等级尊卑、上下之别，存在不同的分层和分工是自然的，所谓"乾坤定位，上下以形，远取诸物，则天尊地卑，以著人伦之体；近取诸身，则元首股肱，以表君臣之序，降杀之轨，有自来矣"。没有这些必要的秩序，才是违反自然的。

第二，君主是社会内生的权威，是在文明演进中自发形成的，是人类为了兴利除弊而进行集体选择的结果，而绝非出自哪个人的阴谋诡计和暴力掠夺。在人类社会发展过程中，那些有功于人类群体、有功于文明进步的人，那些能够"结罟以畋渔，或瞻辰而钻燧，或尝卉以选粒，或构宇以仰蔽，备物致用，去害兴利"的人，自然就会受到"百姓欣戴，奉而尊之，君臣之道于是乎生"，哪有什么"诈愚凌弱之理"？

正是因为有了君主这样杰出的人物，才使得人类告别"巢栖穴窜，毛血是茹，结草斯服"的自然状态，逐步从野蛮落后走向文明。显然，在葛洪看来，君主制恰恰是人类文明进步的产物和标志。

第三，君主也是为了控制冲突、维护基本社会秩序的需要而产生的。鲍敬言等"无君"论者往往美化上古，认为那时人和人之间没有什么冲突争斗，是君主以及国家统治机关的产生，才造成了严重的社会冲突和矛盾，而且愈演愈烈。葛洪则针锋相对地指出，人人都有"衣食之性"，只要有人存在，就会存在"有欲之性""厚己之情"，则"贼杀并兼，起于自然"，争夺冲突就是势所必然的。在这种情况下，如果没有君主，没有秩序，就会出现这样的情况：

---

① 有很多学者认为，葛洪《抱朴子·外篇》的思想以儒家为主，在政治上更是如此。

第五讲 "名教""自然"之争与儒家文化的危机——魏晋南北朝时期的政治思想

人与人争草莱之利,家与家讼巢窟之地,上无治枉之官,下有重类之党,则私斗过于公战,木石锐于干戈,交尸布野,流血绛路,久而无君,噍类(噍音较,指活着的人)尽矣。

葛洪推想的"无君"状态,类似于西方思想家所说的自然状态,也是"一切人反对一切人"的无休止的战争状态:社会一片混乱,相互之间为了"草莱之利""巢窟之地"随时展开冲突厮杀,人类社会简直沦为"交尸布野,流血绛路"的血腥大杀场,最后走向整体崩溃和灭绝。

总之,君主及其代表的纲常秩序是在漫长的历史进化过程中形成的,是人类为了自身的生存和利益而反复进行的集体选择的结果,是出于控制社会冲突、维护人类整体生存的必然选择。因此,他坚决主张"尊君卑臣,强干弱枝"的《春秋》之义",反对动辄政变、废立篡夺的行为,认为"君,天也,父也,君而可废,则天亦可改,父亦可易"。谴责像齐桓公那样"杀兄而立"的行为,认为那是大逆不道的"鸟兽其行"。①

在儒家思想传统中,固然主张尊君,但同时也特别重视"君德",强调有君之德才能有君之"位",君要像君,臣要像臣,孟子甚至说,君若失德无道就不再是君,就是独夫民贼,就可放逐、可诛杀。而在葛洪那里,则只见其对君位(实际是对君主制)的强调,对"君德"的问题则闭口不谈。他甚至认为,不管君主本人优劣与否,也不管他是否是合格的君主,都要竭尽侍奉,"岂有人臣当与其君校智力之多少,计局量之优劣,必须尧舜乃为之役哉",况且人世间"何事非君,何使非民",在任何时候、任何情况下,都不能忘记君,不能摆脱臣民对君主的义务。② 由此,葛洪把君臣之义、君主制推到了绝对的地位。他对君主制之所以抱有如此绝对肯定的思想,一方面是见于"魏晋权臣之跋扈,君势之微弱,故思有以矫之";③另一方面也可能是直接针对"无君"论而发。因为像"无君"论这样的无政府主义思想,其宗旨是要把君主所代表的政体,以及君主所代表的国家连根拔除,根本摧毁,而不会在乎这种制度下君主个人品质的好坏优劣问题,所以葛洪也主要着眼于从君位及其代表的

---

① 《抱朴子·外篇》之《良规》《任能》。
② 《抱朴子·外篇》之《任能》。
③ 萧公权:《中国政治思想史》,第364页。

制度的合理性上为君主制做辩护。

（四）批评郡县制、维护分封制的主张

魏晋时期还有一个值得注意的思想动向,就是继汉末荀悦之后,再度出现了关于郡县制与分封制优劣的讨论,其主旨仍是批评郡县制,从各方面为分封制辩护,代表人物有曹魏时期的曹冏,西晋时期的刘颂、陆机等。不过由于时代条件、政治环境不同,这些看似郡县、分封的"老话题"却具有不同的时代内涵。

曹冏,字元首,曹魏宗室,其生活年代约在汉末建安中至魏元帝末年间（约207年—264年）。他在大将军曹爽执政时期写出《六代论》一文,其直接的起因就是不满于当政者过分防范、抑制宗室子弟,使分封制有名无实,而曹魏政权有大权旁落的危险。早在曹操当政的建安时期,曹氏就曾分封同姓子弟。曹丕称帝开国后,一方面名义上正式实行分封制,另一方面因在争夺皇位的过程中与弟弟曹植等人产生怨隙,因此受封为侯、王的子弟不仅徒有虚名,没有任何实权,甚至处处遭受提防、打击,形同囚犯。曹丕之后,这种做法也大体被继任的君主延续下来。曹魏的这种做法被视为"封建侯王,皆使寄地,空名而无其实……虽有王侯之号,而乃侪为匹夫"。① 以至于陈寿感叹道:"魏氏王公,既徒有国土之名,而无社稷之实,又禁防壅隔,同于囹圄;位号靡定,大小岁易;骨肉之恩乖,《常棣》之义废。为法之弊,一至于此乎!"②另外还有一个值得注意的动向是,正始年间正是司马懿与曹爽共同辅政时期,也是这两大政治集团激烈争夺统治权的关键时期。有鉴于此,曹冏在《六代论》中力劝曹爽等遵循"亲亲"原则,在政治上依靠和重用宗室,实行名副其实的分封制。③

他指出,在对宗室采用"亲亲"原则封建诸侯的同时,对其他人则按照"贤贤"原则加以任用,"博求亲疏而并用之",实现"亲亲"与"贤贤"的结合,这是一种"与人共治""与人共守""与天下共其民"的先圣之法,那些"三代之君"就是采用这种办法而能"保其社稷,历纪长久,本枝百世"。秦始皇废除

---

① 《三国志·武文世王公传》裴松之注引《袁子》。
② 《三国志·武文世王公传》。
③ 曹冏:《六代论》,载严可均校辑:《全上古三代秦汉三国六朝文·卷二十》,另见陈寿《三国志·武文世王公传》裴松之注引《魏氏春秋》。

第五讲 "名教""自然"之争与儒家文化的危机——魏晋南北朝时期的政治思想

分封制而推行郡县制,是"弃礼乐之教,任苛刻之政",是"独治"天下之术,其结局必然是众叛亲离,孤立无援。而汉代渐废分封制,也是如此。所谓:

> 朝无死难之臣,外无同忧之国,君孤立于上,臣弄权于下,本末不能相御,身首不能相使。由是天下鼎沸,奸凶并争,宗庙焚为灰烬,宫室变为榛薮。居九州之地,而身无所安处。悲夫!

他认为,自曹魏兴起以来,并没有汲取历史的经验教训,而是千方百计削弱宗室,正在重蹈亡秦覆辙。所谓:

> 大魏之兴,于今二十有四年矣。观五代之存亡,而不用其长策;睹前车之倾覆,而不改其辙迹。子弟王空虚之地,君有不使之民。宗室窜于闾阎,不闻邦国之政。权均匹夫,势齐凡庶。内无深根不拔之固,外无盘石宗盟之助,非所以安社稷为万世之业也。

可见,曹冏的"封建"论的现实内涵在于,通过阐述分封制的"亲亲"和"共治天下"精神,结合对历史经验教训的总结,呼吁统治者分封宗室子弟,使其掌握军政实权,以抑制司马懿为代表的异姓权臣,挽救曹氏政权的危机。

而刘颂对分封制的讨论,则见于他的一篇奏疏中。① 此时正值西晋开国之初,"惩魏氏孤立之弊",晋武帝下诏大封宗室为王。为了能够从实现国家长治久安的政治高度,帮助统治者深刻认识分封制的重大意义;同时,也为了总结历代分封制实践中的经验教训,提出完善本朝分封制的建议,刘颂向晋武帝司马炎上了一道长篇奏疏。其内容主要是:

第一,从历史的经验教训和西晋初年面临的形势,论述采取分封制度的必要性和重大意义。认为周代因广行分封而国运长久,秦朝实行郡县制,"子弟不分尺土,孤立无辅,二世而亡";西汉前期分封制与郡县制并用,后来摒弃分封制,才使得王莽成功篡汉。特别是到曹魏时期,打击宗室,"圈闭亲戚,幽囚子弟,是以神器速倾,天命移在陛下"。因此,从历史的经验看,分封

---

① 《晋书·刘颂传》。

制与郡县制孰优孰劣是很明显的。刘颂更暗示说,由于司马氏政权和曹魏的(篡夺)特殊关系,其政权基础和统治集团的骨干大都来自"先代"曹魏,所谓"陛下践阼,其所服乘皆先代功臣之胤,非其子孙,则其曾玄",所以司马氏看似开创了一个新王朝,实际上却危机四伏,政权不稳,形同王朝的"叔世",因此,建立分封制,对于巩固西晋政权尤为重要。

第二,从理论上阐述了"封建制"(分封制)"任势不任人"的优势。在谈到分封制的优势时,刘颂提出了一个很有意思的观点,这就是所谓"善为天下者,任势而不任人"。从他对这个问题的具体讨论看,所谓"任人"就是依靠个人的力量和作用;所谓"任势",就是发挥结构性、整体性作用。具体到实行分封制和郡县制来说,分封诸侯就是"任势",就是发挥统治集团的整体性、结构性作用;实行郡县制就是"任人",就是发挥君主或执政者个人的作用,将国家安危寄于君主或某些大臣个人的贤愚,即所谓"任势者,诸侯是也;任人者,郡县是也"。而在"立子以嫡不以长,立嫡以长不以贤"的皇位继承制度下,被选立的君主恰恰是"贤明至少,不肖至众"。如果实行分封制,"立相持之势以御其臣","建基既厚,藩屏强御",则即使"继体"之君可能愚暗年幼,辅佐的大臣可能只是"中智"之人,也可以安然无虑。而在郡县制下,只能寄希望于君主或大臣个人的才能品德,则"欲国之无危,不可得也"。

第三,结合历史经验和西晋的实际政治情况,提出了完善和实施分封制的建议。首先,对于刚刚平定的吴国、蜀国故地,一则地理上偏远险绝,二则人心未安,因此是"易生风尘之地",在封谁为王的问题上应格外慎重,不宜把年幼的皇子封在此地为王,而"宜取同姓诸王年二十以上人才高者,分王吴、蜀"。也就是说,要挑选年富力强、有才干的人,封王于吴、蜀之地。其次,他认为刚刚实行的分封制不合先王的典制,实际上"法同郡县,无成国之制",并不是真正意义上的诸侯国,造成"君贱其爵,臣耻其位","无补镇国卫上之势",实际效果不明显。因此,他主张"率由旧章,一如古典",实行真正意义上的封邦建国。为了使受封的各个王侯真正具备"成国之制",他还具体讨论了封国的大小规模、将来如何随着亲属关系变化而调整,以及封国的官职设置、礼乐、社稷等问题。

陆机(261—303年),字士衡,孙吴丞相陆逊之孙,大司马陆抗第四子。东吴灭亡后北上出仕晋朝,著《五等论》,极力为分封制辩护。关于《五等论》的写作背景,史书只有寥寥数语,说其"以圣王经国,义在封建,因采其远指,

第五讲 "名教""自然"之争与儒家文化的危机——魏晋南北朝时期的政治思想

著《五等论》"云云,但结合陆机一生的志业抱负,还是可以寻出一些端倪。如《晋书》称他"文章冠世,伏膺儒术",而且负其才望,"志匡世难"。唐太宗也亲自写下《晋书·陆机传论》,称赞他为"百代文宗""廊庙蕴才,瑚琏标器",但也认为他"自以智足安时,才堪佐命"而不能审时度势,"奋力危邦,竭心庸主",如"兰植中涂",侧身险境,最后卷入"八王之乱",和弟弟陆云一同被杀,上演了一场"穴碎双龙,巢倾两凤"的人生悲剧。从这些情况看,陆机主张分封,与前面曹冏、刘颂在着眼点上还是有所不同的。后者主要是作为当朝统治集团的一员,为解决眼前的统治危机而提出分封制的对策性建议;前者似乎更多地是基于儒家的淑世情怀,以王者之佐的使命感,把分封制作为一种"圣王经国"的宏规、圣王事业的必要内容而提出来的,而未必尽出于对一家一姓的王朝利益的考量。大概也正是由于这个原因,陆机的《五等论》在内容上并未涉及多少晋朝分封制的具体情况,而是偏重于从一般义理上讨论郡县制与分封制各自的优劣。

和其他"封建"论者一样,在对分封制性质的认识上,陆机也是将其视为圣王之道的体现,认为五等分封代表的是三代圣王的"直道",而秦始皇实行郡县制是"弃道任术""自矜其得"。同时,在比较分封制与郡县制的优劣时,也离不开对历史经验的总结,认为亡秦"颠沛之衅,实由孤立";西汉前期"七国之乱"的原因不在分封制本身,而在于封国"境土逾溢",而后来废除分封制则是"复袭亡秦之轨",这和其他"封建"论的观点基本大同小异。不过,在此之外,陆机的《五等论》却颇有发人所未发的新意。①

首先,他从人性或"人情"的角度讨论制度设计的原理,进而论证分封制的合理性。他说:

> 夫王者知帝业至重,天下至广。广不可以偏制,重不可以独任;任重必于借力,制广终乎因人……于是乎立其封疆之典,裁其亲疏之宜,使万国相维,以成盘石之固;宗庶杂居,而定维城之业。又有以见绥世之长御,识人情之大方,知其为人不如厚己,利物不如图身;安上在于悦下,为己存乎利人……是以分天下以厚乐,则己得与之同忧;飨天下以

---

① 参见《晋书·陆机传》,亦见魏徵等辑《群书治要·卷三十》引孙盛《晋阳秋》,以下引文皆同此出处(下同)。

丰利，而己得与之共害。利博而恩笃，乐远则忧深，故诸侯享食土之实，万国受传世之祚。

他认为，治理天下，设计制度必须考虑"人情之大方"，必须立足于人性、人情的基本状况而"借力""因人"。一种制度、一项政策只有让天下人"有利""有乐"，让更多的人能够获得"丰利""厚乐"，才能得到真心而持久的拥护，使人们愿意与当政者"同忧""共害"，同甘共苦。而分封制正是因为让那些诸侯们得到拥有领土的实利，使他们从中得到"丰利""厚乐"，所以才能使政权持久。从现代人的观点看，只有当制度成为某种意义上的公共物品，即只有当它能够满足更多人的需求，为更多的人带来福利、便利，才会得到更多人的拥护、合作，从而才能成为集体的选择而成长起来。在这个意义上，陆机的观点和现代人有关制度问题的认识是比较接近的。

在陆机看来，这种"有利""有乐"或"利博""乐远"的福利原则，既是设计制度时应遵循的原则，也是评价制度优劣的标准。从这一标准出发，陆机对分封、郡县之制的优劣提出了见解独到的分析。

他指出，尽管"善制不能无弊"，分封制也可能存在弊端，而郡县制在一定条件下也可能成为"兴化之具"；但是说到底，五等封侯制的弊端最多只是带来"小怨"，而郡县制则是丧失"大德"，二者孰优孰劣是很明显的。具体来说：

> 五等之君，为己思政；郡县之长，为吏图物。何以征之？盖企及进取，仕子之常志；修己安人，良士所希及。夫进取之情锐，而安人之誉迟，是故侵百姓以利己者，在位所不惮；损实事以养名者，官长所凤慕也。君无卒岁之图，臣挟一时之志。五等则不然。知国为己土，众皆我民；民安，己受其利；国伤，家婴其病。故前人欲以垂后，后嗣思其堂构，为上无苟且之心，群下知胶固之义。

在他看来，"企及进取"、贪图功名利禄是入仕为官之人的常有心态，而立志修己安人、入仕为民的人很少。郡县制则因为明显的弊端，纵容了这种只图追逐名利的"进取"之心。在郡县制下，官员们为了向上爬，必然一味讨好和迎合上司，只对上负责，为了个人的形象和面子而不顾百姓死活，"侵百姓以

第五讲 "名教""自然"之争与儒家文化的危机——魏晋南北朝时期的政治思想

利己者,在位所不惮;损事实以养名誉者,官长所夙慕"。与此相联系的是,郡县制下的官员也必然产生短期行为,导致"君无卒岁之图,臣挟一时之志",一味追求短期政绩,不顾百姓和国家长远利益。换句话说,郡县制不仅使官员、百姓、国家之间没有必然的共同利益关系,甚至官员的自利"进取"行为都是以侵害百姓、损害国家长远利益为前提的,显然它不是一种能给天下以"丰利""厚乐"的制度。

而五等分封制则使受封者清楚地知道"国为己土,众皆我民;民安,己受其利;国伤,家婴其病",把受封者、百姓和国家三者的利益内在地联结在一起,形成一个紧密的利益共同体,"故前人欲以垂后,后嗣思其堂构,为上无苟且之心,群下知胶固之义"。上下之间、前任和后任之间实现合作与互惠,从而避免郡县制下的短期行为和责任机制扭曲等问题。

应该说,陆机论五等封侯制的优点不免有夸大溢美之嫌。在中央政府与地方政府之间权力究竟如何配置,究竟应该采取什么样的国家结构形式既能维护国家政权的统一,又能发挥地方的积极性,这在现代国家治理中都是一个十分复杂的难题,怎能简单到一个"五等"分封制就能解决?但他对郡县制的批评倒是触及了中央集权体制存在的深刻矛盾及常见的弊端:地方政府"对上不对下"负责,以及政府的短期行为问题。因此,在众多的"封建"论当中,他的观点还是比较有特色的。

(五)在民族关系问题上的"夷夏之辨"

所谓"夷夏之辨",类似的说法又有"华夷之辨""夷夏之防"等,是华夏民族很久以来就形成的观念,其核心是突出华夏文明的先进性、优越性,强调华夏民族("诸夏")与少数民族在文化、种族和地域分布上的界限与区别,并主张以诸夏居天下中心、四夷居周边,以华夏文化去引导、影响其他文化,形成先进主导后进、中心支配边缘的世界秩序。这种"我族"与"他族"、中心与边缘意识的形成,以今天的眼光看来固然有民族歧视的含义,但在一定程度上也反映了民族意识、民族身份的自觉。在孔子删定的《春秋》这部儒家经典中,"尊王攘夷""内诸夏外夷狄"就是儒者公认的"春秋大义"之一。孟子也主张抵制"戎狄"的侵扰,并提出"用夏变夷"的主张。[①] 在历代民族关系演

---

① 《孟子·滕文公上》。

变过程中,一旦中心区域的汉族政权与边缘地区的少数民族政权之间的关系紧张甚至爆发严重冲突时,"夷夏之辨"思想观念自然就会活跃起来。而在魏晋南北朝时期,汉族政权不光面临着"佛教征服中国"的严峻形势,更处在整个欧亚大陆范围内游牧民族对农耕民族发动的一次大冲击中,大量少数民族纷纷向南迁移、侵扰,造成了"五胡乱华"的局面。一些进入中原的少数民族统治者为了证明自己的统治正当性,也对传统的"华夷"观重新进行解释。例如,匈奴族出身的刘渊建立后汉,就是为了表示自己是汉朝的正统继承者,并提出帝王无常、华夷无别的思想,认为"帝王岂有常哉?大禹出于西戎,文王生于东夷,顾惟德所授耳"。① 后来的石勒、慕容廆、苻坚等,无不将中国文化传统中天命无常、惟德是辅、华夷无别的思想,作为自己在中原建立政权的根据。在这种背景下,魏晋南北朝时期的"华夷之辨"也就有了新的内涵和意义。

其一,由于在当时的民族关系格局中,位于中心区域的汉族政权普遍处于被动、劣势地位,也使得这一时期的"华夷之辨"基本上延续了汉代处理与匈奴关系的思路;②集中表现为如何"攘夷",如何抵御夷狄的侵扰和威胁,其主要内容是强调华夷之间文化、生活习惯等方面的差别,并使"华""夷"在生活区域方面保持适当的距离。西晋江统的《徙戎论》就是这一思想的代表。其主要内容为:

一是强调"戎狄"与汉族在语言、生活方式、习俗、种族等方面的差异,认为"非我族类,其心必异,戎狄志态,不与华同"。而且从生活区域上看,这些少数民族本来就是"居绝域之外,山河之表,崎岖川谷阻险之地,与中国壤断土隔,不相侵涉,赋役不及,正朔不加",因此要坚持"《春秋》大义",保持"内诸夏而外夷狄"的基本空间秩序。

二是总结了汉代以来和"夷狄"打交道的经验教训,认为他们"性气贪婪,凶悍不仁,四夷之中,戎狄为甚"。他们"弱则畏服,强则侵叛,虽有贤圣之世,大德之君,咸未能以通化率导,而以恩德柔怀也",根本无法用文明的东西加以教化引导,也无法用恩德加以怀柔,无论多么圣明的君主在这方面

---

① 《晋书·刘元海载记》。
② 班固在《汉书·匈奴传赞》中将汉朝处理匈奴问题的方针总结为:"外而不内,疏而不戚,政教不及其人,正朔不加其国。来则惩而御之,去则备而守之。其慕义而贡献,则接之以礼让,羁縻不绝,使曲在彼,盖圣王制御蛮夷之常道也。"

第五讲 "名教""自然"之争与儒家文化的危机——魏晋南北朝时期的政治思想

都束手无策。

三是建议西晋朝廷对内迁的少数民族"申谕发遣，还其本域"。可以发给他们"道路之粮"，分批次按照不同地域遣返，使其"反其旧土"，做到"戎晋不杂""华夷异处"，使"夷狄"与中央王朝保持空间上的距离，"绝远中国，隔阂山河"，"以惠此中国，以绥四方"，保障汉族国家的外部安全。①

总之，通过总结历史经验教训，江统将其"夷夏之辨"思想进一步明确为，在居住和分布空间上实现"内诸夏外夷狄"，保持"华夷异处"、地域上相对隔离，保持"中国"在空间秩序上的中心地位，而不是在空间上开拓疆土，更谈不上在文化上积极进取，"用夏变夷"，用华夏文化去同化、改造其他文化。

其二，由于佛教风靡中国，使得传统的"夷夏之辨""夷夏大防"中，又有了抵御、排斥来自佛教威胁的内容。由于佛家的教义始终与中国本土的道德伦理和基本价值观念存在冲突，所以自佛教传入中国之日起，难免激起一些反对的声音，其中影响较大的当属南齐时期顾欢的《夷夏论》。顾欢早年研习儒家经典，后来转入道家。在《夷夏论》这篇文章中，顾欢虽然承认佛教在实现教化方面有一定价值，但重点却从儒家的"夷夏之辨"观点出发，强调"华""夷"之间的尊卑、优劣秩序，反对"舍华效夷"，认为"华""夷"双方在种族、地域、文化、风俗习惯等方面存在着不同，治国立教也应不同。他说：

> 端委搢绅，诸华之容；剪发旷衣，群夷之服。擎跽磬折，侯甸之恭；狐蹲狗踞，荒流之肃。棺殡椁葬，中夏之制；火焚水沈，西戎之俗。全形守礼，继善之教；毁貌易性，绝恶之学。

他认为，正如鸟有鸟言，兽有兽语，也好比船和车只能分别用于水路和陆路交通一样，在文化上应因地制宜，不能混淆"夷夏之别"；而佛家本是"夷狄之教"，不适合中国，中国只能用孔、老之教治理。②

在当时佛教盛行的背景下，顾欢的这些观点在思想界造成了很大的影响，引起很多倾心佛法的朝野、僧俗人士的激烈反驳。例如，曾在宋明帝时担任

---

① 江统：《徙戎论》，见《晋书·江统传》。
② 顾欢：《夷夏论》，见《南齐书·顾欢传》。

过散骑常侍的谢镇之就致书顾欢,反驳其《夷夏论》中的观点。其中最值得注意的是,他提出了"华夷同贵"的观点,认为华夏之民是人,夷狄之民当然也是人,反对将"夷狄"视为"鸟兽"的狭隘观点。① 又如,朱昭之也作文反对顾欢的观点,认为圣道"无近无远""不偏不党",不分"夷""夏"。他还结合历史事实反驳所谓"夷虐夏温"的民族优劣论,认为"推检性情,华夷一揆",就人的性情而论,中外是一样的,不光是"夷人",中国古代也有"炮烙之苦""流血之悲"。② 此外,如朱广之也著文痛斥所谓"夏性纯善,戎人根恶"之论,说虽然"夷夏"异俗,但各有善有恶,"善恶参流",不能简单地说"夷"就是"恶","夏"就是"善"。③ 这些观点虽然是在论战中提出来的,但也反映出在处理中外关系以及认识中国文化与外来文化关系方面出现的一种新视野、新思维。

在顾欢的《夷夏论》之后,南齐时还有人写了《三破论》,除了重弹"胡人""不异禽兽"的老调之外,更认为佛教对中国有三大危害,即所谓破国、破家、破身的"三破"之害,并鲜明地指出"今中国有奉佛者,必是羌胡之种"。在当时佛教声势明显占优的情况下,这种激进侮慢之词当然引起一片激烈的反驳讨伐之声。

三、儒家文化传统的延续

(一) 恢复儒家"名教"的努力

尽管儒家在魏晋南北朝时期遭遇最严重的危机,但它毕竟在汉代占据中国思想正统几百年,对于中国人的思想观念和生活方式浸润已深,面对来自玄学、佛教的挑战,不能不激起一定的回应与反弹。而且儒家重视维护以"君-父"为核心的社会政治秩序,玄学则主张"虚无",而佛家无论如何努力"中国化",也难免"出家毁人伦"之讥,所以对于任何想要长治久安的统治者来说,儒家显然在政治上更为"有用"。正如汉儒叔孙通所说,儒家虽难以进取,却可以守成,在中国政治文化的背景下,一个政权如果要想长期维系其

---

① 《弘明集》卷六《谢镇之书与顾道士》。
② 《弘明集》卷七《难顾道士〈夷夏论〉》。
③ 《弘明集》卷七《疑〈夷夏论〉咨顾道士》。

第五讲 "名教""自然"之争与儒家文化的危机——魏晋南北朝时期的政治思想

存在,迟早要以儒家为基本的政治价值和政治智慧来源。所以,尽管这个时期战乱频繁,玄学、佛教风靡天下,但还是不断有人在努力维系并试图振兴儒家"名教"。

比如,人人都知道曹操崇尚申韩之术,但他自己也认为"治定之化,以礼为首;拨乱之政,以刑为先",心目中仍以儒家的治国理念为最终归依。特别是他在建安八年(203年)发布命令说,"丧乱以来,十有五年,后生者不见仁义礼让之风,吾甚伤之",因而要求各地设置教官,讲授文学(经学),以使"先王之道不废,而有以益于天下"。① 可见,只要条件允许,他还是希望恢复名教礼治。

而西晋本身就被视为"儒家豪族"的政权。② 实际上自曹魏正始年间司马氏掌权开始,就以重振名教、推崇儒学为己任,历任君主都重视尊儒祭孔,兴办太学,讲习儒家经典。③ 也正是为了维护名教的原因,司马氏政权杀掉了"不仕不孝"的嵇康。而嵇康的好朋友向秀也迫于压力,放弃了对老庄思想的信仰,改尊周孔。而当时的大臣中间,从理论上极力捍卫儒家思想、反对各种异端思想者也不乏其人。例如,西晋初年,时任散骑常侍的傅玄就上书晋武帝,坚决反对"虚无放诞之论盈于朝野",强调"儒学者,王教之首也",主张"尊儒尚学,贵农贱商",对儒家要"尊其道,贵其业,重其选"。傅玄著有《傅子》一书,以"经纶政体,存重儒教"为宗旨,其核心内容就是强调儒家的仁义、礼乐思想,宣扬重农抑商主张。④ 而晋惠帝时官至尚书左仆射的重臣裴頠,也对当时玄学盛行、时俗放荡、不尊儒术的世风深感忧虑,为此专门奏请修建国学,祭祀孔子,并写了《崇有论》。认为人类社会的存在是个既定事实,不能用"无为""虚无"的态度去应对"既有之众"。只有遵从儒家仁顺、恭俭、忠信之道以及长幼尊卑秩序,才有益于"群生",才是维持人类社会秩序不可或缺的条件。⑤

至于北方各少数民族政权,为了争取汉族士族和儒者的支持,以便在汉文化地区站稳脚跟,也努力表现出对儒家文化的重视。北魏拓跋氏政权更

---

① 《三国志·高柔传》《三国志·魏武帝纪》。
② 参见万绳楠整理:《陈寅恪魏晋南北朝史讲演录》,黄山书社1987年版,第22页。
③ 参见《三国志·魏三少帝纪》《晋书·武帝纪》《晋书·礼志》。
④ 《晋书·傅玄传》。
⑤ 《晋书·裴頠传》。

以"神州之上国"的姿态反客为主,以儒家文化传统的继承人自居。因此,在北朝时期,儒学在政治上仍保持着崇高的正统地位。其中,崔浩就是北方儒家士大夫的典型代表。他出身清河名族,博览经史,在北魏历事太祖、太宗、世祖三君,深受信任,官居要职。他不但在学术文化方面遍注群经(太宗曾向其学经),而且立志整齐人伦,恢复儒家纲常名教,推动统治集团打击佛教,甚至以经义断狱。在日常生活方面他也一丝不苟,完全按照儒家的要求去做。后来他虽然由于秉笔直书拓跋族早期历史,引起贵族不满,遭到杀身之祸,但这对儒家文化在北魏的地位并无太大影响。

还有一个有趣的现象是,魏晋南北朝时期,有一些名士和君王一方面醉心玄学、佛学,另一方面又表现出儒家的一面。例如,王弼、何晏就有很高的儒学修养,他们对《周易》《论语》的注疏,被后人誉为"独冠今古"的儒学名著。何晏在正始八年(247年)给皇帝的奏疏中,就引用舜和周公等圣贤的告诫,要求君主放郑声,远小人,近君子,随时与大臣"讲论经义,为万世法",俨然一副"名教"捍卫者的姿态。[1] 南朝梁武帝虽痴迷佛教而几次出家,但同时他又是一位大经学家,曾撰写经义二百余卷,并在京师"开五馆,建国学",令地方州郡立学教授诸生,并诏皇太子宗室王侯"就学受业"。[2] 这说明,一旦进入政治领域,他们仍然摆脱不了儒家话语的影响。

(二)儒家的"体制化"以及对日常生活的影响

与思想领域内玄学、佛学盛行形成鲜明对比的是,魏晋南北朝时期儒家思想对政治制度的影响和塑造堪称具有划时代的意义。特别是中国的法律制度,就是在这个时期基本实现了"儒家化"过程。例如,根据儒家的礼义以"八议""官当"入律,准五服治罪,以及按照君臣父子纲常伦理设立"十恶"之罪等等,都肇始于此,儒家思想从此在整体上支配了国家的立法。[3]

再如曹魏选拔官员的"九品官人法"(又称九品中正制),实际上是延

---

[1] 《三国志·魏书·魏三少帝纪》。
[2] 《南史·梁武帝纪》《南史·儒林传》。
[3] 参见瞿同祖:《中国法律之儒家化》,载《中国法律与中国社会》,中华书局1981年版,第328—346页。

第五讲 "名教""自然"之争与儒家文化的危机——魏晋南北朝时期的政治思想

续了汉代"乡邑清议"的做法,而清议又"大体以儒家之名教为依据"。① 乡里的清议认定一个人的行为是否符合儒家的孝道礼数,直接影响其仕途穷达。例如,陈寿在为父亲守丧期间患病,因为令婢女进丸药,受到"乡党"的"贬议",因此仕途累年受阻;后来担任治书侍御史时,又因母亲的安葬问题再被"贬议"。② 甚至还有官员因为被清议认为"犯礼违义"而"废弃终身"。③ 史称魏晋时期的礼制也是出自"名儒通学",南朝各政权五礼的创制与损益修订,都是"事系群儒",制礼的依据当然也是来自儒家经典。④

此外,魏晋南北朝后期的颜之推(531—约591年)在谈到读书修身的重要性时,认为"自古明王圣帝犹须勤学,况凡庶乎……士大夫子弟,数岁以上,莫不被教,多者或至《礼》《传》,少者不失《诗》《论》"。⑤ 这里列举的士大夫子弟的必读书目,全部是儒家经典。可见,在士大夫安身立命的过程中,儒家文化仍然扮演着重要的角色。

所以,梁启超在《论中国学术思想变迁之大势》中把这个时期概括为"老学时代",只能理解为这是相对于此前儒家"独尊"的时代而言,在日常生活中,特别是在政治生活领域,儒家思想的影响仍然很大。

总结与讨论

主要政治学问题

回顾本讲,大致可以看出,魏晋南北朝时期的政治思想家们主要提出和讨论了以下问题:

● 有关国家意识形态的重构与构建问题,主要表现为"名教"与"自然"之争。其背景是,儒家作为汉帝国的意识形态,其政治上的功能在当时就面

---

① 萧公权:《中国政治思想史》,第352页。
② 《晋书·陈寿传》。
③ 《廿二史札记》卷八"九品中正"条。
④ 参见《宋书·礼志一》《南史·梁武帝纪》《南齐书·礼志上》。
⑤ 《颜氏家训·勉学篇》。

临各种质疑（如桓谭、王充等），到魏晋南北朝时期更遭遇前所未有的挑战（如政治分裂与"五胡乱华"、佛教传播），是继续以儒家为核心，还是以崇尚"自然""无为"的道家为核心重构国家意识形态，成为当时的政治思想家们普遍关心和思考的问题。

● 有关国家起源、国家职能以及国家必要性等基本政治问题，观点多元。对于何晏、王弼等人来说，法家意义上的"利维坦"式国家自不可取，儒家思想中的"国家"也是太过积极"有为"，最好的是既能维持起码的君臣秩序，又能尽量"无为"的"最弱国家"；对于阮籍、鲍敬言这样的无政府主义者来说，国家简直就是万恶之源，最好的选择当然是回到一个"无君"、无国的社会；而葛洪为了反驳这种否定君主制和国家的观点，则从历史起源方面论证了君主制以及国家的必要性，从而把关于国家与政治权威起源问题的讨论推向了一个新的高度。

● 有关如何进一步调整国家结构形式的问题，主要表现为一些人再度提出"封建"（分封）论的主张。这个时期的"封建"论者当然不主张完全恢复或照搬西周时期的分封制，而是希望在坚持郡县制的总体格局下，部分地实现分封制，但是他们对郡县制弊端的分析，还是触及了郡县制下的中央集权国家结构存在的问题。

● 有关世界秩序的构想或如何处理与其他民族关系的问题，集中表现为这个时期所谓的"华夷之辨"问题。面对游牧民族发动的一浪高过一浪的大冲击，希望通过"华夷异处"，在地域上相对隔离，维持"中国"在空间秩序中的中心地位，而不是开拓疆土；在文化上"用夏变夷"，是这个时期"华夷之辨"的基本内涵。

魏晋南北朝政治思想的历史地位

如何理解魏晋南北朝在我国政治思想发展演变历史上的贡献与地位？

首先，就像秦帝国推崇法家之于汉代"独尊儒术"的影响一样，魏晋南北朝留给人们最深刻的历史记忆是，伴随着玄学、佛教的风靡和儒家思想的衰微，"五胡乱华"，战争不断，社会动荡，民生艰难，这些似乎再次证明，国家的兴旺、华夏文化的复兴离不开儒家。隋唐之际的大儒王通，通过总结历史的经验教训，得出结论说，周孔之道的妙用堪称"神之所为"，简直就是"顺之则

第五讲 "名教""自然"之争与儒家文化的危机——魏晋南北朝时期的政治思想

吉,逆之则凶"。① 从而,在周孔之道看似退却的魏晋南北朝,实际上为唐宋以后儒家思想的复兴预设了语境,也为儒家文化向国家政治体系的全面渗透设置了历史路径。

其次,魏晋南北朝时期对有关国家的基本理论问题的讨论,很有理论深度,也需要莫大的勇气和想象力。在前现代中国的国家理论发展史上,这些讨论无疑占有不可或缺的重要地位。

再次,通过曹冏、刘颂、陆机这些人的系统阐述,让后人能够大致听清"封建"论的声音,知道分封制为什么体现了"圣王之道";特别是陆机,甚至能以近似于现代人的思维方式,试图通过讨论制度的功能、设计原理,论证郡县制下地方政府的"对上不对下"以及短期行为问题,实际上揭示了中央集权体制中存在的深刻矛盾与弊端。这些见解,对于今天的人们认识和研究中央集权体制中的央地关系,仍然具有重要的启示和借鉴意义。

讨论

首先,在魏晋南北朝时期,随着佛教的流行,中国文化第一次遭受外来文化的大冲击,连带着玄学思想的兴起,似乎向我们打开了一扇认识中国传统政治思维方式的窗口。著名政治思想史家萧公权先生在论及这一问题时,一方面承认"大凡社会紊乱,民族衰微之际,士大夫对于传统习俗文化制度每发生重大之疑问",佛教"其本身既具精微之学说,其出世之宗教信仰又有解除乱世人生苦闷惶惑之魔力",且异族文化的传入"每为促成进步之媒介";一方面又非常遗憾痛惜地指出:"所足认为不幸者,中国首次所接触比较高度之异族文化适为佛法,而佛法又为非政治之厌世宗教,接触之结果虽激起哲学与宗教思想之进步,而无裨于社会及政治生活。且佛徒之非政治思想又为老庄家所固有……于政治思想无丝毫之贡献。"②

接着,他更提出一个假设:"倘魏晋时输入者非天竺之佛教而为希腊之哲学或罗马之法律,则此后千余年之中国历史必有绝对不同之发展。他未可知,政治思想与制度必有更积极之内容,更迅速之变迁或进步,则可

---

① 《中说·王道》。
② 萧公权:《中国政治思想史》,第371页。

断言。"①

他认为，中国第一次接触比较高级的异族文化，竟然碰到的是和老庄一样的、对政治思想毫无贡献的"非政治"的佛教，这真是太不幸了！他断言，假如魏晋时期输入的是希腊哲学或者罗马法律，则中国的政治思想与制度一定会有更大的变化与进步。

萧先生的这个大胆假设确实具有开阔的跨文化视野和深邃的现代政治学眼光，他让我们看到，在人类的政治文明发展进程中，有时候机遇也是非常重要的因素。当然，我们也可以沿着他的这一假设出发，进一步思考这样的问题：类似佛教这种"非政治"的思想能够流行于中土，恐怕不能全归于偶然的遭遇，更可能与中国人本身就有的政治思维方式有关。似乎在中国思想传统中本身就存在着一种根深蒂固的对待政治的态度，这就是压根不把政治问题当成单独的问题来看待或处理，而是把它放进社会问题、人生问题的整体中进行"总体性"思考，遇到问题特别是遇到重大社会危机，往往迅速越过政治层面寻求"根本性解决"。儒家是偏于用道德的手段，道教、佛教则采取取消政治的玄学的甚至是艺术的方式去面对政治问题，实际上是化约、遮蔽了政治问题，这就是"非政治"乃至"超政治"的态度或思维方式。后来的历史反复表明，这种"非政治"乃至"超政治"的思维方式在很大程度上制约着国人对政治问题的看法，影响着中国政治思想变迁的走向。

这种"非政治"乃至"超政治"的精神固然表现出中国人对政治的一定想象力，固然可以给人以精神上的某种"解放"或"自由"，但也不可估计过高。魏晋那些士大夫们在生活上崇尚纵情肆志、放浪形骸，精神上"非汤武而薄周孔""越名教而任自然"，追求心灵的"彻底解放"和"自由"，这种"魏晋风度"曾经受到许多人的追慕艳羡。的确，"魏晋人物"中有的真可谓"消摇（逍遥）一世之上，睥睨天地之间"，无论在哲学、艺术还是在对待生活、人生方面，都显示出某种"人的发现"和人的自我意识的"觉醒"。但是说到"自由"，起码得让人想起一种轻松愉悦、洒脱自在的感觉，而魏晋这些人所实践、诠释出的"自由"却不是这样，或至少不全是这样。例如，《晋书·阮籍传》说阮籍"性至孝"，其母亲去世的消息传来时，阮籍正在和人下围棋，仍然"留与决赌，既而饮酒二斗，举声一号，吐血数升，及将葬，食一蒸肫，饮二斗酒，然后

---

① 萧公权：《中国政治思想史》，第371页。

第五讲 "名教""自然"之争与儒家文化的危机——魏晋南北朝时期的政治思想

临诀,直言痛矣,举声一号,因又吐血数升"。从这里我们可以看出,阮籍一方面内心极其悲苦,一方面又刻意压抑,刻意不同"流俗",给人更多的印象是沉重、纠结、刻意,而非今人理解的"自由"。又如谢鲲、阮放等号称"八达"的这些人,有次"散发裸袒,闭室酣饮",作为"八达"之一的光逸最后到来,看门者不开门,"逸便于户外脱衣,露头于狗窦中窥之而大叫"。[1] 而作为"竹林七贤"之一的大名士阮咸,则干脆与猪同饮。[2] 这种裸露身体、纵酒自污、与猪狗"齐同"的行为,固然有几分用"身体反叛"礼法秩序的悲壮,但也向我们提出这样一个问题:自由应能彰显人的尊严和价值,当"自由""放达"突破了社会道德和规则底线,当人真的达到与万物"齐同"时,则何谈人的尊严和价值?更进一步说,在没有基本的政治秩序和制度保障的情况下,离开政治自由、法律自由这些具体的操作层面去追求"绝对自由""彻底解放",似乎也很容易走火入魔,陷入各种极端的、疯狂的浪漫主义与乌托邦思想的"大解放",甚至是精神上的大崩溃、大溃烂。而后来的历史不止一次地表明,一旦这种浪漫主义热情耗尽之后,则往往又走向另一个极端,那就是思想界集体休眠,与现实同流合污,鄙弃精神,抛弃理想,一切"务实",奉行彻底的现实主义和机会主义,于是历史似乎陷入从政治浪漫主义到现实主义的充满悲情的不断循环的怪圈之中。

更为严重的是,如果把这种"非政治"乃至"超政治"的浪漫、虚无态度用于治国理政,则很可能根本瓦解一个国家政治人物的责任伦理。一个人崇尚道家、信奉佛教,作为个人兴趣和修养当然无可厚非,但对于本应承担政治责任、掌握社会文化话语权的政治家或社会精英而言,逃避迫在眉睫的社会政治问题,追求个人生活的宁静、闲适,甚至以言行怪诞、放荡不羁为时尚,则难逃历史公论的"问责"!就以北方士族领袖级人物王衍、王澄兄弟来说,他们的政治表现就难辞"清谈误国"之咎。关于王衍,史书上是这样记述的:

衍既有盛才美貌,明悟若神,常自比子贡。兼声名藉甚,倾动当世。妙善玄言,唯谈《老》《庄》为事。每捉玉柄麈尾,与手同色。义理有所不

---

[1]《晋书·光逸传》。
[2]《晋书·阮咸传》。

安,随即改更,世号"口中雌黄"。朝野翕然,谓之"一世龙门"矣。累居显职,后进之士,莫不景慕放效。选举登朝,皆以为称首。矜高浮诞,遂成风俗焉。(《晋书·王衍传》)

就是这样一位善谈"玄言"、影响一个时代风尚、位极宰辅重任的士族领袖,在被石勒捕获后,竟然"自说少不豫事,欲求自免",把责任推得一干二净,连本来对他还有几分敬重的石勒都被惹恼,说其"名盖四海,身居重任,少壮登朝,至于白首,何得言不豫世事邪?破坏天下,正是君罪",最后"使人夜排墙填杀之"。①

而王澄也在其兄王衍的提携下很早就显名于朝野,与王敦、谢鲲、庾敳、阮修、光逸等名士整天"酣宴纵诞,穷欢极娱"。惠帝末年,王澄出任荆州刺史,史书记载了他赴任时的一个细节:

澄将之镇,送者倾朝。澄见树上鹊巢,便脱衣上树,探而弄之,神气萧然,傍若无人。(《晋书·王澄传》)

在国家多事之秋,王澄作为身负重望的堂堂封疆大吏,却于众目睽睽之下,脱衣上树,逗弄鸟鹊,还自以为是放达、"高致",实在难逃"轻薄"之讥。②

生活在魏晋这样一个波诡云谲的时代,要像陆机那样"志匡世难",固然有千难万险,甚至有死无生;但是当国家和民族面临如此大危机、大灾难之时,身为那个时代士大夫精英群体的领袖人物却沉迷于清谈避世,甚至以怪诞矫情为荣,对整个社会的虚浮、麻木之风不但不予以矫正,反而推波助澜,造成庾信《哀江南赋》所谓"宰衡以干戈为儿戏,缙绅以清谈为庙略"的局面,这无论如何都是一种不负责任的行为。所以,不仅"胡人"出身的石勒不能接受王衍"少不豫事"的辩解,桓温北伐路过淮泗一带,登楼远眺中原,亦慨然而叹:

---

① 《晋书·王衍传》。
② 《晋书·王澄传》"史臣曰"条。另据《王澄传》记载,当时身在送行队伍之中看到这一幕的刘琨就批评了他,说:"卿形虽散朗,而内实动侠,以此处世,难得其死。"王澄后来为王敦所杀,刘琨闻讯感叹说:"澄自取之。"

遂使神州陆沉,百年丘墟,王夷甫(王衍字夷甫)诸人不得不任其责。(《世说新语·轻诋》)

王衍在行将就死之际,也"悔不当初"地说:

呜呼!吾曹虽不如古人,向若不祖尚浮虚,戮力以匡天下,犹可不至今日。(《晋书·王衍传》)

进一步思考的问题

1. 玄学、佛学兴起的原因及其政治影响是什么?
2. 比较玄学内部各派政治观点的异同。
3. 比较曹冏、刘颂、陆机等人"封建"论的异同。
4. 从葛洪的君主论谈谈其关于国家与政治现象起源的思想。

第六讲
政治行动中的儒家
——隋唐五代时期的政治思想

核心内容

- 儒家在帝制"国家建构"中的地位,以儒为本、兼容佛道的策略;儒学的复兴,《贞观政要》与"行动中的儒家"
- 王通:回归周孔;"不以天下易一民之命";无为而治;新正统观
- 中唐以后"尊王攘夷"意识的产生;韩愈"道统"说与尊君思想;柳宗元以"势"为本的国家起源说与对郡县制的辩护;"第二波"反体制思想

　　隋唐五代时期大致起于公元581年隋文帝杨坚建立隋朝,终于公元960年宋朝建立。由于隋朝和五代十国加起来的时间不到百年,所以我们对这个时期政治思想的论述主要集中在唐朝。

　　在唐朝前期,一方面延续了魏晋时期的传统和风气,佛教、道教流行,在上层社会和普通民众中都产生了广泛影响;另一方面,持续几百年的社会动乱,也使人们开始总结在国家意识形态建构方面的教训,重新思考儒家思想的地位问题。因此,这个时期政治思想领域所关注的基本问题是:重新认识、评价儒家在国家政治生活中不可或缺的价值,逐步确立儒家在国家意识形态中的主导地位,并将其运用于政治制度的设计和决策过程之中;同时,注意平衡国家与佛教、道教的关系。从王通的政治学说中,以及从《贞观政要》和唐初统治者的有关政策中,都可以看出这一动向。

　　中唐以后,如何解决藩镇割据、宦官之祸,加强以君权为核心的中央集权体制,如何进一步抵制佛教、道教在民间的传播,以确立儒家主导下的思想秩序,是当时政治生活中面临的主要问题和挑战。韩愈主张"尊君",主张确立儒家"道统",柳宗元为中央集权制度下的郡县制作全面辩护,就是对这些问题的回应。

晚唐时期,历史再度陷入秩序大崩溃、社会大动乱的局面,思想界也随之出现各种悲观绝望、批判和否定君主专制国家的思潮,形成自魏晋以来的"第二波"反体制思想。

一、隋唐政治思想概观

(一) 政治思想演变的脉络与特点

对于唐朝的开国者来说,以儒家的政治理念作为基本的治国指导思想,以儒家的"礼乐"设计作为国家基本政治制度的原型,似乎一开始就是比较清楚的。而不像西汉初期的统治者一样,在取代了信奉法家的秦王朝之后,还需要经过一段"黄老之治"的过渡期,才正式确立儒家在政治意识形态上的正统地位。

儒家主张建立和维系以君主为核心的社会政治秩序,并在其典籍中保存了完整系统的礼乐制度,任何主张君尊臣卑、维系纲常伦理秩序的政权,都可以从中获得政治制度的基本设计原理、知识和技巧。而这种君主专制制度最重要的"知识""技术"手段,是秦汉以后其他思想流派如道家、佛教或玄学所不具备的。所以在西汉初期,虽然整体的治国理念以黄老之学为基础,但是国家的基本礼乐制度却出自儒士叔孙通的设计;而在魏晋南北朝时期,一方面玄学、佛学风行天下,另一方面却是礼乐制度、政治法律制度高度"儒家化"。而儒家取代法家在汉代获得"独尊"地位,主要还是由于它的一些基本观念符合人们共同的、持久的心理需求。[①] 儒家的"仁政""立君为民""明德慎刑"思想,实际上集中表达了传统中国社会人们对政治的集体愿望和期待,任何一个政权要想在民众中构建起最低限度的精神联系,形成国家赖以存在的"精神共同体",并赢得起码的统治合法性,至少在表面上要成为

---

① 参见本书第四讲第一节第四部分"'独尊'儒家的过程与背景"。

这些观念的倡导者或"表演者"。

对于儒家在传统国家建构中的这种不可或缺的作用,隋唐时期的人们通过总结前人经验教训,似乎看得更加清楚了。如隋朝人王通就注意到,秦汉以后凡是王朝兴盛时都是尊崇儒家的时期,凡是王朝衰亡、社会动乱时都是儒学面临危机的时期,因此得出结论说:

不以三代之法统天下,终危邦也。(《中说·关朗》)

卓哉周孔之道!其神之所为乎?顺之则吉,逆之则凶。(《中说·王道》)

在魏徵主持修撰的《隋书·儒林传》中,也有这样一段关于儒家的议论:

儒之为教大矣,其利物博矣!笃父子,正君臣,尚忠节,重仁义,贵廉让,贱贪鄙,开政化之本源,凿生民之耳目,百王损益,一以贯之。虽世或污隆,而斯文不坠,经邦致治,非一时也。涉其流者,无禄而富,怀其道者,无位而尊。

认为儒家思想的社会政治功能至大至广,是政治和教化的本源,具有普遍永恒的价值,不仅以君主为核心政治秩序、以家庭为核心的社会秩序靠它维系,社会的道德伦理靠它弘扬,个人也可"怀其道"而彰显人的高贵与尊严,对儒家的肯定简直达到无以复加的地步。

而唐太宗李世民也是基于儒家"民本"思想,提出"为君之道,必须先存百姓",①并在《帝范》一书中告诫子孙说:

功成设乐,治定制礼,礼乐之兴,以儒为本。(《帝范·崇文》)

也就是说,"打天下"成功之后,应该以儒家思想为基础确立治国理念和治国方略,设计"礼乐"等国家基本政治制度。

与此相联系的是,唐朝在整个文化意识形态策略上采取儒、释、道三教

---

① 《贞观政要·君道》。

并立,甚至把道教奉为国教,把被道教奉为教主的老子(李耳)尊为皇室的祖先,但在政治上则始终是以儒家为主。

唐朝统治者之所以允许道教、佛教的发展,甚至把道教奉为国教,从唐太宗在贞观十一年(637年)二月所下的《道士女冠在僧尼之上诏》中就不难看出端倪。他说:

> 老君垂范,义在于清虚;释迦遗文,理存于因果。详其教也,汲引之迹殊途;永其宗也,弘益之风齐致。然则大道之行,肇于遂古,源出无名之始,事高有外之形,迈两仪而运行,包万物而亭育,故能兴邦致治,返朴还淳。至如佛法之兴,基于西域,爰自东汉,方被中华,神变之理多方,报应之缘匪一。洎乎近世,崇信滋深,人冀当年之福,家惧来生之祸。由是滞俗者闻玄宗而大笑;好异者望真谛而争归;始波涌于闾里,终风靡于朝廷,遂使殊方之典,郁为众妙之先;诸华之教,翻居一乘之后。流遁忘反,于兹累代。朕夙夜寅畏,缅惟至道,思革前弊,纳诸轨物。况朕之本系,起自柱下。鼎祚克昌,既凭上德之庆;天下大定,亦赖无为之功。宜有改张,阐兹玄化。自今已后,斋供行立、至于称谓,道士女冠,可在僧尼之前。庶敦本之俗,畅于九有;尊祖之风,贻诸万叶。(《唐大诏令集》卷一百十三)

可见,允许道教、佛教的发展,首先是因为它们在中国已经流行了几百年,拥有广大的信徒,"崇信滋深","始波涌于闾里,终风靡于朝廷",统治者即使是出于策略的考虑,也不可能贸然加以禁止。其次是因为佛、道可以满足人们的某些心理需求,如希望了解生死"因果"以及"冀当年之福""惧来生之祸"的心理需求。再次就是在统治者看来,佛、道虽然具体的义理不同,但是都有"兴邦致泰"之功用。正如唐高祖李渊在武德七年(624年)所下诏书中所说,"三教虽并,善归一揆",佛家扬善抑恶、善恶报应的思想,道教教主老子的清静无为思想,都和儒家重视弘扬人的"善"性以及强调"仁民爱物"的思想是一致的,可以在儒家的基础上吸收、融合这些观念。

除此之外,唐代将道教奉为国教的最主要和最直接的原因,还是因为在李渊父子起兵夺取天下时,得到了一些著名的道士如歧晖(后改名岐平定)、王远知等人的支持。他们假托"老君"旨意,鼓吹李渊父子是老子后人、"神仙苗裔",当得天命而成为"真命天子",给了李渊父子很大的精神鼓励和心理暗示。① 后来,李世民在夺取皇位的政治斗争中,也曾得到一些道士的帮助和鼓励。② 正是由于在开国过程中得到了道教这种神秘力量的帮助,使得唐朝统治者们特别相信和崇拜道教。同时,把李唐王朝统治者附会成太上老君李聃之后,"神仙苗裔",这对于既重视家族门第又相信皇帝是"真命天子"的古代人来说,无疑具有很大的迷惑作用与精神控制力,可以借此提高李姓皇室的声威,对抗世家大族,增强其政治统治的正当性。

不过,尽管唐代统治者对儒、道、佛三教的发展传播采取包容政策,甚至奉道教为国教,但在政治生活领域内,总体上还是儒家思想的实践者与传承者。例如,唐太宗不仅在《帝范》这本写给后世帝王的教科书中,要求"以儒为本"来设计基本的礼乐制度,而且在贞观初年就公开表示,自己唯一喜好的是"尧、舜、周、孔之道",并要求后世认真吸取南朝君主崇奉佛、道而误国的深刻教训。他说:

> 梁武帝君臣惟谈苦空,侯景之乱,百官不能乘马。元帝为周师所围,犹讲老子,百官戎服以听。此深足为戒。朕所好者,唯尧、舜、周、孔之道,以为如鸟有翼,如鱼有水,失之则死,不可暂无耳。(《资治通鉴》卷一百九十二《唐纪八》)

时隔多年之后,唐太宗还特别强调"朕于佛教,非意所遵"。③

所以,我们可以这样概括唐代前期政治思想演变的基本动态:沿着既有的历史路径和条件,在治国思想、政治制度构建和国家政策方面基本"以

---

① 例如,隋末著名茅山派道士王远知,在李渊起兵之前,就自称奉老君旨意,向李渊"密传符命",鼓动其起兵夺取天下(《旧唐书·隐逸传》);李渊起兵时,道士歧晖说李渊是"真君",还拿出粮食物品支援,并改名为歧平定,以示李渊平定天下(宋人谢守灏编《混元圣纪·卷八》);武德三年(620年)樵夫吉善行称,在羊角山(今山西浮山)见到一骑白马老者,自称当今皇帝的祖先,要他转告"唐天子""子孙从此享国千岁"。于是李渊授吉善行为朝散大夫,并奉李聃为祖先(《唐会要》卷五十《尊崇道教》)。
② 武德初年(618年),道士薛颐密谓秦王李世民:"德星守秦分,王当有天下,愿王自爱。"(《旧唐书·方伎传》)李世民平定王世充后,与房玄龄私访王远知,王远知称李世民为"圣人",将做"太平天子",嘱其自惜,李世民后来自称"早获问道,眷言风范,无忘寤寐"(《旧唐书·隐逸传》)。
③《资治通鉴》卷一百九十八《唐纪十六》。

儒为本",政治思想领域内所关注的重点在于使儒家思想与本朝的具体情况结合,加以创造性地运用,落实于政治过程之中,而非提出和构建什么系统的大理论。

而随着"贞观之治"和"开元之治"的到来,大唐帝国在政治、经济和社会各方面达到了空前繁荣和强盛,更强化了这一思想态势。正如当时人沈既济所说:

> 开元、天宝之中,上承高祖、太宗之遗烈,下继四圣治平之化,贤人在朝,良将在边,家给户足,人无苦窳,四夷来同,海内晏然。虽有宏猷上略无所措,奇谋雄武无所奋,百余年间,生育长养,不知金鼓之声,爟燧之光,以至于老。故太平君子唯门调户选,征文射策,以取禄位。(《通典》卷十五《选举三》)

就政治思想的一般发生规律而言,一些思想史上的伟大观念,一些重大的思想成果,往往是人类的苦难生活所孕育出的精神之花;或者说,系统的思想体系建构和文化传统的较大突破,多发生在一个民族遭遇严重危机、出现重大精神焦虑的时期。而唐代却是两汉以后最强盛的时期,治国的理念已基本明确,立国的宏规已基本奠定,儒家思想已高度体制化:谈政治的最高原则当然是立君为民,心存百姓;谈君臣关系当然是君尊臣卑,君礼臣忠,明良相遇;谈用人则是尚贤使能,亲君子,远小人;谈经济则是保护小农,抑制末业,打击豪强;谈军事则是兵者"凶器"也,不轻易对外用兵;谈对外关系则是"外夷狄内诸夏",对"夷狄"非剿即抚;谈中央与地方关系则是强干弱枝,如臂使指;谈国力则无非是足兵足食,百姓足孰与不足;谈制度建设必然是以礼为本、明德慎刑之类;如此而已,岂有他哉?何况,这些治国的理念已在文治武功方面取得了非常显著的成效,自然是"虽有宏猷上略无所措",缺乏产生重大精神焦虑的社会土壤与氛围,也就难以产生大的理论创造和系统化的政治学说。

当然这并不等于说,在唐代人的政治思想世界里,就没有兴起一些微澜。像隋朝的王通,就通过总结魏晋南北朝的经验教训,并吸收融合各家学说中的有益成分,对儒家思想的政治功能进行了重新认识,对儒家的治国理念进行了新的诠释,实际上为大唐帝国的建立作了理论准备。而到了中唐以后,各种社会矛盾、社会危机不断加剧,在政治思想领域内也有所反映。如:韩愈希望通过重建儒家"道统"地位来解决当时社会的总体性危机;柳宗元则尖锐地分析了当时的各种社会问题,特别是出于对唐帝国濒临分裂、局势动荡的担忧,提出反对分封制、捍卫中央集权的郡县制的主张。

总之,从政治思想史上看,唐代可谓理性务实,致力于把儒家思想进行创造性实践的时代,而不是一个追求宏大理论建构的时代。

(二) 儒学的复兴

隋唐时期儒学实现复兴,儒家思想的传播与政治社会化,主要是通过学校教育与科举制度这两大体制性渠道得以实现。

1. 儒学教育的发展

隋朝统一后,即开始着手建立学校,恢复儒学教育机构与体系。唐代的官学则进一步完善与发展,当时京城专修儒业的学校(京学)有国子学、太学、四门学等,同属国子监管理。贞观二年(628年)三类官学共有生员3 200人,后来在京师的警卫部队(如"七营飞骑")也设立生员,派博士讲学,加上各地留学生,最多时生员多达8 000余人。其学习的课目主要是:《周礼》《仪礼》《礼记》《毛诗》《春秋左氏传》《易经》《尚书》《公羊传》《谷梁传》《论语》《孝经》等。通一经者即可授予官职。此外,还设立门下省弘文馆、太子崇文馆学。天宝时期又设立广文馆学。地方上各都督府、州、县也都设立学校,各有固定的员额,大体也都是教授研修儒家经典。

官学之外,民间开馆讲学的私塾也比较发达。在传统社会中,基层乡村社会对于传承文化起着不可替代的作用,特别是在王朝政治秩序瓦解的时候,乡村更成为文化重建的基地和重心,这种情况在汉代已经很明显。中唐以后,随着国家的衰弱,官学不断衰落,私学的作用更加明显。我们通过柳宗元《与太学诸生书》就可得知,他早年看到京师太学学风堕败,"遂退托乡间家塾,考厉志业"。加上唐末军阀割据,武人专政,士大夫纷纷退居乡间,以教授子弟为业,文化薪火赖以相传。

2. 科举制度的兴起

一般来说,隋代已经出现了科举制度的萌芽,到唐代则正式形成。科举考试制度是与学校教育内容紧密结合的,主要也是依据考生对儒家经典的掌握,择优录取。考试的主要内容是以儒家的经义(对经典的理解)为基础,另有杂文(诗赋,明代以后为八股文)、策论(对策性论文、诏书、文告等公文写作)。通过科举制度,儒学的传播就有了最强有力的制度化保证。尤其是,科举制度实现了当时条件下政权对社会成员最大限度的开放,只要是"良民"就人人皆可怀牒自进,以官学或私塾学生的身份自由报名应考,学习儒家经典成绩优秀者就可以致身通显。借助科举制度,以儒家为代表的精英文化被广泛地灌输到民间的日常生活之中。

由于师承、学派的不同,往往造成对儒家经典的理解不同,这为按照统一的标准评判考生优劣带来了困难。特别是儒家在魏晋南北朝时期又有南、北二派的区别,即《隋书·儒林传序》所谓"大抵南人约简,得其英华;北学深芜,穷其枝叶",以至于隋文帝从国子学考试选拔官员的时候,四五百考生分成南、北学派,因对经典的解释不同,担任考官的博士们也就无法判定他们学习成绩的高低。为了统一对儒家经典的理解,以便在考试时具有统一的评价标准,唐太宗在贞观初年下令颜师古、孔颖达撰定《五经正义》,对儒家基本经典统一作出官方解释。这种做法带来两个主要后果:一方面,儒家的话语直接以官话出现,借助体制的力量进一步传播;另一方面,经典的定型及其解释的规范化也大大压缩了自由思索的空间,限制了思想的自由发展。

3. 从《贞观政要》看"行动中的儒家"

《贞观政要》编撰者吴兢(670—749年),主要活动于唐武则天至玄宗时期,长期在史馆担任史官。该书以君道、政体、任贤、纳谏、君臣鉴戒等为篇目,记录了太宗时期君臣有关政事的议论、奏疏以及重大施政活动,从中可以直接看到儒家思想对实际政治过程的影响。大致上,该书所反映出的基本内容或政治观念有以下几点:爱民保民,以百姓为心;行仁积德;维系纲常礼乐,褒奖忠孝;清心节欲,省事安民;戒奢侈,尚俭约,薄赋敛;戒游幸畋猎,禁献奇巧;尊儒学,僻邪说,行王道;崇古师古,法先圣;敬天畏民,守谦恭;遇天灾而自省,不夸祥瑞;纳谏兼听,戒君主独断;任贤良,远小人;重农抑末;公道平恕,不以私情坏法;慎刑明德,法尚简约;等等。可谓"多属粹然儒家之言"。①

总之,虽然在唐代佛教和道教地位的提升影响着儒家的独尊地位,但是

---

① 钱穆:《朱子学提纲》,第6页。

儒家始终是官方最为倚重的意识形态，其理念和原则始终推动着国家机器的运转。

二、王通与隋唐政治思想的转型

王通，字仲淹，绛州龙门（今山西万荣）人。一般认为其生于隋文帝开皇四年（584年，或说生于580年），卒于隋炀帝大业十三年（617年）。王通死后，门人私谥其为文中子。关于他的生平事迹，《隋书》里没有记载，他之所以能够在历史的"记忆"中被激活，一是得力于其后人，如诗人王绩（其弟）、王勃（其孙）等。在新旧《唐书》王绩和王勃的传记中，对王通的事迹附带提及，称其为隋末大儒。二是到了中晚唐时期，可能由于当时的大唐帝国已经显露出衰败的迹象，王通的思想价值开始为越来越多的人重视，像刘禹锡、李翱这些人都曾写过介绍和颂扬他的文字，王通的历史形象得以逐渐丰满起来。[①] 参考各种文献，人们大致可以知道，王通出生在官宦世家，家学渊源深厚，从小就受到良好的儒学教育。据说他还曾见过隋文帝，奏上《太平十二策》，但没有受到重视。他一度做过地方小官，不久就辞官归去，以著书讲学为业，遂成一代大儒。

根据记载，王通身处魏晋南北朝几百年大乱之后，立志"续命河汾"，以"继周公""绍宣尼"、传承和振兴儒家为使命，自号"宗周介子"。其行为方式处处以孔子为榜样，如孔子作《春秋》，以微言大义贬斥乱臣贼子，王通也写了从战国到南北朝的编年史《元经》，按照儒家之道对历史和人物进行褒贬。甚至讲学著述的文风语气也模仿孔子，比如《论语·先进》有一段孔子让弟子们"各言其志"的记载，而《中说·天地》也有王通让弟子魏徵、杜淹、董常等"各言志乎"的内容。王通的著述大多散亡，弟子根据其谈话，仿照《论语》编为《中说》，为研究王通思想的基本资料。后人关于王通事迹的记述可能会有夸大之词，《中说》一书也可能掺杂了门人的一些观点，但他的思想和行动在那个时代还是具有很大代表性的。至少，通过王通的思想及其"续命河汾"的志业，可以传递出思想史上这样一个重要的信息：历经汉代以来反反

[①] 关于王通生平事迹以及存在的各种争议，参见李小成：《文中子考论》，上海古籍出版社2008年版。

第六讲 政治行动中的儒家——隋唐五代时期的政治思想

复复的历史检验,特别是魏晋南北朝时期惨痛的历史教训,关于儒家思想在中国社会政治生活中不可或缺的地位,正在一些人的思想中重新得到确认;儒家的"王道"政治思想经过王通这些人的努力,不仅得到传承,而且被赋予了新的时代内涵。

(一)回归"周孔之道"与"三代之法"

在治国的指导思想上,王通明确主张以"三代之法""周孔之道"作为治国的根本大法,同时又要"通其变",坚持以儒家为本,吸收利用其他思想流派的合理成分。他指出,儒家的"仁"是"五常之始",儒家的"礼"是通往理想政治的"皇极之门"。[①] 对他而言,这样强调儒家之道的重要性绝非一个卫道士的泛泛而谈,而是建立在对历史上无数经验教训的深刻认识上。他看到,秦汉以后凡是兴盛时期都是尊崇儒家的,凡是王朝衰亡、社会动乱时期,都是儒学面临危机的时期,所以他不禁感叹说,儒家之道的功能和作用简直犹如神力一样伟大无比,不可抗拒,所谓"卓哉周孔之道!其神之所为乎?顺之则吉,逆之则凶"。[②] 又说:

> 大哉乎!君君臣臣,父父子子,兄兄弟弟,夫夫妇妇,夫子之力也。其与太极合德,神道并行乎!(《中说·王道》)
>
> 不以三代之法统天下,终危邦也。(《中说·关朗》)

可见,通过总结历史的经验教训,儒家之道在王通那里已经具有了"神道"的地位与力量,信奉它,国家就吉祥安定,背叛它,国家就危险动乱。因此,王通旗帜鲜明地主张,要以复兴儒家之道、回归"三代之法"为使命,并以"宗周介子"自居,效法孔子,讲学议政,成为开宗立派、重建文化轴心的宗师。

当然,在治国的根本指导思想上回归儒家之道、"三代之法",并不等于泥古不化、封闭偏执,而是在坚持儒家基本原则的基础上"通其变"。他说:

---

① 参见《中说·述史》《中说·礼乐》。
② 《中说·王道》。

> 通其变，天下无弊法；执其方，天下无善教。故曰：存乎其人。
> （《中说·周公》）

认为善于根据事物发展变化的情况而运用法则，天底下就没有不好的法则；如果偏执一端，照搬教条，则没有哪一种思想是好的。基于这一主张，他虽然认为像佛教这样的"西方之教"不适合中国，所谓佛为"西方之教也，中国则泥，轩车不可以适越，冠冕不可以之胡"，但也不主张对于儒家以外的思想流派简单加以禁止废黜，觉得这无异于"推波助澜、纵风止燎"，[1]而是主张"三教可一"，努力寻找佛、道和儒家之间的共同点，努力发现佛、道文化中可以利用的成分。那么，王通究竟在什么意义上主张"三教可一"呢？《中说·问易》记录的一段王通和门人的对话，很能说明问题。

> 子读《洪范谠议》，曰："三教于是乎可一矣。"程元、魏徵进曰："何谓也？"子曰："使民不倦。"

在《中说》的记述中，王通不止一次提到，祖父所著《皇极谠议》一书，是他本人在撰写《元经》时的主要参考书。[2] 因此，这里的《洪范谠议》应该就是其祖父《皇极谠议》的别称。此书的具体内容已不可考，但是我们却知道，《尚书·洪范》是讲述圣王治国大法的，其核心内容是强调，应该按照公平、正直的"皇极"法则，去"作民父母"、保民惠民，实质上是中国思想传统中"民本"思想的体现。因此，王通认为可以从《洪范》保民、惠民的原则出发，寻找儒、道、佛三教的共同点。换句话说，只要运用得当，佛教、道教等也可以和儒家一样发挥"使民不倦"的作用，让人民休养生息，和平安定地生活。不难看出，王通的"三教可一"当然不是将儒、道、佛三家搅成一团，而是要在坚持儒家基本原则的基础上，吸收和利用其他思想流派中的有益成分。不过相对而言，儒家思想发展到王通这里，确实已经具有了相当大的开放性和包容性。

---

[1] 《中说·魏相》。
[2] 《中说·王道》。

(二)"不以天下易一民之命"的贵民思想

从理论上说,王通作为一个有志于周孔之道的大儒,自会坚持儒家的基本观念如"仁""仁政"和"王道"的观念,以及由此引申出的"民本"思想;不过对他来说,之所以强调治国以民为本,把保护人民的生命、维持正常的社会秩序摆在政治的第一位,恐怕更是来自残酷的政治现实的刺激。王通所处的隋代,离分裂动荡、水深火热的魏晋南北朝本就相去不远,而隋炀帝在国家刚刚统一不久就好大喜功,穷兵黩武,无止境地劳役赋税,无休止地折腾,视人命如草芥。有了这样的强烈现实感受,王通当然更能理解儒家"民本"思想的意义,更会重视"民"在政治中的地位。他在回答李密关于王霸之略的问题时,提出了一个可谓震撼千古的观点:

不以天下易一民之命。(《中说·天地》)

意思是,统治者不能因为天下、政权利益的理由而牺牲小民的生命或生存价值,在个人与国家、个人与君主的关系中,个人的利益重于、高于国家或君主的利益。这已经近似于西方以个人为本位的人权思想或自然权利观念。

基于这一原则,王通把是否利民、保民作为政治上判断是非的根本依据,作为评价一个君主是否合格的最高标准。《中说》有这样两段值得注意的对话:

房玄龄曰:书云霍光废帝举帝,何谓也?子曰:何必霍光。古之大臣废昏举明,所以康天下也。(《中说·事君》)

董常曰:《元经》之帝元魏,何也?子曰:乱离斯瘼,吾谁适归?天地有奉,生民有庇,即吾君也。(《中说·述史》)

可见,只要是为了天下万民的利益,大臣可以废除、放逐那些不合格的昏君而不为大逆不道;只要能够保护人民的生命和利益,甚至可以突破传统的"夷夏之辨",承认像北魏这样的异民族政权的统治,将其视为正统。总之,一切以民众的利益为归依,一切以百姓幸福为转移。

(三)"无为而治"的时代内涵

具体到国家与政府的职能问题上,即国家、君主应该管多少、管什么的问题,王通推崇"无为而治"的治国理念,主张统治者应该以清静无为、道德教化为本,反对国家对社会进行过多的干预与暴力强制。

王通在《中说》中多次提到"无为而治"的问题,甚至有些时候使用了老庄式的语汇,把"无为而治"视为一种最理想的社会。比如,他这样描述心目中的"圣王"之治:

> 古者圣王在上,田里相距,鸡犬相闻,人至老死不相往来,盖自足也。是以至治之代,五典潜,五礼措,五服不章。人知饮食,不知盖藏;人知群居,不知爱敬。上如标枝,下如野鹿。何哉?盖上无为,下自足故也。(《中说·立命》)

认为圣王治理下的社会,没有典章礼仪的约束,没有刻意的"爱""敬"之类的教化,人民如自然界的飞禽走兽一样自由自在地生活。这和老子的小国寡民、庄子的"天放"境界几乎没有什么区别。但是综合起来看,王通的无为思想还是儒家式的,是利用一些道家的词汇来表达儒家的"民本"思想,即以"儒为体而道为用"。[①] 具体来说,王通的"无为"思想主要有以下几个方面的含义。

第一,"无为而治"是最高的政治境界。所谓"强国战兵,霸国战智,王国战义,帝国战德,皇国战无为",[②]统治者无为而民自化,是只有最高层次的"皇国"才能做到的。

第二,"无为"不是否定政治上的一切作为,否定一切制度、礼乐、刑罚,而是强调治国应该以道德教化为本,以提供保护、恩惠为重心,最大限度地减少政治中的暴力恐怖、强制命令和残暴血腥的成分。他说:

> 古之为政者,先德而后刑,故其人悦以恕;今之为政者,任刑而弃

---

① 萧公权:《中国政治思想史》,第 374 页。
② 《中说·问易》。

第六讲 政治行动中的儒家——隋唐五代时期的政治思想

德,故其人怨以诈。(《中说·事君》)

综观王通的思想,始终都是站在儒家"民本""仁政"的立场上展开,其"无为"思想的要义也在于:国家和政治生活的基本功能应是为人民提供保护、安全和福利,让人民活得更有尊严,更"像人",而不是让人民恐惧,不是用严刑峻法把人民管理成奴隶、战俘和犬羊。①

那么在现实政治生活中,如何贯彻和实践这种儒家式的"无为而治"思想呢?他的答案是:

> 政猛宁若恩,法速宁若缓,狱繁宁若简。(《中说·关朗》)

王通想要告诉人们,一个统治者掌握着强大的国家暴力机器,一举一动都关系到小民百姓的生死,所以一定要谨慎执政,心怀仁慈悲悯之心;为政、执法的重心在于施恩、和缓、宽简,而不要施政太严、执法太急、法网太密。

在他看来,两汉的政治虽然不能说达到了圣王之治的理想境界,但还是较好地体现了这种"无为而治"的精神。他说:

> 二帝三王,吾不得而见也,舍两汉将安之乎?大哉七制之主!其以仁义公恕统天下乎?其役简,其刑轻,君子乐其道,小人怀其生。四百年间,天下无二志,其有以结人心乎?(《中说·天地》)

圣王之治毕竟只是远大理想,而两汉以"仁、义、公、恕"治天下,轻徭薄赋,政令清简,人民得以休养生息,为践行"无为而治"思想提供了现实榜样。

第三,"无为"强调的是君主不要自作聪明、妄自尊大,而要"清心""虚心",善于听取各方面的意见。如他所说:

> 大哉乎,并天下之谋,兼天下之智而理得矣。我何为哉?恭己南面而已。(《中说·问易》)

---

① 儒家所谓"仁者,人也",就是把人当成人对待,使人活得"像人"。

集中天下人的智慧、谋略,就能做到"以天下之身受天下之训,得天下之道成天下之务",①这也就是"无为无不为"的境界了。

第四,王通在那个时代重提"无为"思想,一定有其现实的针对性和内涵。这种"无为",是对秦汉以后专制帝王们劳民伤财、涂炭生灵的各种"有为"之举的不满和抗议。特别是像隋炀帝这样的"今之为政者",当政后"任刑而弃德",骄横自负,好大喜功,不停地发动战争,大兴土木,给百姓带来了巨大的痛苦和灾难。王通就是要通过提倡"无为"的政治哲学,反对帝王们种种任性胡来的"有为",希望给毫无约束的皇权筑起一道"无为而治"的思想防线。后来的儒家士大夫反复提及"无为"的话题,原因也在于此。

(四)突破"华""夷"之别的新正统观

我们知道,在有关汉族与少数民族关系问题上,汉族士大夫往往坚持一种"外夷狄而内诸夏"的"夷夏之辨"思想,认为华夏文化优于"夷狄",不仅在文化上应该"用夏变夷",在居住空间上华夏民族也应"居天下之中",认为这样才是符合"天道"的正常秩序。这也就意味着,只有华夏民族在这个"天下"的中心("中国")所建的国家,才符合自然秩序,才具有正统性和正当性。否则,如果是"夷狄而居中国",就是违反天理,就是"篡逆"。而王通在这个问题上却非常大胆、开放,突破了传统的"夷夏之辨"思维模式。前面说过,他在撰写《元经》时,将鲜卑人建立于中原的北魏(也称"元魏")政权奉为正统,尊其君主为帝,他解释这样做的理由是"乱离斯瘼,吾谁适归?天地有奉,生民有庇,即吾君也";意思是统治者能使老百姓得到保护,有个依靠,使天地的秩序得到起码的维系,就可以承认他为君。

基于同样的立场,他对前秦的苻坚、王猛君臣也推崇备至,给予很高的评价。如《中说·周公》有这样一段记载:

> 子曰:"齐桓尊王室而诸侯服,惟管仲知之;苻秦举大号而中原静,惟王猛知之。"或曰苻秦逆。子曰:"晋制命者之罪也,苻秦何逆?昔周制至公之命,故齐桓、管仲不得而背也;晋制至私之命,故苻秦、王猛不得而事也。其应天顺命、安国济民乎?是以武王不敢逆天命、背人而事

---

① 《中说·问易》。

纣,齐桓不敢逆天命、背人而黜周。故曰:晋之罪也,苻秦何逆? 三十余年,中国士民,东西南北,自远而至,猛之力也。"

在他看来,周武王发动反叛商纣王的战争,齐桓公尊王室而称霸诸侯,与前秦苻坚、王猛统一北方一样,代表的都是一种"至公之命",一种"公"的原则,都实现了"应天顺命、安国济民",使老百姓有所归依,获得生存保障,都值得肯定。换句话说,不能因为前秦是个少数民族政权,和东晋汉族政权分庭抗礼,就视之为"逆"。

王通还认为,以是否保民惠民来判断一个政权的正当性,就是儒家传统中"天命有德"思想的体现。所以,他肯定门人对北魏拓跋氏政权的评价:"天命不于常,惟归乃有德。戎狄之德,黎民怀之,三才其舍诸?"①

王通作为一个汉族出身的儒家知识分子,能够突破狭隘的种族界限,从人民的生活安康、生命安危这些基本人权、人道的角度去思考正统性问题,这在帝制中国"正统"论的发展历史中,确有其独特的地位。

总起来看,王通主张以儒家为治国的根本指导思想,实践以"民本"为核心的"仁政""王道"政治,同时也主张结合时代的具体情况而创造性地发展和丰富儒家思想。他的思想从一个侧面说明,历经反复的历史经验与教训,儒家思想在中国社会政治生活中的重要性正在重新得到确认。同时,正是经过王通这些人的努力,儒家的"王道"政治思想得到了传承,获得了新的时代内涵,并为唐帝国的建立作了理论准备。

三、中唐以后的政治思想动向

(一) 安史之乱后"尊王攘夷"意识的产生

安史之乱是唐朝由盛转衰的转折点,在政治思想方面当然也会出现一些新的动向。而中唐以后的藩镇割据与宦官专政问题,则是理解当时人的"问题意识"、把握其政治思想变动的关键因素。

首先,安史之乱重创了唐王朝的中央集权体制,造成了藩镇割据、权

---

① 《中说·王道》。

力配置上的外重内轻格局,使唐帝国面临分崩离析的危险。据统计,自从安史之乱以后,唐朝中期又爆发了六次藩镇叛乱,而韩愈、柳宗元这两位同时代的人,他们一生就经历了德宗时期的"四镇之乱"和宪宗时期的淮西吴元济之乱。① 特别是柳宗元,曾于建中四年(783年)到父亲居官之地夏口生活(今湖北武汉),而当时的夏口正是淮西叛军与官军激烈争夺的目标,少年柳宗元更是亲身经历了藩镇割据的战乱。宪宗元和十年(815年),割据成德的王承宗甚至在光天化日之下,派人将宰相武元衡刺死于京城,朝野为之震惊。可以想见,这种局面自然会影响当时人对政治问题的思考。

中唐以后,影响人们政治心态和政治观念的另外一个重要因素,则是日益严重的宦官专政问题。安史之乱期间,宦官李辅国等因拥立之功受到肃宗信任,权倾朝野。后来代宗、德宗相继在位,因为不信任外边的文臣武将,觉得宦官毕竟是自己的"家奴",更有意将内外一切军政大权交给宦官,最后发展到宦官专政甚至反过来控制皇帝的地步。解决宦官专政的问题,成为那些志在匡扶朝廷的大臣们的一个夙愿。柳宗元亲自参与领导的"永贞革新",就是以打击宦官、抑制藩镇为主要目标。

另外,在思想文化领域内,佛教至中唐以后势力更大,代宗至宪宗时期多位皇帝都虔诚信佛。宪宗更是一面广求道教方士,炼制所谓长生不老的丹药,一面笃信佛教,并耗时一个多月迎接佛骨,助长了社会上崇奉佛、道的风气。

以上就是中唐以后国家政治生活中面临的主要问题。藩镇割据、宦官专政关乎作为政治共同体的国家能否维持统一而不至于解体的问题,而佛、道的盛行,又会危及中国作为一个思想的或"想象的共同体"的存在。韩愈、柳宗元的思想虽各有特色,却都表达了对这些危机的忧虑与回应。借用史家陈寅恪的说法,这两个问题可以概括为"尊王攘夷"的问题。在他看来,不仅仅是韩愈、柳宗元,甚至在广大知识精英阶层中都有这种"尊王攘夷"的共识。他在讨论唐代古文运动时指出:

---

① 德宗建中二年(781年),成德节度使李宝臣病死,其子李惟岳要求世袭其位,与朝廷发生冲突,引发了成德、魏博、淄青、山南东道四地藩镇举兵反叛,后来卢龙、淮西等藩镇节度使也加入叛乱,史称"四镇之乱"。淮西吴元济叛乱发生于唐宪宗元和九年(814年),于元和十二年(817年)被平定。

> 唐代古文运动一事,实由安史之乱及藩镇割据之局所引起。安史为西胡杂种,藩镇又是胡族或胡化之汉人,故当时特出之文士自觉或不自觉,其意识中无不具有远则周之四夷交侵,近则晋之五胡乱华之印象,"尊王攘夷"所以为古文运动中心之思想也。①

认为古文运动的中心思想,是政治上"尊王攘夷",文化上"尊儒排佛"。可见,"尊王攘夷"意识不仅限于政治思想领域,甚至影响到了唐代古文运动的发展。

(二) 韩愈的"道统"说与"尊君"思想

韩愈(768—824年),字退之,生于河南河阳(今河南孟州),因祖居昌黎(今河北昌黎),自称"郡望昌黎",故世称"韩昌黎"。韩愈自幼丧父,由兄嫂抚养,生活十分贫苦。和帝制时代出身贫寒的读书人一样,韩愈也是抱着既"觊觎富贵"又要经世济民的想法,②从贞元二年(786年)19岁开始参加科举考试,其间经历四次科举考试、四次吏部考试,才在贞元十七年(801年)34岁时通过吏部铨选,历事德宗、顺宗、宪宗、穆宗和敬宗五朝。韩愈仕途坎坷,大部分时间都很不得志,因晚年官至吏部侍郎,又称"韩吏部"。值得一提的是,他还曾经两次被贬官。第一次发生在他正式步入仕途不久的永贞十九年(803年),因为上书议论政事得罪了曾有恩于他的当权者,让他遭到十年谪官、一年被贬的沉重打击;第二次是因为反对迎佛骨而触怒宪宗,险被处死,被贬潮州刺史。韩愈仕途坎坷,却以文名满天下。他在政治思想方面虽少有创见,但他高举儒家正统大旗的"卫道"举动,以及维护李唐帝国巩固与统一的政治态度,在理解中唐以后政治思想动态方面还是值得一书的。

而综观韩愈一生进退出处,与其所倡导的儒家思想之间,往往出入甚

---

① 陈寅恪:《论韩愈》,载《金明馆丛稿初编》,生活·读书·新知三联书店2001年版,第329页。
② 韩愈有《示儿》诗云:"始我来京师,只携一束书。辛勤三十年,以有此屋庐……开门问谁来,无非卿大夫。不知官高卑,玉带悬金鱼。"韩愈对孩子的劝诫固然出于真切的"爱子之情",是真性情的坦率表露,但也易遭"觊觎富贵"(洪迈语)、"所示皆利禄事"(苏东坡语)的诟病(参见吴世昌:《重新评价历史人物——试论韩愈其人》,《文学评论》1979年第5期)。特别是,韩愈偏偏又是抱负极大的人,宣称要直追孔孟,由他接续孟子来传承儒家道统,而他的这些富贵利禄之心和孔孟"谋道不谋食""富贵如浮云"的思想,确实反差较大。不过在专制时代的中国,达到这种"君子"境界的人能有几个? 现实中,像韩愈这样充满矛盾的"儒家士大夫"可能更有普遍性和代表性。

大。考中进士后,他四处奔走求官,极尽卑屈可怜之状,这或许是因为穷困潦倒至极,一时张皇失措。但他在贞元十八年(802年)京师大旱之际,先是投书给京兆尹李实,夸这位欺骗朝廷、横征暴敛的京师最高长官"赤心事上,忧国如家",把灾区治理得盗贼不起、物价不贵云云,后被李实推荐为监察御史,又写下《御史台上论天旱人饥状》的奏疏,揭露旱灾实情,并因此惹怒李实而被贬,前后行为简直判若两人。另外,按说他和柳宗元等人在一些重大政治问题上应是一致的,至少都主张加强中央集权、维护李唐王朝的统一,但可能是由于领导永贞革新的王叔文等人没有起用他,韩愈便有些迁怒于革新集团中的柳宗元等人,以至于在其撰写的《柳子厚墓志铭》中,暗讽柳宗元"前时少年,勇于为人,不自贵重顾藉"。[1] 同时他提倡儒家仁义之道,但是在《元和圣德诗》中,却津津乐道地描写虐杀叛军妻儿的血腥场面。[2] 即使人们可以把他的这种表现理解为一个人嫉恶如仇的反映,但这和儒家所提倡的"不忍人之心""恻隐之心"还是相去甚远。发生在韩愈身上这些诸多费解之处,虽然有其个人方面的原因,但这并不妨碍我们把他作为一个很好的案例,从中窥见专制时代士大夫人格的多面性,以及儒家道德实践的复杂与艰难。

1. 辟佛尊儒的道统说

韩愈自称一生言行"务使合于孔子之道",其论政也主要以儒家为本。因此,要了解其政治思想,首先不能不提到他对儒家的理解及其辟佛尊儒的道统说。

所谓道统说,字面意思是指,在中华文化发展历史上,存在着一个独立的儒家之道、儒家思想体系的传承系统和传承统绪,而其实质则是要强调一种对儒家思想的强烈传承意识和使命感。这种传承意识最早在孔孟那里就已经出现。如《中庸》就说"仲尼祖述尧舜,宪章文武",意思是孔子继承尧、舜、文王、武王等圣王治国之道;孟子则说由尧、舜至于汤,由汤至于文王,由文王至于孔子,各五百有余岁,"由孔子而来至于今,百有余岁,

---

[1] 韩愈著、马其昶校注、马茂元整理:《韩昌黎文集校注》,上海古籍出版社1986年版。本节所引韩愈文章皆来自此版本。
[2] 韩愈在《元和圣德诗》中极尽渲染地写道:"妇女累累,啼哭拜叩。来献阙下,以告庙社。周示城市,咸使观睹。解脱挛索,夹以砧斧。婉婉弱子,赤立伛偻。牵头曳足,先断腰膂。次及其徒,体骸撑拄。末乃取辟,骇汗如泻。挥刀纷纭,争刌脍脯。"

去圣人之世若此其未远也,近圣人之居若此其甚也,然而无有乎尔,则亦无有乎尔",①隐然以紧接孔子、继承圣道自任。而韩愈则著《原道》一文,阐述儒家之道的精髓及其传承,捍卫其在中国思想文化传统中的正统地位。

首先,他在前人的基础上,从"人能弘道"、圣人载道的思路出发,进一步整理出儒家思想的古今传承谱系。所谓:

> 吾所谓道也,非向所谓老与佛之道也。尧以是传之舜,舜以是传之禹,禹以是传之汤,汤以是传之文、武、周公,文、武、周公传之孔子,孔子传之孟轲。轲之死,不得其传焉。(《韩昌黎文集校注》第一卷)

意思是说,儒家思想的"道",是由尧、舜、禹、汤、文、武、周公到孔子、孟子这些先王先圣们一脉相传下来的,有自己的独立传承统绪。

其次,明确界定了道的精髓与内涵,肯定了儒家思想作为天下"公言"、公理的正统地位。他指出,先王先圣所传之道绝不是道教、佛教这些异端之"道",而是以仁义为核心的"道"。他说:

> 博爱之谓仁,行而宜之之谓义,由是而之焉之谓道,足乎己无待于外之谓德,仁与义为定名,道与德为虚位。(《韩昌黎文集校注》第一卷)

也就是说,"道"就是实行仁义之道;道德是其总称、形式,仁义为其内容。

在他看来,这种"道"又是"天常"或宇宙法则在人间的体现,并以儒家经典如《诗经》《尚书》《易经》《春秋》为其文本载体。因此,儒家之道就是"天下之公言",具有普遍永恒的适用性,"以之为己则顺而祥,以之为人则爱而公,以之为心则和而平,以之为天下国家,无所处而不当"。②而相比之下,佛教、道家则"去仁与义言之也,一人之私言也"。可见,儒家之道不光是中华文化的命脉、经世济民的大经大法,而且代表了人类的共同价值。

最后,在高度肯定儒家之道的价值和地位基础上,韩愈旗帜鲜明地提出

---

① 《孟子·尽心下》。
② 《韩昌黎文集校注》第一卷。

了排斥佛、道的主张。他指出，佛、道违背人类基本的道德纲常，"去仁与义"，佛教更是教人"弃而君臣，去而父子"，因而主张采取严厉措施打击佛教，"人其人，火其书，庐其居"。此外，韩愈在《与孟尚书书》中誓言"使其道由愈而粗传，虽灭死万万无恨"，①决心传承和捍卫儒家正统地位，坚决和佛、道做斗争。在《论佛骨表》中，他还以历史事实说明，佛教对国家有害无益，认为没有佛教传入的时代，历代王朝享国久远，而佛教盛行的魏晋南北朝则运祚不长。因此，要求唐宪宗将佛骨"投诸水火，永绝根本，断天下之疑，绝后代之惑"。②

韩愈倡导这种道统说的意义在于，明确提出儒家具有一脉相承的独立的传承体系，强调儒家思想的独立性和正统性，不容他者侵犯干扰；强调儒家之道为中国文化、中国人立国经世之命脉与轴心，不得须臾动摇。此外，还彰显了一种"道高于势"的姿态和观念。因为在韩愈看来，这种"道"的传承"自周公而下，下而为臣"，到周公以后就由儒者（素王）而非王者来传承儒家之道了，亦即"道统"与"政统"已经分离了，现实的君主迷信邪说，不行儒家之王道，已经不够资格担当中国文化正统的代表，从而表达了对现实政治的一种不满和抗议。

2. 国家起源上的"人为"说与尊君抑民的君主论

韩愈虽然以复兴儒家仁义道德、传承孔孟道统为己任，但因时代条件与个人局限方面的原因，他的政治思想更强调君主在政治生活中的极端重要性，从而也更强调维护君主的权威及其所代表的政治秩序。我们可以从他的人性论和有关国家、政治制度起源的论述着手，把握其政治思想的这一特点。

● **人性论。**

从理论逻辑上看，韩愈的国家起源观与君主论是建立在其人性论基础上的。按照他在《原性》中的观点，一般人性包括仁、义、礼、智、信这五种成分，是"与生俱生"的，但这五性体现在具体的人身上，又不是一样多的，根据五性在人身上的多少，可以把人性分为上中下三品：

---

① 《韩昌黎文集校注》第三卷。
② 《韩昌黎文集校注》第八卷。

上焉者,善焉而已矣;中焉者,可导而上下也;下焉者,恶焉而已矣。(《韩昌黎文集校注》第一卷)

意思是说上品者人性纯善;中品者可以引导向上,也可以向下;下品者纯恶而已。他还认为,上品人"就学而愈明",经过学习会更加聪明;下品人"畏威而寡罪",慑于刑罚的威力而能减少犯罪,这就是"上者可教,而下者可制也"。① 当然,韩愈的"性三品"说只是针对一般人而言的,不包括站在这三种人之上对人进行教化、管制的圣人。否则,除了圣人,谁还有资格对这些人"教"与"制"呢?②

从这种上品人需要教育、下品人需要管制的理论出发,自然就会得出结论:人民需要接受君主为代表的圣人、圣王的教化和统治。

- 圣人创制国家与尊君说。

韩愈又从国家和社会政治制度起源的角度,进一步论证君主权威的重要性。

在有关国家和政治制度的起源问题上,思想史上大致有两种解释模式:一种是演化论的;一种是意志论的。前者认为,国家和人类的政治制度、政治秩序都是在历史过程中自发生成、演进的,如柳宗元就是持这种观点;后者则强调,国家和政治制度、政治秩序是出于某种神圣的意志,这种意志或者是由某种神所代表的理性精神,或者出自某个英雄、圣人的理性设计,韩愈就是这种观点的代表。在他看来,君主、国家是圣人为了救民、保民的需要而创立的。在没有国家、没有君主的状态下,人民的生活"若夷狄禽兽",③极度野蛮而没有安全秩序。于是"有圣人者立,然后教之以相生相养之道,为之君,为之师",圣人出来发明了各项物质生产技术和谋生手段,创造了礼、乐、政、刑和城郭甲兵,圣人是人类一切物质文明和精神文明、政治秩序

---

① 《韩昌黎文集校注》第一卷。
② 刘泽华主编的《中国政治思想史》(隋唐宋元明清卷)认为,在韩愈的人性"三品"之上,实际上还有第四等人性,即"圣人"之性,所谓"不勉而中,不思而得,从容中道"。笔者此处把韩愈的"性三品"说限定在"一般人性"范围内,正是受到此书启发,参见刘泽华主编:《中国政治思想史》(隋唐宋元明清卷),第182—185页。
③ 《韩昌黎文集校注》第四卷。

和社会制度的创立者,"如古之无圣人,人之类灭久也"。① 可见,离开圣王明君,人民绝对没有自立自治的可能。

既然以君主为代表的政治秩序和政治制度是出自圣人之意,则人民必须承认君主的权威,承认其在政治生活中至高无上的权力和地位。他说:

> 君者,出令者也;臣者,行君之令而致之民者也;民者,出粟米麻丝,作器皿、通货财,以事其上者也。君不出令,则失其所以为君;臣不行君之令而致之民,则失其所以为臣;民不出粟米麻丝,作器皿、通货财,以事其上,则诛。(《韩昌黎文集校注》第一卷)

在孔孟的思想中,臣民对君主的"忠"并不是单方面的,不是下对上的一味顺从式的"妾妇之道",而是"以道事君",是以君主的保民惠民、顺天应人为条件的。如果君主失德无道,为害人民,就会成为独夫民贼而可杀可逐。但韩愈讲到君主失职时却轻描淡写,只是闪烁其词地说"君不出令,则失其所以为君",讲到百姓失职时则斩钉截铁地要"诛"。② 儒家所强调的君主与臣民之间的相互义务关系,以及"仁民爱物""民贵君轻"思想已大大淡化,臣对君的关系几乎沦为一种片面的"私忠"和绝对服从关系。这不禁让人联想起同为专制时代的儒家思想家董仲舒,在阐述屈民伸君思想的同时,还不忘记强调"屈君伸天"的道理,而大谈"天谴""革命"思想以"警诫时君"。故仅就理论而言,韩愈的思想的确是一种倒退。

- **对世袭君主制的辩护**。

根据儒家所记述的先王传位之法,尧和舜没有传位给自己的儿子,而是根据民意传给了贤能者,这种"传贤"的做法,被认为是体现了"天下为公"或"公天下"的最高境界;而从大禹之后则改为"传子不传贤",被认为是"私天下"或"家天下"之法。所谓"五帝官天下,三王家天下"。虽然这中间也不乏如商汤、周文王、周武王这样的圣王,但传子毕竟不符合儒家"公天下"的"大同"理想,按《礼记》的说法只能被视为"小康"。后世儒者可能碍于孔子"宪章文武"的崇周、从周态度,很少正面讨论周代"世及以为礼"的世袭制和"家

---

① 《韩昌黎文集校注》第一卷。
② 参见萧公权:《中国政治思想史》,第378页。

天下"问题,但还是有人委婉地承认"三王家天下"为"薄德",有愧于"官天下"的境界。① 到明清之际,黄宗羲更在其《明夷待访录》中公开指出,秦汉以后的制度都是"非法之法",是天下之"大私"。而韩愈在《对禹问》中却明确否认传贤与传子的区别,认为尧舜传贤是为了让天下"得其所也";禹传子是为了担忧后世争位之乱。具体而言,因为传贤而无法使继承人的身份"前定",就容易引起争斗混乱;传子之法能够做到继承人"前定",因而"传之子则不争"。同时,采用传贤之法的实施条件非常苛刻,须能保证有"大圣"可传才不至于生乱,然而事实上"天之生大圣也不数",能传给"大圣"的机会很少;而采用传子之法,传给"大恶"之人才会生乱,而事实上出现传位"大恶"之人的几率也很小。所以,"与其传不得圣人而争且乱,孰若传诸子,虽不得贤,犹可守法"。说到底,传贤与传子,一个是"利民也大",一个是"虑民也深",没有本质区别;而从政治实践上看,传子之法要优于传贤之法。② 韩愈的这种观点,反映了中国专制时代的基本历史事实,从政治继承的操作性上看不无道理,但儒家肯定传贤制,主要是为了强调天下为公、"君统决于民意",而韩愈却避而不谈,千方百计为传子制辩护,"为世袭之专制君主制张目"。③

总之,韩愈虽然在政治上容易给人以保守的印象,其思想本身以及思想与行为之间也存在一些矛盾之处,但其政治思想本身还是反映了当时思想界某些共识性的问题和动向。

(三) 柳宗元的国家起源观与郡县制度论

柳宗元(773—819年),字子厚,河东(今山西运城)人,故被人称为"柳河东"。其家为河东"著姓",世代为官。他从小"精敏绝伦","文章卓伟精致",20岁时与刘禹锡同科考取进士,历官至监察御史。政治上主张革除积弊,打击宦官势力,加强中央集权。顺宗永贞元年升转为礼部员外郎。因参与王叔文领导的"永贞革新",失败后被贬,官终柳州刺史,故又称"柳柳州"。

---

① 例如,宋人王禹偁在为宋太宗所拟的《诫诸王诏》中就提道:"朕闻五帝官天下,而禅让于贤;三王家天下,而封树其子,德已薄矣,可不慎乎!"见王禹偁《小畜集·卷二十六》,四库全书本。
② 韩愈关于传贤与传子之法优劣的观点,见其《对禹问》,载《韩昌黎文集校注》第一卷。
③ 参见萧公权:《中国政治思想史》,第378—379页。

其著作经后人辑为三十卷,名为《柳河东集》。① 因为和韩愈是同时代的人,两个人思考政治问题的语境基本上也是一样的。

柳宗元在政治上主张"立仁义,裨益教化",称自己"唯以中正信义为志,以兴尧舜孔子之道、利安元元为务"。② 所以作为一个思想家,他基本上还是属于儒家阵营的。但是,他又有开放的心态,反对封闭僵化,主张对诸子百家、三教九流的思想博采众长,阐发其合理成分。他在政治思想史上的主要贡献在于,提出和系统论证了关于国家、社会政治制度的演进论模式,认为政治社会和国家是人类自身冲突、斗争的结果,并在此基础上,对批评郡县制的言论进行了正面回应,对郡县制的合理性作了前所未有的系统辩护。

1. "天人相分"的世界观

前面说过,在关于国家和政治社会起源的问题上,有一种是意志论的解释模式,认为国家与政治社会起源于某种神圣的意志,而在儒家思想的主流中,一般都持这种神圣意志论的国家起源思想。这种意志论往往以"天人相与"或"天人感应"的世界观为基础,认为上天具有一种"仁民爱物"的神圣意志,国家、社会与政治组织本质上是顺应这一意志,为了"代天理民"而产生的。如果一个国家政权和统治者能够"体天行道",履行好自己的职责,上天就会以各种吉祥事物加以奖赏,否则就会降下灾异加以惩罚。可以说,"天人相与"说构成了这种意志论的世界观与方法论的前提。而柳宗元既然反对这种意志论的国家起源观,从理论逻辑上说,当然也不会放过对其理论前提的清算。

从现实原因看,柳宗元反对"天人相与""天人感应"思想,也是有感而发,具有很强的现实针对性。在柳宗元生活的那个时代,虽然在国家政治生活的正式表达中,基本上还是使用儒家的一套思想和话语体系,但是在民间甚至在皇帝和官僚士大夫的日常生活中,却是各种宗教迷信、神仙巫术盛行,"天人感应"、善恶报应思想大有市场。而在柳宗元的交往圈子中,韩愈就是这样一个"天人感应"、善恶报应说的痴迷者。柳宗元的很多反"天人相

---

① 本节所引柳宗元文章,源自中华书局于 1979 年出版的《柳宗元集》。
② 《柳宗元集》卷三十《寄许京兆孟容书》。

与"思想,就是直接起因于和韩愈的论辩。①

柳宗元的"天人"思想,大体上远承荀子、王充等,主张"自然之天"和"天人相分"的观点。他沿袭前人气化宇宙的思想,阐述自己对宇宙天地起源的观点,认为包括天地在内的世间万物皆由元气化生,天本身不过是一元混沌之气的自然存在,它和世间万物本为同类,"虽大,无异果蓏痈痔草木也",当然不会有什么创造万物的意志,所谓"唯元气存,而何为焉"。天既然没有什么意志,当然也就和人间的善恶祸福没有关系,所谓"功者自功,福者自福"。② 在他看来,"生植与灾荒,皆天也;法制与悖乱,皆人也",自然现象与社会现象根本就属于两个不同的领域,"其事各行不相预"。③

因此,人类社会的祸福功过都是由人的行为招来的,和"天"无关,即所谓"受命不于天,于其人;休符不于祥,其仁"。一些人希冀上天"赏功而罚祸",或呼天怨地以求上天怜悯仁慈,实属"大谬"之极。而自董仲舒以来直至韩愈等所鼓吹的各种"天命""受命"说,"其言类淫巫瞽史,诳乱后代",无异于巫术邪说、骗人谎言。④

基于这一认识,柳宗元对号称儒家经典的《礼记·月令》展开了大胆批评,认为它规定要按照五行和四时来安排一年的活动,进行祭祀,实施政令,实在有背圣人之道。他指出,真正的圣人之道应该是"俟时而行","利于人,备于事",顺应自然的规律而发挥人的作用;而《月令》则专门"穷异以为神","引天以为高",假借鬼神、天道安排人事活动,这样做"离圣人之道不亦远乎"。⑤

总之,宇宙万物和整个世界的生成发展都是一种自然现象,不是出于什么有意志的选择和设计;上天与人事间的祸福吉凶也没有什么关系。

2. 以"势"为本的国家演进说

既然世间万物都可以理解为一种自然的存在,则政治生活、国家政治组织当然也不例外,也应该被看成是一种自然生成的现象,而不是什么天命和圣人意志的产物。

---

① 参见韦政通:《中国思想史》(下),第 673—674 页。
② 《柳宗元集》卷十四《天对》;卷十六《天说》。
③ 《柳宗元集》卷三十一《答刘禹锡〈天论〉书》。
④ 《柳宗元集》卷一《贞符并序》。
⑤ 《柳宗元集》卷三《时令论上》。

具体而言,政治生活、国家政治组织是怎样自然生成的呢？他将其归结为人类社会内部冲突、争斗以及文明演进的客观之"势"。他在《贞符并序》中写道：

> 惟人之初,总总而生,林林而群。雪霜风雨雷电暴其外,于是乃知架巢空穴,挽草木,取皮革；饥渴牝牡之欲驱其内,于是乃知噬禽兽,咀果谷,合偶而居。交焉而争,睽焉而斗,力大者搏,齿利者啮,爪刚者决,群众者轧,兵良者杀,披披藉藉,草野涂血。然后强有力者出而治之。往往为曹于险阻,用号令起,而君臣什伍之法立。德绍者嗣,道怠者夺。于是有圣人焉曰黄帝,游其兵车,交贯乎其内,一统类,齐制量,然犹大公之道不克建。于是有圣人焉曰尧,置州牧四岳,持而纲之,立有德有功有能者参而维之,运臂率指,屈伸把握,莫不统率。尧年老,举圣人而禅焉,大公乃克建。由是观之,厥初罔匪极乱,而后稍可为也。（《柳宗元集》卷一）

他认为,人类在原始阶段群居杂处,既要抗御外部的自然灾害,对付恶劣的生活条件,又要"交焉而争,睽焉而斗",面临人与人之间的冲突争斗。在这个阶段,社会主要受弱肉强食的丛林法则支配,是"力大者搏,齿利者啮,爪刚者决,群众者轧,兵良者杀",一些强有力的人在冲突中脱颖而出,成为众人的统领者,并随之产生了强制性法令、君臣制度、行政组织和军队组织等。不过,柳宗元在这里重点要强调的是,人类的政治生活、国家和政治组织都是人类社会自身发展的结果,而不是出自什么神和圣人的意志；而且随着人类文明的发展演进,"德绍者嗣,道怠者夺",有德于民、奉行公道的人会得到更多人的拥护,从而政治中的暴力、野蛮的成分日益降低,而"大公之道"、道德文明的作用日益增大。他还列举了黄帝、尧、舜时代以德治国的事例,以说明这一历史发展趋势。总之,在他看来,正是人类应对社会生活中各种问题的活动与过程,形成一种客观趋势,推动国家政治组织、政治文明的不断发展。

柳宗元又撰《封建论》一文,更加具体地阐明了国家政治组织产生和演进的过程。他指出：

> 彼其初与万物皆生,草木榛榛,鹿豕狉狉,人不能搏噬,而且无毛羽,莫克自奉自卫。荀卿有言:"必将假物以为用者也。"夫假物者必争,争而不已,必就其能断曲直者而听命焉。其智而明者,所伏必众,告之以直而不改,必痛之而后畏,由是君长刑政生焉。故近者聚而为群,群之分,其争必大,大而后有兵有德。又有大者,众群之长又就而听命焉,以安其属,于是有诸侯之列,则其争又有大者焉。德又大者,诸侯之列又就而听命焉,以安其封,于是有方伯、连帅之类,则其争又有大者焉。德又大者,方伯、连帅之类,又就而听命焉,以安其人,然后天下会于一。是故有里胥而后有县大夫,有县大夫而后有诸侯,有诸侯而后有方伯、连帅,有方伯、连帅而后有天子。自天子至于里胥,其德在人者,死必求其嗣而奉之。故封建非圣人意也,势也。(《柳宗元集》卷三)

认为在社会的原初阶段,人类生活在草木丛生、野兽奔突的世界,一定要借用外物才能求得生存,用外物来求生存就必然会引起互相争斗,争斗不止,一定会去找那些能够判断是非曲直的人去评判是非、调节冲突。对那些有智慧而又明白事理的人,服从、追随的人一定很多,就需要一定的办法约束、惩戒这些人,于是君长、刑法、政令就产生了。这样相近的人就聚结成群,群体之间的争斗规模就会加大,随着群体间相争规模的加大,就不断需要有更大威德的人作为首领。于是,人类随着冲突规模和群体规模的不断加大,一步一步地有了乡里的长官,而后有县的长官,有了县的长官而后有诸侯,有了诸侯而后有方伯、连帅,有了方伯、连帅,最后有了天子而使"天下会于一"。一句话,"封建非圣人意也,势也",包括分封制在内的国家政治组织的产生,都不是出于某个人的意志,而是人类社会自身发展的客观趋势使然。

可见,在柳宗元的思想中,冲突和征服固然是讨论国家问题的起点,但绝不是解释国家起源的唯一原因。完整的理解应该是:人类在谋求生存的活动中,既有冲突,又需要群体间的合作与秩序,从而也需要"有兵有德"的权威;或者说在人类的社会生活中,既有暴力的、野蛮的因素,又有智慧的、道德的文明因素,正是由于这些复杂的因素相互作用,形成了一种客观之"势",推动了政治生活和国家政治制度的产生与不断演进。

3. 对郡县制的全面辩护

自从秦朝在全国实行郡县制度后,虽然历代都在政治实践中沿袭了这一做法,但是在思想领域内围绕郡县与分封(封建)孰优孰劣的争论一直没有停息。从儒家的立场上看,采用什么样的国家结构形式代表着重要的治国理念,分封制是周公创设的制度,是和儒家的王道仁政理想结合在一起的,是实现和维持盛世的必要手段;而郡县制则是秦始皇推行于全国的,是实现一人独占的君主专制的手段,并且单纯的郡县制也不能克服专制制度下君主孤立无援的问题。因此,汉代以后同情分封制、鞭挞郡县制的观点可谓此起彼伏,甚至颇占道义上和声势上的优势,如前面提到的东汉的荀悦,魏晋时期的曹冏、刘颂、陆机,还有后来宋朝的张载、胡宏,明清之际的顾炎武、颜元等都持类似观点。而就在唐贞观十一年(637年),太宗还以"周封子弟,八百余年,秦罢诸侯,二世而灭,吕后欲危刘氏,终赖宗室获安"的理由封子弟荆王李元景等二十一人、功臣长孙无忌等十四人"并为世袭刺史",后因遭到抵制而罢。① 这些郡县制反对者的理由主要集中在两个方面:一是说封建制由圣人创设,是"公天下"之法,而郡县制由秦始皇这样的"暴主"所设,是"私天下"之法;二是说封建制下中央可以得到身处地方的子弟和功臣的保卫,容易使政权持久巩固,而郡县制使中央政权孤立,不利于政权巩固。② 由于郡县制是和"暴主"秦始皇联系在一起的,主张分封制、反对郡县制更符合儒家的主流思想,因此真能理直气壮地为郡县制辩护者可谓寥寥无几,而柳宗元便是其中最具代表性的人物。

在《封建论》这篇著名文章中,柳宗元就是针对上述对郡县制的主要批评和质疑,进行了系统的反驳,对郡县制的历史合理性、道义正当性作了全面而有力的论证。其基本的观点是:

第一,正如"封建非圣人之意,势也",郡县制也是人类历史自身发展演进的结果。如前面所说,包括分封制在内的国家政治制度,是人类为了满足生存需要、解决各种冲突的客观情势造成的,不是出于什么圣人的善意和理性设计;而分封制发展到周平王东迁以后,逐渐形成诸侯国尾大不掉的局面,周王朝的"一统"天下也难以为继,在此情况下,加强中央集权,强化国家对地方的控制力和组织化程度,已经成为一种历史趋势。所谓"秦有天下,

---

① 《贞观政要》卷三。
② 详见张星久:《国家结构形式问题上的一种道德理想主义表达——论中国帝制时代"封建"论的思想逻辑与发生背景》,《政治学研究》2008年第5期。

第六讲 政治行动中的儒家——隋唐五代时期的政治思想

裂都会而为之郡邑,废侯卫而为之主宰","摄制四海,运于掌握之内,此其所以为得也",秦行郡县,只不过是把握和顺应了历史发展的趋势,绝非出于个人自私险恶的用心。

第二,通过历史事实说明郡县制优于分封制。他指出,秦汉以后实行分封制的王朝,都曾造成国家分裂动乱。首先,秦的灭亡不是实行郡县制造成的,而主要是由于人怨,由于"亟役万人,暴其威刑",而且天下大乱时也是有叛人无叛吏。汉代开国则郡县制与分封制并行,却很快就发生内乱,但是幸好汉代没有全部实行分封制,而是"郡国居半",才出现"有叛国而无叛郡"的情况,这就恰恰证明了"秦制之得"。接下来的魏和西晋也都部分地实行了分封制,却是"二姓陵替,不闻延祚",曹氏、司马氏政权相继短命而亡,看不出分封制有什么延长国命的作用。而到唐朝"尽置郡邑",却已经维持了近两百年的统治,因此"州县之设,固不可革也",郡县制具有明显的优势,应该坚守而不可动摇。

第三,驳斥封建制为"公"、郡县制为"私"的观点,认为郡县制才是最大限度地实现了"公"的精神。他指出,封建制的产生本就不是出自谁的善意,如果一定要就主观动机分析,则殷、周实行封建制也是出于自私的目的,是"私其力于己也,私其卫于子孙也"。秦始皇实行郡县制虽然也包含着帝王私心,"私其一己之威也,私其尽臣畜于我也",但是这种私心顺应了客观形势,使"贤者居上,不肖者居下",造成一定程度的政治开放、包容,而不像分封制由贵族世袭垄断政治机会,即使"圣贤生于其时,亦无以立于天下",因而郡县制是"公之大者也",甚至可以说"公天下之端自秦始"。

另外,在治国理念和对待现实社会的态度上,柳宗元则基本上是从儒家"仁政"的立场出发,深刻揭露社会的阴暗面,对官府的苛捐杂税、各种扰民之举提出尖锐批评,认为赋税、苛政之毒过于毒蛇,对处在官府、官吏和富豪共同勾结压榨下的小民百姓表达出深切的同情。他提出的解决社会问题的对策,诸如施行仁政,采取清静无为的政策,给人民提供自治"自利"的机会,在调查核实资产的基础上确定合理赋税,以及加强对官员的督责管理等,都依然是传统士大夫论政的老生常谈,这里不再详述。

柳宗元政治思想的最大特色在于,从人类历史自身的发展进化趋势以及历史事实方面,论证了郡县制产生的必然性和优越性。尤其是历代反郡县制者,众口一词地斥责秦始皇行郡县为"私",言之凿凿,而柳宗元则针锋相对地提出,秦始皇推广此制是"公之大也",是开"公天下之端",打破了正统儒家士大夫的理论"禁区",确实有独步千古的勇气与见地。

(四) 唐末五代反体制思想的再度兴起

中国的历史演变到唐末五代,似乎又进入新一轮王朝兴衰循环的衰败期,历史仿佛再次跌进黑暗的低谷,专制王朝表现出所有的末世征候:君主昏庸无能,官员贪腐暴虐,上层社会精神堕落、迷茫,战乱频发,暴力成为"王道",百姓生活水深火热等等。每当历史陷入这种王朝"末期综合征",似乎就把专制政治的一切弊端以及专制国家及其统治者的无道、无能、无效暴露无遗,于是伴随着政治统治秩序的瓦解,统治的"思想秩序"也趋于崩溃,就会有人跳出"体制之外",对君主专制的国家体制乃至国家本身展开猛烈抨击,质疑甚至根本否定其正当性。魏晋时期可谓这种"反体制思想"的"第一波",而唐末五代也出现了类似的思想运动,可视为这种思想"循环发生"的"第二波"。在这一波反思、批判专制国家体制的思潮中,主要以皮日休、《无能子》的作者(下文称无能子)、罗隐、谭峭为代表;其中皮日休、罗隐偏重于儒家立场,无能子、谭峭则偏重于道家立场。

1. 皮日休、罗隐对专制君主制的批判

皮日休为晚唐著名思想家和诗人,①著有《皮子文薮》十卷。他的思想的基调是从儒家仁政、民本思想的立场出发,对下层人民的苦难给予深切同情,对当时黑暗的社会现实进行深刻揭露,对专制政治造成的祸难给予激烈抨击。其最值得注意的观点是:

第一,他直斥当今的统治者已经成为人民的累赘、负担、盗贼、祸害,认为古代圣贤是"以天下为己累,今之官人者,以己为天下累";古代任用官吏、起用贤者是"为国",而当今都是"为家""为盗";②甚至古代人得天下靠的是"民心",今天的人取天下则是"以民命","驱赤子于白刃之下,争寸土于百战

---

① 皮日休,字逸少,号"醉饮先生""鹿门子",复州竟陵(今湖北天门)人,生卒年月不详,大致知道他于唐懿宗咸通八年(867年)登进士第,先后担任过苏州刺史从事、太常博士等职务,并落入黄巢军,后不知所终。本节所引皮日休文章,源自萧涤非和郑庆笃整理、上海古籍出版社1981年出版的《皮子文薮》。
② 《皮子文薮》卷九《鹿门隐书》。

之内",是用老百姓的生命和血肉堆起来的。①

第二,认为如果君主失德无道,就丧失了作为君主的资格,则"民扼其吭,捽其首,辱而逐之,折而族之,不为甚也",②这实际上和孟子关于"独夫""民贼"的论述如出一辙,都具有支持革命的积极意义。

罗隐是唐末五代初期的诗人和思想家,③其著作今人辑为《罗隐集》。他首先基于儒家的立场,为君主制所代表的社会政治秩序进行辩护,认为人类生来就存在强弱差别,由强弱之别必然产生贵贱尊卑,因此人类"上下相制,自然之理也",君主制所代表的等级尊卑秩序不是人为的安排,而是人类天然秩序的反映。④尽管这些观点并无新意,但是他对人类社会"尊卑"地位的形成基础,以及对君主权力地位形成基础的分析,则很有特色。

他指出,人类社会中之所以有人成为"尊"者,或成为"人主",主要是因为他们"有德",他们是"时之贤者",而不是靠强制力或暴力,所谓"人主所以称尊者,以其有德也,苟无其德,则何以异于万物乎"。因此,他又强调说:"故贵者荣也,非有道而不能居;贱者辱也,虽有力而不能避也。"⑤在他看来,只有暴力、强制力而没有道德与文明的感召力,就不能成为社会生活的主导者,这是人类社会法则与动物生存法则的根本区别。罗隐的这一看法,首先可以丰富和深化有关国家与政治生活起源问题的认识。前面说过,有关国家起源问题的演进论者往往认为,国家政治制度和人类的政治生活是社会自然演化的结果,在这一演进过程中,既有暴力因素、动物性的生存法则在起作用,又有道德因素、文明法则的作用,即管子所谓"神圣者王,仁智者君,武勇者长",柳宗元所谓"有兵有德"。而罗隐的上述思想则一方面延续了上述演进论的解释,另一方面又进一步澄清了"力"与"德"、暴力与文明(仁、智、道)因素、弱肉强食的丛林法则与博施济众的"仁爱法则"等,在早期国家形成和人类政治文明发展进化中的不同作用,从而与单纯从暴力方面解释国家政治制度起源的观点划清了界限。

---

① 《皮子文薮》卷七《读司马法》。
② 《皮子文薮》卷三《原谤》。
③ 罗隐(833—909年),字昭谏,余杭新城(今浙江富阳)人,史称参加科举考试"凡十上不中第",避黄巢之乱于九华山,光启三年(887年)归依吴越王钱镠,历任钱塘令、给事中等职。
④ 见雍文华校辑《罗隐集》之《两同书·强弱》,中华书局1983年版(下同)。
⑤ 《罗隐集》之《两同书·贵贱》。

沿着这一思路，罗隐进一步提出对暴君、对秦汉以后君主专制政治的抨击与批判。在他看来，既然保民利民是君主存在的根本条件和目的，则君主不能保民利民当然就丧失了统治资格。和孟子一样，他肯定人民反抗暴君的正当性，认为君主如果不能使百姓"免涂炭之祸"，他自己就难逃"放逐之辱"。而君主被推翻驱逐，其罪过"实在于元首"，完全是君主咎由自取。基于儒家立君为民的立场，罗隐批评刘邦、项羽这些人都毫无恤民之心，而是以"救彼涂炭"之名，行窃国之实。这实际上是在借题发挥，揭露了秦汉以后那些打着安天下旗号的专制君主们营私自肥的强盗本质。他特别激愤地指出，豺狼虽是"天下至害"，还"有不伤之所"，而后世的一些暴君则使"万姓受其毒"，其祸害更甚于"豺狼"。①

总之，罗隐既是站在儒家仁民爱物、立君为民的理想标准，讨论与论证君主制的合理性，又是基于这一标准，对"汉唐之君"实际上也是对历代专制君主给予了"普遍之谴责"。虽然在措辞上他比同时代的无能子较为"深婉"，但是他们所表达的"对于专制政体失望之情绪，则并世而相同"。②

2. 无能子、谭峭对君主制国家的质疑与批判

上述皮日休、罗隐等虽然对专制君主制以及秦汉以后的暴君统治进行了猛烈抨击与批判，但毕竟还是基于儒家仁政的立场，并没有放弃"明君"的理想。而无能子、谭峭等人则从道教的自然无为哲学出发，跳出君主制的体制之外，对国家政治制度与君主本身进行质疑和批判。

《无能子》的作者与事迹已经无可考查，只能从该书序言中得知，作者是在唐僖宗光启三年（887年）"黄巢乱，避地流转"之际写下该书的。在这本书中，作者首先为我们讲述了一个人类起源的故事，进而勾画了一幅人类社会的原初状态。他指出，所谓"人者，裸虫"，人类最早是从裸虫进化而来，本来就是与万物平等的；人与人之间不存在差别的意识，当然也就根本不存在高低贵贱之分，不存在什么圣人和普通人的区别。③ 适应这样一种人人平等、凡圣无别的原初状态，人类社会本来就应该"任其自然，遂其天真"，把

---

① 《罗隐集》之《两同书·损益》。
② 萧公权：《中国政治思想史》，第404页。
③ 见王明校注《无能子校注》卷上《圣过》，中华书局1981年版（下同）。

第六讲 政治行动中的儒家——隋唐五代时期的政治思想

"无为"作为"包裹天地"的最高之"德",作为淳正的"天理"。①

然而却出现了所谓的"圣人",他们违反自然无为的"天理",强行在人类中间区分出差别、等级、名分以及道德规范、刑法、制度等。所谓:

> 强立宫室饮食以诱其欲,强分贵贱尊卑以激其争,强为仁义礼乐以倾其真,强行刑法征伐以残其生。(《无能子校注》卷上)

他又假借"狂者"之口阐述这一思想:

> 且万物之名,亦岂自然著哉!清而上者曰天,黄而下曰地,烛昼者曰日,烛夜者曰月;以至风云雨露、烟雾霜雪;以至山岳江海,草木鸟兽;以至华夏夷狄,帝王公侯;以至士农工商,皂隶臧获;以至是非善恶,邪正荣辱,皆妄作者强名之也。(《无能子校注》卷下)

可见,国家、君主及其政治制度、社会等级、正义邪恶、道德规范,甚至世界万物的分门别类,都不过是人造之物,是那些"妄作者""强分""强为""强行"的结果,根本就是一种违反天理自然、违反本真世界的"虚构"。君主、国家政治制度既然是一种人为的虚构,当然就会使人类卷入争斗,丧失纯真之性并自相残杀,陷入无尽的苦难,造成"覆家亡国之祸,绵绵不绝,生民困穷夭折之苦,漫漫不止"。②

既然君主及其所代表的国家是人为的虚构,而且是人类一切灾难的根源,则所谓君主神圣尊严的地位也完全就是虚假的,是根本不成立的。所以他嘲笑那些号称"中国天子"者,不过是"自尊者尔",其实就是人类中最喜怒无常、任意生杀,又能居住华丽的宫殿、靡费天下珍宝、美食,占有天下美女声色,"嗜欲未厌"的一类人;认为不管他们怎样地穷奢极欲,怎样地支配他人的生命,一旦他们"老而至死,丰肌委于蝼蚁,腐骨沦于土壤",也不过就是和别人一样的"匹夫匹妇",如此则"天子何贵之有?"③所谓天子之"尊",天子

---

① 《无能子校注》卷上《圣过》,卷中《文王说》《首阳子说》。
② 《无能子校注》卷上《圣过》。
③ 《无能子校注》卷中《严陵说》。

之"贵",根本是不存在的。

总之,无能子认为,君主及其所代表的一切国家政治制度都是虚假的,都是不合理的,是人类社会一切苦难的根源,所谓君主既"尊"且"贵"的身份也不过是欺世盗名的说辞,从而彻底否定了君主制乃至一切国家政治制度的必要性与合理性。

而大致同时代的谭峭,①其措辞虽然比无能子温和,但在其所著《化书》中也表达了对君主和国家政治生活的强烈不满。

首先,人类历史从三皇"有道"化为五帝"有德",再从五帝"有德"化为三王"有仁义",从三王的"仁义"最后堕落为秦汉时期的战争,是一个每况愈下、不断退化的过程。②

其次,现实社会中的灾难,特别是百姓穷困,主要是由于以君主为代表的统治集团穷奢极欲,对百姓大肆掠夺侵害造成的,他们对百姓造成的痛苦与困扰甚于雀鼠,他们是逼迫人民为盗的大盗。③

正是基于这种认识,他主张当务之急是要回到清静无为的治国理念,节俭去奢,满足老百姓起码的衣食之需。谭峭的思想,粗看起来不过沿袭了老庄的一些说法,但如果联系到他所处的时代条件——一边是兵连祸结,百姓食不果腹;一边是君主及其大大小小的官吏奢侈无度,君主及其所代表的国家成了骑在人民头上的赤裸裸的压迫者——就不难看出,谭峭的思想实际上是对这种黑暗、残酷现实的强烈抗议。

总之,尽管这个时期的皮日休、罗隐等人还是站在儒家的立场去抨击暴君和专制君主制,心中还保留着对仁君的儒家式期盼,而道家则在理论上对一切形式的君主制国家都给予无情质疑和否定,但是他们却有着共同的现实指向,即都是基于秦汉以后专制君主制所带来的灾难和悲剧,在不同程度、不同层面上从正当性和有效性方面表达了对现实中君主专制政体的根本质疑。

---

① 据南唐沈汾《续仙传》,谭峭字景升,泉州人,大约唐末五代时人,曾师从嵩山道士十余年,著《化书》六卷。本节所引谭峭文章,源自丁祯彦和李似珍点校、中华书局1998年出版的《化书》。
② 《化书》卷一《道化·稚子》。
③ 《化书》卷五《七夺》。另本书卷四《仁化·太和》提出"慎勿怨盗贼,盗贼唯我召";卷三《德化·养民》则提出"防人盗,不如防我盗"。

总结与讨论

主要政治学问题

本讲以唐朝为重点,首先对这个时期政治思想的演变脉络和大致特点进行了梳理:讨论了儒家在帝制中国的"国家建构"中不可或缺的地位,统治者以儒为本,兼容佛、道的思想文化策略,并通过科举、学校教育和《贞观政要》的案例,说明儒家进入"国家构建"和政治过程的情况。其次,介绍分析了王通的政治思想内容以及地位。接着,从中唐以后国家政治生活面临的主要问题,如藩镇割据、宦官专权危及国家作为政治共同体的存在,而佛、道的盛行则危及帝国作为"想象的共同体"的存在,分析了"尊王攘夷"意识的形成,并在这一普遍意识的基础上,理解韩愈的尊君说与道统观,以及柳宗元对郡县制和中央集权国家的辩护,认为他们的这些思想都是这种意识的表现,以及对时代危机的回应。最后,以唐帝国这一"想象的共同体"的崩溃为现实基础,解释了皮日休、罗隐、谭峭等人的反体制思想,并将其理解为中国历史上和"反体制思想"循环发生的"第二波"。回顾这个时期对政治问题的谈论与思考,至少涉及以下政治学问题:

- 关于国家的意识形态策略问题。如唐太宗处理儒、道、佛三教关系的方法。
- 个人为本位的"天下"、国家观。如王通"不以天下易一民之命"。
- 国家与政府职能问题。如王通对"无为"政治哲学内涵的讨论。
- 统治正当性或合法性问题。如王通以"民"为本的"正统"观。
- 国家起源观。虽然对国家的态度不同,韩愈和无能子都倾向把国家视为某种意志(圣人创造或"妄作")的产物;柳宗元则视其为"势"、为客观演进的结果,属于演化论者。
- 关于中央集权国家的地方政治体制,或者说国家结构问题。如柳宗元对郡县制进行了系统的辩护。

讨论

考察隋唐时期的政治思想,印象最深的恐怕是其"盛世的平庸",即:其政治思想的"平庸"与其"盛唐气象"颇不相称。有学者已从一般思想史的角度对此进行了很有启发性的探讨，①但从政治的角度看，这一现象还是给人带来不少值得讨论的问题。例如，按照一般的理解，一个国家政权必须具有一套相应的意识形态，构建起国家的"精神结构"或思想统治的秩序，才能获得起码的合法性以维持其统治。汉朝建立后，通过"独尊儒术"建立起帝国的精神结构，似乎就是这方面的例证。而明清时期奉程朱理学为正统，将程朱理学作为官方意识形态话语的表达形式，似乎也证明了这一点。然而唐朝的情况却是，没有官方明确宣布的思想正宗，不仅对儒、释、道各家模棱两可，甚至将道家摆在第一位加以尊崇，以至于韩愈以一介文士起而重建儒家"道统"，但是这样的帝国竟然保持了不输于任何朝代的强盛！这就提出了一个重要的问题：一个没有统一的官方意识形态的盛唐帝国，或者说，看上去没有明显精神构造的帝国，是如何可能、如何维持的？或者进一步说，意识形态在传统国家建构中的作用，是否与其在现代国家建构中的作用不同？是否像唐帝国那样，没有官方明示的统一意识形态，在维持社会最基本的价值如"善"的观念前提下，保持思想的最大包容与多元，恰恰也是国家意识形态战略的一种可能选项？

与此相联系，隋唐帝国统治下人们的精神世界究竟是怎样的？尤其是，到底是一种什么样的政治心理、政治观念在支配着那个时候政治制度与政治过程的运行，支配着士大夫群体的日常政治生活？解决这些问题，对于理解这个帝国的精神结构是非常关键的。但目前对这方面的研究似乎还是很不理想的，还需要做大量的研究工作。

还有一个值得注意的现象是：从唐末五代时期一些人否定、批判君主以及国家的各种观点中，我们似乎看不出和他们前人、和此前类似的观点有什么交流与对话。按说罗隐、皮日休、谭峭这些人应该知道，魏晋时期也有一些人，也曾对君主乃至整个国家政治现象提出过激烈的批评，乃至提出"无君"的主张，他们为什么还要自说自话地"重复"前人提出的类似观点，从而造成某种思想重复循环地发生，或者形成缺少对话逻辑的"碎片化"的思

---

① 参见葛兆光：《中国思想史》第二卷第一编，特别是其中第一节《盛世的平庸：八世纪上半叶的知识与思想状况》，复旦大学出版社2000年版。

想表达?[①] 对于这一现象,本讲姑且理解为,虽然他们对君主、对国家的观点和魏晋的一些玄学家是大致相同的,但是这些观点的现实背景、经验含义或具体"所指"是不同的,他们要表达的是:对唐朝末期专制国家的极端无道、无能、无效的抗议,以及对这个时期百姓承受的极端苦难的同情。然而,严格说来,这一解释并没有真正地回答问题。或许真实的情况是:这与传统中国人对政治问题的思考方式有关。具体地说,和大多数传统士大夫一样,唐末五代的这些"反体制"论者对一般地讨论政治问题、"玩弄"知识的游戏似乎不感兴趣,政治问题对他们来说从来就不是一个知识或学术的问题,他们要做的只是根据当下的感受,直来直去地进行感情宣泄,发出意见表达的声音,所以他们才会"无视"前人的观点,才不会在乎魏晋时期的人是否说过类似的话。同时这也意味着,在类似的国家、君主问题上,他们自己也会被后人(如明清时期的黄宗羲、王夫之等)"无视"。当然,这一推测是否成立,还有待于进一步研究。

进一步思考的问题

1. 试分析王通的"正统"思想的内容。
2. 比较韩愈、柳宗元、无能子在君主和国家起源问题上观点的异同。
3. 柳宗元从哪些方面对郡县制进行了辩护?

[①] 类似"循环式、碎片化思想表达"的现象,在有关"夷夏之辨"问题上也表现得非常突出,参见张星久:《政治情境中的"华夷之辨"——秦汉以后"华夷之辨"的历史语境与意义生成》,《武汉大学学报(哲学社会科学版)》2015年第5期。

第七讲

事功与义理之间

——宋元时期的政治思想

> **核心内容**
>
> - 宋人的主要政治问题，思想演变大势
> - 李觏对"利"与"霸"的肯定以及礼治思想与富国主张；王安石以理财和人才为核心的变法思想；司马光等反对派的主张；王安石的地位与困境
> - 朱熹王道理想与循理治国原则，变法主张；陈亮肯定"利""欲"以及英雄主义的功利思想；叶适从制度层面对国家兴衰的思考
> - 金元之际的"用夏变夷"思想

本讲内容为宋朝（960—1279年）和元朝（1271—1368年）两个朝代的政治思想，但重点在宋朝。同时，为兼顾体系上的完备，对同时期辽、金的思想也会略有涉及。

提起宋朝，人们会很容易想起《清明上河图》所描绘的汴京繁华，以及《东京梦华录》《梦粱录》所记述的两京盛景，[①] 还有美不胜收的宋词，并从中

---

① 《东京梦华录》为两宋之际的孟元老所作，撰成于宋高宗绍兴十七年（1147年），主要记述宋徽宗崇宁至宣和年间（1102—1125年）东京汴梁的城市风貌、皇宫、内外官署位置，以及街巷坊市、店铺酒肆、朝廷活动、居民风俗节令、饮食、歌舞百戏等，为研究北宋都城、都市生活、经济文化的重要文献。《梦粱录》为南宋吴自牧著，是一本介绍南宋都城临安城市风貌的著作，记载了南宋临安城的宫殿、物产、户口、风俗、杂戏、学校等，对于南宋时临安的手工业、商业的发展情况，以及市民的经济与文化生活，进行了十分详细生动的描写。

窥见两宋时期社会经济和文化的繁荣。但是宋朝一则采取"守内虚外"的国策,供养了大量的军队和官员,用于防范内乱问题;一则外部又不断受到北方少数民族政权的压力和侵扰,先后与辽、西夏、金和蒙元对峙,最后北宋倾覆于金,南宋灭亡于元,从而给人留下了"弱宋"的印象。两宋时期发生的一些思想动向,如新儒家的出现,儒家内部分化出更加重视解决当下问题的事功学派;以及围绕着如何富国强兵、如何应对外部强敌进攻而展开的变法与守旧、战与和的争论,都是在这个大背景下展开的。

而对宋朝之外的少数民族政权(如辽、金、元)来说,他们在政治生活中面临的一个重要问题是如何处理本民族文化与汉族文化的关系。同时,对那些少数民族政权下已经"汉化"了的士大夫来说,也有一个如何处理文化认同(儒家文化)与政治身份认同(非汉族政权下的官员)关系的问题。

一、宋元时期政治思想演变大势

(一) 政治生活中的主要问题

观察和理解这一时期的政治思想,首先应对当时政治生活中的主要问题,同时也是当时人们普遍关注的政治问题有所了解。

就宋代而言,探讨以下几个相互关联、纠缠的问题,对理解当时的政治思想至为重要。

一是严重的外患问题。

宋朝首先是因为燕云十六州问题而和辽国发生了冲突与战争,结果不仅燕云十六州没有收回,恢复"汉唐故地"的梦想没有实现,反而在真宗时期因辽国兵临城下而签订了屈辱的"澶渊之盟"。辽国的问题没有解决,党项族建立的西夏政权又崛起于西北,宋朝在武力征伐不能奏效的情况下,又只有纳币求和一策。接着是女真人建立的金国,在与宋联合共灭辽国之后又旋即南下,占领大宋王朝的半壁河山,宋室被迫南渡。最后是蒙古兴起,并最终灭掉了南宋。所以,在两宋历史上,这些几乎一浪高过一浪的外部压力与威胁,是影响宋人政治思想的重要因素。它们不仅直接影响着他们对诸如攻与守、战与和以及"夷夏"关系问题的思考与争论,也在很大程度上制约着宋人对知识、学问的态度和展开路径。

二是中央集权背景下的积贫积弱问题。

自唐代中期至五代十国，由于藩镇割据、武人干政等原因，造成了国家权力分配上的外重内轻、君弱臣强局面，如何加强以君主为核心的中央政府的权威，是自韩愈、柳宗元以来诸多有识之士所关注的重大问题。而宋朝的建立沿袭了五代的通行做法，与军人和军事力量有着至关重要的联系，即赵匡胤本身是军事将领出身，是靠发动所谓"陈桥兵变"上台的。为了使政权得以巩固，防止其他人效法并颠覆宋朝，他采取了一系列加强皇权和中央集权的措施。这些措施的重点是：保持庞大的军队，由皇帝牢牢掌握军队指挥权，禁军一兵一卒的调动乃至前线作战指挥都听命于皇帝；"重文轻武"并将之定为宋室的祖宗家法，一方面不断扩大科举录取名额，使官僚队伍不断膨胀，并给予很高的地位和优厚的待遇，另一方面则对武将千方百计地压制打击；对主要官职的职权进行层层分割，使其相互制衡，如宰相之外，另设参知政事、枢密院、三司，分割宰相的行政权、军权、财政权；在地方层面，设立路—府(州、军、监)—县的三级体制，各级官员都由中央差遣，以中央官员的名义做治理地方的事情，而在路这一最高层级，分设四监司，多头主政，互相牵制监督；再就是所谓"制其钱谷"，尽可能地将各地财政资源收归中央，地方基本没有余财。这样做的结果正如朱熹所说，"兵也收了，财也收了，赏罚刑政一切收了"，①虽然达到了"宋朝无内乱"的效果，但这种"守内虚外"的做法不仅使宋朝丧失了抵御外敌的能力，也带来了"冗官""冗兵""冗费"的弊端，造成了朝野为之头疼的"积贫积弱"问题。这种积贫积弱的现实，就成为各派政治势力和思想家无法回避的问题。各种功利主义思潮的兴起以及王安石变法运动的发生，无疑是受到了它的直接刺激，就是那些重视"义理""心性"的理学家们，他们的思想也在一定程度上是对这一现实挑战的某种回应。

三是士大夫群体的政治主体意识觉醒，"得君行道"、实现"三代之治"的信心与使命感增强。

我们知道，儒学本身就是重视实践、重视经世致用之学，能够"得君行道"，遇到明君以实践其仁义之道，一直是儒者孜孜以求的愿望。孔子在世时没有得到这样的机遇，西汉儒学获得独尊的地位，似乎给人带来了希望。

---

① 《朱子语类》卷一百二十八，中华书局1986年版(下同)。

第七讲　事功与义理之间——宋元时期的政治思想

但是自东汉灭亡,中经魏晋南北朝玄学、佛学流行,儒家文化已是不绝如缕;唐代虽在治国理念上以儒为本,但在政治的台面上甚至以道教为国教,也谈不上是儒家"得君行道"的好时机。韩愈写就《原道》,表示"使其道由愈而粗传,虽灭死万万无恨",要以一介书生传承儒家之道,这本身就表明了对现实中君主的莫大失望。然而赵宋王朝的开国,却让士大夫们似乎找到了大显身手的舞台,看到了实现儒家之道和再现尧舜三代圣王之治的机会与希望。比如,范仲淹在《岳阳楼记》中就表达了"先天下之忧而忧,后天下之乐而乐"的襟抱,他本人也被当时和后世视为"以天下为己任"的楷模。王安石自应举为官以后,就"尊尚尧舜之道,以倡率学者";他在一道奏札中勉励神宗皇帝说,"大有为之时,正在今日";他所发动的变法运动也是以"法尧、舜"为目标。① 另外,像张载的名言"为天地立心,为生民立命,为往圣继绝学,为万世开太平",也对实践儒家之道、重现三代盛世表现出前所未有的自信心与使命感。然而,怀有这种雄心和抱负的并不只是这几位。朱熹就曾说过,"国初人便已崇礼义,尊经术,欲复二帝三代"。② 可见,在当时的士大夫群体中,已经形成了相当普遍的认识,即得君行道,实行三代之治,在宋代恰逢其时。③

为什么会有这样的雄心和自信?这首先与宋朝科举制度发展后带来的士大夫队伍的壮大有很大关系。为了保持政权对读书人的吸引力,也为了贯彻以文制武的国策,在唐代的基础上,宋朝的科举制度有了很大的发展和调整。比如,唐代虽有科举,但仍然十分重视门第出身,宋代则"取士不问家世";唐代每次录取进士仅几十名,录取后也不直接授官,宋代则每次录取几百名,徽宗时达到 600 多名。此外,鉴于唐末许多失意举子加入了王仙芝、黄巢的造反队伍,宋代还专设了"特奏名",只要坚持参加若干次考试且考完终场者,都予以特别录取,至哲宗时期,每次正规考试加"特奏名"录取总额已达八九百人。④ 这些人录取后就直接授官,而且待遇极优,被人批评为"恩

---

① 《宋史·刘述传》;《临川先生文集》卷四十一《本朝百年无事札子》,中华书局 1959 年版(下同);《宋史·王安石传》。
② 《朱子语类》卷一二九。
③ 参见余英时:《朱熹的历史世界——宋代士大夫政治文化的研究》(以下简称《朱熹的历史世界》)(上),生活·读书·新知三联书店 2004 年版,第 184—198 页。
④ 参见《宋史》卷一五五《选举一》。

逮于百官者惟恐其不足"。① 科举制度的发展不仅造就了一支数目庞大的文人官僚队伍,扩大了政权的统治基础,也带动了整个社会形成了重视学问、崇尚文化的风气,形成了"万般皆下品,惟有读书高"的社会心理,以及诗人描述的"孤村到晓犹灯火,知有人家夜读书"的景象,从而为士大夫群体的文化自信心、"弘道"使命感提供了社会条件和氛围。其次,宋朝统治者对士大夫采取宽松和包容的政策也是一个重要因素。② 据说宋太祖赵匡胤曾经立下誓碑,要求后世子孙"不得杀士大夫及上书言事人",虽然此事是否属实学界尚有争议,但是宋代对士大夫的宽容,宋代士大夫言论的宽松自由程度,确实是史上少有的。另外,为避免唐末五代武人割据之祸,宋朝的统治者一直有意识地构建一个文人官僚治理的国家,奉行"与士大夫治天下"、共同议定"国是"的原则,凡是大政方针的确定都要由皇帝和大臣一起商定,并最大限度地允许批评意见,士大夫参与政治范围之广、程度之深都是空前的。③ 这种开明、宽松的政治环境,自然有利于激发士大夫群体的政治主体意识以及得君行道、实现儒家理想之治的希望与信心。

士大夫群体在政治上的异常活跃,政治主体意识的觉醒,以及得君行道、实现儒家理想之治的使命感和自信心的增强,对宋代政治思想的影响是十分深远的。一方面,宋代的各种思想流派,无论是理论规模宏大的理学,还是看似"功利"的事功学派,都是在得君行道、开创三代式盛世的理想抱负下展开的,在某种意义上都是这种理想追求的理论化表达,所不同的只是各自选择的方法路径不同。另一方面,不仅儒家士大夫所追求的"仁"和"公道"与专制君主"私天下"的目标之间存在着深刻的矛盾,④ 而且他们在宋代政治生活中表现出的那种舍我其谁、当仁不让的使命感和强烈的政治主体精神,那种勇于开创盛世、传承道统,敢做政治舞台和历史舞台主人的姿态,本身就会让君主感到某种压力,形成与君主专制政体的潜在紧张关系。特别是当士大夫的这种主体精神、主导意识通过某个学派或政治群体表现出

---

① 赵翼:《廿二史札记》卷二十五"宋制禄之厚"条。
② 参见刘子健:《包容政治的特点》,载《两宋史研究汇编》,台湾联经出版事业公司 1987 年版。
③ 参见余英时:《朱熹的历史世界》(上),第 210—230 页;程民生:《论宋代士大夫政治对皇权的限制》,《河南大学学报(社会科学版)》1999 年第 3 期。
④ 参见张星久:《帝制中国的两种基本"公""私"观及其制度表现——一个从制度回溯观念的尝试》,《武汉大学学报(哲学社会科学版)》2006 年第 6 期。

来,并且这些学派或群体已形成很大声势的时候,这种潜在的压力、紧张就可能会演变为现实的冲突。两宋时期发生的多次党禁学禁——如北宋晚期针对司马光、二程和苏轼等反变法阵营而发动的党禁,南宋初期针对二程的"专门之学"发动的绍兴学禁,以及南宋中期针对朱熹一派发动的庆元党禁等——具体情况各有不同;但是从根本上说,主要是因为他们形成了很大的声势,掌握了知识和道德上的话语主导权,让以君主为首的统治者感觉到丧失了本该具有的"意识形态权力",使其感觉到了某种"奸党"、某种"集体行动"的挑战与威胁。① 所以,这种"挑战"与迫害之间的冲突,这种因话语权而引起的紧张与摩擦,不仅在很大程度上影响了宋代思想演变的走向,同时也在很大程度上塑造了当时人们思想观念的实际含义或"所指"。例如,"义利之辨"本为一个理论问题,但是放在北宋王安石变法时期,就可能被理解为对变法政策和"富国强兵"目标的态度问题;而放在南宋绍兴议和时期,就可能变成对议和的态度问题,就可能被理解为批评高宗忘记父兄之仇、丢弃"祖宗天下"的问题。又如"存天理,灭人欲"虽以普遍命题形式出现,"但其针对性则在人君与士大夫"。②

四是如何应对来自佛教与道家的挑战,恢复儒家文化正统地位的问题。

我们知道,作为一种国家意识形态,需要具备能够解释宇宙、自然、人类社会现象的"整全性"特征,而儒家的弱点恰恰在于其对宇宙论、认识论方面的理论建树不丰、不透,反倒是佛教、道家在这方面有着非常精巧、细致的哲学解释,因而能够趁虚而入,与儒家形成三分天下的格局。自佛教传入中土,反对者多从社会危害、现实利害着眼,而没有进入佛教的思想体系内部进行批判,也没有构建自己的一套哲学理论体系,因而难以操戈入室,破其门户。不仅如此,儒学本来下可以修身齐家,上可以治国平天下,到汉代儒家却偏于经国济世之"经济"之学,忽视个人安身立命的"性命"之学。而一旦汉末乱世来临,政治社会秩序瓦解,经济之学既已无效,个人"独善其身"的生命也得不到解释和安顿,反倒是佛教之类更能给普通人以生命的解释

---

① 参见金春峰:《宋代的学派与政派——从"绍兴学禁"到"庆元党禁"》,《湖南科技学院学报》2007年第3期。
② 余英时:《朱熹的历史世界》(上),第178页。

与慰藉(哪怕是"欺骗""麻醉"式的慰藉),在事关个人修身的"性命之学"方面,儒家也在丧失话语主导权,"老释二家亦夺孔孟之席"。① 而魏晋南北朝以来的儒学又多为家礼、朝廷礼制之学以及章句之学,也无法解决普通民众伦常日用的问题。宋儒特别是理学家正是见于这些问题,又受佛教、道家的宇宙论和认识论的启示,从这些问题切入,登堂入室,吸收改造其哲理,进行内在批判,同时把关注的焦点集中于伦常日用以及个人心性的安顿,以期再建孔孟传统并夺回失去的精神阵地。可以说,回应儒学在佛、道挑战下暴露出的问题,构成了宋代理学发展的思想背景与动力。

以上是影响宋代政治思想发展演变与展开的几个主要问题。

对于统一中国的少数民族政权如元朝来说,除了迫在眉睫的政治斗争和军事活动之外,他们在政治生活中面临的一个重要问题是如何处理本民族文化与汉族文化,即所谓"夷""夏"关系问题。因此,对元朝这样的政权而言,如何处理"汉化"问题,如何处理与作为被征服者的多数民族的汉族的关系问题,是其政治生活和政治思想中的一个重要议题。另外,对那些少数民族政权下的汉族儒生或已经"汉化"了的士大夫来说,为了缓解文化认同(作为汉文化代表的儒生)与政治身份认同(作为非汉族政权下的官员)的紧张问题,他们力求突破地域和种族界限,以是否采行中国文化、是否实施儒家仁政之道这一单纯标准来解释"用夏变夷",判断一个政权是否属于"正统"。

(二) 思想演变大势

在上述现实的和历史的因素刺激下,这个时期思想领域内出现的一个最突出的动向就是,儒家内部发生了重大变化和调整,产生了新儒家——理学,并且分化出事功学派,进而在政治上也形成相应的两大流派。

事功学派多出于今天的江西和浙江地区,北宋以李觏、王安石为代表,南宋著名者有陈亮、叶适等。该派主张做学问要能经世致用,提出的理论要能解决实际问题,要能产生实际的功利,要做实用、有功效的学问,反对空谈心性。事功学派在判断学问和行为的好坏对错方面,比较接近今天所谓的功利主义原则,它们都是按照是否具有实际效果以及结果的好坏来判断行

---

① 余英时:《士与中国文化》,第 399 页。

为的对错。① 本来儒家传统上就是重视经世致用的,但是它所重视的"实际"在内涵和层次上与宋代事功学派却有所不同。以往儒家多从修身之本出发,谈纲常伦理,然后到国家层面的仁民爱物、利民保民等,认为这才是最大的"经世致用"。同时,从秦汉以后儒家士大夫的实际表现来看,由于他们非常重视修身的性命之学,强调民本,重视民命,加上对于君主专制国家的不信任,使他们并不喜欢谈论富国强兵,一谈这个问题就往往说对方在讲商鞅、韩非之法术,这样就使得他们的学问在应对现实问题方面,显得迂阔不切实用。所以,宋代一部分儒者在现实危机的刺激下,开始重点强调事功、功利的重要性,由此形成了事功学派。

理学因其以"理"为世界本体和核心概念而得名。一般认为,理学家的骨干在北宋有周敦颐(字茂叔,称濂溪先生)、张载(字子厚,称横渠先生)、程颢(字伯淳,称明道先生)、程颐(字正叔,称伊川先生)、邵雍(字尧夫,称安乐先生)等"五子";南宋有朱熹(字元晦,称紫阳先生)、陆九渊(字子静,称象山先生)、张栻(字钦夫,称南轩先生)、吕祖谦(字伯恭,称东莱先生)等。其中最具有代表性的是程朱学派(指二程和朱熹,称"程朱理学"),而朱熹又是理学的集大成者。理学的形成,除了前面所说的政治与思想背景之外,佛教自身的中国化也为儒家的创造性转化提供了条件。佛教传入中国后,在唐代产生了中国化的本土佛教——禅宗。禅宗的主张和西方宗教改革时期马丁·路德的"因信称义"有些类似,强调"直指本心,不立文字","见性成佛",主张摒弃文字之羁绊,"得意忘言",自由解经。此外,还主张"佛法在世间,不离世间觉",所谓"担水砍柴,无非妙道",要求在日常的饮食、起居生活中发现禅道,从"青青翠竹,郁郁黄花"中体味禅意,实现对生命的内在超越,承认世间的苦难和磨难对修行也有积极意义。因此,禅宗相信本心以及入世的态度,已经和儒家的内在超越路线十分接近,其"见性成佛""直指本心"的"心法"对理学的宇宙论、认识论具有很大的影响。

事功派和理学家同属于儒家阵营,在许多政治问题上存在着一致之处。例如,都向往三代盛世之治,都强调立君为民,都注重君臣大义,反对与金人议和,主张积极备战、收复失地等。但双方确实又存在很大分歧。仅就现实

---

① 参见田浩:《功利主义儒家——陈亮对朱熹的挑战》,姜长苏译,江苏人民出版社1997年版,第5—6页。

政治问题方面而言,事功派大多认为当务之急是要研究和解决眼前的问题,如军事与财政问题、吏治问题,所以做学问要能解决眼前的实际问题,就要讲功效、谈功利,离开这些眼前亟待解决的问题,其他都是"空谈"。而理学家们则倾向于认为,当时宋代存在的一系列问题,根本原因在于人心问题,尤其是"人主之心术"问题。要解决当下的社会政治问题进而实现三代之治,首要的是从"正心诚意",特别是从"正君心"这个"大根本"做起,解决好义与利、公与私、王道与霸道、天理与人欲的关系问题,然后从修身齐家外推到治国平天下,则社会政治问题就会迎刃而解。双方关注的是不同层次的问题,在对问题孰轻孰重的排序上也有所不同。事功派偏重于就事论事,而理学家们则偏爱对社会政治问题的"一揽子工程"或"根本解决"方案。

事功派和理学派之间的论争与冲突,在北宋王安石变法时期出现第一个高潮。以王安石为代表的变法派在学术上属于"王学",他们追求"富国强兵"的主张遭到了理学阵营的司马光、二程、苏轼等人的激烈反对。① 虽然王安石变法最终失败,但是到哲宗、徽宗时期,反对新法的这一派又被冠以"元祐党人"乃至"元祐奸党"的称谓,遭到打击迫害。到了南宋时期,则主要表现为以陈亮为代表的事功派与朱熹理学派的争论。

入元以后,统治者一方面在全国范围内实行多元化的思想文化政策,对元朝统治区域内各族文化给予不同程度的尊重;另一方面,为了吸收、学习汉族统治者的统治思想和统治技术,巩固在汉地的统治,在文化意识形态上采用儒家周孔之道,逐步延揽和重用儒者,传播儒家学说。最初是儒者宋人赵复(字仁甫,称江汉先生)被俘后,在姚枢和杨惟中的极力推荐下,于燕京的太极书院广收门徒,教授程朱理学。接着是许衡(字仲平,称鲁斋先生)自赵复门人姚枢处得程朱之学并加以研习,后被忽必烈委以京兆提学、国子监祭酒,参与主持朝仪、官制的制定。此外,窦默、刘因和郝经等人对程朱理学在元朝的传播也都作出了重要的贡献。正是在这些人的努力下,理学在元朝获得了官方正统思想的地位。

---

① 关于司马光是否属于理学中人,学术界历来存在争论,这里在政治上将其大致归属于理学派。

二、北宋的事功思想及其争论

(一) 李觏的政治思想

李觏(1009—1059年),字泰伯,北宋建昌军南城(今江西资溪)人。因家于盱江边,创办盱江书院,学者称为盱江先生。李觏一生以教学为主,后因范仲淹等人的力荐,于宋仁宗皇祐二年(1050年)任教太学,先为助教,后为直讲,故又称"李直讲"。他一生关心时政,写了大量针砭时弊、主张改革的文章,被认为是江西学派的一个重要代表,是王安石思想的先导,存世著作为《直讲李先生文集》。①

李觏的政治思想主要还是在儒家的概念下讨论问题,因此总体上没有超出儒家的范围。例如,关于国家和君主的存在目的,他还是坚持儒家"民本"观和"立君为民"的立场,认为上天"为民立君",君主的职责就是"以安民为务"。②但是他更关注讨论"礼"而不大重视正统儒学所强调的"仁",这使他更接近荀子的思想;他挑战正统儒家的一些理论禁区,公开反对孟子的义利、王霸观,肯定"利""欲"和"霸道"的合理性,这些都使他的思想表现出鲜明的特色。

1. 肯定"利"与"霸道"的功利主义原则

孟子提出贵义贱利、尊"王道"贬"霸道"的思想,被历代正统儒家奉为不可动摇的基本原则。而李觏却公开挑战这些观念,肯定"利""欲"和"霸道"的合理性,认为"人非利不生","欲者人之情",不管是圣人还是普通人,每个人生而有欲望,为了满足欲望就会有利益追求。因而他批评孟子耻言利是一种偏激的观点,说"孟子谓'何必曰利',激也,焉有仁义而不利者乎",③认为推行仁义并非不获利益,离开功利、功用,仁义也就无从体现和存在了。

在他看来,治理国家更应当重视谋求功利、实利,所谓不言利是违反圣人之意的。例如,《尚书·洪范》所列八政中,一曰食,二曰货;孔子也说过

---

① 今流行版本为中华书局1981年出版的《李觏集》(王国轩校点)。
② 《李觏集》卷十八《安民策第一》,中华书局1981年版(下同)。
③ 《李觏集》卷二十九《原文》。

"足食足兵,民信之矣"。而圣人之所以重视"利",就是因为国家、政治生活的根本目的在于安民养民,为此就要讲究理财富国、发展生产,否则"养民"就是空话。为此,他提出,"治国之实,必本于财用","利用厚生,为政之本",并说"财者,君之所理也",①认为理财养民,本身就是君主的职责,是国家治理的根本,它既是利国利民之"利",当然也是治国之要"义"。

与儒家"义利之辨"相联系的还有"王霸之辨"问题。在孟子的思想中,大体上"王道"治国就是以行仁义为目的,以德服人为手段;而"霸道"则是出于私欲、私利,以暴力和欺诈征服天下。崇"王"贬"霸",实质上还是强调治国要以德为本,反对以暴力为本。但是历来儒者往往夸大"德"的作用,而对暴力在国家治理中的合理作用则避而不谈。针对这一问题,李觏首先指出这种"王道""霸道"的区分本身就是荒谬的,认为"王"与"霸"原本是对天子和诸侯("伯")的不同称呼,并不是在施政上有什么本质不同。同时,他认为"王道"也不是纯用仁义,"霸道"也不是纯用刑杀,刑罚本身也是先王所制,是治理国家所必需的。所谓"刑罚不可废于国","仁者固尝杀矣",②讳言刑杀实际上是放纵罪人,也是不仁。而且从实际情况看,真正能够做到像管仲、商鞅那样使国家强大的"霸道"已经很不容易了。他说:

> 儒生之论,但恨不及王道耳,而不知霸也、强国也,岂易可及哉?管仲之相齐桓公,是霸也。外攘戎狄,内尊京师,较之于今何如?商鞅之相秦孝公,是强国也。明法术耕战,国以富而兵以强,较之于今何如?(《李觏集》卷二十七《寄上范参政书》)

显然,在他看来,提出和制定政治目标要切合实际,儒士动辄言"王道",其目标过于空想迂阔,反不如"霸道"和强国的目标更切实可行。

这样,李觏通过对"利"和"霸道"的辩护与肯定,确立了他的功利主义原则,为他"富国强兵"、安民养民的政治主张奠定了理论基础。

2. 以"礼"治国的思想

李觏认为,实现国家安民、养民的目标,首先就要制定以"礼"为核心的

---

① 《李觏集》卷十六《富国策第一》;卷五《周礼致太平论·序》;卷十六《富国策第六》。
② 《李觏集》卷三十四《常语下》;卷十八《安民策第八》;卷二十一《本仁》。

道德与制度规范,实现以礼治国,以礼治民。这里我们按照礼的起源与功能、礼的内涵以及地位几方面,对他的礼治思想加以介绍。

我们知道,荀子关于礼的起源思想是以人性趋向于恶为前提的,认为人生来具有各种欲望,如果任其发展而不加以节制的话,则会导致各种恶行的产生。李觏也是从人性开始讨论礼的起源的。他一方面认为"人非利不生","欲者人之情",肯定人生而有欲、有利益追求是一种正常的自然的事情,而不存在荀子所谓"性恶"的问题;另一方面又和荀子一样,认为人类的各种欲望需要加以调节,而调节的手段就是礼。他说:

> 利可言乎?曰,人非利不生,曷为不可言。欲可言乎?曰,欲者人之情,曷为不可言。言而不以礼,是贪与淫,罪矣。不贪不淫而曰不可言,无乃贼人之生,反人之情。(《李觏集》卷二十九《原文》)

> 利用厚生,为政之本,节以制度,乃无伤害。(《李觏集》卷五《周礼致太平论序》)

可见,一方面人类对利的需求和欲望应该得到肯定与满足;但另一方面,如果离开礼的规范而"言利"、求利,对各种欲望不加调节、引导,就会产生"贪""淫"等"伤害"问题,给社会留下祸端。而所谓的礼,就是圣人根据人的需要和人性的实际状况而制定的。他说:

> 夫礼之初,顺人之性欲而为之节文者也。人之始生,饥渴存乎内,寒暑交乎外。饥渴寒暑,生民之大患也……圣王有作,于是因土地之宜,以殖百谷;因水火之利,以为炮燔烹炙。治其犬豕牛羊及酱酒醴酏,以为饮食;艺麻为布,缲丝为帛,以为衣服。(《李觏集》卷二《礼论第一》)

李觏关于礼的起源和功能的认识,首先强调的是礼对人类情欲的保障和满足功能,而不是消极的压制、禁止;其次是应该用礼来对人类的情欲加以调节和引导。这一思想把"礼"理解为更好地保障与实现人类需求和欲望的一种形式,同时对"人欲"采取一定的"节文",使之合理化,而非简单地将其当成邪恶的东西加以禁止。① 这不仅在理学占统治地位的宋代独树一帜，即使在今天看来也是非常深刻的。

在关于礼的内涵问题上，李觏的看法也与传统儒家大不相同。在孔孟那里，"仁"是目的，是根本，而"礼"则是行仁的手段，是形式，因此反对离开"仁"这个目的和根本去追求形式主义的"礼"。然而，李觏则与此不同，他把内在的道德规范与外在的制度体系打成一片，融为一体，认为就具体内容上说，礼可以细分为仁、义、智、信"四名"，以及乐、刑、政"三支"，"是七者，盖皆礼矣"，这七个方面合起来都属于"礼"，都是礼的具体体现。②

在他看来，这种统摄道德规范与制度体系的"礼"实质上就是"圣人之法"，就是"周孔之道"的高度概括。他说：

礼者，圣人之法制也。（《李觏集》卷二《礼论第四》）

又说：

夫礼，人道之准，世教之主也。圣人之所以治天下国家，修身正心，无他，一于礼而已矣。（《李觏集》卷二《礼论第一》）

既然礼是圣人之法、圣人治国之道的最高体现，是最高的治国道理、法则和精华，它就是"穷天地，亘万世，不可须臾而去"的，③则治理国家当然就要"一本于礼"，以礼为根本途径和手段了。

3. 安民养民与富国强兵

在李觏的思想中，礼治是实现安民、养民之"利"的保障，而这种安民、养民之"利"乃至"霸道"之利落实在现实政治中，就是财用之利，就是强国之功。

基于这一思想，李觏明确提出要像管仲、商鞅那样，行"霸道"和强国之术，以"国富兵强"为目标，反对不切实际的"王道"追求，并明确提出"贤圣之

---

① 参见韦政通：《中国思想史》（下），上海书店出版社 2003 年版，第 690—691 页。
② 《李觏集》卷二《礼论第一》。
③ 《李觏集》卷二《礼论第六》。

君,经济之士,必先富其国焉"的口号。①

如何富国强兵？他提出的主要解决方案是：节制用度,强本抑末,实行井田制,以及推行兵农合一的屯田制。"节用"是国家理财的具体手段,强调从统治者到全社会都要限制奢侈浪费,特别是君主要做到"损上益下,与百姓偕乐",采取"量入以为出"的财政政策,并且要"费之多少,一以式法",做到财政支出有一定之法。② 在强本抑末方面,主要是通过打击商人,抑制土地兼并,实行井田制等手段,发展农业生产,保护农民利益。李觏长期生活在社会底层,对当时存在的"耕不免饥,蚕不得衣""贫民无立锥之地,而富者田连阡陌"以及"田广而耕者寡"的问题感触很深。③ 为解决这种财富占有不公、资源配置不合理的问题,他提出的办法是：首先,"限人占田",实行"井地之法",即限制富人对土地资源的无限占有,实行井田之法,使贫穷者也有可耕之地,以达到"尽地力"的目的。④ 其次,实行抑制"末业"之术,让"游民"回归到土地耕作中,并建议采取汉代平准法,由政府"尽笼天下之货物",垄断货物的流通买卖,以便对那些"坏民家,败民产"的商人进行打击抑制。⑤ 最后,他提出应该改变宋朝那种单一的募兵制,效法古人实行某种程度的屯田制,平时进行农业生产,农闲训练,寓兵于农,解决军队战斗力和补给问题。⑥ 应该说,类似李觏的这些主张,历代儒者都曾提出过,特别是他提出的井田制或"平土之法",几乎所有的思想家谈到土地问题时都跳不出这种理想的乌托邦思路。但重要的是,他在讨论这些问题时表现出对富国强兵和理财问题的重视,从总体的治国方略和思路上看,这是很有新意的。

总之,李觏思想中的功利主义原则以及对富国强兵和理财问题的重视,在一定程度上成为王安石变法的先声。他把理财作为国家和君主的基本职能,看到在财富和资源既定的情况下,是否"理财",是否能够合理分配和使用资源,会产生大不一样的结果;他主张用一种自然而然的心态看待人的正当需求,强调礼作为一种制度体系首先是顺应和满足人类的需求,而非对人

---

① 《李觏集》卷十六《富国策第一》。
② 参见《李觏集》卷六《国用第二》《国用第一》。
③ 参见《李觏集》卷二十《潜书一》;卷十六《富国策第二》。
④ 《李觏集》卷十九《平土书》。
⑤ 分别参见《李觏集》卷十六《富国策第二》;卷七《国用第九》。
⑥ 参见《李觏集》卷十七《强兵策第二》。

的欲望简单地否定和鄙视,这都和现代人关于国家经济管理职能以及制度起源与功能的认识是一致的。

(二) 王安石的变法思想

王安石(1021—1086年),字介甫,封荆国公,抚州临川人(今江西抚州临川区)。宋仁宗庆历二年(1042年)中进士,先后担任地方州县官十余年,并在仁宗时期上万言书请求改革。神宗熙宁二年(1069年)任参知政事,次年拜相,全面推行新法。熙宁七年(1074年)因反对者众多而罢相。一年后,再被起用为相,旋于熙宁九年(1076年)再度罢相。哲宗元祐元年(1086年)病逝。作为一个政治家,王安石著述颇丰,但有相当部分已经遗失,今存的著作主要有《临川先生文集》《王安石老子注辑本》,以及《周官新义》残本(四库全书本)等。[1]

我们知道,王安石变法是中国历史上罕见的触及政治、经济、军事和教育等各方面的大规模改革变法运动。为确保这场改革能够得到更多人的响应和支持,王安石做了很多的理论准备工作,提出了比较系统的改革变法理论,这使他在古代从事改革的政治家中成为最有理论支撑的一位。关于他的改革理论,如果从它所直接解决的现实问题说,从它重视追求实效、追求富国强兵的"功利"说,确实可以将其归入事功派思想的大范围之内;但他又目标远大,陈义甚高,其变法思想有宇宙论、人性论为哲学基础,并直追尧舜三代之治,汲汲于周公、孔子"王道"理想与孟子心性之学,这又绝非宋代其他事功派思想家(如李觏、陈亮和叶适等人)可比,以至于有学者干脆将"王学"称为"新义理式的理学"而通归于理学阵营。同时,王安石思想的这种丰富性乃至复杂性也表明,他既是一个久立政坛的现实主义政治家,又是一个理想主义者。[2] 这些特点,都是我们在理解王安石的思想时需要加以注意的。

1. 王安石变法思想的哲学基础

为了给变法思想提供理论基础,王安石通过对儒家经典重新解释,主要

---

[1] 关于王安石的著述,可参见中华书局上海编辑所编辑:《临川先生文集》,中华书局1959年版;容肇祖辑:《王安石老子注辑本》,中华书局1979年版。
[2] 参见侯外庐主编:《中国思想通史》第四卷(上),人民出版社2011年版,第375—442页;韦政通:《中国思想史》(下),第703—704页。

是重新注释《诗》《书》《礼》三经,创立了自己的"新学"或者"王学"体系,利用这种托古改制的办法提出"新义",阐述变法的思想。所以,南宋时就有人评价他说:"所以自释其义者,盖以其所创新法尽傅着之,务塞异议者之口。"①

王安石的哲学思想来源比较复杂,主要吸收了孟子的心性之学,《易经》中的太极、变易观念,以及《尚书·洪范》中的五行说,另外还受到传统的天人合一思想以及道家学说的影响。② 通过综合这些思想资源,王安石提出了自己以"道"为本体的宇宙论,其大致的观点是,"道"为"天下母",是化生万物的本体,是世界的始基和本原。③ "道"就其作为永恒的存在和不变的本体而言,是恒常不变的;但它又有变化生成的"用"和功能,它通过自身存在的阴与阳、动与静、无与有、元气与冲气、太极与五行等对立作用,生成变化万物。这些相互对立、作用的力量或因素,用他的话说就是万物皆"有所对",或者"皆各有耦",于是"耦之中又有耦焉,而万物之变,遂至于无穷"。④ 换句话说,正是这种事物内部相互对立、作用的力量,成为事物生成变化的根本原因。

正是在这个意义上,他提出"尚变者,天道也","新故相除者,天也",⑤认为事物的生成变化、推陈出新是世界的法则。

既然"道"是世界的主宰,而且"道"的法则是变化生成、推陈出新,则人在社会生活中当然也要顺从、效法它。这就暗示着,人要顺应宇宙的法则而"尚变"、求变。

人性论是王安石哲学思想中另一个重要内容。虽然他的人性论存在很多矛盾混乱之处,引起了学术界的一些争议,但大体上可以认为,他既不同意荀子的性恶论,也不赞同孟子的性善说,而是提出"性无善恶"说,认为性在本体上无善无恶。所谓:

> 孟子言人性之善,荀子言人性之恶……性生乎情,有情然后善恶形焉,而性不可以善恶言也,此吾所以异二子也。(《临川先生文集》卷六十八《原性》)

---

① 晁公武撰、孙猛校证:《郡斋读书志校证》(上),上海古籍出版社1990年版,第82页。
② 参见韦政通:《中国思想史》(下),第708—709页。
③ 《王安石老子注辑本·天下有始章第五十二》,中华书局1979年版。
④ 见《王安石老子注辑本·天下皆知章第二》;《临川先生文集》卷六十五《洪范传》。
⑤ 《临川先生文集》卷六十三《河图洛书义》;杨时:《龟山集》卷十七引《王氏字说》。

人性原本无善无恶,如何解释现实中的人有善有恶呢?在这方面,他基本上沿袭了孔子"性相近,习相远"的思想,认为人性的善恶是后天的"情"造成的,而"所谓情也,习也","习于善"就倾向于成为上智之人,"习于恶"就倾向于成为下愚之人。① 就是说,是环境的影响和后天习得的因素造成了人性善与恶、上智与下愚之别。这一人性论的现实意义在于,从后天的外在环境和条件方面强调人性善恶转化的可能性,从而在理论上预示了通过改革变法、改变环境使人迁善远恶,进而实现三代之治的可能性。

总之,在王安石的宇宙观和人性论中,一方面重点强调变易的思想,强调"变"的必要性和可能性;另一方面又基于古人对万物始基、宇宙本体的共同认知水平,坚持以"道"作为世界秩序背后的永恒、唯一的主宰。这似乎也暗示着,社会变革也应该以某种圣人、君子等为主导力量,才能有序地推行。

2. 变法的目标与原则

前文主要介绍了王安石变法思想的哲学基础,而王安石变法思想的产生,更直接的原因还是来自于现实问题的刺激。早在范仲淹等人推动"庆历新政"的时候,宋朝政治中的各种积弊如"冗官""冗费"以及积贫积弱问题就已经十分突出。庆历改革失败后,这些问题更加突出,正如王安石《上时政疏》所说:

> 方今朝廷之位,未可谓能得贤才;政事所施,未可谓能合法度。官乱于上,民贫于下,风俗日以薄,才力日以困穷……以古准今,则天下安危治乱,尚可以有为。有为之时,莫急于今日,过今日,则臣恐亦有无所及之悔矣。(《临川先生文集》卷三十九)

可见,由于不得贤才在位,施政措施不合法度,造成官乱于上,民贫于下,而且风俗日益浇薄,财政日益困难,留给改革的时间已经不多,如不奋发有为、锐意改革,恐怕后悔莫及。所以在《上时政疏》中他强烈要求皇帝抓紧时机,"以至诚询考而众建贤才,以至诚讲求而大明法度"。而在此之前所写的《上仁宗皇帝言事书》更是大声疾呼要"变更天下之弊法,以趋先王之意"。②

---

① 参见《临川先生文集》卷六十八《原性》《性说》。
② 《临川先生文集》卷三十九。

至于变法的目标,从近处说,当务之急自然是要解决长期形成的积贫积弱问题,实现富国强兵。不过,王安石和宋代许多士大夫一样,在政治上一直怀有直追尧舜、实现三代之治的理想,加上他又"自信所见,执意不回",是个自视极高、执着自负的人,如果变法只是要解决眼前的富国强兵问题,则未免看轻了王安石改革的抱负与器局。例如,熙宁元年(1068年)四月神宗首次召见王安石询问治国之道,当问到"唐太宗何如"时,王安石当即回答说:"陛下当法尧、舜,何以太宗为哉?"①可见王安石推动变法运动,更有"尧舜其君"、实现圣王事业的远大目标。如果从他在《洪范传》中所谓的"为政于天下者,在乎富之,善之"来看,则"富"与"善",既保民养民,又以德化民,才是王安石变法的全部目标。

　　为了实现这一目标,他主张君主应该在改革变法过程中发挥主导作用,成就圣王事业,即所谓"人主制法,而不当制于法","人主化俗,而不当制于俗"。② 同时他还强调,一个追求圣王事业的君主,应该坚持以"王者之道",以"仁义礼信修其身而移其政",作为变法和施政的最高指导思想,而坚决摒弃"霸者之心"。③ 例如,一次宋神宗对他说,荐举人才为官的官员"多苟且不用心,宜严法制",想要采取严厉的措施对这些荐举人才的官员进行督责,王安石则明确反对,认为"刑名法制,非治之本,是为吏事,非主道也",人主应该坚持"精神之运,心术之化,使人自然迁善远罪",认为这才是"主道"或"帝王之道术"。④

　　可见,在他看来,推行改革变法,解决吏治败坏、百姓贫穷、财政困难等,固然是"莫急于今日"的问题,但是改革变法又必须在一个"圣明"君主的主导和带领之下,在坚持儒家的德治、王道的原则下进行。

3. 以"理财""陶冶人才"为核心的变法思想

　　我们知道,王安石为了实现富国强兵的目标颁布出台了很多新法和改革措施,主要涉及理财、整军以及教育和科举制度改革等方面。这些新法和改革措施体现了王安石多方面的治国思想,而其中比较值得重视的是其理财思想,以及教育和科举制度改革中反映出的人才思想。

---

① 《宋史·王安石传》。
② 《宋史·李光传》。
③ 《临川先生文集》卷六十七《王霸论》。
④ 《续资治通鉴长编·卷二百三十》"熙宁五年二月乙卯"条。

在理财方面,他也和李觏一样,十分重视理财对于国家政治统治的意义,认为理财是国家政权的一项重要职能,所谓"政事所以理财,理财乃所谓义也,一部《周礼》,理财居其半"。① 又说:

> 为国之体,摧兼并,收其赢余,以兴功利,以救艰厄,乃先王政事,不名为好利也。(《续资治通鉴长编·卷二百四十》"熙宁五年十一月丁巳"条)

可见,理财不仅是国家的主要职能,甚至也是圣王事业的一部分。如此旗帜鲜明地强调国家的经济管理职能,在历史上是少有的。

明白了理财在国家政治生活中的重要地位,也就不难看到,当今之所以出现财政困难,出现公私困穷的问题,根本原因就是不善理财,没有找到理财之道。他在《上仁宗皇帝言事书》中说:

> 盖因天下之力,以生天下之财;取天下之财,以供天下之费。自古治世,未尝以不足为天下之公患也,患在治财无其道耳。今天下不见兵革之具,而元元安土乐业,人致己力以生天下之财。然而公私常以困穷为患者,殆以理财未得其道,而有司不能度世之宜而通其变耳。(《临川先生文集》卷三十九)

他认为,在正常情况下,只要生财有道,调度有方,是不会存在财政困难的。以宋朝当时的情况而言,既没有发生战争,百姓也都勤劳敬业,却出现公私困穷的"公患",一定是因为未找到理财之道,是政策上和管理上出了问题。

什么才是他所谓的"理财之道"呢?正如上面所说,其基本指导思想是"因天下之力,以生天下之财;取天下之财,以供天下之费",或者叫做"以义理财"。具体来说就是:

> 理天下之财,不可以无义。夫以义理天下之财,则转输之劳逸,不可以不均;用度之多寡,不可以不通;货贿之有无,不可以不制;而轻重

---

① 《临川先生文集》卷七十三《答曾公立书》。

第七讲 事功与义理之间——宋元时期的政治思想

> 敛散之权,不可以无术。(《临川先生文集》卷七十《乞制置三司条例》)

他又说:

> 尝以谓方今之所以穷空,不独费出之无节,又失所以生财之道故也。富其家者,资之国;富其国者,资之天下;欲富天下,则资之天地。(《临川先生文集》卷七十五《与马运判书》)

所谓"以义理财",就是要公平、合理地安排生产与财政收支:一方面,创造好的环境,采取合理的政策去调动"天下之力",激发大家去"生财",去"资之天地",开发自然资源以创造财富;另一方面,对现有的资源进行合理的配置,如公平地分配赋税负担,按照计划,合理地安排收支等。而其理财方法中的重点又在于"民不加赋而国用饶",在不加重普通小农赋税负担的情况下,增加国家的财政收入。为了达到这一目标,他主要采取了两个方面的措施:一是鼓励农民开垦土地,发展生产,如实行农田水利法;二是抑制兼并,让逃避税役的地主豪强承担应有的赋税义务,同时由政府控制民间借贷和市场流通,这样既可以使政府获得流通领域中的利润收入,又可以限制投机商人的暴利,如他推行的青苗法、均输法、免役法、市易法等,大都出于这种用意。

另外,作为一个有着丰富从政经历的政治家,王安石一开始就意识到人才问题关系到变法的成败。比如他说:"免役也,保甲也,市易也,此三者,有大利害焉。得其人而行之则为大利,非其人而行之则为大害。"[①]可见他已经清醒地看到,改革的成败取决于具体操作、实施,取决于人才,如果没有与之相适应的人才队伍,而靠现有的这些官员去推行,很可能带来"大害"。而在他看来,当时大宋官场的现状恰恰令人忧虑,最突出的问题是"在廷之臣,或庸或奸",造成"天下风俗法度,一切颓坏";再就是现有的科举制度造成官员学非所用,为了应付科举考试,他们所学的都是"讲说章句"的知识和书写"课试之文章"的能力,实际上对于天下国家来说则是"无补之学"。因此,他从学校制度、教学内容改革到人才的选拔、使用之道等各方面,全面系统地

[①]《临川先生文集》卷四十一《上五事札子》。

阐述了自己的人才政策与思想。其中重点是强调"今日所宜学者,天下国家之用也",主张应根据治国的实际需要来培养人才,改变目前这种学非所用乃至于败坏人才的学校教育制度与教育内容。① 正是基于这一思想,他试图在变法运动中对科举考试内容和科目进行大力改革,如在进士考试中停考诗、赋而改试经义和时务策,另设"明法科"选拔法律方面的专门人才等。总之,他看到了由什么人来具体推行新法,从而看到了政策过程中的细节对改革成败的重要性,同时主张按照治国理政的实际需要来设计考试内容,尝试引导和促进传统社会在政治知识方面的转型与变革,这在当时条件下都是难能可贵的。

4. 王安石思想的特点与地位

首先,在中国传统政治思想中,王安石的思想确实有新贡献,表现出不少能够与现代政府管理知识和理念进行对接或对话的新成分。比如,尽管在他之前,也有很多人提到理财的重要性,但恐怕没有人像他那样,以一个开宗立派的大儒和政治家的双重身份,强调政府的经济管理和财政职能,把理财、"治财"视为政治、"政事"的核心内容,把理财的问题讲得如此透彻,讲得具有如此重大的意义和地位。他甚至能够看到,在资源和要素既定的条件下,不同的资源配置方式,不同的政府"理财之道",会带来不同的效果,从而有了通过管理、通过发挥政府经济管理职能获得效益的认识,这在当时确实是十分先进的治国理念。在理想的治理状态下,本来是不应该存在短缺问题的,一定的、合理的资源配置方法和"治财"方法可以解决专制政治下常常出现的财政危机问题。又如,他既注重改革变法的宏观构想和价值目标,又注重政策执行过程中人的因素以及操作细节,并尝试引导和促进政治知识方面的转型与变革,这都触及改革变法中的一些规律性问题。

王安石变法思想在理论上和实践上也暴露出严重的缺陷和局限。首先,他的思想和变法措施跟当时的知识状况以及时人对政府管理的认识水平存在比较严重的隔阂与距离。从现代学术的眼光看,王安石的新法涉及农业信贷、土地管理与财富分配、流通与物价管理、政府采购、兵役制度与国防诸多问题,解决这些需要具有政治学、行政学、金融、物价、财政、军事等多方面的专业知识,即便在现代社会也是非常繁难的事情。要完成这个任务,

---

① 《临川先生文集》卷三十九《上仁宗皇帝言事书》。

需要整个时代知识状况的革命性转变,更需要在此基础上有一支训练有素的官僚队伍,这在 11 世纪的中国几乎是不可能的。同时,他虽然看到了问题,但是整个政策的目标导向确实存在着抑制商品经济、反社会分工和空想的平均主义倾向,也充满了乌托邦色彩。

从深层次上看,造成王安石变法失败的根本原因,还是在于他那"先进"、超前的理念与当时的政治体制存在明显的脱节与抵牾之处。变法要加大政府对经济的干预力度,势必带来政府权力的扩张与膨胀,"三不足畏"口号的直接后果就是"解放"君权,这也是它引起人们担忧的重要原因。而从现代政府管理的知识看,政府权力膨胀、政府干预经济的最大风险恰恰是可能带来"政府失败"以及相关的权力寻租问题。王安石虽然也敏锐地感觉到了这一点,但是他囿于当时的知识和政治观念,只能把希望寄托于帝王能够"圣明""正心诚意",官僚组织都是勤政爱民的"君子",但是这样的假设在专制政治体制下是不存在的。在没有权力监督机制,没有确立产权保护制度,也没有相关权利义务规定的前提下,把各级政府官员的权力一下子释放出来,让他们投身于"理财"活动,他们不但不可能及时掌握经济活动信息并作出灵敏反应,反而更可能把每一次政策执行过程都当成寻租牟利、制造政绩的机会,从而使变法最终沦为对百姓更大规模的搜刮与掠夺,利民的新法最终变成了"害民"之法。

但无论如何,王安石变法都是儒家"内圣外王"理想的一次大规模的试验。即使它是失败的,也给后人留下了一次类似实验室的经验,使人们能够有机会从实践的层面去观察传统思想的问题。

(三)司马光等反变法派的政治思想

在介绍王安石变法思想之后,让我们也听一听反对者的声音。

众所周知,在庞大的变法反对派阵营中,司马光无疑是最有代表性的人物。他是德高望重的学者、大史学家和政治家,历仕北宋仁宗、英宗、神宗、哲宗四朝,一直站在反对新法的最前列,并在其主政时期全面废除了新法。苏轼的思想虽然不太系统,但他文名满天下,也发表了不少激烈批评新法的言论,需要稍加提及。其他人的观点则大同小异,这里不再赘述。

1. 司马光保守思想的"逻辑"

作为一名杰出的历史学家,司马光可能对历史上政治失序、社会动乱造成的祸患留下了更为深刻的"记忆",尤其自唐代中期到五代时期的分裂、动荡带来的生灵涂炭、道德沦丧,更是近在眼前的教训。比如,他说:"唐自肃、代以降,务行姑息之政,是以藩镇跋扈,威侮朝廷,士卒骄横,侵逼主帅,下陵上替,无复纲纪,以至五代,天下大乱,运祚迫蹙,生民涂炭。"①大概就是深感于这种历史上的经验教训,再加上又生于"宋代专制政体发展近于完成之时",②他的政治思想偏于保守务实,从而格外重视以君主为代表的礼乐秩序的稳定,重视在既有的政治格局之内,最大限度地实现儒家"怀民以仁"的理念。

出于这种思想基调,其政治思想的一个重要内容是论证礼和君臣名分的重要性。他认为,君臣贵贱的名分出于天理自然,"君臣之位犹天地之不可易也",礼就是这种天理、天道的反映。而中国又"以四海之广,兆民之众,受制于一人",要想在这样一个地广人众的大国维系以君主为核心的政治秩序而不乱,关键是发挥礼的"纪纲"作用。所以,治国的要务就是"以礼为之纪纲",通过建立和维持以君臣名分为核心的秩序,实现基本的政治稳定,达到"上下相保而国家治安"。而人主又是维系这种"纪纲"的关键,所以"天子之职莫大于礼也"。③

由于特别重视君臣名分对国家安定的重要性,所以他不能接受孟子有关"民贵君轻""道尊于势""王霸之辨"之类的思想。孟子以自己有"齿"(年长)、有"德"而不朝见齐宣王,司马光认为孟子这是违反了"君臣之义";孟子认为如果君主有大过,又反复谏之而不听,则"贵戚之卿"可以易君位,司马光认为孟子之言"适足以为篡乱之资"。④另外,自孟子提出"王霸之辨"的问题以来,后来的儒者大都沿袭他的立场,崇"王道"而贬"霸道",意在标榜一种"王道"政治的理想,并借以表达对现实政治的批评与不满。而司马光则采取和李觏相似的观点,否认"王道"与"霸道"之间的原则区别,认为"霸"实际上是"伯"的转音,原本只是天子下面所设立的一个职务,而非在"王道"之外的与之对立的另外一种政治形式;⑤而且认为就实质上来说,仁义是任何

---

① 司马光:《传家集》卷三十三《言阶级劄子》,吉林出版集团有限责任公司 2005 年版(下同)。
② 萧公权:《中国政治思想史》,第 443 页。
③ 参见《资治通鉴》卷一《周纪一》。
④ 参见《传家集》卷七十三《疑孟》。
⑤ 参见《传家集》卷七十三《迂书》。

第七讲 事功与义理——宋元时期的政治思想

治国者都离不开的,所谓"皇、帝、王、霸皆用之",并不是只有"王者"才有仁义。① 司马光这种调和乃至模糊"王""霸"界限的做法,实际上是要放弃传统儒家过于高远玄妙的政治理想,而主张以现实主义态度对待现实政治。

可见,在他看来,国家的首要任务、天子的首要职责就是维护礼,维护以君臣名分为核心的政治秩序。

而这种现实主义的政治立场表现在治国原则和方针方面,就是主张按照儒家传统思想、按照先圣前贤留下的既有成法去治国理民,而不要追求什么大的变革,不要有什么惊人之举。比如,他说:

> 自古圣贤所以治国者,不过使百官各称其职,委任而责成功也。其所以养民者,不过轻租税,薄赋敛,已逋责也。(《传家集》卷六十《与王介甫书》)

又说:

> 使三代之君常守禹汤文武之法,虽至今存可也。汉武取高帝约束纷更,盗贼半天下;元帝改孝宣之政,汉业遂衰。由此言之,祖宗之法不可变也。(《宋史·司马光传》)

认为所谓治国,无非就是使官员各司其职、各尽所能,对百姓轻徭薄赋、减少侵扰督责而已,这些都是"祖宗之法",都是历代先圣先贤留下的基本方略和智慧,只要谨守不变,就能把国家治理好,而不需要什么奇思妙想的"变法"和更多的"作为"。

当然,司马光也并非反对一切变革和调整。他打比方说:"治天下譬如居室,敝则修之,非大坏不更造也。"②他承认治国需要权变,需要根据情况修补制度,调整方法,"举其大而略其细,存其善而革其弊",但反对在找不到比"祖宗之法"更好的方案之前"无大无小,尽变旧法,以为新奇",使局面不可

---

① 参见《传家集》卷七十三《疑孟》。
② 《宋史·司马光传》。

收拾。①

而对于上下焦虑的财政困难，司马光也不是没有考虑，但他觉得解决这个问题也不需要什么新花样，还是要在"节流"上、在撙节各级官府开支上做文章。而对于王安石所谓的"开源""生财"等办法，他则坚决反对。理由是："天地所生货财百物，止有此数，不在民间，则在公家"，认为一定时期内社会财富的总量是既定的，不是在民间就是在公家，如果一定要通过开源式方法去"富国"，势必"设法夺民""头会箕敛"，增加对百姓的搜刮。②

至此，我们就可以大致清楚司马光与王安石两人的思想分歧所在了。

其一，司马光偏于政治现实主义立场，只希望在既有政治格局、祖宗成法的路径中，追求较好的统治结果；王安石则别具理想主义怀抱，不光要解决眼前的具体问题，还要直追三代，做"圣贤"事业，被认为"用心太过，自信太厚"。

其二，司马光以维系政治秩序稳定为第一要务，希望在这一起码前提下，修修补补，渐进改良；王安石则要大刀阔斧，"尽变旧法"，提出了前无古人的改革措施，对社会进行一场全面的、根本性的改造，是一项庞大的社会工程。

其三，司马光及其同党坚持儒家耻于"言利"的传统，以道德教化为政治之根本，以"节流"为既定理财之道，并坚信政府一旦"理财"必然害民；王安石则旗帜鲜明地"言利"，以"理财"为政府的一项基本职能，并相信合理的理财之道可以做到"民不加赋而国用饶"。

既然司马光与王安石在政治目标、改革的力度和范围、基本治国理念等方面存在如此大的分歧，加上新法在具体实施过程中又确实产生了很多流弊，这就更加坚定了司马光等反对者的决心。这样，王安石的新法遇到司马光这些"旧党"的坚决抵制并最终被废除，也就可想而知了。

2. 苏轼对新法的主要批评

苏轼的思想容易给人驳杂的印象，但在政治上和司马光大同小异，基本上也是基于儒家的民本、德治以及重义轻利的立场，担心王安石变法可能造成国家权力的过度扩张以及扰民害民等问题，因而对变法持激烈反对的

---

① 参见《传家集》卷六十《与王介甫第三书》。
② 参见《传家集》卷四十二《迩英奏对》。

立场。

首先,他强调治国应以利民为本,以端正道德风俗为核心,如果"言利",把追求富国强兵摆在首位,就必然会侵害百姓,影响国家的长治久安。他说:"民者国之本,而刑者民之贼。兴利以聚财,必先烦刑以贼民,国本摇矣,而言利之臣,先受其赏。"①在他看来,一旦国家要兴利聚财,必然要用繁杂苛刻的刑罚政令来管制人民、残害人民,这样就会动摇国家根本,而得到好处的只是少数"言利之臣"。因此,治理国家的途径还是在于道德风俗,即所谓"国家之所以存亡者,在道德之浅深,不在乎强与弱;历数之所以长短者,在风俗之厚薄,不在乎富与贫"。②

基于这种以民为本的立场,他坚决反对当时的一些"强国"之举,激烈地批评对西夏用兵,说这是"图虚名"而让百姓"受实祸"。

> 战胜之后,陛下可得而知者,凯旋捷奏,拜表称贺,赫然耳目之观耳。至于远方之民,肝脑屠于白刃,筋骨绝于馈饷,流离破产,鬻卖男女,熏眼折臂自经之状,陛下必不得而见也;慈父孝子、孤臣寡妇之哭声,陛下必不得而闻也。(《东坡全集》卷六十六《代张方平谏用兵书》)

其次,他主张治国应当老成持重,合乎人情,平和自然,给百姓和社会更大的自主空间,反对好高骛远,追求新奇,对社会生活过分干预。他说:

> 古之圣人,非不知深刻之法可以齐众,勇悍之夫可以集事,忠厚近于迂阔,老成初若迟钝。然终不肯以彼易此者,知其所得小而所丧大也。(《东坡全集》卷五十一《上皇帝书》)

认为治理国家应该抱有忠厚老成的心态,而过分执着于功利,过分依赖"深刻之法""勇悍之夫"去干预社会,反而因小失大。因此,他反对当政者刚愎自用,主张君主在施政时要顺乎民心民情,"众之所是,我则与之;众之所非,

---

① 《东坡全集》卷六十六《代吕申公上初即位论治道二首·刑政》,吉林出版集团有限责任公司2005年版(下同)。
② 《东坡全集》卷五十一《上皇帝书》。

我则去之",①不能脱离人们的普遍认识水平。然而,王安石出台的一系列新法,涉及的问题太多,改革的力度太大,恰恰是远远超出了人们的认识水平和社会的承受能力,势必造成混乱。所以,他批评王安石变法是"造端宏大,民实惊疑,创法新奇,吏皆惶惑",并在给友人写的祭文中暗讽王安石"大言滔天,诡论蔑世"。② 这和司马光说王安石"用心太过、自信太厚"基本是一个意思。

另外,苏轼还针对新法实施中出现的各种弊端进行了一一揭露和抨击,认为新法对社会危害巨大,是一剂"毒药","小用则小败,大用则大败,若力行而不已,则乱亡随之",要求皇帝为江山社稷、黎民百姓着想,尽快废除新法。③

可以说,苏轼和王安石相比,一个偏重于社会本位和百姓本位(民本),一个偏重于国家本位;一个偏重于保守主义和现实主义,一个则偏重于理想主义和激进主义。

总之,虽就政府管理的理念创新来说,王安石确实"与现代读者近,而反与他同时人物远",④但是反对派的观点也不是一无可取,至少通过他们的批评言论,反映和暴露出了新法的空想性及其在操作中的问题。在他们的思想中所反映出的对专制国家权力膨胀的担忧,对全能主义国家的不信任,以及对人类政治上的"无知"命运的警觉意识,其实与现代读者也是很接近的。

三、南宋理学家的政治思想——以朱熹为代表

朱熹(1130—1200年),字元晦,号晦庵,祖籍徽州婺源(今江西婺源),生于南剑州尤溪(今福建尤溪)。绍兴十八年(1148年)中进士,历仕高宗、孝宗、光宗、宁宗四朝,历任泉州同安县主簿、南康知军、提举浙东常平茶盐公事、漳州知州、潭州知州等职,终拜焕章阁侍制兼侍讲。主要著作有《四书章句集注》《朱文公文集》《朱子语类》等,今人辑为《朱子全书》点校本 27

---

① 《东坡全集》卷六十六《代吕申公上初即位论治道二首·道德》。
② 《东坡全集》卷五十一《上皇帝书》;《东坡全集·补遗》之《祭刘原父文》。
③ 《东坡全集》卷五十一《再上皇帝书》。
④ 黄仁宇:《中国大历史》,生活·读书·新知三联书店1997年版,第141页。

册。① 在哲学上，朱熹继承程颐、程颢、张载等人的思想，构建起以"理"为核心的庞大思想体系，成为宋代理学的集大成者。在政治思想方面，他从理学的基本原则出发，一方面希望"得君行道"，政治上大有作为，主张革除弊政，积极谋划收复失地，反对与金人议和等；另一方面又认为要解决当下的社会政治问题进而实现三代之治，首先要解决好德性、义理等人心方面的问题，特别是要从"正君心"这个"大根本"做起，进而由"内圣"到达"外王"的目标，实现对社会政治问题的总体性、根本性解决。这一宏大、迂远的思想倾向，是导致他与以陈亮为代表的事功派发生激烈争论的主要原因。

（一）朱熹政治思想的哲学基础

作为宋代理学的高峰，朱熹的哲学思想体系十分庞大复杂，其中与政治思想关系最紧密，也最有助于我们理解其政治思想的部分，主要是本体论和人性论。

1. 本体论与社会政治现象的起源

朱熹认为，在宇宙万物背后存在着一个共同的基础或本原，那就是"理"，所谓"宇宙之间，一理而已"。② 因为在理学家看来，理"是个极好极善底道理"，所以又叫"太极"，大概相当于世界万物背后共同的法则、规律或原理；世上万事万物都是从理派生出来的，所谓"天下万物万化，何者不出于此理"。③ 具体来说，"理"是借助"气"来化生万物的。他说：

> 天地之间，有理有气。理也者，形而上之道也，生物之本也。气也者，形而下之器也，生物之具也。（《朱文公文集》卷五十八《答黄道夫》）
> 未有天地之先，毕竟也只是理，有此理，便有此天地……有理，便有气流行，发育万物。（《朱子语类》卷一）

理派生出了气，气的流行发育出了万物。因此，从逻辑上、从本体上看可以认为是先有理，后有气，所谓"有是理便有是气，但理是本"。不过，这又不能

---

① 关于《朱子全书》，可参见朱杰人等主编：《朱子全书》，上海古籍出版社、安徽教育出版社2002年版。
② 《晦庵先生朱文公文集》（以下简称《朱文公文集》）卷七十《读大纪》。
③ 《朱子语类》卷六十五。

机械地理解为"今日有是理,明日却有是气"。① 实际上,理和气是一体浑然的,有理的存在必有气的运行,同时"理寓于气",理体现于气的运行中。② 所以,他又强调说:

> 然理又非别为一物,即存乎是气之中。无是气,则是理亦无挂搭处。(《朱子语类》卷一)

因此,可以说,理产生气,但又寓于气之中。接下来,朱子通过"气化"说具体说明了世界万物的生成。大体上说,"理"是借助于"气"来化生万物的。气在运行中动而为阳,静而为阴,它们相互对立、交感作用而化生了万物。而"造化如运磨",气化生万物就像用石磨来磨面一样,"万物之生,似磨中撒出",磨出的物质有精有粗、有清有浊,便发育出天地、日月、星辰、人物、草木、禽兽等万事万物。③

概括地说,理经由气产生世界万物,"宇宙之间,理一而已",万事万物都本原于统一的理或者太极,但是万事万物又各有差别,各有不同的规定性或原理,即所谓万物"本只是一太极,而万物各有禀受,又自各全具一太极",好比月在天,散在江湖则随处可见。朱熹借用程颐的说法,把这种情形叫"理一分殊""一统而万殊"。④

这也就意味着,整个世界就是在理的主导、气的运行下生成变化的产物。理就是一种生生变化之理,就是一种"生意",是生成而非死亡的变化之理,而体现这种理的气也是一种"春生之气",世界就是一个洋溢着"生意"和"春生之气"的生命繁衍过程。这种理在人类社会中便是"仁、义、礼、智",并且具体体现为纲常伦理,所谓"张之为三纲""纪之为五常"。⑤ 其中,又以"仁"为核心,因为"仁"作为一种人类的"恻隐之心",得于天性,就是来自天理中的"生意"或"春生之气",即所谓"仁者,天地生物之心"。⑥ 换句话说,人

---

① 《朱子语类》卷一。
② 参见钱穆:《朱子学提纲》,第32—40页。
③ 参见《朱子语类》卷一。
④ 分别参见《朱子语类》卷九十四;《朱子全书》第十三册《西铭解》。
⑤ 《朱子语类》卷一;《朱文公文集》卷七十《读大纪》。
⑥ 《朱文公文集》卷六十七《仁说》。

类社会的仁、义、礼、智这些道德规范,以及以纲常伦理为核心的社会政治秩序,都是理和气的产物,都是天理或天道运行的结果。

朱熹通过构建这样一种以理为核心的宇宙本体论,回答了世界万事万物的起源,论证了世界的同一性与多样性问题,将一切现实社会的道德伦理、等级尊卑关系、社会与政治秩序都归结为天理、天道的体现,从而为这些社会政治现象找到了形而上的根据。

2. 人性论与"至善"之道

在朱熹看来,既然世上万物、一切人类社会现象都离不开理和气的作用,则人性的善恶当然也不例外。在人性论方面,朱熹主要继承和借用了张载关于"天地之性"和"气质之性"的区分,认为人性的善恶也是"理"和"气"作用的产物。一方面,人作为"理"的一种体现,被先天地赋予了仁、义、礼、智等道德,具有先天的善性,这种先天的善性就叫"天命之性"或"天地之性";另一方面,万物都是一气所化,每个人的生命又都是气化的结果,由于每个人的"气禀"不同,被赋予的气有精粗、厚薄、清浊、久暂的不同,就产生了善恶、贤愚、贫富、寿夭的不同和性格上的差异。特别是人性"为物欲所蔽",本应"自然清明"之性才变得"黑暗"了。这种人在后天的环境中形成的具体的人性,被称为"气质之性"。气质之性善恶杂糅,是造成现实社会中有人为君子、有人为小人的直接原因。天理之性则纯善无恶,只有圣人才能做到"阴阳合德,五性全备";或者说"浑然天理,真实无妄,不待思勉而从容中道"。①

那么,一般人如何才能将不善化为善,成为仁人君子呢?朱熹接受了张载的观点,认为要达到这一目标,主要是变化气质。具体说就是要格物致知,即物穷理,其中最重要的是必须克去私欲的遮蔽,才能穷理尽性,使"天理常明",使人性中先验的道德心得以扩充、呈现,而达到"至善"的境界。这就好像把宝珠洗去污水,"宝珠依旧自明"一样。② 这也就是所谓"存天理,灭人欲"。

我们知道,在朱子之前,孟子的性善论只讲人有善的四端,而荀子则讲性恶,董仲舒分人性为三品,但都是就道德本身立论,没有为道德找到一个

---

① 《朱子语类》卷四;《四书章句集注·中庸章句》。
② 参见《朱子语类》卷十二。

形而上的依据,也没有回答现实中人性恶的根源。而朱子人性论的最大贡献就在于,它以宇宙论为基础,完成了对人性先天为善、后天又存在差别的论证,既坚持和凸显儒家道德原则的绝对性,又增强对现实人性差别的解释力。从道德实践的角度看,它论证了通过后天修养功夫而"穷理尽性"的必要性与可能性,与"命定论"划清了界限,并且也自认为找到了由"内圣"实现"外王"、由修养而达到治国平天下的治道。

当然,就理论逻辑上看,朱熹关于宇宙本体和人性的论述还存在很多混乱、不严密乃至武断之处。比如"格物致知"或"即物穷理",照一般的理解是通过对事物的省察而达到对"理"的认知,应该属于知识问题,但是朱熹却把它直接过渡为道德问题。他认为"穷理""知理"就可以"顺理以应事",就可以达于至善,似乎知道"理"、知道善就可以为善,把求知的活动等同于道德实践活动,或者用"泛认知主义"代替了道德问题。① 又如,他在"理"和"气"的关系问题上也阐述得不是很清楚,引起很多歧义。不过朱熹作为一位中国文化传统中的学者,其主要兴趣不在于纯粹理论思辨,不在于纯粹探讨宇宙如何生成、世界为何存在这些形而上的问题。他讨论这一切最终都是为了应对来自思想上(如佛教的压力)和现实中的问题,为儒家道德原则和纲常秩序的绝对性寻找理论支点,说到底是为了经世致用,解决当时重大的社会政治问题。从这个意义上说,朱熹和其他理学家一样,其思想的核心都可以视为"政治"思想。②

(二) 朱熹的政治思想

1. 王道政治理想

在朱熹看来,既然"理"或"太极"主宰着宇宙万物的生成变化,同时世上每个事物又禀受了这种"理",在气化的作用下形成自己独特的"理"或"太极",则在政治生活中也存在着"亘古亘今、常在不灭"的"理"。这种"理"就是"尧、舜、三王、周公、孔子所传之道",它决定着国家的繁荣兴衰,"顺之者成,逆之者败"。因此,在治理国家时,当然也要循"理"而行,"顺理以应物",

---

① 参见韦政通:《中国思想史》(下),第 814 页;牟宗三:《心体与性体》(下),上海古籍出版社 1999 年版,第 348—368 页。
② 余英时就认为,道学的中心意义就在于治道或政治秩序的重建,参见余英时:《朱熹的历史世界》(上),第 117—118 页。

第七讲 事功与义理之间——宋元时期的政治思想

按照理的要求去做,就可以"道夷而通",达到至善的境地。①

而这个"理"或者"太极"表现在现实政治生活中,其核心内容就是前面所说的"仁",它"张之为三纲""纪之为五常",②体现为仁、义、礼、智等基本道德规范,落实为以君主为核心的社会政治秩序。遵循这种以仁为核心的天理治理国家,做到以仁民爱物之心、公天下之心克服私欲、利欲之心,就是实行王道之治。反之,如果出于人欲之私或者"诈力"控制天下,就是霸道。

而"王道"这种理想的社会与政治治理模式,其现实的典范就是尧舜三代"圣王之治"。前面提到,朱熹在讨论现实中人性的差异时已经指出,唯有圣人能够"阴阳合德,五性全备""从容中道",已经暗示圣王在世,能够做到阴阳合德,五性全备,循理治国,实现仁政和天下为公的王道理想。而朱熹在与陈亮关于王道与霸道的争论中,更充分地表达了他的王道政治理想。

正如后面将要谈到的那样,陈亮因为急切地想要改变南宋政治中的积弊,渴望以一种英雄主义精神冲破僵局,因而从事功角度肯定汉高祖、唐太宗这类建功立业的英雄,并连带着对"霸道"给予一定的肯定,认为三代的政治不尽是天理,汉唐的政治也不尽是人欲。而朱熹则从天理与道德的绝对性立场,从王道政治理想出发,反对陈亮这种后果主义的看法,坚持认为汉唐两位最"成功"的政治家也不符合王道。他在《答陈同甫》的信中说:

> 老兄视汉高帝、唐太宗之所为,而察其心果出于义耶,出于利耶?出于邪耶,正耶?若高帝,则私意分数犹未甚炽,然已不可谓之无。太宗之心,则吾恐其无一念之不出于人欲也。直以其能假仁借义以行其私,而当时与之争者才能智术既出其下,又不知有仁义之可借,是以彼善于此而得以成其功耳。若以其能建立国家,传世久远,便谓其得天理之正,此正是以成败论是非,但取其获禽之多,而不羞其诡遇之不出于正也。千五百年之间,正坐如此,所以只是架漏牵补,过了时日。其间虽或不无小康,而尧、舜、三王、周公、孔子所传之道,未尝一日得行于天

---

① 参见《朱文公文集》卷三十六《答陈同甫》;卷六十七《观心说》。
② 《朱文公文集》卷七十《读大纪》。

地之间也。(《朱文公文集》卷三十六)

又说：

"儒者之学不传，而尧、舜、禹、汤、文、武以来转相授受之心不明于天下，故汉唐之君虽或不能无暗合之时，而其全体却只在利欲上。此其所以尧、舜、三代自尧、舜、三代，汉祖、唐宗自汉祖、唐宗，终不能合而为一也。"(《朱文公文集》卷三十六)

在朱熹看来，汉唐这些君主虽然在一定程度上曾经"假仁借义"，与先王之道有些"暗合"之处，但整体上看却是出于人欲之私，是"只在利欲上"。虽然没有明说，但就其出于人欲之私、凭借"诡遇"之道而言，朱熹实际上已经把汉高祖、唐太宗的统治归为"霸道"之列，甚至把他们视为"贤于强盗不远"。①因此，朱熹坚决反对像陈亮那样，仅仅按成败论是非，按照擒获多少、统治是否久远的功利主义标准论是非，把汉唐和三代混为一谈。

2. "正人心"与循理治国原则

通过以上朱熹对于王道、霸道的讨论不难看出，在他心目中，连最成功、最"有作为"的汉唐两个朝代的政治家都不符合王道，一千五百年的历史，不过是"架漏牵补，过了时日"，在文化道德上毫无建树，王道政治的理想"未尝一日得行天地之间"。显然，对周、孔以后的历史，他采取的是强烈的批判态度。

而当时宋朝的社会政治情况更为糟糕，在他眼中，当时的宋朝就像一个人得了重病，从心腹到四肢，"盖无一毛一发不受病者"，"上自朝廷，下至百司庶府，外而州县，其法无一不弊"。②

为什么历史会不断退化堕落？为什么大宋王朝会面临如此严重的危机？从朱熹的哲学思想中不难找出答案：这一切问题的总根源，就在于人心出了问题，人心"为物欲所蔽"，才变得黑暗了。③ 人心为物欲所控制，处理

---

① 时人陈傅良（号止斋）在评论朱熹与陈亮"王霸之辨"时说，按朱熹的观点，则是"汉祖、唐宗贤于盗贼不远"。参见《陈亮集》卷二十九《与陈君举》附《致陈同甫书》。
② 《朱文公文集》卷十一《戊申封事》；《朱子语类》卷一百八。
③ 《朱子语类》卷九十八。

问题就会偏离事物的当然之理,处处乖张。因此,克服当前社会政治危机,从长远上看,从根本上说,就是要千方百计地端正人心,去除私欲的遮蔽,做到穷理尽性,使"天理常明",然后循理治国,按照"亘古亘今、常在不灭"的先王之道,即王道政治原则去治理国家。

朱熹关于收拾人心、重建社会政治秩序的总体方案与思路,集中体现在他对《大学》"三纲八条目"的阐释和倡导中。其中,"三纲"是指"明明德""亲民""止于至善","八条目"则包括"格物""致知""诚意""正心""修身""齐家""治国""平天下"八个方面。在朱熹看来,只要每个人通过个人修身的功夫达到知理、明理,按照理的要求去做好分内之事,就可以由个人而推及家庭、国家和天下,达到天下大治。因此,这"三纲八条目"是"化民成俗""修己治人"的基本纲领与方法。①

而要实现这一套宏规大法,首要的问题是要"正君心",使君主具备应有的"君德""道心"来行王道。在朱熹及其同时代的理学家看来,一方面君臣大义、以君主制为核心的秩序代表了政治世界中的"太极",没有这个"太极",社会政治秩序也会"翻了天地",所以君权是具有形而上依据的,君权代表的秩序是需要维护捍卫的;②但另一方面,连汉祖、唐宗行的都是出于人欲之私的"霸道",甚至"贤于盗贼不远",则宋代的君主特别是南宋偏安一隅的高宗、孝宗等人,其"君德"更是可想而知。因此,通过"正君心""格君心之非"以解决好政治领域中的这个"太极"问题,更具有强烈的现实意义和迫切性。所以,朱熹反复强调说"天下之事,千变万化,其端无穷,而无一不本于人主之心",并认为"人主之心"或人主的"心术"问题,是天下万事中的"大根本"。③ 又说这是当前头等重要的大事:

> 今日之事,第一且是劝得人主收拾身心,保惜精神,常以天下事为念,然后可以讲磨治道,渐次更张。(《朱文公文集》卷二十九《与赵尚书书》)

---

① 参见《四书章句集注·大学章句序》。
② 参见余英时:《朱熹的历史世界》(上),第173—176页。
③ 《朱文公文集》卷十一《戊申封事》;卷二十五《答张敬夫》。

可见，所谓解决好"人主心术"问题，就是要人主把心从个人私欲、私利中收拾回来，真正"以天下事为念"。在另外一段有关君主如何"修德"的谈话中，朱熹对于如何端正人主之心讲得更为明白。他说：

> 只看合下心不是私，即转为天下之大公。将一切私底意尽屏去，所用之人非贤，即别搜求正人用之。（《朱子语类》卷一百八）

也就是说，"正君心"，解决好"人主心术"问题，就是要去私意私心，立天下为公之心，约束君主个人意志，委任贤能的官员去治理国家，君主则自居于一种"无为而治的虚君"地位。[1] 而据朱熹在《戊申封事》中所作的批评，当时皇帝的所作所为恰恰就是"以私心用私人"，为"私邪"之念所遮蔽，害怕"用刚明公正之人"会"妨吾之事，害吾之人而不得肆"。可见，朱熹所反复陈说的"人主心术"问题、立公去私问题，都不是空谈大道理，而是具有很强的针对性。

换句话说，要求君主做到去私欲、立公心，就是理学家们所谓"存天理，灭人欲"的具体所指。虽然程、朱等人对"存天理，灭人欲"的强调不免绝对，因而具有否定一般"人欲"的倾向，但正如古今许多学者已经指出的那样，"灭人欲"主要不是针对普通小民百姓，不是要"行于茅屋衡门之间"，而是针对"尊者""贵者"，针对君主和士大夫，特别针对的是那些"雄霸九州"的君主！而他们要求君主所灭之"人欲"，主要还不是生活上的奢侈享乐，而是要他们克服急功近利、刚愎自用以及追逐"家天下"利益的私心私欲。[2]

与王道原则和"人主心术"密切相关的，还有一个如何处理"义""利"关系的问题，即"义利之辨"的问题。在这方面，朱熹基本上继承了二程的思想，采取了一种以"义"涵摄"利"的方法，认为义是"天理之所宜也"，按照事物的应然之理去做，就是"义"；同时，只要按照"义"或"理"去做，自然就会有"利"。这就是所谓"凡做事只循这道理做去，利自在其中矣"。[3] 朱熹这一派理学家所反对的是专以利为心，把利摆在第一位。如朱熹所说：

---

[1] 参见余英时：《朱熹的历史世界》（上），第178页；
[2] 参见周宝珠：《试论宋儒关于"人欲"问题的争辩》，载《后乐斋集》，河北大学出版社2012年版，第351—367页；余英时：《朱熹的历史世界》（上），第178页。
[3] 《朱子语类》卷三十六。

> 凡事不可先有个利心,才说着利,必害于义。圣人做处,只向义边做。然义未尝不利,但不可先说道利,不可先有求利之心。盖缘本来道理只有一个仁义,更无别物事。(《朱子语类》卷五十一)

另外,张载更是直接把"利"限定为"利民":

> 利,利于民则可谓利。利于身,利于国,皆非利也。(《张载集·性理拾遗》)

结合张载的话我们可以知道,对理学家们而言,政治生活领域中的所谓"义",核心就是"仁义",就是"利民"为本。他们之所以要严"义利之辨",就是强调要把"仁义""利民"作为最高原则摆在治国的第一位,而反对君主追逐个人私利。所以,朱熹对当时"士大夫狃于晏安无事,而不为经世有用之学"的状况很不满,希望朝野上下"慨然发愤,以恢复土疆、报仇雪耻为己任",但是他也认为,这一切都只能建立在"必以仁义为先,而不以功利为急"的前提下。①

3. 改革主张与政策建议

除了强调根本的治国之道和原则之外,朱熹对于如何应对宋朝眼前所面临的各种问题,也提出了自己的具体改革主张和政策建议。

从总体上看,他认为既然宋朝已经是全身患病,既然是从"上自朝廷,下至百司庶府,外而州县,其法无一不弊",没有一个地方不出问题,就应该下大决心,进行整体谋划,从根本上进行改革。他把宋朝比喻为一个破锅,与其小修小补,不如"一切重铸",因此,他对王安石变法本身还是肯定的,认为当时确实到了非变不可的"合变时节",所以"新法之行,诸公实共谋之",发动变法实际上代表了很多人共同的想法。只是他认为王安石学术不正,用人不当,方法有误,造成本欲救人反而"其术足以杀人"。② 为了克服积弊,应对南宋面临的内外危机,他在不同的场合下提出了很多改革主张和政策建议。其中比较值得注意的有以下几个方面。

---

① 《朱文公文集》卷七十五《送张仲隆序》。
② 参见《朱子语类》卷一百八十、卷一百三十。

第一,坚决反对与金人议和,主张攘除夷狄,收复中原失地。他认为金人与宋"有不共戴天之仇",与金人讲和"有百害无一利";如果安于和金人讲和,就会人存苟安之心,不思进取,使天下事"一无可成",国家永无振作之时。但是,他也反对抱着侥幸心理轻开战端的做法。他批评当时的朝廷"不是战,便是和;不和,便战",一说议和便"只以和为可靠",而不知道练兵理财;而在毫无准备的情况下鼓吹"恢复",也"都是乱说"。① 他主张应该修明内政,制定长远的"恢复之计",要真正"吃得些辛苦,少做十年或二十年,多做三十年",②苦心经营,卧薪尝胆,才能谈得上收复中原。

第二,朱熹也和历史上许多思想家一样,十分关注因为土地兼并造成的贫富分化、小农破产问题,因而主张抑制兼并,限制土地私有制的发展。他虽然不同意某些理学家(如胡宏)恢复井田之法的复古主张,认为那简直是"戏论",但主张制定法律,设立"科限","以口数占田",即根据每家人口配给土地数额,只准耕种,"不得买卖"。针对当时土地登记情况不实、赋税不均的情况,他建议朝廷清查丈量土地以"正经界"。③

第三,主张严明赏罚,整顿朝廷纲纪。作为一个理学家,朱熹在政治上却相当务实。他批评当时的政治过于宽纵,容易使"奸豪得志",为矫正这种过失,"今必须反之以严",采取"以严为本,以宽济之"的方针。④

另外,朱熹还主张改革科举考试,取消诗词歌赋的考试内容,加强对实际能力方面的考察;并倡导建立社仓以救济贫民,发展宗族力量以加强乡村社会秩序。在著名的《戊申封事》中,除了正君心、立"大本"之外,他还提出了"辅翼太子、选任大臣、振纲纪、变化风俗、爱养民力、修明军政"六项改革建议。这些改革建议,有些在朱熹担任地方官时已经被付诸实施。这说明,朱熹并不是空谈性理的哲学家,对当时宋朝政治中存在的各种问题,他不光感受深切,了解深刻,而且也试图提出一套能够解决实际问题的办法。仅此一点,朱熹就不属于陈亮所谓"风痹不知痛痒"的理学家之流。

---

① 参见《朱文公文集》卷十一《壬午应诏封事》。
② 《朱子语类》卷一百三十三。
③ 分别参见《朱子语类》卷九十八;《朱文公文集》卷六十八《井田类说》;《朱文公文集》卷二十一《经界申诸司状》。
④ 参见《朱子语类》卷一百八十。

4. 朱熹在中国政治思想史上的地位

学术界对朱熹在理学和中国哲学史上的地位比较重视,并给予了高度评价,但对于其政治思想领域内的地位则很少提及,甚至认为他在政治思想领域内没什么贡献。在此,我们有必要对朱熹在中国传统政治思想领域内的地位和意义略作讨论。

我们知道,关于语言即行动,关于思想活动与政治活动之间的紧密关系,学术界早有共识。何况在中国文化传统中,一向崇尚"经世致用",一向重视理论、学术研究为现实服务。正如前面所说,朱熹那一代儒家士大夫的使命,从大处说是"辟佛、老"而解决中国文化、中国精神的危机问题,从近处说是解决宋朝的总体性危机问题,其中如何规训君权、"正君心",进而把君权安置于合乎"理"的秩序结构中,又是其解决各种社会政治问题的关键。所以,朱熹的整个思想落到实处,无一不和政治问题有关,无一不是在进行政治参与和政治斗争。

具体而言,他以"理"为核心,构建起一套包括"理一分殊"的宇宙本体论、天地之性与气质之性相分的人性论,以及格物致知的认识论等在内的庞大哲学体系。其思想在政治上的首要意义和功能就在于:大大促进了中国文化传统中一些基本政治问题(如以"仁"为核心的政治原则、以"君"为核心的纲常秩序)的哲学化与理论化,对它们作了比以往更为充分有力的形而上论证;增强了儒家思想对现实问题的解释力,以及对来自佛、道挑战的回应能力,使得儒家重新获得主流地位,进而为帝制中国塑造了稳定的精神共同体,使之即使在后来的元、清政权下也能保持"文化中国"的连续性。

与此相联系,朱熹通过论证仁义、王道原则的绝对性,构建了一个道德理想王国,形成了与现实政治的对峙和张力,从而为在传统政治体系内部提升对专制国家与君主权力的质疑和反思能力,提供了思想资源和道义支撑。当然,也正是因为这一深层次原因,才使得以朱熹为代表的理学派与他那个时代的君主及当权者发生冲突,从而一度被打成"伪学逆党"并遭到迫害。尽管后来朱熹一派理学被奉为正统之后,因为现实语境的变化,加上统治者的刻意阐释或"脱敏"处理,其思想逐渐"丧失"了批判、反思现实政治的蕴含,但是它作为一种政治上批判、反思性思想资源的存在,则是一个不争的事实。

当然,作为宋代一个担负"无限责任"、拥有宏大抱负的士林领袖,朱熹既要解决哲学问题和"人心"问题,完成"辟佛、老"而重建儒家传统的使命,又要"格君心""正人心",为"万世开太平",解决所谓"外王"问题,还要处理眼下宋朝所面临的军事、政治、财经、财富不均等问题,既是改革家、政治家,又是哲学家,同时要完成多个方面的任务和使命,这在当时的知识状况、认识水平、政治结构与社会条件下,都是不可能的事情。在不改变当时的专制政治结构的前提下去谋"外王"事功,无论对朱熹所代表的理学派还是对陈亮所代表的事功派来说,最终只能流于空想。① 而对于把治国当成"我家之事"、把天下当成"私天下"的君主来说,程朱理学家们大谈去私立公、以仁为本、以民为本等,自然有缘木求鱼之难;② 而对于陈亮这一类渴望建功立业、有英雄豪气的人而言,朱熹他们提出的从"即物穷理"开始,把"正人心""格君心"的心性修养功夫摆在第一位的社会改造蓝图,则显得太过迂远不切实际。这样,他们遭到事功学派的严厉批评也就在所难免。

四、南宋事功学派的政治思想——以陈亮、叶适为代表

南宋事功学派的主要代表人物为陈亮和叶适。陈亮(1143—1194年),字同甫,号龙川,学者称龙川先生,婺州永康(今浙江永康)人,故其学称永康学派。叶适(1150—1223年),字正则,号水心居士,学者称水心先生,温州永嘉(今浙江永嘉)人,故其学称永嘉学派。二者之中,叶适开创的永嘉学派更盛,与当时朱熹的理学、陆九渊的心学并列为"南宋三大学派",对后世影响深远。

陈亮少时便才气超迈,抱负远大,喜欢谈兵,时刻准备建功立业。但由于时代大环境的限制,加之个人机遇不好,或许还和个人性格有关(如自称"法度外"之人,在时人眼中比较"任性胡为",喜欢直白地指责他人抬高自己等),使得陈亮的一生十分坎坷。③ 他多次上书论国事,都未获得重用;还曾

---

① 参见韦政通:《中国思想史》(下),第840页。
② 宁宗谈到罢逐朱熹的理由之一,就是嫌朱熹"事事欲与闻",对君主造成妨碍,详情可参见《续资治通鉴·卷一百五十三》"绍熙五年十月戊寅"条。而当时弹劾朱熹等"道学"的胡纮,就指责他们是"伪学猖獗,图为不轨,动摇上皇,诋诬圣德",详情可参见《宋史·胡纮传》。
③ 参见田浩:《功利主义儒家——陈亮对朱熹的挑战》,第86页。

因被人诬告等原因两次下狱,受尽侮辱折磨。① 陈亮仕途蹭蹬,科举考试屡试不中,直到光宗绍熙四年(1193年)51岁时,终于状元及第,却没等到做官赴任就染病而逝。著有《龙川集》,今人根据新发现的文献辑为《陈亮集》。②

叶适于淳熙五年(1178年)考中进士,历仕孝宗、光宗、宁宗三朝,历官平江府观察推官、太学博士、尚书左选郎、国子司业、知泉州、兵部侍郎等职,在生活上和仕途上比陈亮幸运。叶适虽然力主抗金,但也反对韩侂胄盲目发动北伐,可是开禧北伐失败、韩侂胄被诛后,叶适也被污拥韩用兵而夺职。著有《水心先生文集》《水心别集》《习学记言序目》等,今人将《文集》和《别集》编为《叶适集》。③

陈亮与叶适都是南宋事功学派的代表,在坚持儒家一些基本观念如"仁""立君为民""天下为公""夷夏之辨"等前提下,他们都倾向于认为,在治学或对待知识的态度上,要关注和研究能够解决实际问题、产生良好效果的学问,认为这样的知识和理论才是有价值的,才是应当学习的;在判断行为对错以及评价历史人物的功过是非方面,应以行为的客观后果而非以主观动机为标准。

但在事功思想的具体方面,陈亮与叶适之间又存在差异。陈亮追求的可谓"英雄主义事功",期望通过"成人",通过成就一种不拘文法的奇特的英雄生命和人格,以打破僵局,挽救危机;而叶适则为"制度主义事功",偏重于从制度方面寻找社会政治危机的原因,并期望通过某种制度改进,达到解决社会、政治问题的功效。④

(一)陈亮的事功思想及其历史地位

陈亮的事功思想主要是在他和朱熹的论辩中体现出来的。虽然在陈亮思想的前期和后期之间存在着某种统一性,但根据近年来的研究,陈亮一开始并不是一个坚定的事功论者,他的思想也有一个演变发展过程。大致在他25—35岁时,他基本上还是一个道学思想的拥护者。他在这个时期的文

---

① 关于陈亮的两次入狱,详情可参见邓广铭:《陈龙川狱事考》,载《陈龙川传·附录》,生活·读书·新知三联书店2007年版,第164—178页。
② 关于《陈亮集》,可参见邓广铭点校:《陈亮集》,中华书局1987年版(下同)。
③ 关于《叶适集》,可参见刘公纯、王孝鱼、李哲夫点校:《叶适集》,中华书局2010年版。
④ 参见韦政通:《中国思想史》(下),第839页;牟宗三:《政道与治道》,第239—243页。

章也是站在道学的立场上,认为"先王不易之制"是善政的基础,斥责"利害""计较"之心带来祸患无穷,批评统治者放弃先王之制而追求"功利苟且之政"。① 大概在 35 岁之后,陈亮开始脱离原来的思想轨道,提出自己的功利原则,展开对朱熹为代表的道学的批评,并逐渐引起朱熹的回应。随着双方争论的不断加剧,各自的观点也更加明确甚至极化。陈亮以激烈的方式挑战朱熹所代表的思想权威,可能跟他在这一时期科场失利、数次上书没有得到回应,特别是官司缠身等个人挫折有很大关系。一个人在这样接二连三的打击下,很容易释放出性格中原有的"粗豪"之气,而难以保持朱熹那样冲和、平静的"纯儒"修养。而当时一些好友如吕祖谦等相继过世,使他身旁失去了规劝者,同时也使他与朱熹之间失去了沟通、缓冲的中介,这也可能是造成争论双方观点极化的一个原因。②

1. 肯定"人欲""事功"的功利原则

理论上说,朱熹理学思想中的一系列论题(如王霸、义利之辩),都是从其"理一分殊"的哲学思想体系中推导出来的,陈亮虽然可能对这些理论问题本无兴趣,但为了反驳朱熹一派的观点,势必也会触及对这些理论原点问题的看法。就朱熹一方而言,虽然他也认为"理"或者"太极"具体体现在事物之中,但是在逻辑上还是假定"道"或者"理"是可以先于具体事物存在的,反映在"理"与"欲"的关系问题上,就会顺乎逻辑地提出"存天理,灭人欲"。而陈亮则提出道不离物、性不离欲的观点加以反驳,进而肯定了功利、"人欲"的合理性。

在他看来,"道在物中",道必然表现于具体事物中,不可能离开物而单独存在,所谓"道之在天下,平施于日用之间"。③ 人性也不可能离开具体的"欲"而存在,人对衣食住行方面的需求,对声色、安逸享乐等方面的物欲是"人所同欲",是人"制之不可违"的"命",是无法扭转的本性,缺少了这些方面的基本满足,人就无法生存,"则人道为有缺,是举吾身而弃之也",没有了起码的人道乃至人的生命,当然谈不上什么人性、天理了。④

---

① 分别参见《陈亮集》卷十《论孟发题·孟子》《六经发题·周礼》;田浩:《功利主义儒家——陈亮对朱熹的挑战》,第 57—64 页。
② 参见田浩:《功利主义儒家——陈亮对朱熹的挑战》,第 153—159 页。
③ 《陈亮集》卷十《六经发题·诗》。
④ 参见《陈亮集》卷四《问答下》。

同样的道理，真正的王道、仁义也不能停留于空洞的原则、口号，所谓"禹无功，何以成六府；乾无利，何以具四德"，王道、仁义应该是一种实践的原则，应该能在现实中显现其功利，产生效益。孔子称赞管仲"九合诸侯，不以兵戈"为"如其仁，如其仁"，就是肯定其"有仁之功用也"。①

按照这种以效果、后果来检验理论是否有用的方法，道学自然就成为陈亮最容易找到的靶子。在他看来，一方面是道德性命之学如此流行，一方面是君父之仇未报、国家之耻未雪，这就足以证明道学"不知痛痒""百事不理"，是空疏无用之学。他这样描述"自道德性命之说一兴"之后的情形：

> 寻常烂熟无所能解之人自托于其间，以端悫静深为体，以徐行缓语为用，务为不可穷测以盖其所无，一艺一能皆以为不足自通于圣人之道也。于是天下之士始丧其所有，而不知适从矣。为士者耻言文章、行义，而曰"尽心知性"；居官者耻言政事、书判，而曰"学道爱人"。相蒙相欺以尽废天下之实，则亦终于百事不理而已。（《陈亮集》卷二十四《送吴允成运干序》）

因此，他指责道学家们是"安于君父之仇，而方低头拱手以谈性命"，"自以为得正心诚意之学"，实际上都是"风痹不知痛痒之人也"。②

陈亮指责道学家们"百事不理""风痹不知痛痒"，至少对朱熹这些坚决主张收复中原、"事事欲与闻"而惹恼皇帝的人来说，是不尽符合事实的。他把南宋时局的艰难归因到性命之学上，这种"问责"未免过于沉重苛刻。这背后反映的是他和朱熹等理学家们共有的一种对学问的传统观念：相信世界上有一种"全能"的学说和学问，它是可以解决一切社会政治危机的万应灵丹；如果现实中还存在着危机和问题，那只能说明这种学说、学问不对，需要马上更换一种。于是信奉自己那一套"万能"学说、学问的人，会迷信和无限夸大自己学问的功能，而质疑者们也会对这种学问、学说追究"无限责任"。不过，从陈亮对朱熹一派的指责中还是可以看出，他确实比朱熹更重视从实践效果和社会功用方面去判断知识、学问的价值。在朱熹这一派理

---

① 分别参见《宋元学案》卷五十六《龙川学案》；《陈亮集》卷二十八《又乙巳春书之二》。
② 参见《陈亮集》卷一《上孝宗皇帝第一书》。

学家眼中,"存天理""穷理尽性"关乎人之为人、关乎文明原则区别于动物法则,是涉及人类"存在"的大问题;而这类"性命之学"放在陈亮的"事功"尺度下,立刻就变得"尽废天下之实",毫无用处。基于这样的认识,陈亮自然就会主张,一个儒家士大夫应该关心和研究现实问题,特别要研究能快捷地解决实际问题的"事功"之学。

总之,在朱熹与陈亮之间,一个是把动机、原则、天理摆在第一位;一个则更重视理论和行为的效果或后果,强调通过具体效果来反证动机、原则、天理的存在与价值;一个要对社会问题、政治危机进行总体式、根本性解决,一个则更关注解决当下的问题,更强调付诸行动并且马上见到功效。这种分歧反映在哲学上则是,朱熹更强调"理"的独立性以及"理"和"欲"的对立,而陈亮则倾向于主张"理"和"欲"的联系,肯定"利""欲"的合理性。

2. 肯定"霸道"与推崇汉唐

从功利原则出发,陈亮又把对朱熹理学的批评从义与利、"天理"与"人欲"方面延伸到政治领域,进而展开了对朱熹有关王道与霸道观点的反驳,并引发了双方在如何看待三代和三代以后(特别是汉唐)历史的争论。

在朱熹一派看来,坚持"天理"仁义、摒弃私欲与功利之心,实行以德服人、以德化民,这就是历代圣王们所实行的治国之道,即所谓"王道";反之,雄霸天下的统治者则是出于一己私欲、私利,以力服人,顶多是"假仁借义以行其私"。具体来说,三代就是实行的王道政治,主要表现为仁义与利民之公;而三代以后则是霸道政治,主要体现为私欲与功利。在朱熹眼里,即使像汉高祖、唐太宗这样的帝王,也不过是依靠"智术"和"诡遇",依靠"假仁借义"而取得了天下,整体上看还是"只在利欲上"。按照这样的标准去评价历史,则出现了三代和三代以后两种对立的政治形态,前者是王道,后者是霸道。

而陈亮则坚决反对这种美化三代、贬低后世,尤其是贬低汉唐的绝对化观点。在他看来,无论三代还是三代以后,活动于历史舞台上的都是人,而只要是活在世上的人,就必然有人心,也"必有人欲",所谓"才有人心,便有许多不洁净",所以三代圣人也不可能尽去人欲。① 顺着这个逻辑,则汉唐政治中也不全是"人欲"。同时,他还有这样一个基本预设,即一个政权要想实

---

① 参见《陈亮集》卷二十八《又乙巳秋书》。

现"国祚之长久",要想维持其长久存在,必须有"天下为公"的精神和救民、利民之心,这是任何一个政权能持续存在的必要条件;而统治者要想在天下百姓中脱颖而出,受到拥戴,也必定是因为他们具有过人的"德义"。照此逻辑,一个完全自私自利的仅靠智术的政权不可能维持长久,既然汉唐能够维持长久,则一定是由于他们的统治具有利民之心和利民之公,给百姓带来了实际利益。而事实上,像汉高祖、唐太宗这样的人之所以成功,确实是因为他们比别人更有"救民之心",立下了"大功大德"。他们确实都做到了"禁暴戡乱,爱人利物",是"本领宏大开廓"的有德有功的帝王。① 我们更可以沿着陈亮的这个思路联想:在这漫长的历史时空中,有成千上万有血有肉、有理智有情感的人生存过、活动过,有人性光辉的闪烁,"天地赖以撑住,人物赖以生育",生机勃勃,甚至"无往而非赫日之光明",不能把他们的行为一下子贬为物欲所致,把历史打成一片没有人的精神活动的虚空。② 而按照朱熹的观点,就是抽空了历史,把历史看得漆黑一团,"使千五百年之间成一大空阙",看不到在漫长的历史中人心与人的精神活动,这对陈亮来说是不可想象的。他指出,"心之用有不尽而无常泯",人心中潜在的善和良知可能有发挥不尽之处,但是不可能长时间泯灭,"天地而可架漏过时,则块然一物也,人心而可牵补度日,则半死半活之虫也"。③

因此,陈亮认为,如果说对于圣王之道"三代做得尽""汉唐做不到尽",还说得过去;而如果说"三代以道治天下,汉唐以智力把持天下",甚至说"三代专以天理行,汉唐专以人欲行",则决不可使人心服。王道与霸道、三代与汉唐都有"公",只不过在"公"的程度上,霸道不如王道,汉唐不及三代,两者之间没有根本区别。④

应该说,相比朱熹,陈亮的历史观更有说服力。朱熹的观点看似在历史评价中树立了很高、很严的道德标准,但他认为儒家王道"未尝一日得行天地之间",秦汉以后的历史只是"架漏牵补",却无异于承认:一个政权以私心治天下,没有道德原则的参与也可以维持几百年,道德被剥离出了历史,则不光道德毫无用处,而专制国家也可以不需要任何道德理由而存在,恰恰

---

① 参见《陈亮集》卷三《问答上》;卷二十八《又乙巳春书之一》。
② 参见《陈亮集》卷二十八《又乙巳秋书》。
③ 参见《陈亮集》卷二十八《又乙巳春书之二》《又乙巳春书之一》。
④ 参见《陈亮集》卷二十八《又乙巳春书之二》《又甲辰秋书》。

落入以专制国家存在的事实证明其合理性的逻辑！陈亮的观点，表面上降低了道德门槛，实际上强调任何国家都必以公心为立国要素，坚持了起码的道德原则，用历史事实维护了道德原则的永恒性。

3. 英雄主义的事功观

那么，怎样才能打破宋朝的僵局，实现陈亮所说的"事功"呢？从他几次向皇帝的上书，以及与朱熹书信往返的争论来看，大体上除了一般地提出要皇帝振作精神、大有作为，以及打破陈规陋习、不拘一格地选拔人才之外，最关键的是要按照孟子所说的"学为成人"，养成英雄人物的浩然之气，至少具有像汉高祖、唐太宗那样"宏大开廓"的本领。具体来说，就是能够以"堂堂之阵，正正之旗，风雨云雷交发而并至，龙蛇虎豹变见而出没，推倒一世之智勇，开拓万古之心胸"。①

陈亮之所以赞赏这种英雄气概，主要是因为他相信改变历史的进程，开创一个时代的大格局，主要依靠的是英雄人物的推动，特别是在宋代积弊已深的情况下，尤其需要非凡的气魄和手段。所以他反复强调说，"天下，大物也"，天下大势、历史的进程如同巨大无比的物体，要想"斡得动""挟得转"，非得需要"本领宏阔""超世迈往"的英雄不可，只有他们才能"震动一世"，旋转乾坤。②

与英雄崇拜相联系的是，他特别强调行动，尤其是英雄主义的行动。他不赞成理学家们"以积累为功，以涵养为正"③的渐进主义，也反对在收复中原问题上采取"积财养兵以待时"的态度，而是主张"人才以用而见其能否，安坐而能者不足恃也；兵食以用而见其盈虚，安坐而盈者不足恃也"。④ 强调要在实践中，在积极的英雄主义的行动中解决面临的问题。反之，如果只是像理学家们那样空谈心性，"以涵养为正"，最终会"万事不理"，一事无成。

4. 陈亮在中国政治思想史上的地位

陈亮因见于南宋积弊之深、扭转僵局之难，加上程朱心性义理之说满天下又不见"外王"事功之实现，于是转向一种英雄主义的事功学说，寄希望于

---

① 《陈亮集》卷二十八《又甲辰秋书》。
② 分别参见《陈亮集》卷二十八《壬寅答朱元晦秘书》《又壬寅夏书》《又乙巳春书之一》。
③ 《陈亮集》卷二十八《又甲辰秋书》。
④ 《陈亮集》卷一《上孝宗皇帝第一书》。

一种奇特雄伟的英雄生命、英雄气概去震动、打破僵局,进而也影响到他对历史的评价,使他肯定汉唐建功立业的君主,肯定"霸道"的合理性,并因此形成跟程朱理学的思想对垒。陈亮事功思想的历史地位和意义首先在于,它开创了对理学批判的先声,为明清一些思想家对理学的批判提供了思想资源。同时,他把"天下为公""利民之心"作为一个政权存续的必要条件,这也很符合现代政治学中的合法性观念:一个政权得以维持的必要条件,是获得起码程度的自愿服从,即获得最低限度的统治合法性。

然而也要看到,由于具有类似的追求功利、追求事功的学术倾向,"现代学者常常容易夸大陈亮的进步意义"。① 在当时君主专制的政治制度和政治结构之下,不但理学家的外王事功是空想,陈亮也不可能拿出真正有操作性的对策和建议,所追求的外王事功也不可能实现。陈亮批评朱熹他们对现状"只欲坐而感动之",是"风痹不知痛痒",但即使这种"只欲坐而感动之""风痹不知痛痒"的理学,也曾为专制君主所不容,遭到"伪学""逆党"之禁。如果真有陈亮向往的那种英雄出世,要不拘文法,"推倒一世之智勇,开拓万古之心胸",其下场绝不会比朱熹更好。所以,陈亮事功思想的意义,最终也只能落到"与理学的对垒上"。② 事实上,陈亮对现实问题的讨论与思考,反而不如朱熹这一派理学家透彻具体。不研究具体条件,不考虑可行性而谈行动,而要鼓荡英雄气概,确实有点像后人批评的那样,是"亟于求春而不需谷,亟于求涉而不需缆"。③

(二) 叶适的制度主义事功思想

叶适虽然与陈亮同属于事功学派,但偏重于从制度方面讨论问题,同时其功利主义主张也表现得更加系统和理论化,所讨论的领域也更加广泛。比如,他从根本上质疑程朱所阐释的"道统"传承系统的真实性,并在自己事功思想的基础上提出新的道统说;他反对传统的歧视工商的"抑末"思想,反对采取井田制等抑制兼并的措施等,从而使得他的学术思想能够产生更大的影响力,构成对程朱理学的更大挑战。

---

① 田浩:《功利主义儒家——陈亮对朱熹的挑战》,第 162 页。
② 韦政通:《中国思想史》(下),第 841 页。
③ 《宋元学案》卷五十六《龙川学案》。

1. 功利原则与新道统说

叶适和陈亮一样,也是从"道不离器"、道归于物的哲学立场出发,阐述自己的事功思想,并展开对程朱理学的反驳。他说:

> 物之所在,道则在焉,物有止,道无止也,非知道者不能该物;非知物者不能至道;道虽广大,理备事足,而终归之于物,不使散流,此圣贤经世之业,非习为文词者所能知也。(《习学记言序目》卷四十七《皇朝文鉴一》)

他认为,道和具体的事物是不可分的,不通过对具体事物的考察就不能了解道,道无论多么广大,最终要归结为具体事物。因此,一种义理、道理只有在具体的事功中才能证明其价值,只有通过实践的检验才能证明其是否正确,道理说得再高妙,不能解决实际问题也没用,所谓"无验于事者其言不合,无考于器者其道不化,论高而实违,是又不可也"。[①] 同样,一种治国之道或政治原则也必须在具体的治国实践中,通过其实际效果、后果来检验其对错。而"上古圣人之治天下,至矣,其道在于器数,其通变在于事物",真正的圣人治国大道,一定会表现为高明的治国制度和方法,表现为应对具体政治问题的智慧。在此基础上,叶适提出"善为国者,务实而不务虚"。[②]

按照叶适的事功标准,理学家们大谈义理性命,而宋朝的危机依然如故,其学问之迂阔、无用,也就当下立见了。所以,他认为所谓的"正其谊不谋其利"是"此语初看极好,细看全疏阔",[③]割裂了"利"去谈"义",离开功利而讲道义,道义就是无用的"虚语"。此外,他还批评当时的学者是"高谈者远述性命,而以功业为可略;精论者妄推天意,而以夷夏为无辨"。[④]

不过,叶适最大胆的观点还在于,他从根本上否定程朱理学的道统说,按照自己的事功观点重新解释了儒家的"道统"。按照朱熹一派的说法,先王之道经过孔子亲传给弟子曾参,曾参传给孟子,孟子之后失传了一千五百年。言下之意,是程朱一派接续了失传多年的儒家之道的传承统绪,他们才

---

① 《水心别集》卷五《进卷·总义》。
② 《水心别集》卷五《进卷·总义》;《水心文集·补遗》之《奏劄一》。
③ 《习学记言序目》卷二十三《汉书三》。
④ 《水心文集》卷一《上孝宗皇帝劄子》。

是儒家正统的传承者。而叶适则经过考证提出，曾参所传之道只是根据他自己的理解，"自传其所得之道"，是把孔子之道理解为心性之学。因此，经曾子到孟子传下来的"道"根本就不是孔子或先王之道，先王一贯之道恰恰"因曾子而大迷"，曾子恰恰遗落了孔子之大道。那么真正的先王之道是什么呢？他认为，真正的先王之道内涵是很丰富的，经过孔子所传的尧、舜、禹、汤、文、武、周公之大道，最重要的是他们都不会离物求德，而是"治、教并行，礼、刑兼举"，也就是既重内圣之德，又重外王之功。[①] 这样，叶适否定程朱理学所捍卫的"道统"为孔子之道，并用功利主义的思想重塑了儒家"道统"，把心性的"道统"解释为事功的"道统"，这不仅是对程朱道统说的根本颠覆，也等于从理论上把道学宣布为"伪学"。

2. 从制度层面思考国家兴衰

按照道归于物的思路，叶适在分析国家兴衰治乱时，偏重于从治国的方法、手段，特别是从法度、制度设计方面来寻找原因。在他看来，造成宋代各种弊端、各种社会问题和矛盾的根本原因，就在于过度集权的政治体制。对于这种制度上的弊端或"制度之恶"，叶适曾在不同情况下反复加以阐述。比如他说：

> 国家因唐、五季之极弊，收敛藩镇，权归于上，一兵之籍，一财之源，一地之守，皆人主自为之也。欲专大利而无受其大害，遂废人而用法，废官而用吏，禁防纤悉，特与古异，而威柄最为不分。虽然，岂有是哉！故人材衰乏，外削中弱，以天下之大而畏人。是一代之法度又有以使之矣，宜其不能尽天下之虑也。(《水心文集》卷四《始论二》)

他批评宋代过分地接受唐末五代的教训，把一切权力都集中到皇帝手中，一兵一财的事情"皆人主自为之"，造成"威柄最为不分"，君主集权的程度史无前例，最终造成了宋朝积弱不振的"外削内弱"局面。他更尖锐地指出：

> 本朝之所以立国定制、维持人心，期于永存而不可动者，皆以惩创五季而矫唐末之失策为言，细者愈细，密者愈密，摇手举足，辄有法禁。

---

① 参见《宋元学案》卷五十四《水心学案上》。

而又文之以儒术,辅之以正论,人心日柔,士气日惰,人才日弱,举为懦驰之行以相与奉繁密之法。遂揭而号于世曰:"此王政也,此仁泽也,此永久不变之术也。"(《水心别集》卷十二《法度总论二》)

这里还是说,宋代的立国定制者过度矫正唐末五代的失策,一切制度设计都是以防范内乱为出发点,造成法律禁令越来越细密,使人"摇手举足,辄有法禁",造成"人心日柔,士气日惰,人才日弱"。而叶适认为更为荒谬的是,这种给国家和社会带来如此严重恶果的立国之制、"繁密之法",竟然还被说成是"王政""仁泽",说成是"永久不变之术"。在此之前的范仲淹、王安石、朱熹等人,虽然都曾从不同的角度提到过宋代制度的弊端,但是没有一个人像叶适这样全面系统地从宋朝的根本立国之制方面去提出和思考问题,更没有人敢于如此直接、尖锐地批评有宋一代视为神圣不可动摇的祖宗之法。

叶适更以宋代对地方的控制体制为例,具体分析宋朝"纪纲"制度的弊端。他指出:

艺祖(指宋太祖)思靖天下,以为不削节度则其祸不息,于是始置通判,以监统刺史而分其柄;命文臣权知州事,使名若不正任若不久者以轻其权;监当治榷税,都监总兵戎,而太守者块然徒管空城,受词诉而已。诸镇皆束手请命,归老宿卫,昔日节度之害尽去,而四方万里之远,奉尊京师,文符朝下,期会夕报,伸缩缓急,皆在朝廷矣。(《水心文集》卷五《纪纲二》)

意思是说,宋太祖为了削弱地方的权力,防止唐末五代藩镇割据之乱,于是设置通判之官,以分割牵制刺史之权;又一律由文臣出任知州,另设专门的机构管财税和地方军事,使地方长官管空城,各地武将也只是"束手请命",于是层层分割,互相防范牵制,最后权力都收归朝廷。

在他看来,这种权力配置上的层层分割、处处牵制防范的体制,最大的问题是把权力全部集中于君主一个人,造成"百年之忧,一朝之患,皆上所独当,而群臣不与","万里之远,皆上所制命"。[1] 换句话说,宋代的制度过分偏

---

[1] 《水心文集》卷四《实谋》。

重于防范内乱和控制臣下,使各级官员没有任何自主性和积极性,以国家之大,政事之繁难,最后一切问题都推给皇帝一个人,过度集权的代价是造成整个国家的低效率,使内外皆柔,这是宋代一切问题的症结所在。

那么,究竟应该如何矫正制度设计中的偏差,解决权力过分集中的问题呢?通观叶适的有关论述,可以发现他在制度设计方面有以下几个指导思想和原则。

首先,他提出要在吸取借鉴前人经验的基础上"自为其国"。他认为,一方面,古今政治原理有许多相通之处,"天下之大,民此民也,事此事也,疆域内外,建国立家,下之情伪好恶,上之生杀予夺,古与今皆不异也",因此要想"自为国家,必先观古人之所以为国",设立制度时不能仅凭一人私智,而要遍考古人成法,看看古人是怎么做的;另一方面,要有"自为国家"意识,根据自己的具体情况有所创造,"观古之无害而求去今之有害",而不要把注意力都用在避免前代失误,无所创意。同时,设计制度时应通盘考虑,要注意时代条件的不同,坚持体用结合。比如,封建时代是行王道的时代,自然就有与之相配合的法律制度,郡县时期是行霸道的时代,也有与之相应的具体法度,则王道、霸政各有成就。①

其次,要注意守内与防外的区别,采取外坚内柔的制度。他认为,外坚内柔是设计治国的"纪纲",是安排制度的"常道",好比一个家庭,"藩篱垣墉,所以为固也;堂奥寝处,所以为安也;固外者宜坚,安内者宜柔",外部篱笆院墙应该坚固,而内部房屋寝室应该让人安全舒适;国家也一样,对外要坚固,对内要柔和安全。而唐代和宋代都违反了这种制度设计的"常道","唐失其道,化内地为藩镇,内外皆坚,而人至不能自安;本朝反其弊,使内外皆柔,虽能自安,而有大不可安者"。为了避免唐代的"内外皆坚"和宋代的"内外皆柔",应该采取"外坚内柔"的制度加以矫正。②

再次,要掌握集权与分权的分寸,做到有收有放,而当务之急是实现适当分权、放权。他批评宋朝"尽收威柄,一总事权,视天下之大如一家之细",是"能专而不能分,能密而不能疏,知控持而不知纵舍"。为了解决好权力的合理配置问题,他认为前提条件就是要保持君主之"势",维护君主的绝对权

---

① 参见《水心别集》卷十二《法度总论一》。
② 参见《水心文集》卷五《纪纲二》。

威。因为君主之"势"是"治天下之大原",没有权势就不能使天下人服从,势分于下则国家就会危乱。在维护君"势"的前提下,叶适提出适当分权的思想,强调"昔之立国者,知威柄之不能独专也,故必有所分;控持之不可尽用也,故必有所纵"。① 因此,他欣赏汉代的分权体制,认为是"独过于后世者",而在秦始皇统治下"自天子以外,无尺寸之权",造成短命而亡。②

应该说,关于如何处理中央与地方、内与外的权力关系问题,是传统国家政治体制中一个非常重要而又从根本上难以解决的问题。叶适提出了有专有分、有密有疏、有控有纵的原则,这当然是对的。但是这方面的合理分寸、合理尺度如何拿捏,在实践中却很难把握,叶适对此显然也拿不出具体的操作办法。在君主专制和人治的体制下,靠一个人或者极少数人去应对复杂的全国问题,将庞大的国家机器的运转寄望于一个人或极少数人的压力与推动,权力配置上的畸轻畸重当为势所难免,甚至陷入从"管得死"走向"管得乱"而最终"内外皆柔"的必然逻辑。而现代国家治理的知识告诉我们,强大的中央和充满活力的地方政府,理论上只有在现代民主法治的框架下,通过多种力量的磨合博弈,以及依靠规范化、制度化的关系协调机制,才可能同时出现。而这一点,则是叶适那个时代的人所无法想见的。

3. 经济与社会政策思想

除了对制度的讨论之外,叶适对于国家的财政、人事和社会政策等方面的问题,都曾展开过广泛的讨论,提出了很多不同于流行看法的见解。

和王安石一样,他也主张国家应该积极理财,明确提出"理财与聚财异"的思想,反对把理财简单地理解为替国家聚敛财富。他认为,凡是圣君贤臣都重视理财,都善于理财,而所谓善于理财,就是通过合理的资源调节、配置,达到"取之巧而民不知,上有余而下不困"的效果。③ 这和王安石的思想基本是一致的,也接近现代管理思想。

叶适还从民本思想出发,提出了反对抑制兼并和井田制的主张。在对待贫富分化和财富占有不均的问题上,中国古代政治思想家大都抱有平均主义和空想社会主义的思想,他们期望国家集中控制土地资源,由国家对土

---

① 参见《水心别集》卷十五《应诏条奏六事》。
② 参见《水心文集》卷五《纪纲一》。
③ 参见《水心文集》卷四《财计上》。

地进行平均分配，进而避免贫富差距拉大，实现财富占有上的平均。为了实现这种财富占有上的平均，最容易想到和做到的是抑制兼并，打击所谓的"豪强"，而更为激进者则梦想有朝一日恢复古代的井田制，即所谓的"俗吏见近事，儒者好远谋，故小者欲抑夺兼并之家以宽细民，而大者则欲复古井田之制，使其民皆得其利"。然而在叶适看来，这两种办法"其为论虽可通，而皆非有益于当世"。首先，实行井田制需要许多前提条件，如必须"天下之田尽在官"，也就是全部土地都属于国家，还必须实行分封制，还要受到地理、自然环境的限制，需要配套的"琐细繁密"之法，这在实行郡县制且土地可由百姓"私相贸易"的后世，是根本难以实施的。同时，在国家不能"自养小民"，不能尽到本应尽到的"养民"职责的情况下，富人的存在还使小民有谋生的机会，也是国家的根基所在，所谓"富人者，州县之本，上下之所赖也，富人为天子养小民，又供上用"。如果富人中有人作奸犯科，政府尽可以教育诫勉，可以依法惩治，但是不能"豫置嫉恶于其心"，不能先假定他们就是恶的，动辄抑制兼并，以"破坏富人为能事"。在他看来，政府自己不能养民，却又打击和煽动仇恨"养民"的富人，"徒使其客主相怨，有不安之心"，只会挑起无端的怨恨，这样做绝不是"善为治者"。而解决土地集中问题的可取之法，就是"因时施智，观世立法"，政府制定确定不移的政策，"十年之后，无甚富甚贫之民，兼并不抑而自已，使天下速得生养之利"。①

更值得注意的是，叶适认为抑制兼并、实行井田之制的做法，实际上是对人民巧立名目的变相剥夺。他指出，上古之世是"民与君为一"，那时"君既养民，又教民，然后治民，而其力常有余"，君主统治人民而人民接受君主统治的前提是君主首先要能养民，要能满足人民在土地、房屋、器用、衣食等方面的需求，或者最起码的要"有以属民"，首先能够给予人民某种好处，而所谓的井田制，就是在这种背景下实施的；后世则是"民与君为二"，君主对人民"不养，不教，专治民而力犹不足"，"使民自能而不知恤"，官吏更是"巧立名字，并缘侵取，求民无已"，想尽一切办法，剥夺搜刮百姓财产，"变生养之仁为渔食之政"。② 至此，叶适思考的问题已经超出了一般的财富占有、贫富分化问题，而把问题上升到君主及其国家与人民的深刻对立，甚至根

---

① 参见《水心别集》卷二《民事下》。
② 参见《水心别集》卷二《民事上》。

本质疑后世君主及其国家的统治资格,质疑其统治的正当性。这在历史演变到秦汉以后的专制政治时代,确实如石破天惊,是极其深刻而又大胆的思想。

另外还要提及的是,他对工商之民的重视。我们知道,崇本(农)抑末(工商)一直是传统社会一贯的指导思想和政策取向。叶适则根据《尚书》等典籍的记载,认为中国上古本来并不重农抑商,而是对关市"讥而不征",以国家之力鼓励通商惠工,自汉高祖开始才实行困辱商人的政策,所以他强调"四民(士、农、工、商)交致其用而后治化兴,抑末厚本,非正论也"。①

总之,叶适从根本上否定程朱理学的道统说,而试图用自己的事功观点重构新的道统;以往的思想家多从君主个人品质、能力以及如何重视人才、整顿吏治等方面讨论政治,而叶适则跳出这种思想套路,直接从君主专制制度本身去思考国家的治乱兴衰。同时,他也反对歧视工商的传统"抑末"思想,反对采取井田制和抑制兼并的措施来解决贫富差距问题。正是这些挑战流行观念的思想,奠定了他在中国政治思想史上独特的地位。

五、金元之际政治思想的动向

元朝的历史,即使从 1206 年蒙古国建立算起,到 1368 年元亡,也只有 162 年。如从狭义算,则自 1260 年忽必烈在汉地即位,改行汉法,建元中统,到 1368 年,则只有 108 年。在这一百多年的时间里,其政治思想演变的基本动向,有两点最为值得注意:一是程朱理学得到元朝统治者的承认,成为官学;二是在元朝儒士的努力下,儒家思想根据新的时代环境进行了自我调整,在"夷夏之辨"的问题上放弃了地域、种族条件而采用单纯的文化标准。

(一)多元文化背景下的理学官学化

蒙古人在灭金、接受汉文化之前,主要沿用游牧民族惯习,以攻城略地、

---

① 参见《习学记言序目》卷十九《史记一》。

征讨搜刮为主，对于建章立制的经国远图既无意识也无经验。在相继灭掉西夏特别是灭掉已经基本汉化的金国之后，一方面有条件接触到汉文化，另一方面也面临着如何巩固对这些汉化地区的统治问题。于是，在汉化的耶律楚材的主持下，太宗窝阔台开始设立朝廷，组建官府，实行汉文化的礼乐制度。

耶律楚材原为契丹贵族出身，其父耶律履为金国尚书右丞。耶律楚材自幼受到良好的汉文化教育，饱读儒家典籍，其理想就是用儒家的学说治理天下，后于成吉思汗攻占燕京时候投奔蒙古。他拥护成吉思汗的蒙古大军南征，歌颂他们攻略燕京、汴梁，认为是"朔南一混车书同""皇业巍巍跨千古"。在他的影响下，蒙古开始建立赋税制度，推行法制，设立州郡长官，建立地方行政组织，减少军队的抢掠杀戮。到窝阔台时期耶律楚材又被任命为中书令，更从制定礼仪、官制、法律、税制、科举等各方面实施"以儒治国"的方针。

耶律楚材之后，经定宗贵由、宪宗蒙哥直到忽必烈时期，在一些北方汉人如杨惟中、姚枢等人的努力下，蒙古各项制度进一步完备，又在灭金和攻打南宋的过程中，留意搜罗儒士，恢复儒家文化教育。正是在这一背景下，原本流行于南宋境内的程朱理学开始传入北方。

1235年，蒙古军攻下湖北德安（今湖北安陆），俘获名儒赵复。赵复后被姚枢、杨惟中解救送往燕京，并在后者支持建立的太极书院中讲授理学，"从者百余人"。赵复因见于当时学者大多不了解理学的传承关系、学说源流，于是撰写《传道图》《伊洛发挥》《师友图》《希贤录》等加以介绍。这对理学的传播发挥了很大作用，史称从赵复开始，北方人才知道有程朱之学。①

1241年，姚枢因为不满于官场的贪腐，辞官归隐苏门山（今河南辉县），潜心研习赵复所传程朱之学。此时，赵复也已因碍于"夷夏之防"而隐退，姚枢所居的苏门，一时吸引了很多读书人前来求学问道，这中间就有怀庆（今河南焦作）人许衡。他从姚枢那里读到程朱理学经典，感叹"今始闻进学之序"，于是干脆搬来和姚枢为邻，在一起切磋讲论学问，并"慨然以道为己任"。许衡"苏门得道"之后，随着学术的积累，名声越来越大，后自成"鲁斋

---

① 参见《元史·赵复传》。

学派"。1260年,忽必烈即位,召许衡入京,参与朝仪、官制的制定,又让他任国子监祭酒,主管太学。忽必烈还亲自挑选蒙古贵族子弟入学,交由许衡教育。许衡又请求调集他的十二位弟子为伴读,除了教这些蒙古贵族子弟熟读诗书之外,还教他们演习各种礼仪,学习纲常伦理和做人的道理。①

就这样,经过这些人的努力,程朱理学不仅在元朝境内得到了传播,并且成为官方认可的学问,以程朱为代表的儒学取得了官学的地位。到仁宗时期,下令以朱熹、二程等理学家从祀孔庙,又开科取士,考试题目主要出自"四书"等儒家经典,考试答案一律以程朱的注释为标准,一时出现"海内之士,非程朱之书不读"的局面。这样,借助科举考试、读书做官这一制度化的渠道,理学的官学地位得到了进一步强化。

不过,理学的官学化只是意味着理学得到了官方的承认,程朱理学所推崇的儒家经典成为官方科举考试的依据,这并不等于说以程朱理学为代表的儒家思想已经成为元朝官方独尊的意识形态和治国指导思想。元朝作为兴起于北方,强盛时曾地跨欧亚、囊括众多民族的大帝国,它的文化原本是多元的,对来自各民族的宗教信仰基本一视同仁,大致给予同等尊重。所谓和尚(佛教僧侣)、先生(道士)、也里可温(基督教士)、答失蛮(伊斯兰教士)等"三教九流,莫不崇奉"。② 儒家虽不是宗教,但是蒙古统治者实际上还是把它当成汉人的宗教,作为有利于其在汉地统治的工具加以利用。这样,进入元朝之后,儒家就从原来的"道"变成了众多"教"的一种,而不再具有举国独尊的地位。特别是蒙古贵族自身崇拜的是喇嘛教,尊奉吐蕃僧侣为帝师,皇帝亲自从之受戒。而由于文化的差异,他们对儒家学说则十分隔膜。元朝的皇帝中,除了仁宗、英宗父子儒化稍深外,大多数不懂汉语,而蒙古、色目大臣中通晓汉文的也很少。③ 不仅文化上隔膜,更重要的是蒙古贵族以少数民族征服中国,一直对汉民族存在极其严重的猜忌防范心理,奉行严厉的民族压迫政策,更不可能把作为汉文化代表的儒家思想奉为治国的主导思想。从这些方面看,与取得独尊地位的汉代儒学相比,元代理学的政治地位是不可同日而语的。

---

① 分别参见《元史·赵复传》《元史·姚枢传》《元史·许衡传》。
② 王恽:《秋涧集》卷八十五《立袭封衍圣公事状》(四库全书本)。
③ 参见赵翼:《廿二史札记·卷三十》,"元诸帝多不习汉文"条,据赵翼的观察,元代"不惟帝王不习汉文,即大臣中习汉文者亦少也"。

（二）理学的自我调适与元代的"用夏变夷"思想

以程朱理学为代表的儒学之所以能够被元朝官方所接纳，除了前述耶律楚材、杨惟中、姚枢等人的努力之外，也与儒家士大夫对"夷夏之辨"思想的调整有关。

讲究"夷夏之辨"或"华夷之辨"是中国文化传统中的一种重要观念，也被认为是儒家《春秋》大义"中的一个重要原则。它主要强调华夏文化相对于"夷狄"的先进性和主导性，其基本含义有两点。首先是"夷夏之防"，主张严守"内夏外夷"的天下秩序，使"中国"居天下之中，"四夷"居住外部。从文化上说，起码先要防止中华先进的文化被侵害而"变于夷"。其次是"用夏变夷"，在维护"中国"为中心的天下秩序、维护中华文化不被侵害的前提下，实现"用夏变夷"，用先进的华夏文化去引导、同化其他落后的文化。换句话说，"夷夏之辨"首先从文化上强调双方的优劣之分，以及在天下秩序中的内外之别，并在华夏文化占主导地位、汉族政权"居中国"的前提下，才谈得上如何"用夏变夷"的问题。而到了后世，却多次发生少数民族入主中原、"夷狄居中国治天下"的事情，这是孔孟这些儒门圣人所不及见的。① 对于那些已经沦为"夷狄"的臣民的儒家士大夫来说，他们应该作出怎样的解释，才能在自己的处境与传统的"夷夏大防"思想之间找到结合点，以消除政治身份（"夷狄"之臣）与文化认同（儒家文化）二者之间的撕裂与冲突？同时，在这种情况下他们又该如何践履儒家勇猛入世、救民于水火之中的理念？

他们的主要理论策略是，在"夷狄居中国治天下"已成为事实的情况下，回避和放弃传统思想中"夷夏之防"的观念，不再强调"华""夷"之间的地域、种族界限，而以"文化标准"即以是否认同并代表"中国文化"为标准，来判断一个政权是否是正统，决定自己的政治认同。比如郝经（字伯常，谥文忠），他原出身于金代山西一个世代业儒之家，很早就立志"以兴复斯文，道济天下"为己任。后来，他从赵复那里接触到程朱理学，在金朝灭亡之后、忽必烈登汗位之前已到帐前效力，被咨询以军国大事。忽必烈即位后封其为翰林

---

① 参见张星久：《政治情境中的"华夷之辨"——秦汉以后"华夷之辨"的历史语境与意义生成》，《武汉大学学报（哲学社会科学版）》2015 年第 5 期。

学士,出使南宋,被贾似道软禁真州十六年,企图诱降。郝经以"吾家业儒凡七世矣,顾肯亏忠义大节以辱中州士大夫乎",自比苏武,终不肯归降。他在"夷夏"问题上的主要观点以是否实行"中国之道"为判断正统的标准,认为"能行中国之道,则中国之主也"。① 又根据中国思想传统中"天命靡常,惟德是辅"的观点,认为"'天无必与,惟善是与,民无必从,惟德之从',中国而既亡矣,岂必中国之人而后善治哉?圣人有云:夷而进于中国则中国之,苟有善者,与之可也,从之可也,何有于中国、于夷";②主张承认蒙古统治中国的事实,并希望用中国文化影响异族统治者,坚持"用夏变夷"原则。他曾写诗说:

彷徨四顾天宇豁,九州四海一月明。
谁令此地限南北,哄起祸乱挈甲兵。

(《郝文忠公陵川文集》卷十二《八月十五夜五河口观月》)

他认为,"道"就像夜空中高悬的明月一样,本不分南北和"华""夷",应该突破狭隘的地域、民族畛域,把道的光明传播到九州四海。正是带着这种认识,他积极促使忽必烈推行汉法,实行礼仪治国。

而作为元朝儒家领军人物的许衡,更以同胞兄弟关系看待"华""夷"关系,认为蒙古与汉族政权的冲突如同两个小兄弟争吵,所谓"二小儿同父母兄弟也",一旦"因小事物相恶骂,即咒其爷娘",就忘记了"彼父母亦我父母也"。③ 在他下面的这首诗中,表达的也是同样的意思:

直须眼孔大如轮,照得前途远更真;
光景百年都是我,华夷千载亦皆人。

(《许衡集》卷十一《病中杂言七首之六》)

这里,许衡显然也是放弃了传统儒家"夷夏之辨"的立场,不再从地域、种族

---

① 《郝文忠公陵川文集》卷三十七《与宋国两淮制置使书》,山西人民出版社2006年版(下同)。
② 《郝文忠公陵川文集》卷十九《时务》。
③ 《许衡集》卷二《语录下》,东方出版社2007年版。

方面强调"夷夏之防",而是认为应把目光放长远些,要对儒家文化有信心,相信在儒家文化的影响下,最终可以实现"华""夷"无别,天下一家。因此,后人将许衡的这种观点概括为"中夏夷狄之名,不系其地与其类,惟其道而已矣",这是十分中肯的。同时,对于许衡出仕元朝又致力于推行"汉法"与儒家文化的举动,也被其拥护者认为是一种"变其夷狄之俗"的伟大尝试。①

另外,像金元之际的杨奂,在论及何种政权能够代表中国文化"正统"时也认为,"王道之所在,正统之所在也",应以是否实行"王道"来判定正统所在,因此主张"中国而用夷礼,则夷之;夷而进于中国,则中国之"。②

总之,通过强调文化上的"用夏变夷",回避甚至放弃其他方面的"夷夏之防",在某种程度上既缓解了"华""夷"之间的紧张,也使他们出仕元朝的行为得到了一定的合理性解释。当然,这种解释的转向毕竟和儒家思想传统中的"用夏变夷"存在很大的距离,也和唐太宗时期讲"天下一家"的具体语境不同。③ 孟子"用夏变夷"是强调,在守住华夏文化和疆土不被侵犯的前提下,用华夏的"王道"文化去引导同化其他文化;唐太宗讲"天下一家",也是在打败突厥并取得了对"四裔"的主导权的情况下,主要是为了怀柔归化的突厥等少数民族而提出。所以,对"夷夏之辨"思想的调适与修正,并不能从根本上消除他们心中在民族和文化认同上的焦虑。赵复在主持太极书院一年之后,最终选择了归隐,而许衡的"进退出处"更在生前身后引起了许多争议,都很能说明问题。④

---

① 参见何瑭:《郡人何瑭题河内祠堂记》,载《许衡集》卷十四《先儒议论 古今题咏》。另外,《许衡集》卷十四载《胶东邓中和诗》谓"仕非为禄屡辞禄,道在居夷能变夷";《许衡集》卷十二载后学王九思《像赞》谓"盖愿学孔子者,公之志;美而且大者,公之造;用夏变夷者,公之心"。
② 参见杨奂:《正统八例总序》,载苏天爵编:《元文类》,上海古籍出版社1993年版,第392—395页。
③ 参见萨孟武:《中国政治思想史》,东方出版社2008年版,第399页。
④ 与许衡同时代的儒者刘因撰写的《退斋记》,据说就是专为批评许衡之作,参见张帆:《〈退斋记〉与许衡刘因的出处进退——元代儒士境遇心态之一斑》,《历史研究》2005年第3期。另外,明人何瑭就曾明确指出明代的士大夫对许衡存在非议,这些非议主要有两类:一是认为许衡"华人也,乃臣于元,非《春秋》内夏外夷之义,有害名教";二是认为许衡"虽臣元,亦不能尽变其夷狄之俗,似无所补者"。参见何瑭:《郡人何瑭题河内祠堂记》,载《许衡集》卷十四《先儒议论 古今题咏》。

总结与讨论

主要政治学问题

本讲首先分析了宋朝人面临的主要政治问题以及思想演变的大势。接下来依次介绍了李觏对"利"与"霸"的肯定以及礼治思想与富国主张,王安石以理财和人才为核心的变法思想,司马光等人反对变法的"逻辑",以及朱熹对宋代政治问题的认识及解决思路,陈亮肯定"利""欲"以及英雄主义的功利思想,叶适从制度层面对国家兴衰的思考。最后,简要介绍了金元之际以许衡为代表的士大夫群体,他们面临在消除政治身份("夷狄"之臣)与文化认同(儒家文化)冲突的情况下,采用何种理论策略去面对传统的"夷夏之防"这一儒家伦理。其中,考察和理解王安石变法思想的宏大规模以及对传统思想的巨大挑战意义,分析其时代局限和面临的困难,分析朱熹为代表的理学正宗与陈亮为代表的功利主义之间的真正分歧,是本讲的重点所在。

回顾这些内容会发现,宋朝人所讨论的许多问题,在今天也并不陌生,甚至也是今人常常争论的问题。就宋朝人对政治问题的各种讨论而言,至少涉及以下主要政治学问题:

● 关于政治的评价标准,或者判断、评价政治上的是非标准问题,即:是采取以道义为本位的原则,还是以功利(好的客观效果)为本位的原则,去指导政治行动,并评价政治行动的好坏对错。以朱熹为代表的正统理学家们倾向于以"义"统摄"利",认为人类社会追求的一切"利"都是以人为核心、以对人有"利"为指向的,因而都应该是合理的、恰当的("义"的)"利",离开"义"的统摄和引导而逐"利",则为动物式的丛林法则,因而为道义论的典型;李觏、王安石以及陈亮、叶适等人则倾向于认为,对"义"的追求不能代替"利",应该正面确认和肯定"利"的独立价值,并以是否在客观上产生有"利"的后果作为判断政治是非的标准,属于功利论的代表。

● 关于国家和政府的经济管理职能问题。例如,李觏把"厚生、利用"提到"为政之本"的高度,王安石则明确提出,政事的核心就是理财。这种认识在思想史上是罕见的,使得有关国家职能、政府职能的认识得到了进一步深化和丰富。

- 与此相联系的是,关于国家对经济社会干预力度的强弱、职能范围的大小问题。司马光、苏东坡等人倾向于主张一个相对消极无为的"弱国家"或"弱政府",而王安石则显然主张一个积极有为、对社会经济生活进行大规模干预的、全能的"强国家"或"强政府"。

- 关于制度设计与制度创新问题的探讨。例如,在南宋的叶适看来,治国理政者应该能够"自为国家",经过借鉴古人成法、综合考虑各种现实因素,良好的政治制度是可以被"深思熟虑"地设计出来的,而不应该陷于"路径依赖",过分重视唐末五代教训,一味地集权,一味地防范内部的危险。换言之,叶适似乎更倾向于一种能动的制度观,而非演进的制度观。

- 关于王朝的"正统"性问题,再度成为这个时期的重要话题。既不同于汉魏也不同于明清之际的汉族士大夫,这个时期身处"外族"政权下的汉族士大夫如许衡、郝经等,在"夷夏之辨"问题上放弃了种族、居住地域方面的传统标准,而主张用是否汉化、是否代表优秀的文化,即是否做到文化上"用夏变夷",作为判断"正统"政权的标准。虽然其中不乏士大夫生存策略的考虑,但相比隋唐之际的王通而言,金元之际这些汉族或汉化了的士大夫由于具有在"外族"政权下的生存体验,他们对正统问题的思考则显得更为透彻、更有经验蕴含,从而也深化、丰富了中国人对"正统"问题乃至民族关系问题的思考。

讨论

中国思想史上有关"义"与"利"、"王道"与"霸道"关系的争论,在宋代达到了一个高潮。朱熹与陈亮之间的论辩,可谓是在这个问题上最为深入、持久的争论。这场争论的重大意义值得我们认真审视。因为朱、陈之争实际上涉及人类生活中极其重要的伦理原则问题,这就是:判断我们人类行为对错的标准,是主要根据某种"永恒"的道德原则,还是主要根据结果的好坏?对于朱、陈之争中涉及的这两种行为准则和评价标准,有的学者将其分别称为"道德伦理"和"事功伦理"。[①]

这使人想起马克斯·韦伯在其题为"以政治为业"的著名演讲中,也曾

---

① 参见田浩:《功利主义儒家——陈亮对朱熹的挑战·导言》。

提出"意图伦理"(或译为"信念伦理"等)与"责任伦理"概念,大体上指的也是人类行为的这样两种伦理原则:一则更关注行为意图的好坏、行为动机是否合乎某种道德信念;二则更关注行为后果的好坏,或更关注后果的价值。虽然韦伯与朱熹、陈亮之间各有不同的文化背景和时代条件,各自的语境和强调的重点也大不相同,但涉及的问题却基本上是一致的,因而具有跨越文化和时代进行对话的可能性。更为重要的是,韦伯只是从理论上概括了人类这两种互相对立的行为伦理,而朱、陈之争则把这两种行为伦理的冲突在现实中活生生地展示出来。同时,也正是通过这场争论,生动地揭示了这两种行为伦理各自的合理性以及可能面临的道德困境。

具体而言,朱熹他们苦心孤诣、念兹在兹所追求的是,彰显人类道德原则的绝对性和永恒性,以证成和维护人在历史中的道德主体性,因而在任何情况下,哪怕面对像汉高祖、唐太宗这样的"成功"者,也绝不放松道德审查的标准。他们最担心的是,如果因为汉高祖、唐太宗的行为在客观效果上与某些道德原则有"暗合"之处,而无视其"全体只在利欲"的自私内心,就会陷入成王败寇的道德相对主义,从而毁灭人类道德文明的准则。他们这种对人类文明的终极关怀和热忱关注人类道德生命的伟大怀抱,应该得到充分的理解和最高的敬意。

但是,朱熹他们坚持把道德动机摆在第一位的立场也可能带来道德虚无主义的风险。按照他们的伦理原则,秦汉以后能够处理好"义""利"关系的既有内圣之德又有外王之功的帝王根本就不存在,所以才会得出儒家王道"未尝一日得行天地之间"的结论;但这却无异于将道德从人类历史中抽离,宣布道德与人类生活、与实际的历史进程毫无关系,是毫无作用的臆想!而陈亮正是抓住了朱熹的这一理论弱点讥讽说,朱熹把千百年历史中的人都变成了"半死半活之虫"!此外,朱熹他们对人类行为,特别是政治行为中诸如主观动机与客观后果之间的复杂关系,考虑得也未免过于简单、刻板。他们看不到韦伯所谓世界的"非理性"——如好心可能办了坏事,利己的行为可能产生同时利人的双赢结果;他们更不能解释,在历史发展中有时"恶"的力量会产生积极的后果。

再看陈亮着重强调事功的功利主义伦理观。他看到了人性的复杂,认为三代以上不全是"天理",三代以下也不全是"人欲",承认"霸道""私欲"的主观动机也可能带来"公"的客观效果,这使他对"义""利"问题的思考显得比朱熹要深入、复杂,也更贴近生活经验而易于为人接受。他表面上降低了道德门槛,实际上强调任何国家政权的存在都离不开起码的"公"、起码的道义合法性,恰恰是用历史事实证成了道德原则的普遍永恒性。然而,陈亮的立场也确实无法排除道德相对主义的危险:既然可以通过"事功"、通过成功的后果来界定历史中的"善"或"义",则成功就是王道,世上就不存在普遍的是非善恶标准,这和弱肉强食的丛林法则又有何区别呢?

经由朱、陈之辩及其所暴露的问题,至少可以带给我们这样的启示:当我们评价某种政治行为、某个历史人物和事件时,确实应该尽量综合考虑行为动机、手段和实际效果等因素;当我们在从事某种政治行动时,不仅要有良好的动机、意愿,不仅要坚持善良、正义的价值导向,还要对"后果"负责,要考虑有无适恰的手段和操作方法,能否取得预期的效果。这可能也是马克斯·韦伯在提出"责任伦理"概念时最想表达的思想。当然,究竟如何在实践中把握好这几个方面的关系,恐怕没人能够像在实验室里做实验一样,给出有精确"刻度""剂量"和"配方"的答案,而只能靠行动者特别是那些伟大的政治家的政治智慧来把握。政治有时被称为一种"艺术",其原因多半也在于此。

进一步思考的问题

1. 分析李觏、王安石理财思想的主要内容。
2. 分析王安石变法思想的历史地位与局限。
3. 论述司马光与王安石在政治主张方面的主要分歧。
4. 介绍朱熹、陈亮之争的主要内容与焦点。
5. 叶适对于制度问题有哪些新的思考?

第八讲
反思与突破
——明清时期的社会批判思想

> **核心内容**
>
> ○ 明清时期社会批判思想发生的背景与条件,主脉与特点
> ○ 方孝孺的"君职"说、"井田"论、正统观以及乡族自治主张;王阳明的"良知"说,自然人性论对统治思想秩序的冲击;李贽的"剧场"说对现实世界虚假性的揭露和对"私"的肯定,平等、自由和独立的主张
> ○ 黄宗羲以"天下为主君为客"的思想,"治法"优先论,设方镇于边地与兴学校以议政的主张;顾炎武对"国"和"天下"的区分,"寓封建于郡县"的主张;王夫之以"生民之生死"为目标,维护土地私有权和民族自然生存权,肯定郡县制、否定传统"正统论",严于治官宽于养民的主张

　　明清时期最具影响力的政治思想家主要出现在明代和清代前期,可谓群星辉映,光华四射。明代可以方孝孺、王阳明、李贽为代表,清代前期则以黄宗羲、顾炎武、王夫之最为著名,其他如吕留良、唐甄在批判和反思君主专制制度方面也非常激烈大胆。随着清朝统治的巩固,至康熙、雍正、乾隆时期君主专制达到顶峰,统治者一方面大力加强对思想异端的钳制镇压,不断拧紧思想控制的螺丝;另一方面他们公开声称不光代表政统,而且代表"道统",公然垄断了真理的话语权。为逃避这种官方话语的压抑与监控,也为矫正理学的"空疏",思想学术的变迁遂被锁定于乾嘉考据

的单一轨道。① 虽然考据学的兴盛带来了文献整理、考证方面的丰富成果,但也造成士大夫群体在政治上几近整体失语,出现龚自珍所谓"万马齐喑""避席畏闻文字狱"的情形。只是到了19世纪的龚自珍那里,才重开读书人"慷慨议论天下事"的局面,但这时历史已经迈入近代的门槛了。因此,本讲的主要内容便集中在对明代方孝孺、王阳明、李贽,以及清代前期的黄宗羲、顾炎武、王夫之等人的政治思想方面。

一、明清时期的政治情势与思想变化

(一) 明清政治思想发生的背景与条件

明清政治思想是在什么样的背景、什么样的历史条件刺激下发生演变的? 对此,我们可以从以下几个主要方面加以理解和回答。

首先是政治因素。根据学术界比较一致的看法,中国的君主专制制度经过长期的历史发展演变,到了明清时期确实已经达到了登峰造极的地步。尽管学界对于明太祖朱元璋个人的功过是非还有不同的看法,但是至少从他的一些举措,从明清时期专制国家所达到的社会控制程度看,确实是达到了极限。比如,朱元璋废除了在中国历史上长期延续的宰相制度,用庞大的厂卫特务组织对臣民进行无孔不入的秘密监控,②用各种令人发指的酷刑镇压臣民,动辄廷杖大臣,乃至连兴大狱,残酷镇压、株连功臣勋贵之家。特别是洪武十三年(1380年),朱元璋制造胡惟庸"谋反"一案,牵连致死者达三万余人;洪武二十六年(1393年)又以大将蓝玉"谋反"案连坐诛杀近两万人,被史家认为残忍程度"千古未有"。③ 当时就有人批评说:

> 古之为士者以登仕为荣,以罢职为辱,今之为士者以溷迹无闻为福,以受玷不录为幸,以屯田工役为必获之罪,以鞭笞捶楚为寻常之辱。

---

① 参见葛兆光:《中国思想史》第二卷第三编第二节《考据学的兴起》。
② 比如,《明史·宋濂传》记载,对于宋濂这位曾经极其令人尊敬的开国元勋,明朝廷也是时时监视,宋濂"尝与客饮,帝密使人侦视。翌日,问濂昨饮酒否,坐客为谁,馔何物。濂具以实对。笑曰:诚然,卿不朕欺"。
③ 赵翼:《廿二史札记》卷三十二"胡蓝党狱"条。

(《明史·叶伯巨传》)

在朱元璋的统治下,官员以"鞭笞捶楚为寻常之辱",以至于以罢官为幸运,以做官为畏途。

朱元璋甚至不能容忍《孟子》中"民贵君轻"和"革命"的思想,下令编订《孟子节文》,还要取消孟子的"亚圣"牌位。他还因为江南一些儒生不肯出来做官,在《大诰》中专设"寰中士夫不为君用"的罪名。他的这些举措,成为后来的继承者沿用的"祖宗之法",这就为历代君主实现个人专制和集权提供了最大的制度空间。紧接明朝而起的清朝,则因为是以少数民族而统治中国,也需要加大暴力镇压和各方面的控制强度,因此在延续了明朝制度路径的基础上,又有新的特点和演变——如建立依附性更强的军机处总揽大权,实行更为严酷的文字狱和思想文化专制等——从而使得君主专制制度走向了顶峰。

生于这种环境下的人,当然会比以往时代的人更加真切地面对严酷的"制度"问题,从而更容易产生从外部(而非心性)制度方面反思政治问题的视角。从某种意义上说,明末清初那种空前激烈的反专制思想,以及黄宗羲、顾炎武等人那么关注制度问题,正是对当时空前未有的专制制度的反弹。

与此相联系的是,亡国与"亡天下之痛"以及民族矛盾的刺激。众所周知,在蒙古贵族征服中国、建立元朝的过程中,以及后来满族统治者建立清朝的过程中,都伴随着对汉民族的残酷屠杀和奴役,在这些政权的统治期间也都采取了民族歧视和民族压迫政策,这必然在汉民族中间激起反抗民族压迫的意识。明初方孝孺的"正统论"和激进的"华夷之辨"思想,显然反映了对元朝统治的惨痛记忆。而明清之际的王夫之,也旗帜鲜明地宣扬"《春秋》大义",主张严守"夷夏之防",显然与他亲身经历的亡国之痛,特别是清朝贵族对"文化中国"造成的劫难有关。此外,顾炎武提出了"亡国"和"亡天下"的区分,认为一姓兴亡、朝代更替是亡国,而文明遭到毁灭,人类社会堕落为动物的丛林世界,出现"率兽食人"或"人将相食"的局面,这就是"亡天下"。故清朝取代明朝,就不光是亡国,而且也是"亡天下"了。所以,他提出"天下兴亡,匹夫有责",强调不仅统治者和士大夫肩负着天下兴亡、捍卫民族文化的责任,普通民众也有不可推卸的责任,也是见于清朝贵族入侵对于汉民族带来的深重灾难,才激发出这种强烈的民族意识和民族责任感。另外,明亡之后,一部分士大夫作为前朝"遗民",既不肯失节辱志与清朝统治者合作,又要谋得生计,以经济手段支撑精神和人格独立。[①] 例如,顾炎武奔走海内,联络反清势力,每到一处都要从事商业活动,并且屡屡成功;顾炎武的好友归庄则以卖画为生;甚至以黄宗羲这样的大学者,为了养家糊口也要偶坐西席,当起家庭教师。这种状况,当然也会促使他们改变传统的"贱商"和"轻利"观念,转而肯定"治生"和"营利"的积极价值,从而民族矛盾因素也间接促进了有关"治生"和财富观念的转变。

其次是明朝经济与社会发展对思想领域的影响。除了传统农业经济之外,明朝又是一个工商业空前繁荣的时代。伴随着手工业的发展和商品经济的活跃,带动了一大批工商业市镇的蓬勃兴起和城市生活的繁荣,造就了一批以徽商、晋商、闽商、粤商等为名号的地方商帮集团,并促进了商人社会地位的上升以及市民力量的壮大,从而最终撬动整个社会风气和价值观念的重大转变。无论是在《金瓶梅》和"三言二拍"这类小说中,还是在明代文人士大夫留下的一些文章中,都能看到对物欲和感官享乐、个性解放的大胆追求与肯定,对个人价值、对"治生"与"保身"的重视,以及对商人的尊重;都能看到一种新的理性化和世俗化的伦理正在形成。这种转变,显然与上述经济社会发展有很大关系。

最后是儒学内部发展与思想冲突的影响,也就是人们常说的思想发展的"内在逻辑"方面的原因。程朱理学特别是朱子的理学,在南宋时期本为民间自然形成的一个儒学流派,甚至一度被宣布为"伪学""逆党"而受到官方残酷镇压。但到元、明、清后,程朱理学逐步被奉为官方正统思想,学术与权力、利禄相结合,转化为统治阶级的意识形态,成为专制政治的工具和象征。可以设想,生活在这种思想环境中的知识分子,面对这种已经蜕变为专制符号和思想枷锁的程朱理学,不敢有自己的思想,不敢有自己的是非判断,动辄遭忌,当然会产生极大的反感乃至"如服砒霜","永无生气、生机",[②] 从而引起思想上的反弹。同时,在宋代程朱理学之外,本来就存在着与其对

[①] 参见余英时:《士与中国文化》,第 519—525 页。
[②] 如颜元(习斋)就说:"但入朱门者便服其砒霜,永无生气、生机。"见《朱子语类评》,载《颜元集》,中华书局 2009 年出版,第 249 页。

垒的陆九渊心学,这正好为明代的反程朱派提供了学术上的支持与鼓励。这样,明清思想界与专制国家体制之间的碰撞,首先就发生、表现在王阳明心学对程朱理学的挑战。可以说,明清之际出现的各种"离经叛道"思想——如对私利、私欲的肯定,对个人自由的强调,以及对孔子和朱子权威的怀疑否定思想——都是在与官方理学的斗争中,针对官方理学的一些基本原则提出来的,它们虽然不是直接针对专制制度本身,却动摇和颠覆了其统治的思想基础。

王学蔑视权威,崇尚个性独立,追求思想解放,对于那些不满现状的人,特别是对那些渴望变革的青年读书人,自然别有一番魅力。然而有趣的是,随着王学的发展乃至风靡天下,一些人又把王学推向极端化:在思想界和士大夫中又兴起一股风气,他们蔑视知识和经典,束书不观,空谈性命,游谈无根。这样发展下去,就会走向极端放纵自我的虚无主义和相对主义,重走魏晋玄学的老路。于是,以明朝的灭亡为契机,学者们痛定思痛,开始思考"空谈性命"与明朝亡国、亡天下的关系,由此带来学问和思想的又一次调整,即:为补救王学为代表的心性之学的流弊,在官方继续推出体制化的程朱学之外,民间的学问风向开始由"虚"变"实"。① 例如,顾炎武等人都强调"经世致用"之学,并提倡跨过偏重义理的"宋学",回到对经典本身的研究和整理。从这个意义上说,一个时代社会、政治思潮的变迁,确有其"虚""实"循环的内在逻辑。

正是在上述背景下,中国政治思想的历史在百家争鸣时代之外,在专制主义思想得到最大限度强化的同时,又出现了一次思想解放的小高潮。

(二) 明清政治思想演变的主要脉络与特点

概观明清政治思想演变情况,大致可以看出几个大的演变脉络或动向:一是专制主义统治思想得到前所未有的强化;二是以王阳明心学为代表的非官方儒学的崛起,对官方儒学乃至专制主义思想体系构成严重挑战;三是到明末清初时期,出现了对君主专制制度及传统政治观念进行深刻反思和激烈批判的思想高潮。下面我们具体考察一下这几个方面的情况。

---

① 当时就有人指出,学术与思想风气变迁的规律是"天下病虚,救之以实;天下病实,救之以虚"。参见黄道周:《黄漳浦集》卷二十一《王文成公集序》,转引自韦政通:《中国思想史》(下),第879页。

第八讲 反思与突破——明清时期的社会批判思想

第一，专制主义统治思想空前强化。明清可谓自秦朝灭亡之后，绝对君权思想表达最为充分、最为彻底和露骨的时代，是专制主义统治思想登峰造极的时代。

众所周知，在表面上，明清的统治者们个个都是孔子的尊崇者，都是儒家文化的捍卫者。正是在明清时期，孔子被统治者授予"至圣先师"的谥号，受到帝王三叩九拜之礼，程朱理学也被官方奉为儒学"正统"而加以推崇，特别是朱熹注释的儒家经典被列为官方的教科书，为科举应试者的必读书。而从明朝朱元璋到清朝康熙、雍正、乾隆这些皇帝，也常常是儒家"圣人"的词句不离口。但是明清推崇儒家的首要目的，是要借此把自己塑造成中国文化传统的"维护者"与代表者，进而获得政治统治的正当性或合法性。明朝统治者原本就是打着推翻"夷狄"统治、"光复"中华文化的旗号而起兵反元，他们在建立"汉人"政权后，自然也要高举儒家和传统文化的大旗，以突显其中华民族的"正统"地位。清朝统治者以少数民族入主中原，他们有了以前少数民族统治中国的经验教训，特别是吸取了元朝统治中国失败的教训，也更加清醒地看到，中国的传统文化特别是儒家的符号系统，在其取得中国文化"正统"代表、巩固政治统治方面具有极其重要的价值，这样，清朝的统治者也就成了儒家思想和中国传统文化的积极捍卫者。出于这样一种目的，他们所大力推崇的儒家和理学，自然不是提倡"王道""仁政"和"立君为民"的儒家和理学，而只能是经过"脱敏"、改造和过滤的"儒家"和"理学"，实际上是打着儒家名义、以程朱理学为符号载体的极端专制主义思想。比如，孔子讲"以道事君，不可则止"，朱元璋则创设"寰中士夫不为君用"罪，让臣民对君主的权力无可逃避；《孟子》中有"道尊于势""民贵君轻"的思想，竟遭被删节的命运；儒家讲"明德慎刑"，而朱元璋则迷恋"重典"，甚至法外用刑，滥用酷刑。他真正感兴趣的，是儒家和理学中"忠""孝"一类的纲常思想。

而清代君主更是毫不掩饰，赤裸裸地宣扬对君主无条件的忠诚和服从，打着儒家的旗号任意否定、颠覆儒家流行几千年的思想。① 比如，康熙对历代史书中批评帝王过失的内容也不能容忍，认为除了少数特别无道之国之

---

① 关于清朝绝对君权思想的发展，刘泽华主编的《中国政治思想史（隋唐元明清卷）》（天津人民出版社1996年版）第十一章梳理分析得非常详细精彩，下面关于清朝这方面的内容，主要参考了该书。

君,大部分君王应该得到尊崇,因此下令不准对过去的帝王"论列短长";雍正要求臣下应该"惟知有君""与君同好恶",强调"君即不抚其民,民不可不戴其后";①在对待宰相的问题上,朱元璋直接废除了宰相,而乾隆则对程颐"天下安危系于宰相"的观点大为不满,认为宰相"居然以天下治乱为己任",是"目无其君"。② 大臣尹嘉诠编了一本《皇朝名臣言行录》,也遭到乾隆痛斥,认为只要国家"乾纲在上""以朕心为心",人君勤勉庶政,根本用不着什么"名臣",连传统的选贤任能思想都被视为"妄见",可谓将君主专制的思想推向了顶峰。至于儒家传统中的"尊王攘夷""夷夏之辨"以及相关的"正统"观念,则直接不利于清朝这样的"夷狄"政权。为了缓解与传统儒家观念之间的紧张,论证清政权的文化正统性与统治正当性,雍正和乾隆都写下了大量的文字,核心的思想是:应以是否有"德"、是否建立了统一天下的政权为判断正统的标准,而淡化和反对以民族、以居住区域上是否"内诸夏而外夷狄"为标准;同时又强调,要以发展变化的眼光看待"华夷"问题,一概"以禽兽目之"也是一种愚妄。据此,他们认为清朝才是历史上最符合"正统"的政权。③ 如果从当时的历史环境中抽离出来,以今人的眼光看这些观点,其中有些还是很有道理和政治远见的,但从当时的历史语境来看,它们在总体上还是属于专制主义思想体系的一个组成部分。

当然,以上只是就思想演变大势而言,实际情况要比这复杂得多。尤其是,不能因为官方对程朱理学的推崇和"选择性"提倡,以及心学对程朱理学的批判,就把"官方理学"视为铁板一块,好像完全被统治者变成专制主义的意识形态了。实际上,不管像朱元璋、朱棣、康熙这些明清的君主们主观上怎样费尽心机,想要按照自己的统治需要去改造、"净化"包括程朱理学在内的儒家思想,客观上他们都没有能力完全做到这些。这是因为,在这些君主之前,儒家的经典、程朱的经典已经存在且广为人知,儒家思想已经融进了民族的整体记忆中,构成了文化传统的主要部分,它们是抹不掉、斩不断的。乔治·奥威尔的小说《一九八四》曾设想,未来某个独裁国家的统治者为了保持自己一贯正确的形象,专门设立一个机构来重新改写过去的档案文献,

---

① 《清圣祖实录》卷二百九十二;《清世祖实录》卷二十二;《大义觉迷录》卷一。
② 乾隆《御制文二集》卷十九"书程颐论经筵札子后"。
③ 参见刘泽华主编:《中国政治思想史(隋唐元明清卷)》,第 679、702—707 页。

以便操控人民的记忆。这种情况多出现在文学作品中,现实中发生的概率微乎其微。对于读书人来说,儒家主要经典如《论语》《孟子》的基本内容早已是尽人皆知,朱元璋下令编写《孟子节文》反而是欲盖弥彰。所以,无论统治者对程朱理学怎样改造利用,儒家思想、程朱理学本身与专制制度之间的紧张、冲突并没有被遮蔽,儒家"道尊于势"、对现实国家的反思精神亦没有消除。比如,明初属于程朱理学一派的方孝孺,他的思想中便保留了儒家的"革命"思想和"立君为民"思想;明代中期的丘濬也是属于正统理学一派,在他撰写的《大学衍义补》中,仍然坚持儒家"立君为民""仁政""民本"的最高原则,反对君主"独治""专利"和"厉民以养己",并主张大臣首先要以"格君心之非"为职,①并不主张对君主的无条件忠诚和服从。又如,明代政治中有一个看似非常奇特、矛盾的现象:一方面是君权极度膨胀,皇帝动辄对大臣罚俸、廷杖,乃至杀头、"寸磔",以雷霆之势震荡摧锄士大夫的气节;另一方面却是官员们"一哭二闹三上吊",是出了名的敢言和勇于抗争,冒死抗议、前仆后继的事例屡见不鲜。这一现象,如果离开包括理学在内的儒家思想对士大夫精神独立性和对其卫道、殉道精神的涵养支撑,是难以理解的。另外,明朝后期一些东林党的代表人物如顾宪成、高攀龙等,直到清初的吕留良等,他们都是奉程朱为儒学正统,而正是他们与以君主为代表的统治集团发生了激烈的冲突,遭到最为惨烈的镇压。

第二,王阳明心学的兴起,对官方理学乃至专制政治思想秩序形成严峻的挑战。

由于程朱理学被奉为官方正统的思想和学问,明朝前期可谓程朱理学一统天下的时代。当时的一些重要学者如方孝孺、薛瑄、吴与弼、胡居仁等都是程朱的信徒。到了明代中叶以后,王阳明的心学开始兴起,并逐步形成"门徒遍天下,流传逾百年,其教大行"的局面,②构成了对程朱理学的强劲挑战。我们知道,朱熹是以"理"统摄万物,以"理"为万物本体,万物都是"理"的体现;而王阳明则以"心"统摄万物,认为"心外无物",一个人的"心"所体验到的世界才是他的真实世界,而且"心即理也",理在心中而不在物上。朱

---

① 关于丘濬思想的详细内容,参见刘泽华主编:《中国政治思想史》(隋唐元明清卷)第十章第三节《丘濬的"帝王之学"》。
② 《明史·儒林传序》。

熹认为,要想把每个人的潜能发挥出来,使我们的行为真正合乎"天理"或者"天地之性",就要"即物穷理""格物致知",通过穷索事物之理,使知识得到扩充完备;王阳明则发挥孟子的"良知"说,认为要想去恶为善,最简易直接的途径是从本源上消除不善的念头,办法是通过一套"致良知"的功夫,如静修内省和实践中的"存养"、落实等,破除恶念,依良而行,而不需要绕一个"格物致知"的圈子。从这种哲学观点出发,王阳明思想中还表达出一种反对权威、追求独立思考的精神。在他看来,每个人心中都有天赋的良知,从而每个人心中都有一个"圣人","致良知"是不假外求,认识和践履良知靠的是自己,所谓"学贵得之心",不能盲从孔子,也不能盲从朱子。受王阳明思想的影响,其门人后学如王艮、李贽等又提出"百姓日用即道",并认为"私"就是人心,就是天理,公开否定程朱理学中的"天理""人欲"说。

王学讲究求理于心,强调主观意志的主导作用,公然否定朱子的权威,追求精神独立和自由,加上他们的学问方法简易直接,很容易对读书人产生吸引力。特别是在明朝后期政治日益黑暗、社会风气日益颓废的环境下,有着强烈忧患意识、主张积极行动和作为的王学,无疑给社会带来一股非常清新的思想空气,加上王阳明本人的书院讲学等传播活动,使得阳明心学的影响日益扩大,并在各地发展出众多流派,终至"门徒遍天下""其教大行"的局面。而且,不同于朱子一派以士大夫为讲学对象、以得君行道为讲学目的,王阳明一派则开始把讲学和传播对象转向民间,把讲学的主要目的放在对下层民众移风易俗,希望在百姓的日常生活中落实儒家思想,吸引了三教九流、穷困百姓都成为他们的听众,使得儒家思想进一步渗入社会下层,出现了"人伦日用化"的迹象。① 从而,王学在明代专制政治的高压下异军突起,不仅瓦解了正统理学本身对儒家的话语权,更是对专制主义思想体系的严重挑战。他们无视官方的权威解释,用自己的语言自由地解释儒家经典,自行到民间讲学,这本身就是一种政治姿态,是对专制政治下思想秩序的一种冲击和破坏。这也是王阳明去世后,他的学问曾被大臣桂萼等斥为"邪说"的根本原因。

第三,出现了对君主专制制度和传统政治观念进行深刻反思、批判与要求变革的思想高潮。在这一时期,有众多的思想家开始对传统社会的一些

---

① 参见余英时:《现代儒学的回顾与展望》,载《现代儒学论》,上海人民出版社1998年版。

重大价值观念（如公与私、义与利、理与欲问题等）提出质疑和批评，并把思考的重点转向制度层面，在对君主专制展开最激烈批判的同时，开始了重构国家制度的探索，从而使明清思想领域内呈现出一种前所未有的新气象。

应该说，对于中国思想传统的主导性价值观念，在明清之前也有思想家提出过质疑和批判，如魏晋玄学家们对国家、君主制本身的怀疑和批判，宋代李觏、陈亮对主流利欲观的批判和对"利""人欲"的肯定，但总起来看都还属于比较零散的、局部的。相比之下，明清思想界出现的这种反思与批判则从明朝中叶一直延续到清朝前期，时间跨度长，参与讨论的人数众多，形成了此起彼伏的思想潮流，而且思考的深度和广度都远远超过了以前。① 其中最为著名者有明代的方孝孺、王阳明、李贽，以及明清之际的黄宗羲、顾炎武、王夫之。另外，像吕留良、唐甄等，②也都把批判的矛头直接对准秦汉以后的君主专制政治，其激烈程度、激愤之词简直前所未有。这种突破和变化主要表现在以下方面：其一，以明中叶王学为先导，从肯定每个人在"良知"和人格方面的平等出发，越来越多的人开始重视个体价值，理直气壮地为"私"权、"私"欲、"私"利辩护，并由此出发，肯定百姓"穿衣吃饭"、经商"治生"活动的价值，甚至（如王夫之）肯定百姓的土地产权是上天赋予的权利，否定专制统治者打着"公"的名义而"私天下"的本质，反对传统的公私观、理欲观和贱商抑商观。其二，从对传统的价值观、伦理观念的反思批判，进一步引申到对君主专制制度本身的深刻反思与激烈批判。比如黄宗羲认为，君主专制制度本身才是最大的"私"，其制度本身就是"非法之法"；吕留良说秦汉以后的制度"绝是一个自私自利"；王夫之则把秦汉以后的历代王朝都是视为"私天下"，根本不承认其有无"正统"性问题；唐甄说自秦以来"凡为帝王者皆贼"；吕留良的学生曾静则把历代皇帝斥为"世路上英雄""老奸巨猾""光棍"等。其三，在批判、反思的基础上，开始尝试从制度改革、制度重

---

① 关于明清时期思想领域内的深刻变化，详见余英时：《中国近世宗教伦理与商人精神》，载《士与中国文化》；沟口雄三：《中国前近代思想的曲折与展开》，载《中国前近代思想的演变》，中华书局1997年版（下同）。

② 吕留良（1629—1683年），号晚村，浙江崇德（今浙江桐乡）人。明亡之际参加反清活动，后隐居并削发为僧。死后，因弟子曾静策反川陕总督岳钟琪一案，于雍正十年被剖棺戮尸，殃及子孙门人，为清代文字狱之首。唐甄（1630—1704年），四川达县（今四川达州）人，清顺治十四年（1657年）举人，任知县不及十月即因故革职，主要以讲学卖文为生，主要著作为《潜书》。

建方面寻找解决中国问题的出路,出现了一些类似分权与社会自治的思想。比如,明初的方孝孺非常重视发展乡村宗法组织,希望借助宗法组织发展乡村社会自治,强化乡村社会建设。① 而后来王阳明推行《南赣乡约》,大概也是出于同样的思路。特别是到明清之际的黄宗羲、顾炎武那里,他们主张在上层恢复宰相制,并吸取唐代"藩镇"的优点重构地方政权体制,在基层则利用宗族力量建设乡村自治,可谓是前所未有的新探索。

二、明代方孝孺、王阳明、李贽的政治思想

(一) 方孝孺的"君职"说与正统论

方孝孺(1357—1402年)字希直,或字希古,号逊志,生于浙江宁海官宦之家,少承家学,早年就有周公之望。后游学京师,师从明朝"开国文臣之首"宋濂,为其得意门生。洪武三十一年(1398年)应建文帝之请,出任翰林侍讲学士,后值文渊阁,深得建文帝赏识,君臣同于师友。朱棣篡位后,因拒绝起草即位诏,遭磔于市,家族数百人牵连被诛。其政治主张主要见于《逊志斋集》,主要内容包括"为天养民"的政治起源观与"君职"说、井田制与乡族自治思想,以及反映其民族思想的正统观。

1. 政治起源观与"君职"说

为了明确国家存在的目的与君主的职责,方孝孺首先对国家与政治生活的起源问题展开了讨论。其基本看法是,国家和政治现象是为了解决人类在自然状态下的不平等而产生的。

他认为,在没有国家和政治现象的人类社会之初,由于人和人之间客观上存在的差异,会使人类之间自然地存在不平等,造成"智愚之相悬,贫富之相殊"。然而上天的法则、"天地之意"又要求使所有人"各得其所","人人皆智且富",于是国家和君主就应运而生。

---

① 萧公权甚至认为,中国千百年来的儒家思想都是否定人民有自治能力,而把"教养"的责任寄托在君主身上,方孝孺则希望通过乡族发挥一部分"教养"职能,实在是"乡族自治"理想方面的"非常之创获"。这一见解值得参考。参见萧公权:《中国政治思想史》,第497页。

> 故立君师以治，使得于天厚者不自专其用，薄者亦有所仰以容其身，然后天地之意得圣人之用行，而政教之说起。(《逊志斋集》卷一《宗仪·体仁》)

可见，从根本上说，君主和政治生活主要是为了顺从"天地之意"，克服自然的不平等，实现人人"各得其所"的公平而产生。

具体来说，人类随着群体的不断扩大，势必会产生利益矛盾和冲突，即所谓"众聚而欲滋，情炽而争起"，人民对于他们之间出现的冲突"不能自决"，于是乎便需要那些"才智者出而为君长"。而随着社会的发展，"世愈变而事愈繁"，面临的公共事务越来越繁杂，又需要设立赏罚制度和各种等级贵贱制度，以及各种纲常礼仪制度以教养人民。而人民对于君主、师长的尊敬，主要是基于他们真正履行了教养人民、提供公共服务的职责。如他所说：

> 天之立君，所以为民，非使其民奉乎君也。然而势不免粟米布帛以给之者，以为将仰之平其曲直，除所患苦，济所不足而教所不能，不可不致乎尊荣恭顺之礼，此民之情，然非天之意也。(《逊志斋集》卷三《君职》)

人民之所以对君主"尊荣恭顺"，对国家供养赋税，不是天经地义的，只是为了获得统治者或国家提供的帮助和服务，人民尊崇的是君主的职务而不是君主本身。后来黄宗羲提出"天下为主，君为客"的思想，也是基于同样的思路。按照西方洛克等人的契约论观点，人民之所以需要国家和政府，就是为了更好地实现其"天赋人权"。至少在这一点上，这和方孝孺的观点是一致的，即：政府、国家以为人民提供服务和福祉为存在前提。

沿着这一思路，方孝孺提出君主的职责和目的是"为天养民"的思想，并认为，后世君主们的行为实际上违反了这一最高政治目的。他说：

> 天之意以为，位乎民上者当养斯民，德高众人者当辅众人之不至，固其职宜然耳，奚可以为功哉？后世人君，知民之职在乎奉上，而不知君之职在乎养民，是以求于民者致其详，而尽于己者卒怠而不修……如

使立君而无益于民,则于君也何取哉?(《逊志斋集》卷三《君职》)

方孝孺的思想涉及中国传统政治思想中一个十分重大的问题:究竟谁才是国家的主权者和国家存在的目的? 历代统治者往往引用《左传·昭公七年》中"践土食毛"的说法,①认为一个人只要生活在某个君主的国土之上,靠着君主土地上出产的粮食蔬菜生活,就必须对他尽臣民的义务。比如,朱元璋取得天下后,就一改《喻中原檄》中"驱除胡虏,恢复中华"的立场,说元朝"君主中国且将百年",父母皆"赖其生养",②就包含这层意思。而在明清时期的一些族谱、家谱中,更是充斥着"践土食毛,自应输赋"一类的话。然而方孝孺则站在儒家本来的立场尖锐地指出,君主只是一种代天理民的职务,并非国土上当然的主人,只有当他履行了"养民"之职,君臣关系才能成立。他还明确提出,"后世人君"没有尽到上天托付的养民之职,是不够资格为君主的:立君而不能养民,反而困民自奉,要这样的君主何用("则与君也何取哉")? 顺着这个逻辑,自然就走到了孟子"革命"思想的逻辑。他质问道:一个大臣如果不称职,可以"小则削,大则诛",或罢免或杀头,人君不尽职,虽然没有"诛削之典",但"天其谓之何",天理难道能容吗?③ 可见他和孟子一样,也认为一个君主如不能履行其职责,就丧失了其为君主的资格,人民对他就可革、可逐、可杀。须知,这不像孟子生活在战国,方孝孺是生活在君权极度膨胀的明代,能有这样的思想实属难能可贵。

2. 复井田与乡族自治的主张

在方孝孺看来,君主及其国家的养民之术,当然无外乎"安其生,复其性",使百姓"有土以耕,有业以为",轻徭薄赋,使百姓安居乐业,然后加以礼法的规范和道德伦理教化。④ 而在如何养民的制度设计方面,方孝孺特别看重的是实行井田制和乡族自治之法。

所谓的井田制或"正经界"之法,实质上是要保证每家每户能够永久地平均占有一块土地,如每户百亩,各家土地的边界永远不变。正如本书在介绍孟子思想时所说,自孟子以来,思想家们都把平均占有土地、实现社会公

---

① 见《左传·昭公七年》记载楚国无宇的一段话:"封略之内,何非君土? 食土之毛,谁非君臣?"
② 《太祖实录》卷五十三,洪武三年六月癸酉,载《明实录》第二册,第 1041 页。
③ 《逊志斋集》卷三《君职》。
④ 《逊志斋集》卷二《深虑论二》。

正的希望寄托在复井田、正经界上,方孝孺也是如此。在他看来,现行的土地自由买卖制度使得富人占田无限,贫富分化悬殊,"富者之威,上足以持公府之柄,下足以钳小民之财……富者愈富,贫者愈贫"。为了矫正人与人之间自然形成的不平等,解决现有土地私有制带来的兼并与贫富分化问题,实现耕者有其田,理想的解决办法是正经界、恢复井田之法。但是他也看到目前大规模实行井田制已经不现实,因而主张首先在一些地广人稀的地方(如江汉平原地区)实行,而对于地险人多的地方,则应贯彻井田制的精神,使人人有田。①

为了更好地实现养民教民的目标,方孝孺还主张恢复和利用乡村宗法力量,实行以宗族为纽带的乡村自治。我们知道,宋代理学家如张载、程颐、朱熹等都非常重视宗法制对于"敬宗收族"、重建乡村社会秩序方面的作用,正是经过他们对上古宗法制的改造、重新阐释和大力倡导,原来主要实行于上层贵族的"大宗之法"开始向乡村普及,以"小宗之法"为基本形式的宗法制在宋代有了很大的发展。元朝的建立,基本上中断了这一进程。方孝孺恢复宗法的思想,一方面是继承了宋代理学的传统,另一方面也是见于元朝统治下"人伦大亡"的事实,希望借此重振汉民族的伦理秩序。他的基本设想是:每一族设族长,以年高德劭者为之;下设典礼、典事、师、医等职;族中设祭田和赈田,用以祭祀和救济族人中贫穷者;设学校、宗祠,举办各种燕乐、礼仪之会,借以敦睦亲族、去恶扬善;以数百家族为一乡,设乡表一人掌理全乡仓廪(赈济)、祠堂、学校以及各种燕乐之会,其功能也是劝善去恶,和每一个家族组织大致相当。②

自周后,井田制从来未见实行却又屡屡被人提起,这一现象至少说明,土地问题以及相关的财富占有与贫富分化问题,的确是思想家乃至政治家都绕不过去的大问题。人们当然可以认为,恢复井田制的主张未免空想不切实际,可是如此"空想不切实际"的主张却被那么多人反复提出,这正说明放任土地自由买卖和贫富差别加剧的做法存在问题。方孝孺这类井田制的鼓吹者虽然不能解决问题,但他们接力式地把问题抛出来留给后人,也是一种贡献。

---

① 《逊志斋集》卷十一《与友人论井田书》。
② 《逊志斋集》卷一《宗仪》之《睦族》《广睦》《体仁》。

至于他借助宗法实现乡族自治的理想,在某种意义上也可视为一种治国思想和治理思路的转换。它表明在方孝孺的思想中,君主及其国家不仅不是实现良好政治的唯一寄托,甚至其能力令人"失望",因此只有另寻出路,"试诸乡间,以为政本",发挥乡村和基层社会的自治作用。① 而后来王阳明致力于在地方推行乡约,以及王学后人转向去民间、乡村传播儒家思想,大致也是出于同样原因。

当然也要看到,这种以宗族为基础的自治思想只是表明治国思想的一种新迹象,它和现代意义上的基层自治是不可同日而语的。

3. "夷夏之辨"与正统论

方孝孺思想中的另一重要内容,就是他的正统论以及"夷夏之辨"思想。

正统论的产生,直接起因于历史编纂中对各种政权如何处理、如何评价的问题。撰写历史特别是编年史,首先面临对各个王朝、各个政权的编排体例问题,这就涉及对它们如何褒贬评价的问题,特别是在中国的史学传统中,一向注重以"春秋笔法"实行历史褒贬,于是就需要寻找一定的标准,把一些政权归为"正统",表明它们的统治符合某种"正"(如所谓"得天理之正")的标准,或把一些政权贬为非正统以表示它们不"正"。在这种历史评价过程中,如何看待在中原建立的少数民族政权,即所谓"夷狄"政权,因涉及"夷夏之辨",故而是一个十分重要而棘手的问题。② 历来对于这一问题的看法大致可以分成两派:一派以是否在空间上对中国实现了"大一统",在统治效果上是否能建立巩固的政权、能否带来社会稳定,以及文化上能否"行中国之道"等等,判断某个王朝是否为正统,基本上采取的是一种后果论或者功利主义的评价标准。如隋代的王通、元代的许衡就是比较典型的代表。一派则沿着朱熹在与陈亮辩论"王道""霸道"时的立场,坚持用某种"义理"、某种道德判断标准去评判历史事实,在对待"夷狄"政权问题上,则根据传统的"夷夏之别"或"夷夏之防"原则,将其视为非正统政权,而绝不以某个政权一时一世的"成功"的事实而放弃道义评判标准。方孝孺的观点即属于此类,他曾撰写《释统》三篇以及《后正统伦》等文章,详细阐述其正统观和"夷夏之辨"思想。

---

① 参见萧公权:《中国政治思想史》,第 496—497 页;《逊志斋集》卷一《宗仪·体仁》。
② 历代关于正统问题的讨论,参见饶宗颐:《中国史学上之正统论》,上海远东出版社 1996 年版。

他认为,区别正统与非正统,主要是借以表达褒贬之意,让统治者有所顾忌,知道修德为立国之本,起到"诛暴止乱于前而为万世法"的作用。因此,判断正统与否,首先要坚持"仁义而王,道德而治"的最高原则,同时要以《春秋》中的宗旨为标准,即"辨君臣之等,严华夷之别,扶天理,遏人欲"。①

按照这些标准,他把中国历代王朝分为两大类。第一类是属于正统王朝及其君主。首先是三代君主,他们得位正当,人皆华族,守天下也克尽君责,故为当然的正统;而汉唐宋各代,取位不是篡夺,且是华人为君,虽然比不上三代,但"其主皆有恤民之心,则亦圣人之徒也",去正统不远,因此还可以附于正统之中。第二类是属于变统的王朝及其君主。如晋和南朝宋、齐、梁、陈这些王朝,以篡位打天下,取之不仁;如秦、隋这两个王朝,守之不义;如夷狄僭主中国以及女主在位,都属于变统。② 从而,方孝孺基于极其严厉的"华夷之别"立场,把历代少数民族在中原建立的政权一概斥为变统。

在他看来,坚持贵中国而贱"夷狄"的"攘夷"立场,绝非出于个人主观上的随意褒贬,而是因为从客观事实上看,"华""夷"之间确实存在民族差异和文化上先进与落后之别。

> 所贵乎中国者,以其有人伦也,以其有礼文之美、衣冠之制,可以入先王之道也。……彼夷狄者,侄母蒸杂,父子相攘,无人伦上下之等也,无衣冠礼文之美也,故先王以禽兽畜之,不与中国之人齿。苟举而加诸中国之民之上,是率天下为禽兽也。(《后正统论》)

对于方孝孺来说,在正统问题上旗帜鲜明地贯彻激烈的"攘夷"立场,并把刚刚被推翻的元朝列为非正统,不仅可以凸显中国与"夷狄"在文化、民族上先进与落后之分,捍卫中国礼仪文明的先进性与历史主导地位,履行士大夫担当儒家道义和传承中华文化的使命,而且还能"使夷狄知大义之严,正统之不可以非类得,以消弭其侥觊之心",使其"不复为中国害"。③ 可见对他来说,在正统问题上坚持严格的"华夷之别"原则,显然是意义重大的问题。

---

① 参见方孝孺:《释统》中、《后正统论》,载《逊志斋集》卷二(下同)。
② 参见《释统》上。
③ 参见《后正统论》。

方孝孺之所以采取如此激烈的民族主义立场,除了儒家传统中"华夷之辨"思想影响之外,也在很大程度上反映了时人对元朝民族压迫的惨痛记忆。

据方孝孺在《后正统论》附记中所说,他这种以"攘夷"为基础的正统观当时就得到老师宋濂、著名前辈学者胡翰的肯定。特别是后来随着明朝和北方蒙古各部的冲突加剧(如土木之变),民族意识不断被激活,他的这种正统观也产生了越来越大的影响。①

(二) 王阳明的"良知"说在政治思想史上的意义

考察明代的政治思想,王阳明是个绕不开的人物。我们都知道他是著名的哲学家,是王学的创立者,但他对政治问题并没有直接发表过多少意见,理解他在政治思想史上的地位还要从他的哲学思想谈起。

王阳明(1472—1529年),名守仁,字伯安,浙江余姚人,因曾筑室于会稽山阳明洞,故世称阳明先生。他出身官宦之家,少有圣贤之志,不仅熟读儒家经典,而且留心兵事。18岁时,据说因为要实践朱熹的"格物致知"之学,在庭前"格竹"多日而无所得,这件事在他心里埋下了对朱子之学怀疑的种子。王阳明弘治十二年(1499年)考中进士,正德元年(1506年)因得罪宦官刘瑾被贬为贵州龙场驿丞。正是在这个时期,他的思想经历了著名的"龙场悟道",开始和朱熹之学彻底分道扬镳。此后几年里,他创立"良知"说与"知行合一"之学,一时风行天下,大有压到朱学之势。刘瑾败亡后,他得到朝廷起用,先后平定江西、广西之乱,以及宁王朱宸濠发动的叛乱,官至南京兵部尚书、都察院左都御史,封新建伯。王阳明去世后,大臣桂萼等人上奏严禁王学,说他"事不师古,言不称师,欲立异以为高",反对"朱熹格物致知之论",建议皇帝"禁邪说以正人心"。明世宗虽然没有命令禁止王阳明的"邪说",但仍"诏停世袭,恤典俱不行"。直到世宗之后的明穆宗时期,王阳明才获赠新侯。②

从王阳明的这些经历不难看出,王阳明基本上是在与朱熹的跨时空对话中,通过不断地体验和追问,逐步发现朱熹思想体系中的问题,进而建立

---

① 参见刘浦江:《元明革命中的民族主义想象》,《中国史研究》2014年第3期。
② 参见《明史》卷一百九十五卷《王守仁传》。韦政通《中国思想史》下册第856页说:"世宗纳其议,下诏停世袭,禁伪学",似误。

起自己的思想与学术体系。

1．"心外无物"与"心外无理"

前面说过,朱熹思想的核心是以"理"统摄万物,以"理"作为世界万物的本体,认为理借助阴阳之气化生万物,万物都是理的体现。而要想把每个人所具有的善的潜能发挥出来,使我们的行为真正合乎"理"或者"天地之性",就要"即物穷理""格物致知",通过穷索事物之理,使知识和德性得到扩充完备。这样,在朱熹的哲学中,还是承认主观与客观的区别,承认外部世界的独立性;同时他也认为,我们人类知识和德性的扩充完备,只有通过"格物"、通过对于外部事物的探究才能实现。

而王阳明则继承宋代陆九渊的思想,以"心"统摄万物,以"心"为世界本体,主张"心外无物"。比如,他说:"我的灵明,便是天地鬼神的主宰……天地鬼神万物,离却我的灵明,便没有天地鬼神万物了。"一次外出旅游,友人指着山上的野花说:那山上的花自开自落,应是与人心无关,怎么能说是"心外无物"呢? 他的回答是:你未看此花时,此花与你心同归于寂;你来看此花时,则此花颜色一时明晰起来,便知此花不在你的心外。① 可见他所谓的"心",实际上是心的"灵明",是主观感知;他所谓的"物",也只是"心"所感知到的"物"。从而,整个世界都被他归于主观意识到的世界,认为那才是真实的世界,而不承认独立于主观感知外的客观世界,这当然也就是"心外无物"了。

从"心外无物"出发,王阳明又得出"心即理""心外无理"的结论。在他看来,既然"天地万物"都是主观感知的结果,则没有心去感觉物,物本身都不存在,便不存在理。所以,他说"万事万物之理,不外于吾心",当然就是"心外无理",甚至是"心外无善""心外无义"了。② 据此,他认为朱熹的"格物致知""即物穷理"说把心和理看作两回事,在情理上就讲不通。他举例说:人应该孝顺父亲这个"理",到底是在人心中,还是在父亲身上? 如果是在父亲身上,那么父亲死后,儿子心中"遂无孝之理欤?"③

在朱熹的"即物穷理""格物致知"思想中,人们经过各种探索所知之

---

① 参见《传习录下》,载《王阳明全集》上册,上海古籍出版社1992年版(下同),第124、107—108页。
② 《与王纯甫书二》,载《王阳明全集》上册,第156页。
③ 《传习录中·答顾东桥书》,载《王阳明全集》上册,第45页。

"理",既包括"应然"的道德"伦理",也包括关于事物客观知识的"实然"之理,如鸟兽草木之"理"。如果所穷之理是客观规律、知识之"理",怎能通过认识这种"理"而达到"善";如果所穷之理是人们心中的道德"伦理",为何还需要向外去"格物"?尽管朱熹花了很大力气,这个问题始终不能得到很好的解决。而王阳明则沿着陆九渊的思想方向,抓住朱熹的矛盾,直接把问题进行简单化处理,把"理"的概念外延缩小,限定为道德上的"应然"之理,这种"理"本来就是道德心的体现,当然只能存在于"心"中。①

王阳明既然认为"心即理""心外无理",则程朱所揭示的"人欲"与"天理"之间的对立也就淡化模糊了。这就为后来李贽等人对人欲的肯定作了理论准备。

2. "良知"与"致良知"

从"心外无物"、以心为世界本原的逻辑出发,王阳明提出和构建了以"良知"说为核心的思想体系,而"良知""致良知"与"知行合一"则是其中的几个关键范畴。

按照他的说法,天地万物都是依赖于心的感知而存在,心是世界的本原,那么,"心"又是什么,或者说"心"又是一种什么样的状态?王阳明的看法是:人心的本然状态是一种善恶、是非之心,是一种去除了物欲遮蔽、以"良知"为本然状态的心,也就是以"良知"为本体的心。而所谓"良知",则是借用孟子的说法,指的是人先天具有的判断是非、善恶之心和道德实践能力。比如他说:

> 是非之心,不待虑而知,不待学而能,是故谓之良知。是乃天命之性,吾心之本体,自然灵昭明觉者也。凡意念之发,吾心之良知无有不自知者。其善欤,惟吾心之良知自知之;其不善欤,亦惟吾心之良知自知之。(《大学问》)

> 知是心之本体。心自然会知,见父自然知孝,见兄自然知弟,见孺子入井自然知恻隐,此便是良知,不假外求。(《传习录上》)

---

① 陈来把朱熹这种"理"的含义分别叫做"当然"和"必然"之理,这里参考并转用之。参见陈来:《宋明学》,三联书店2001年版(下同),第287页。

良知是一种人心的本然状态，是人人具有的一种先天判断是非、善恶的能力。就像见了父亲知道孝，见了小孩落井就有恻隐之心，心中意念一动，就知道何为善恶，何为是非，所以说心的本体是良知，良知是天命之性，是不学而能、不假外求的。

在他看来，虽然每个人的心在本体意义上是一样的，都先验地具有良知，但是在现实生活中，除了少数圣人之外，人不免被后天的物欲所遮蔽，使良知无法"全"而"纯"，无法体现得充分和纯粹。他说：

> 性无不善，故知无不良，良知即是未发之中，即是廓然大公、寂然不动之本体，人人之所同具者也。但不能不昏蔽于物欲，故须学以去其昏蔽，然于良知之本体，初不能有加损于毫末也。知无不良，而中寂大公未能全者，是昏蔽之未尽去，而存之未纯耳。（《传习录中·答陆原静书》）

这就提出了去除人欲之杂，恢复心之本体的"致良知"问题。他说：

> 圣人之学，惟是致此良知而已。自然而致之者，圣人也；勉然而致之者，贤人也；自蔽自昧而不肯致之者，愚不肖者也。愚不肖者，虽其蔽昧之极，良知又未尝不存也。苟能致之，即与圣人无异矣。此良知所以为圣、愚之同具，而人皆可以为尧舜也，以此也。是故致良知之外无学矣。（《书魏师孟卷》）

在他看来，除了少数圣人能够生而本体明净、能够"自然而致"良知之外，一般人都会不同程度地受到私欲的污染蒙蔽，都会面对"致良知"的问题。而且，不管人和人之间存在怎样的区别，由于普遍具有良知这一心的本体，因而都具有"致良知"的潜能和机会，从这一点说是圣、愚无别，人人都可以成为尧舜，甚至"见满街都是圣人"。[1]

而所谓"致良知"，就是使本心具有的良知得以扩充展现，"克其私，去其蔽，以复其心体之同然"，或者说是"去此心人之欲，存吾心之天理"。[2] 具体

---

[1] 《传习录下》，载《王阳明全集》上册，第116页。
[2] 参见《传习录中》《传习录上》，载《王阳明全集》第54、32页。

来说,他的"致良知"有两个基本含义:一是在认识上知道是非善恶,体认良知,具有道德理性;二是具有"好善恶恶"的道德情感,并由这种情感而发为行动,依良知而行,使内在的良知得以充分扩充和呈现。① 而在他看来,"致良知"最关键的是后面这一点。他举例说,我们说某个人知道孝顺,必定是看见他有了孝的行为,如果只听到他说孝的大话,不见行动,没人会认为他懂得孝。②

可见,不同于朱熹"格物穷理"、穷索事物之理而"止于至善"的路线,王阳明的"致良知""专求本心","于心体上用功",③而无须到心之外去"格物"。

在"致良知"的基础上,他又进一步提出"知行合一"说。我们知道,在"知"和"行"的关系上,朱熹讲知先行后,把知和行看成两个问题,这在逻辑上和经验上是成立的。但是朱熹的理论成为思想权威之后,往往被一些人教条化,他们"只在知"上用力,空谈概念和义理,导致"终身不行"。④ 为纠正这种道德实践上的流弊,同时也是基于"致良知"的理论逻辑,王阳明针锋相对地提出了"知行合一"说。他指出:

> 某尝说:知是行的主意,行是知的功夫;知是行之始,行是知之成。若会得时,只说一个知,已自有行在;只说一个行,已自有知在。(《传习录上》)

之所以强调知和行之间是合为一体、密不可分的,关键在于,他对知和行的概念具有不同于一般人的定义和理解。首先,他的"知"不是一般的知识,而是一种道德良知,是在道德行动中显现的"知",是带有道德情感和行动意志的"知"。例如,说一个人"知孝"就要有"孝行"的表现,说一个人"好善恶恶",他的意念一发动,就有了好恶行为的表露,就是"行"。其次,他理解的"知"也必然是见诸行动的"真知",即所谓"真知即所以行,不行不足谓之知",⑤而不能见诸行动的知是"妄想",已不算是"知"。相应地,他所理解的

---

① 参见陈来:《宋明理学》,第 301 页。
② 《传习录上》,载《王阳明全集》上册,第 4 页。
③ 参见《传习录中·答顾东桥书》《传习录上》,载《王阳明全集》上册,第 43、14 页。
④ 参见周桂钿:《中国传统哲学》,第 192 页。
⑤ 《传习录中·答顾东桥书》,载《王阳明全集》上册,第 42 页。

"行",则又是基于真知、基于"明觉精察"的正确的"行",行得不正确就是无知的"冥行"。用他的话说就是:

> 行之明觉精察处,便是知,知之真切笃实处,便是行。若行而不能精察明觉,便是冥行……知而不能真切笃实,便是妄想。(《答友人问》)

这样,他把一切的知、一切的行都纳入道德实践领域,用"知"和"行"互相包含、互相定义,建构出一种泛道德主义的知行合一理论。这一理论在逻辑上自然存在不少问题,也有很多方面不太符合经验事实。不过,正如很多学者都已经指出的那样,王阳明注意力不在于客观地讨论知行的关系,甚至"知"本身也不是其关注的重点,他只是要通过这个理论强调笃行和道德实践的重要性,从而走向用道德实践之"行"去涵摄一切的"知"和一切的"行",走向"我行故我在"的逻辑。①

3. 敢与孔子论是非的反权威思想

王阳明既然认为每个人都有与生俱来的良知,发明扩充善的潜能主要取决个人"致良知"的努力,则判断是非的标准自然就是取决于我做主,取决于自我良知的灵明,而无须以外在的律则、外在的权威为根据。所以他提出:

> 夫学贵得之心。求之于心而非也,虽其言之出于孔子,不敢以为是也,而况其未及孔子者乎。求之于心而是也,虽其言之出于庸常,不敢以为非也,而况其出于孔子者乎。(《传习录中·答罗整庵少宰书》)

这是强调,每个人都要独立思考,不盲从,不迷信权威,哪怕这句话是孔子说的,也要受到"我"的良知的审视,也要在自己独立思考中问个是非;在"良知"之心的审视下,对就是对,错就是错,而不管一种观点是出自孔子这样的圣人,还是凡夫俗子。沿着这一思路,他又进一步提出打破思想垄断、倡导思想与学术自由的观点。他说:

---

① 参见李泽厚:《中国古代思想史论》,第250页。

> 夫道,天下之公道也;学,天下之公学也。非朱子可得而私也,非孔子可得而私也。天下之公也,公言而已矣。(《传习录中·答罗整庵少宰书》)

认为学术与思想的领域应是一个开放的"公"的领域,每个人都有平等的权利进入这一领域去自由地表达意见和认知真理,而不应该由孔子垄断,更不应该由朱子垄断。所谓"天下为公",最起码要做到言论与学术的开放,允许每个人平等自由地探讨学问与真理。据此,他强烈反对由个人垄断真理话语权,反对把某个人推向思想上的独尊地位,实行思想文化上的专制独裁。

同时,针对当时一些人将他讥为"病狂"的情况,王阳明为了表达个性独立、勇于创新精神,甚至借用孔子"狂者进取"的说法,①公开鼓吹"狂者"精神和"狂者胸次",说:"狂者志存古人,一切纷嚣俗染,举不足以累其心,真有凤凰翔于千仞之意。一克念,即圣人矣。"②认为狂者离圣人不远,强调为了捍卫良知和真理,要做敢于挑战世俗庸见、让思想自由翱翔的狂者。

4. 王阳明在政治思想史上的影响

王阳明在政治思想史上的影响,首先表现为他对专制国家大一统的"思想秩序"的挑战与冲击。在一定意义上说,程朱理学已经成为专制国家的符号象征,是思想领域内的"专制君权",王阳明竟能在朱熹的话语笼罩之外另辟蹊径,构建出不同的理论体系,并且通过自发的民间讲学,传播其理论,这本身就是"以言行事",就是一种挑战专制国家思想统治秩序、破坏专制国家精神构造的政治行动,因此才会引起当局的恐慌乃至迫害。王阳明被攻击为传播"邪说",其后学如何心隐被杖杀,③李贽终于自杀,都很能说明问题。

而他的一些思想倾向和观点,更是直接挑战了专制国家的一些重要原则和伦理规范。他通过"致良知"与"知行合一"学说,强调每个人具有同等的道德潜能,每个人心中都有圣人的一面,强调人在本性上的平等与独立,这实际上否定了专制国家中的各种政治偶像(君主)、精神偶像(朱熹)的权威性与神圣性;他主张运用自我的良知去独立判断是非、独立思考,把判断

---

① 参见《论语·子路》:"不得中行而与之,必也狂狷乎! 狂者进取,狷者有所不为也。"
② 参见《传习录拾遗》,载《王阳明全集》下册,第 1168 页。
③ 何心隐(1517—1597 年),本名梁汝元,号夫山,早年放弃科举,从王艮弟子颜均(山农)学,因思想言论触犯名教,得罪当权者张居正,被湖广巡抚王之垣以聚徒讲学、"扰害地方"之罪杖死于武昌。

是非的权利从孔子、朱熹,从专制君主的手中夺回来,交还给每个人自己;他向往一个开放的、公共意见领域,使人们可以自由平等地探讨学术和思想问题,反对极少数统治者及其御用思想家作为真理的化身,垄断话语权,反对迷信权威,这些都为明朝后期的思想解放和各种"异端"思想的产生奠定了基础。

正是沿着王阳明的理论方向,其门人、开创泰州学派的王艮进一步提出"百姓日用即道",把圣人之道归为百姓的"家常事";王艮的弟子颜均主张"以天地万物依于己,不以己依于天地万物",并提出"御天造命""自我主宰"等命题。受泰州学派影响的何心隐,则认为师友关系重于君臣关系,是最高的伦理关系,同时提出"育欲"说,主张满足人们合理的欲望。而同样受到泰州学派影响的李贽,更是明确主张"私者人之心也",公开肯定私欲、私利,并主张平等和"自治",反对"高视一切圣人",反对国家对个人过分干预等。

(三) 李贽的"异端"思想

李贽(1527—1602年),福建泉州晋江人,号卓吾,别号温陵居士等。其先世经商,父亲以教书为业。嘉靖三十一年(1552年),李贽考中福建乡试举人,先后做过河南辉县教谕、国子监博士等低级官职。大概在他40岁的时候,开始接触并信奉王阳明的思想。后又师从泰州学派王艮之子王襞。51岁时,以南京刑部调任云南姚安知府,为政简易清明,三年后辞官,携家赴湖北黄安好友耿定理家,教授其子弟。万历十二年(1584年)定理卒后,李贽因与定理的长兄定向思想上不合,发生争执,被迫于1585年离开耿家,将妻女打发回老家泉州,只身移居麻城龙潭湖上的芝佛院,专心治学。在这期间,他开始彻底反思自己的人生,觉得过去几十年活在一个由各种谎言虚构的世界,简直"犹如聋哑",如吠影吠声之犬,加上自觉年近古稀,想要做真实的自我、活在真相世界的念头更加急迫,遂于62岁时落发为僧,并以"异端"自居。① 其在麻城讲学时,"一境如狂",从者数千人,中杂妇女。但其惊世骇俗的言行也引起当局不满,当地官员和士绅指使人烧毁了他居住和讲学的芝佛院,将其驱逐出麻城。万历二十六年(1598年),李贽被焦竑迎至南京,据他在《与友人书》中所说,这期间曾三度和来自意大利的传教士利玛

---

① 参见沟口雄三:《中国前近代思想的演变》,第92—93页。

窦相见,堪称中西文化交流对话中的标志性事件。万历二十九年(1601年),李贽应好友马经纶的邀请来到京郊的通州,引起当局的恐慌。万历三十年(1602年)春,李贽因"敢倡乱道,惑世诬民"的罪名被捕。他在狱中写下绝命诗:"志士不忘在沟壑,勇士不忘丧其元。我今不死更何待?愿早一命归黄泉。"三月十五日,李贽以剃刀割喉,"气不绝者两日",走完了一个思想烈士的一生。

李贽的著作主要有《藏书》六十八卷、《续藏书》二十七卷、《焚书》六卷、《续焚书》五卷,以及《史纲评要》《四书评》《李氏文集》等,今人整理为《李贽全集》(26册)。①

某种意义上李贽确实像他自己所说,是一个"颠倒千万世之是非"的人。他提倡"童心"说,直指当时的社会为一个谎言、虚假的世界,揭露道学的虚伪性,否定孔子等"圣人"的神圣性;他以趋利避害、谋求私利来解释人类的本性和社会政治关系的本质,肯定私利、私欲的合理性;他主张君臣、男女、凡圣之间的平等,提倡独立、自由和无为而治,减少政府的干预。他还对历史问题进行大翻案,凡是被正统史家贬斥的,他几乎都要颠倒过来,给予肯定。其思想的"狂暴"、浪漫无异掀起了一股狂飙巨浪,使传统社会的一切政治权威、纲常伦理乃至以孔子为代表的文化符号和基本道德规范等,都受到无情的冲击和批判。而其"颠倒千万世之是非"的叛逆思想的形成,首先与他的个性有关。他早年丧母,自称六七岁时便能自立,"生平不求庇于人";又说"我平生不爱属人管"。② 他的友人、"公安三袁"之一的袁中道在《李温陵传》中则说,他在世俗事务方面如"槁木死灰人也",而一旦谈及"忠臣义士、侠儿剑客、存亡雅谊、生死交情"之遗事,则"投袂而起,涕泪横流,痛苦滂沱而不能自禁"。可见他是个感情奔放,又天性热爱自由与独立的人,这种个性无疑会给他的思想带来很大影响。从思想渊源上说,他师从王学后人,并与同时代王学派人物多有来往,王阳明的学说,特别是王学左派的思想如"良知"说、平等观、自由思想以及"利欲"说等显然对他有很大影响。另外,佛教也对他的思想产生了一定影响,这从他被人称为"狂禅"就不难看出。这些因素相叠加,又"不幸生当晚明专制政府恶化之时,上则权臣逆阉当国,

---

① 关于李贽的相关著述,可参见李贽著、张建业主编:《李贽全集》,社会科学文献出版社2000年版。
② 参见《续焚书》一《与耿克念书》;《焚书》卷四《感慨平生》。

下则科举道学坏才",于是思想与现实激烈冲撞,使李贽"养成满腔郁勃之气,激荡发泄",反弹出汪洋恣肆、冲决一切的叛逆思想。①

1. 以"童心"看世界:分辨"真""假"世界的思想方法

李贽思想中的问题意识和逻辑起点,是从勘破现实社会的虚假性、追问世界与人生真相开始的。

他受王阳明"良知"说的影响,相信人应该本着一颗童心、真心去看问题,去真诚地生活。可是一旦他用"童心""真心"看世界,却发现他所生活的这个社会几乎一切都是假的,都是由虚伪的谎言、伪善的行为虚构的,都是和应然的、人类应该具有的真心、真情相违背的。他的整个思想历程,可以说都是在"真"与"假"的碰撞、"真"对"假"的质问中展开的。他在著名的《童心说》中指出:

> 夫童心者,真心也。……绝假纯真,最初一念之本心也。若失却童心,便失却真心;失却真心,便失却真人。(《焚书》卷三《童心说》)

又说:

> 童子者,人之初也;童心者,心之初也。(《焚书》卷三《童心说》)

他提出"童心"的问题,本来是讨论如何写好文章的。在他看来,童心是人心的本然状态,是自然本性的流露,只要守住这份童心,只要"护此童心而使之勿失",让真情至性自然流露,自然就能写出好文章,得到"童心者之自文"的效果。但是他接下来对这个问题的发挥,却超出了文学写作的范围,而具有了思想方法的意义。比如他说,童心虽然是人的本然之心,却往往因为后天各种教化、学习而遮蔽、丧失,如接触各种"闻见""道理",或者"读书识义理"都会导致童心的丧失,而丧失童心的后果是:

> 童心既障,于是发而为言语,则言语不由衷;见而为政事,则政事无根柢;著而为文辞,则文辞不能达……岂非以假人言假言,而事假事、文

---

① 参见萧公权:《中国政治思想史》,第528—529页。

> 假文乎！盖其人既假，则无所不假矣。由是而以假言与假人言，则假人喜；以假事与假人道，则假人喜；以假文与假人谈，则假人喜。无所不假，则无所不喜。满场是假，矮人何辩也。(《焚书》卷三《童心说》)

童心一旦丧失，就会说假话，做假事，写假文，把国家变成满场"假人"的剧场，把社会政治生活变成作戏，以至于"满场是假""无所不假"。

在李贽看来，问题的严重性更在于，几乎所有人都逃脱不了"读书识义理"，逃脱不了"道理"的遮蔽，逃脱不了"障其童心"、丧失童心的命运，所以他才感叹"吾又安得真正大圣人童心未曾失者而与之一言文哉"，说在这个世界上找不到一个童心未泯的"真正大圣人"可以谈谈文章。① 可见，他所说的"满场是假""无所不假"，实际上就是他对现实社会的真实看法，就是他对身处的这个世界的虚伪性的辛辣嘲讽和揭露。

沟口雄三曾结合明末整体思想动向，对李贽一生的思想轨迹作过深入透彻的考察。他的研究更充分地说明，童心说实际上是李贽思想的核心，是他观察思考社会政治问题的基本方法与基本理论视角。根据他的研究，厌恶和拒绝现实社会各种虚构的"假"，特别是理学对现实生活的虚构，渴望"真"理，追求"真"相，可谓李贽那个时代王学思想家们的共同追求，在一定意义上也可以代表明末思想界的一种新动向；而李贽则是改造了佛家的"真心"说，并综合各家对孟子"赤子之心"的诠释，提出"童心"说作为自己思想的核心。② 这一研究让我们清楚地看到，"童心"说虽然提出的时间是在李贽的晚年，③却是李贽整个思想的基础，由对"童心"的觉悟而引发的"真"与"假"的交战，可以说贯穿了他的一生，构成了他思想的原动力。比如在写于万历二年(1574年)的《子由〈解老〉序》中，他讲到自己有一次到北方游历，在被冻饿七天之后，遇到有人拿出黍饭来招待，他这个习惯吃稻米的人这时也吃得狼吞虎咽，根本分不出是黍还是稻。他通过这个故事告诉人们：就像没有真正尝过饥饿滋味的人才会有稻和黍的分别一样，所谓孔子、老子的分别

---

① 《焚书》卷三《童心说》。
② 参见沟口雄三：《中国前近代思想的演变》之《中国前近代思想的曲折与展开·上论》第一章及附节《〈童心说〉及其周围》。
③ 据张建业、张岱的注释，《童心说》应写于万历二十年(1592年)，即李贽65岁那年。参见张建业、张岱注：《焚书注》，载《李贽全集注》第一册，社会科学文献出版社2010年版(下同)，第277页。

也是虚假的;对于一个发自真实的自然本性的人来说,孔子、老子的区别是不足为念的,满足思想上的"真饥"才是最要紧的。① 又比如,他在50多岁辞官之后反思自己的一生说,"余自幼读圣教不知圣教,尊孔子不知孔夫子何自可尊",就如同矮子挤在人群中看演戏,根本看不到台上的演员,只是"随人说研,和声而已",见别人笑也跟着笑;又说自己"五十以前真一犬也","前犬吠形,亦随而吠之",像吠影吠声的狗一样活在虚假的世界里。② 不难看出,"童心"说是他进行社会批判的武器,是其理论出发点和判断是非真伪的标准。

可以说,李贽全部思想和一生的探索,都是在自觉不自觉地以"童心"说为出发点,围绕着如何戳穿、破除社会的各种假象,揭示世界的"真"理、真相展开的。因此,他的思想也可分为两大组成部分:一是"破"的思想,是打破虚构世界,破除各种"虚"理、虚假观念和行为的批判思想;二是"立"或建构的思想,是依据本然的"童心""真心"而提出来的"应然"主张。

2. 世界的本原与社会生活"私"的本质

我们知道,在有关世界的本体或万物本原问题上,程朱理学主张以"理"或"天理""太极"这个"一"作为宇宙的本体,并由这个"天理"推演出现实社会中的纲常伦理。而对李贽这位一生都在探索真相的人来说,"所谓'一'者果何物,所谓'理'者果何在,所谓'太极'者里何所指也?"③也就是说,这个所谓"理"的世界、"理"的本体是根本无法在经验上得到证明的,是根本不存在的虚构。而在他眼中看到的是这样一个基本事实:人类社会、人类的历史是从夫妇生活开始的,是以夫妻生活为起点的,由此可以推知世界万物的本原。他在《夫妇论》中说:

> 夫妇,人之始也。有夫妇然后有父子,有父子然后有兄弟,有兄弟然后有上下。夫妇正,然后万事无不出于正,夫妇之为物始也如此。极而言之,天地一夫妇也,是故有天地然后有万物。……夫厥初生人,唯是阴阳二气,男女二命,初无所谓一与理也,而何太极之有?(《焚书》卷三《夫妇论》)

---

① 《子由〈解老〉序》,载《李贽全集注》第一册《焚书注》,第305页。
② 《圣教小引》,载《李贽全集注》第三册《续焚书注》,第196页。
③ 《焚书》卷三《夫妇论》。

又说：

> 故吾究物始，而见夫妇之为造端也。（《焚书》卷三《夫妇论》）

他从人类社会肇端于夫妇生活这一事实，类推出整个世界肇端于天地自然，认为就像人类社会起源于夫妇这一对阴阳力量一样，世间万物也是起源于天地这种自然的力量。在他眼中，世界万物和人类社会根本不存在什么先验的、神秘的起源，就是自然演进的结果，就是一个自然过程。这就否定了"理"以及人间纲常伦理的至上性和权威性，为其自然人性论和平等思想打下了基础。

那么，在这种自然形成的世界、自然演进的社会中，人类的境况又会如何？人类社会生活的"真"相又是什么？在李贽看来，人类无非就是一群"计利避害"、追求私利的饮食男女，人类社会恰恰就是在满足私心、私利的活动中形成与发展的。比如他说：

> 夫私者，人之心也。人必有私而后其心乃见，若无私则无心矣。如服田者，私有秋之获而后治田必力；居家者，私积仓之获而后治家必力；为学者，私进取之获而后举业之治也必力。故官人而不私以禄，则虽召之必不来矣；苟无高爵，则虽劝之必不至矣。虽有孔子之圣，苟无司寇之任，相事之摄，必不能一日安其身于鲁也决矣。此自然之理，必至之符，非可以架空而臆说也。然则为无私之说者，皆画饼之谈，观场之见。（《藏书·德业儒臣后论》，《李贽全集注》第六册）

可见，人的本心就是私心，人的本性就是自私性，这是自然之理，天性使然，"无私"也就无所谓人心、人性，人们从事的一切社会活动，从种田、居家生活，到读书做官，都是为了满足私心、私利，孔子这样的圣人也不会例外；正是人们追求和满足私心、私利的活动，构成了人类社会关系、政治关系的基础，构成了人类社会生活的本质和原动力。[①] 而那些所谓"无私"说则不顾起码的事实，只不过像剧场中作戏一般，是骗人的谎话。

他在《答耿司寇》这封信中也表达了类似的观点：

[①] 参见刘泽华主编：《中国政治思想史》（隋唐元明清卷），第561页。

> 试观公之行事,殊无甚异于人者。人尽如此,我亦如此,公亦如此。自朝至暮,自有知识以至今日,均之耕田而求食,买地而求种,架屋而求安,读书而求科第,居官而求尊显,博求风水而求福荫子孙。种种日用,皆为自己身家计虑,无一厘为人谋者。及乎开口谈学,便说尔为自己,我为他人;尔为自私,我欲利他……"(《答耿司寇》,《李贽全集注》第一册)

在这里,他毫不掩饰地指出,人和人不管地位高低,不管有的人嘴上说得多么好听,其实都是一样的,其一切行为都是为"自己身家计虑",而没有毫厘是考虑他人利益的,那些整天大谈无私、利他的人,实际上是言行不一的伪君子。

在另外一些文章和书信中,他断言"圣人亦人耳,既不能高飞远举,弃人间世,则自不能不衣食,绝粒衣草而逃荒野地。故虽圣人不能无势利之心",认为在追求个人利益方面,圣人和普通人是一样的,他们也无法做到不讲功利、"无势利之心"。① 不过,他们虽然做不到无私,却又大谈仁义道德,所以那些所谓的圣人都是"辗转反复,欺世获利","口谈道德,而志在穿窬"。②

总之,在他看来,"趋利避害,人人同心。是谓天成,是谓众巧",这就是人类和人类社会的"本来面目";③世界和人类社会都是自然演进的产物,追求私利、趋利避害是人的本性,正是这种满足私心、私利的活动,是一切社会关系、政治关系形成的基础,也构成了社会发展的动力。这就是李贽所描绘的人和人构成的世界的真相。如果坚持不承认这个事实,那就必然走到说谎、造假的地步。

3. 满足私利、顺民所欲的功利原则

既然谋求私利是人心所向,满足私心、私利是社会生活的本质,则在李贽看来,一个正常的社会,一个真正的"圣人"就应该顺势而为,把满足人们的私利、私欲作为最高的原则和治国大道。

他借用孔子"道不远人"的说法,认为真正的圣人之"道"不是离开人们

---

① 《道古录》卷上第十章,载《李贽全集注》第十四册,第255页。
② 《又与焦弱侯》,载《李贽全集注》第一册《焚书注》,第119页。
③ 《答邓明府》,载《李贽全集注》第一册《焚书注》,第95页。

的日常生活,更不是否定人性的自然欲求,而是满足人们私利、满足人们日常生活需求之"道"。所以,他提出:

> 穿衣吃饭,即是人伦物理;除却穿衣吃饭,无伦物矣。世间种种皆衣与饭类耳,故举衣与饭而世间种种自然在其中,非衣饭之外更有所谓种种绝与百姓不相同者也。(《答邓石阳》,《李贽全集注》第一册)

可见,所谓的"道",所谓的"理",不存在于百姓穿衣吃饭的生活之外,穿衣吃饭就是"道",就是"理"。这样,他一方面打破了儒家正统思想中"理"的神圣性和至上性,同时又把人的自然需求,把私利、私欲抬高到"人伦物理"的高度。基于这种认识,满足人们的生活需求,最大限度地实现人们的私利,才是真正的圣人和真正懂得治国之道的统治者的首要任务。他说:

> 夫天下之民物众矣,若必欲其皆如吾之条理,则天地亦且不能。是故寒能折胶,而不能折朝市之人;热能伏金,而不能伏竞奔之子。何也?富贵利达,所以厚吾天生之五官,其势然也。是故圣人顺之,顺之则安。……各从所好,各骋所长,无一人之不中用。(《答耿中丞》,《李贽全集注》第一册)

就是说,人类追求富贵利达之心,天地也不能扭转,治理天下就应该顺应人心,从其所好,满足人类本性所需,这才是圣人治国之道。

可见,在他眼里,最讲功利、最能满足百姓利益需求的人,就是圣人。而传统思想中所谓"义利之辨"和"天理""人欲"之辨不仅严重违背人性,违背人类社会的真实状况,而且无法自圆其说。比如,董仲舒所谓"正其义不谋其利,明其道不计其功"就自相矛盾:既然不谋利,既然没好处,为何还要"正其义"?既然能够"明道",就说明"吾之功毕也",说明产生了"明道"的功效,否则没有明道的功效,则"道又何时而可明也?"[①]

[①] 见《藏书》卷三十二《德业儒臣后论》,载《李贽全集注》第六册,第526页。

从他的功利原则出发，李贽对一些历史人物给出了与流行看法截然相反的评价。比如，五代时期的冯道曾经侍奉五姓十位皇帝，自号"长乐老"，被正统史学家斥为"不知廉耻""奸臣之尤"。而李贽则以"安民""利民"的实际功效为准，认为冯道尽到了一个大臣"安养斯民"的责任，使百姓"卒免锋镝之苦"，显然是有功于民。

4. 基于人类自然属性的平等观与"各遂其生"的自由主张

李贽认为世界是自然演进的结果，所有人都是自然的产物，在人性上都是一样的，则不难得出人人平等的结论。

首先是男女平等。如前所说，从他关于人类社会和历史的起源观点来看，夫妇既然是人伦之始，是社会历史的开端，这本身就意味着男女是天然平等的，从而否定了"夫为妻纲"的思想。不仅如此，李贽更大胆地提出，男女在才智、见识方面也平等的。他说："谓人有男女则可，谓见有男女岂可乎？谓见有长短则可，谓男子之见尽长，女人之见尽短，又岂可乎？"①这就有力地反驳了有关女人见识短的偏见。提出这些思想，在当时普遍歧视妇女、相信"夫为妻纲"的时代，是非常难能可贵的。

其次是圣人和凡人、君和臣之间的平等。他指出："圣人知天下之人身，即吾一人之身，我亦人也，是上自天子，下至庶人，通为一身。是以虽庶人之贱，亦皆明明德于天下。"认为凡人与圣人、天子与臣民都是一样的自然之人，都是普普通通的生命之躯，不存在不可逾越的界限。从能力上看，也是人人都能"明德"，都有判断是非善恶的能力，是"无一人不生知"，并无本质的区别。②那些高喊所谓"尊德性"的圣人，他们所做的事其实人人能做，因此不需要高看他、仰视他。他说：

> 勿以尊德性之人为异人也。彼其所为，亦不过众人所能为而已。人但率性而为，勿以过高视圣人之为可也。尧舜与途人一，圣人与凡人一。（《道古录卷上》，《李贽全集注》第十四册）

---

① 《答以女人学道为见短书》，见《李贽全集注》第一册《焚书注》，第143页。
② 《道古录》卷上第四章，载《李贽全集注》第十四册，第239页；《答周西岩》，载《李贽全集注》第一册，第41页。

不仅每个人在自然人意义上是平等的,具备的潜能是一样的,而且每个人在这个世界上的价值也是自足的,不可替代、不可剥夺的。所谓"夫天生一人,自有一人之用,不待取给于孔子而后足也。若必待取足于孔子,则千古以前无孔子,终不得为人乎?"①每个人的价值都是自足的、独特的,不需要借助圣人去获得和证成。沿着这一思想,他甚至说出这样的话:"观今之天下,为庶人者自视太卑……为天子者自视太高,太高则自谓我有操纵之权,下视庶民如螳蚁。"②天子本来就是天下独尊,"至圣至明",高居万民之上,李贽却批判其"自视太高",直斥当今的天子视人民如蝼蚁,这无疑是对专制君权的公开挑战与否定。

　　这种强调人人平等、肯定个体独立价值的思想,看似与孟子"人皆可以为尧舜"、王阳明"见满街都是圣人"的思想相同,实际上存在很大差别。从孟子到王阳明,强调的是每个人成圣成仁、成为"道德人"的机会平等;而李贽的平等观则是把圣人、伟大的人与凡人等量齐观,重在突出每个人在自然属性上的平等,或者生而平等。我们知道,现代社会的法律体系的基础就是承认每个人首先都是自然人,其核心就是保护每个人的自然权利。就这一点看,李贽的平等思想距离现代法治思想似乎更近一些。

　　肯定人作为自然的产物,具有天赋的平等、天然自主的独立价值,从李贽这一思想又不难引申出其放任自由、无为而治的主张。就其思想的总体逻辑看,既然谋求私利、计利避害就是人的天性,是自然法则所致,作为统治者或者圣人当然要顺应这一法则,最大限度地减少干预,给人们发挥天性的自由。更具体地说,"天生一人,自有一人之用",上天让每个人活在这个世界上,就已经赋予了他们独特的生命价值,同时也让他们具有天生的自治能力,所谓"人本自治,人能自治,不待禁而后止之也",政府和统治者应做的就是使"万物并育而不相害",使"物各付物",让百姓"各遂其生,各获其所愿有",③尽可能包容人民的个性与需求,实行放任自由、无为而治的政策,让人的个性得到张扬。

5. 反对神化孔子与盲从儒家经典

　　如前所说,李贽基本上认为这个世界的一切社会政治秩序、道德规范和

---

① 《焚书》卷一《答耿中丞》,载《李贽全集注》第一册,第40页。
② 《道古录》卷上第四章,载《李贽全集注》第十四册,第242页。
③ 《道古录》卷下第六章、卷上第十五章,载《李贽全集注》第十四册,第289、271页。

符号系统都是虚假的和虚幻的,而真实的现实却是人皆有私,人人天性平等。从这一立场出发,李贽当然不能承认历代王朝加给孔子的"圣人"神话,也否认儒家经典的权威性。他曾反复强调,上天造就一个人,就给了他存在的独立价值,"不待取给于孔子而后足",而圣人也是和我们一样的人,不能"高飞远举",孔子也不能摆脱功利计较之心,对于谋求鲁国的"司寇之任"也很在意。所以在他看来,关于孔子的种种宣传都是虚假的和愚妄的,所谓孔子"圣人"的说法不过如矮子观场,是人云亦云的结果。既然孔子的"圣人"地位是伪造的、虚构的,当然不能对孔子盲目崇拜和迷信,反对"以孔子是非为是非";而千百余年来,人们恰恰是吠影吠声,"咸以孔子之是非为是非",实际上是只有谎言偏见虚构的世界,而没有真正的是非。① 一句话,要推倒偶像化的孔子和一切权威,不高看圣人,也不看低自己。

不仅孔子"圣人"的形象是虚构的,而且儒家的经典也是伪造的、虚构的。比如他说:"六经"、《论语》、《孟子》大部分并不是什么"圣人之言",更不是什么"万世至论",它们不过出自史官的"褒崇之词"、臣子的"赞美之语",或者一些迂阔门徒、懵懂弟子们记忆师说,"有头无尾,得后遗前",即使有些出自圣人,也"不过因病发药,随时处方"。他甚至说:

  然则六经、《语》、《孟》,乃道学之口实,假人之渊薮也。(《童心说》,《李贽全集注》第一册)

说"六经"、《语语》、《孟子》都是制造假人的"渊薮",这在当时确实是惊世骇俗之论,根本否定了儒家经典的权威性。近代康有为把统治者尊奉几千年的儒学经典一举判为"伪经",李贽可谓开其先声。

另外,李贽还公开提出,"儒者不可以治天下国家",儒家特别是理学家的一套学说在治国方面并没有什么用处。综观他对儒学弊端的揭露,主要集中在以下几个方面。

一是认为理学家空谈道德、良知,不讲功利实用之学,造成国家无人可用。他说:

---

① 《藏书·世纪列传总目前论》,载《李贽文集》第二卷《藏书》(上),社会科学文献出版社 2000 年版。

> 平居无事,只解打恭作揖,终日匡坐,同于泥塑,以为杂念不起,便是真实大圣大贤人矣。其稍学奸诈者,又挤入良知讲席,以阴博高官,一旦有警,则面面相觑,绝无人色,甚至互相推诿,以为能明哲。(《焚书》卷四《因纪往事》,《李贽全集注》第二册)

嘲讽当时的士大夫平时只知道打躬作揖,虚假伪善,遇事则束手无策、胆小如鼠、推诿自保,是一群毫无生气、"绝无人色"的泥塑。

二是认为儒家泥古不化、墨守成说,不通权变。比如,他批评儒家只知道"持一己之绳墨,持前王之规矩,以方枘欲入圆凿";说朱熹"无术""无学",而不懂得"治贵适时,学必经世",说他的道学"为伪学亦可也"。①

三是认为儒家重文轻武,没有治国的真才实学。他说,自从儒家产生之后,造成文、武分途,而儒者又以"文学"自居,不懂军旅之事,造成整个儒者群体女性化,使"千万世之儒皆为妇人",因此他断言:"儒者之不可以治天下国家,信矣。"②

不过,李贽只是反对被神化、完美化了的孔子和被御用化了的儒家,他对孔子本人还是非常尊重的。比如,他在《道古录》下卷的第十七、十八、十九章中多次称道孔子为"至圣";有时候,他甚至称孔子为知人知天、超越时代和超越千古帝王、百世圣贤的伟大人物。③

6. 李贽在中国政治思想史上的地位

李贽以"童心"说为逻辑起点,把统治阶级所宣传的一切都视为谎言、虚构,视为虚假的剧场表演,而认为追逐私利、趋利避害才是人性的"本来面目",才是人类社会生活的本质和原动力。从这种基本判断出发,他旗帜鲜明地为人类的私欲、私利辩护,提出了满足和保护私人利益、实现人人平等、独立和放任自由的主张,反对政府对人民生活的过分干预,并主张破除这个世界的假象,打破对孔子和儒家经典的偶像崇拜,把判断是非的权利从孔子、从圣人和一切权威手中夺回来,交还给自己。这些思想,发生在专制政治达到高峰、程朱理学被官方奉为正统的明代,确实如荒原烈火、狂风巨

---

① 《焚书》卷一《复周南士》,载《李贽全集注》第一册;《藏书》卷三十五《赵汝愚》,载《李贽全集注》第七册。
② 《藏书》之《世纪列传总目后论》,载《李贽文集》第二卷《藏书》(上)。
③ 参见《道古录》卷下第十七章及其注释,载《李贽全集注》第十四册,第319—320页。

浪,对于当时社会的冲击力、破坏力无疑是巨大的。李贽思想的出现,使得以君权为核心的政治制度和秩序,增加了更多批判与反思的视角,也使得中国的主流思想多了一种批评的声音。而社会批判的精神,用胡适先生的话说就是"保卫社会健康的卫士",它对于一个健康的社会来说是十分重要的。

另外,李贽继承王阳明以"心"为"理"、肯定欲望之"心"的思想传统,进一步发展、丰富了以"私"为核心的自然人性论。他强调"私者,人之心也",认为"趋利避害,人人同心",而到近代康有为则在《大同书》里进一步提出,"夫生而有欲,天之性哉","人生之道,去苦求乐而已"。在这一意义上说,李贽可谓开启近代自然人性论的理论先驱。①

但是也要看到,李贽的思想虽然表现出强烈的"反传统"色彩,但他反的只是正统的主流思想和价值"传统",实际上却代表了中国文化中的另一种"传统",即:代表了中国思想传统中的一种狂放、浪漫精神。这种狂放、浪漫精神被用于艺术,可以产生辉煌的艺术成就。如果被用于社会政治问题,可以产生激烈的社会批判思想,质疑一切、挑战一切现存的秩序和权威,甚至以漫无边际的"思想暴走"去踏平一切;但是它无意也无力提出解决现实问题的具体措施,无法产生可操作性的智慧,以及踏踏实实做事的事功精神。② 从魏晋时期的玄学人物、宋代的陈亮到明代的李贽身上,都能看到这种浪漫精神。就李贽而言,他虽然主张研究"实学"以解决实际问题,猛烈抨击道学的空疏无用,但奇怪的是他自己并没有研究过多少实学,而主要还是集中在历史的翻案文章和哲理的辨别方面。而且按照他那种"激进的自然主义"的逻辑,③政府无为而治,人民自遂其生,听任人民之间出现贫富、强弱差距,认为"物之不齐"乃是"物之情也",以强凌弱、以众暴寡是"天道",④然而这样一来,人类社会和弱肉强食的动物丛林法则有何区别?此外,政府到底放任自由、无为而治到什么程度才算合适,这种放任和老庄学说,和魏晋时期"纯任自然"的思想有何区别,是否产生过对话?又如,他一方面

---

① 参见李泽厚:《中国古代思想史论》,第 248—249 页。
② 牟宗三先生就曾指出:"中华民族的浪漫性格太强,而事功的精神不够。"见其《政道与治道·新版序言》,载《牟宗三先生全集》第十册,台湾联经出版公司 2003 年版。
③ 参见葛兆光:《中国思想史》第二卷,第 430 页。
④《道古录》卷下第七章,载《李贽全集注》第十四册,第 292 页。

把孔子等"圣人"拉下神坛,降为具有七情六欲、追求富贵名利的饮食男女,一方面又说"千古可以言至圣者,夫子也",这两种结论在何种意义上可以并立而不互相矛盾？诸如此类的问题,似乎都不在他的考虑之内。就这些方面看,他对问题的思考和处理似乎仍然比较短促、粗浅甚至碎片化,缺乏深入、严密的逻辑追问,这恐怕是中国传统思想家们共同的宿命或局限。

三、反专制思想的新高潮：清代前期的政治思想

（一）黄宗羲

黄宗羲（1610—1695年）,浙江余姚人,字太冲,号南雷,又号梨洲等。其父黄尊素为"东林七君子"之一,是明代东林党重要人物,因揭露魏忠贤,死于狱中。当父亲下狱直至被虐杀时,17岁的黄宗羲因为陪侍父亲也在京城,如此"近距离"地遭遇专制政治的暴虐、黑暗,这种经历对他日后的思想产生了铭心刻骨的影响。后来他在《明夷待访录》中痛斥"后世"君主"屠毒天下之肝脑,离散天下之子女",当是有感而发。明思宗即位,黄宗羲时年19岁,进京为父申冤,至京时魏忠贤已被诛,仍然上书请诛阉党同谋,并于对簿公堂之时,用铁锥刺伤阉党许显纯,又痛殴崔应元,一时浩气震动内外,连崇祯帝也叹称其为"忠臣孤子"。此后他回乡师从理学（心学）大家刘宗周（蕺山）读书,并加入明末文社"复社",成为其中的活跃人物。清兵南下,南京城陷,黄宗羲回乡组织起兵抗清。此后十余年,他都是在抗清和流亡岁月中度过的。抗清斗争失败以后,他拒绝清廷的征召,隐居从事讲学、著述。其间与顾炎武、孙夏峰、陈乾初、吕留良等频相往来。

黄宗羲一生著作宏富,其中《明儒学案》以及《宋元学案》为学术史和思想史上的开创性著作；而他的《明夷待访录》则是中国政治思想史上具有启蒙意义的、批判君主专制的不朽之作。

黄宗羲虽然出于蕺山之门,从学术上说属于心学一派,但他并不拘于门户之见,而是同时认可朱熹读书穷理的学问路径,重视对客观知识和经世之学的探求。特别是他亲身体验了明朝专制政治,又遭逢王朝鼎革的巨变,

"惊心动魄于时变之非常","乃转而为根本改造之想,以待后人",①于是提出对政治进行"根本改造"的思考。其基本主张是:立君为民,君臣为人民的公仆,君主以及国家的本职和最高目的在于实现人民的"公利"。由此出发,对专制政治的种种祸害展开了最猛烈的揭露和批判,并尝试从设计优良的"治法"方面去克服专制制度的弊端。

1. "天下为主,君为客":君主制的起源与目的

黄宗羲从追溯君主制的起源与原初目的开始,展开对政治问题的思考。他指出:

> 有生之初,人各自私也,人各自利也,天下有公利而莫或兴之,有公害而莫或除之。有人者出,不以一己之利为利,而使天下受其利,不以一己之害为害,而使天下释其害。(《明夷待访录·原君》)

人类社会之初,由于人人只知道顾及各自的私利,就无法处理群体中共同面临的一些公共问题,如共同的利益无法实现,共同的弊害无法消除,于是顺应这种兴利除害的公共要求,便产生了君主。也就是说,人们需要君主,就是要"使天下受其利""使天下释其害";君主的存在,首先是对人民尽义务的,其权力是从服务天下"公利"的义务中派生的,是次要的。所以他又把这种关系概括为:"以天下为主,君为客,凡君之毕世而经营者,为天下也",认为在原初状态下、在应然的意义上,君主是天下的公仆,谋求天下人之利是"为君之职分",是君主的本职。

然而,在黄宗羲看来,后来的社会政治发展却偏离了这一目的,扭曲了人民与君主的主从关系,即所谓:"我以天下之利尽归于己,以天下之害尽归于人",并且"使天下之人不敢自私,不敢自利,以我之大私,为天下之大公","视天下为莫大之产业,传之子孙,受享无穷"。他认为后世的君主们忘记了自己的本来职责,忘记了人们立君的最初目的,把谋求个人的一己私利、侵害人民的利益说成是"天下之大公"。这样一来,君主的设立不仅未能增进人民的利益,反而剥夺了人民本来应有的"自私""自利"之权。所以,他又尖

---

① 参见钱穆:《中国近三百年学术史》,载《钱穆先生全集》第十六册,台湾联经出版公司1998年版,第41页。

锐地指出君主"为天下大害",认为"向使无君,人各得自私也,各得自利也"。①

在这里,他首先肯定人民的"私利"是君主产生的前提和基础,又暗示在人类原初状态下,由于没有凌驾于社会成员之上的公共权力,无法做到兴"公利"、除"公害",不利于更好地实现和保护人民的利益,于是才产生了君主。然而,本来是为了实现人民的利益而产生的君主,却反过来侵害人民本来就有的"私"和"利"。通过这些表述,黄宗羲表达了两个重要的思想:其一,人民的"私利"是君主等国家政治现象产生的起点和根源。其二,君主与国家等政治现象存在的目的和基本职能,就是为了更好地实现人民利益,从而在人民与君主及其国家的关系上,人民是第一位的,君主以及国家是为了实现人民的利益而派生的,是次要的;人民居于主人的地位,君主以及国家则居于"客"的公仆的地位。黄宗羲把人民的"私利"、天下人的利益摆在第一位,虽然反映了明清时期普遍重视、肯定"私利""私欲"的思想动向,②但是把"私利"引入政治领域,以人民的利益为本位去解释君主等国家政治现象的起源,去认识人民与君主以及国家的关系,则是非常有新意的,这和现代人关于国家、政府起源的理论以及主权在民的思想已经非常接近。

按照"天下为主,君为客"的原则,黄宗羲进一步对君臣政治关系、法律和制度的本质等问题进行了重构。

在他看来,既然连君主都没有个人的私利,而只是天下万民的公仆,则各级官员当然也不例外。他说:

> 缘夫天下之大,非一人之所能治,而分治之以群工。故我之出而仕也,为天下,非为君也;为万民,非为一姓也……夫治天下犹曳大木然,前者唱邪,后者唱许,君与臣,共曳木之人也……(《明夷待访录·原臣》)

认为君主不能一人独治天下,因此需要官员分担治理之责,所以臣和君一样,其出仕做官也是为了天下万民,而不是为一姓私利;君和臣只是为了实

---

① 参见《明夷待访录·原君》。
② 参见沟口雄三:《中国的思想》第七章《中国的"公"(下)》。

现天下万民利益的不同职务分工,就好比君臣二人合力抬一根大木头,一唱一和,互相合作,并不存在本质的尊卑之别。所以他又说:

> 原夫作君之意,所以治天下也。天下不能一人而治,则设官以治之。是官者,分身之君也。(《明夷待访录·置相》)

因此,官员不过是"分身之君",在本质上"臣之与君,名异而实同",都是服务于天下万民的人,并不是为了君而存在的。如果一个官员只会迎合君主的私欲而"不以天下为事",这绝不是臣的职责,而是"宦官宫妾之心",是"君之仆妾也"。① 显然,所谓的"君为臣纲"一类的"伦常"是根本不成立的。

按照同样的逻辑,他又采用褒古贬今的笔法,论述法律、政治制度的起源与功能,认为"三代以上有法,三代以下无法"。理由是三代以上的政治、法律制度如井田制度、分封制度、学校与税收制度等都是"天下之法",其设立的出发点是服务于天下万民,而"未尝为一己而立也";而相比之下,后世一切制度设计都属于"一家之法",都是围绕着如何谋其君一家私利而存在的,"何曾有一毫为天下心?"因此,他旗帜鲜明地宣称"三代以下无法",甚至说三代以后的法律、政治制度都是"非法之法"。② 可见,在黄宗羲看来,法律和政治制度的本质在于它应是"天下之法",其基本功能在于实现和维护天下万民的利益。

2. 专制君主为"天下之大害"

从立君为民、立法为公、君臣为人民公仆的基本原理出发,黄宗羲对后世君主专制制度的种种祸害和种种拂逆公理、无道无义之处展开了猛烈的抨击揭露。其主要观点可归纳为:

第一,君主专制是天下最自私、最暴虐的制度。认为后世忘记了设立君主的本来目的与"职分",本来是要君主为天下谋利益,他却反客为主,反过来劫夺天下之利为己有,把天下当成自己"莫大之产业";当他们打天下、夺取政权的时候,则"屠毒天下之肝脑,离散天下之子女,以博我一人之产业",以成千上万人的生命为赌注,去博取一人的产业;当他们得到政权后,也是

---

① 参见《明夷待访录·原臣》。
② 参见《明夷待访录·原法》。

"敲剥天下之骨髓,离散天下之子女,以奉我一人之淫乐,视为当然"。更可耻的是,专制君主明明追求的是天底下最大的私,却"以我之大私,为天下之大公",把这种剥夺人民利益、谋取最大私利的行为说成是"大公"。①

第二,君主专制下的法律、制度都是"非法之法"。这首先是因为,专制时代的"法"不是"天下之法",而是"一家之法",是为了"敲剥天下之骨髓,离散天下之子女,以奉我一人之淫乐",而没有"一毫为天下心";其次,专制时代的"法"是猜疑、防范一切人之法,是坏乱天下之法。② 即所谓:

> 后世之法,藏天下于筐箧者也。利不欲其遗于下,福必欲其敛于上;用一人焉则疑其自私,而又用一人以制其私;行一事焉则虑其可欺,而又设一事以防其欺……故其法不得不密。法愈密而天下之乱即生于法之中,所谓非法之法也。(《明夷待访录·原法》)

因此,几千年所谓的法律、政治制度,根本上就是没有正当性的"非法之法",应该从根本上加以否定和拒绝。

第三,君主专制扭曲了正常的君臣关系,使之形成主人与奴仆的关系。认为君和臣本来是平等的分工合作关系,只是为了服务"天下之责"才产生了君臣关系,如果不是为了天下百姓的利益,双方甚至形同"路人";而君主专制下的所谓"君臣大义"、纲常伦理却把臣当成"仆妾","以奴婢之道为人臣之道",③这就扭曲了正常的君臣关系,也是对人类尊严和人格的践踏。这不禁使人想起马克思的名言:"专制制度的唯一原则就是轻视人类,使人不成其为人。"④

可以说,至少在理论上,黄宗羲公开宣称君主为"天下之大害",已经根本否定了几千年君主专制制度的合理性。

3. 以优良的"治法"限制君权

那么,如何解决君主对天下造成的祸害?

黄宗羲在解决这一问题的思路上有一个重大转向,这就是从寄望于少

---

① 参见《明夷待访录·原君》。
② 参见《明夷待访录·原法》。
③ 参见《明夷待访录·原臣》《明夷待访录·奄宦》。
④ 《摘自"德法年鉴"的书信》,载《马克思恩格斯全集》第一卷,人民出版社 1956 年版,第 411 页。

数人的道德自律,诉诸加强统治者自身的道德修养,转而强调"治法"、强调优良的法律与政治制度建设在改革中的优先性。①

应该说,在黄宗羲之前也有不少思想家对君主专制制度提出过言辞相当激烈的批评,但却很少有人反映出"制度思维",意识到要从制度的进路去解决君主权力集中问题。甚至长期流行这样一种典型的人治观念:"有治人无治法",认为没有好的人才,再好的法律制度也没用,治国的人才比法律制度更重要。黄宗羲生活在专制制度达到顶峰、表现最为酷烈暴虐的明清时代,又亲历残酷的上层政治斗争,亲眼目睹了明末专制政权的腐败给社会带来的巨大破坏,这种创深痛巨的体验,使他对政治问题的看法出现了重大转向和突破,即:在人才与法律制度的关系上,明确提出了"有治法而后有治人"的观点。他说:

> 后世之法,藏天下于筐箧者也。利不欲其遗于下,福必欲其敛于上;用一人焉则疑其自私,而又用一人以制其私;行一事焉则虑其可欺,而又设一事以防其欺……论者谓有治人而无治法,吾以谓有治法而后有治人。自非法之法桎梏天下人之手足,即有能治之人,终不胜其牵挽嫌疑之顾盼,有所设施,亦就其分之所得,安于苟简,而不能有度外之功名。使先王之法而在,莫不有法外之意存乎其间。其人是也,则可以无不行之意;其人非也,亦不至深刻罗网,反害天下。故曰有治法而后有治人。(《明夷待访录·原法》)

这里,他通过对比"后世之法"和"先王之法"的不同后果,来说明设计良法、"治法"的优先性:专制时代的"法"是"一家之法""非法之法",也就是今人所谓"恶法",其出发点在于时刻防范、猜疑人民,束缚天下人手脚,在这种严酷的"罗网"之中,即使真有治国的人才,也会因各种牵制和猜疑而无法施展才能;而只有设计像"先王之法"那样的"天下之法",即优良的"治法",才能给有才干的人提供施展抱负的空间,即使错用了不合格的人,也不会给天下百姓造成太大的危害。用今天的话就是,在好的制度下,坏人没法干坏事。所以他认为,设计优良的法律和制度,比寄希望于个人的才德更重要、更

---

① 参见韦政通:《中国思想史》(下),第900页。

迫切。

那么,他心中的"治法"是什么?换句话说,他要通过设计包含哪些内容的"治法"去救治君主专制之害?

正如前面多次提到的,首先这种"治法"的核心原则必须是"天下为主,君为客",这种"法"必须是实现和维护天下万民之利的"公法",而非满足君主私欲、私利的"私法"。在这一前提和最高原则下,黄宗羲认为一套能够限制君权、维护天下公利的"治法"还应该包括以下主要内容。

第一,恢复宰相制度。他认为"有明之无善政,自皇帝罢丞相始也"。这是因为:在秦汉时期的宰相制度下,凡遇到宰相晋见时,天子会从座位上起身,如果坐在车中,还要为宰相下车,即所谓"天子御座为起,在舆为下",还存在着与君主分庭抗礼的力量。同时,在皇帝世袭制的情况下,"天子之子不皆贤",一旦继位的君主不贤,还可以靠宰相"足相补救"。罢除宰相之后,一则无人可与天子分庭抗礼,造成君权独尊,二则"天子之子一不贤,更无与为贤者"。而明朝在废除宰相后设立的内阁大学士,其职责也只是以备顾问以及根据皇帝的意旨批答章奏,其事权很轻,而天子的大权又不能"无所寄托",于是就只有依靠一群宦官宫奴来进行统治了。所以黄宗羲提出,要在朝廷设宰相一人,参知政事若干人,每日在便殿与天子共同议政,随时"以古圣哲王之行摩切其主",对君主进行反复规劝和讨论,使君主"有所畏而不敢不从也";天下的奏章都报给宰相,再由宰相报告给皇帝,然后宰相与皇帝"同议可否",再由天子以朱笔批复,如果天子处理不完的,"则宰相批之";宰相设政事堂,下分若干房,分管天下庶务,这样就"凡事无不得达"、政事便可通达无阻了。① 可见,作为"治法"的一项重要内容,黄宗羲所要设立的宰相制度,只是一种防止君权过分膨胀、救治君主专制弊端的辅助措施,它并不改变君主专制政体的基本结构,这与现代民主政治中的责任内阁制不可同日而语。

第二,在边境地区设置"方镇",使之拥有自治权,并对其首脑"许以嗣世",即允许其父子世袭。② 他认为,三代以来"乱天下者无如夷狄矣","夷狄"构成了中原王朝的大患,甚至"不过一战,而天下之郡县皆望风降附"。

---

① 参见《明夷待访录·置相》。
② 参见《明夷待访录·方镇》。

之所以出现这种情况,就是"废封建之罪也"。分封制的好处一是可以兵民合一,在封地实现全民皆兵;再就是各个封国星罗棋布,互相照应,不至于一遇外敌就全面瓦解。① 当然,古人推行的分封制距离今天已经太过遥远,最好的办法是取其精神,效法唐朝在边地建立方镇,使之具有像封君一样的权力,而在内地实现郡县制度,使方镇与郡县两种制度并行。②

第三,设立学校,使学校成为舆论监督、议论政事的场所,成为人民参与政治、监督君主的形式。在他看来,学校不仅是养士、培养和储备人才的场所,更要发挥政治功能,"必使治天下之具皆出于学校,而后设学校之意始备"。③ 具体而言就是:

> 盖使朝廷之上,闾阎之细,渐摩濡染,莫不有诗书宽大之气,天子之所是未必是,天子之所非未必非,天子亦遂不敢自为非是,而公其非是于学校。(《明夷待访录·学校》)

他认为,要借助学校形成良好的社会风气和强大的舆论力量,并且有关政治的大是大非问题都要由学校议决,而不是出于天子。这样,学校就成为聚集、表达民意,决定政治方略的机构与形式,从而否定了"是非一出于朝廷"的专制政治原则,这也就是所谓"必使治天下之具皆出于学校"。尽管黄宗羲所设想的学校与现代西方议会尚不能等量齐观,但确实已经具备了某些代议机构的功能和雏形,也为近代康有为、梁启超等人的君主立宪方案提供了灵感和本土思想资源。

第四,实行以屯田制为基础的井田制,重定税制,实现养民惠民的仁政。在黄宗羲看来,后世君主实行"一家之法",对人民弃之不养,其在经济制度上的主要表现为两个方面:一是"井田不复,仁政不行";二是赋税日益加重,使"为民者日困于前"。④ 为此他提出,要恢复井田制,并重新厘定税制以解决这些问题。

在黄宗羲之前,也有许多人提出过恢复井田制的主张,但是这些主张要

---

① 参见《留书·封建》。
② 参见《明夷待访录·方镇》。
③ 参见《明夷待访录·学校》。
④ 参见《明夷待访录·田制一》。

么对如何恢复井田制的办法语焉不详,要么就是盯住限制土地占有额("限民名田")、剥夺富民之田方面做文章;①而黄宗羲设想的井田制则不同,他的办法是:利用现有的屯田和官田向人们授田,而无须通过剥夺富民之田达到均田的目的。之所以这样做,一是因为先王实行井田制时,土地原本为国有而非私有,而秦汉以后百姓占有的土地已归其私有,是"民自有之田也",这是在君主"既不能养民"情况下,"使民自养"的手段,因此对于老百姓已有的私人田产当然不能剥夺和限制;二是因为,他通过估算全国现有的屯田、官田的存量,再和全国的人口总数加以对比,发现完全可以在不必剥夺私人田产和限田的情况下,实现每户授田五十亩。如他所说:"天下之田,自无不足,又何必限田、均田之纷纷,而徒为困苦富民之事乎!"②因此,在他看来,那些主张通过剥夺富人田产实现均田的方法,实际上是"授田之政未成而夺田之事先见",既是一种"不义"之举,又会徒增纷扰。

可见,他所设想的井田制,是希望在不改变土地所有制、不剥夺私人田产的情况下,通过做"加法"的办法,把屯田和官府拥有的土地均分给无地农民,达到耕者有其田的目的。这种方案虽然有很多问题没有解决,如把官田授予农民之后,其所有权归谁尚不清楚,另外在可行性上还有待讨论,但它突破了以往单纯靠所谓"抑制兼并"、打击"豪强"的平均主义套路,试图通过做"加法"的思路进行财产制度创新,与前人相比,他在解决土地占有不均、实现耕者有其田的探索方面是富有新意的。

在与田制相关的赋税制度方面,他的基本主张一是轻税,二是公平合理。其主要办法是,对百姓原有的私有土地实行二十税一的税率,对于国家授予农民的土地实行十分之一的税率,废除各种额外赋税,以解决政府加在人民头上的"暴税";对土地实行清丈分等,按照土地肥沃、贫瘠不同确定税额,并按照各地的实际出产征收实物税等。③

此外,他还坚决反对传统的"重农抑末"思想,认为"世儒不察,以工商为末,妄议抑之。夫工固圣王之所欲来,商又其愿出于途者,盖皆本也",旗帜

---

① 如《汉书·食货志》所载,董仲舒即曾建议:"古井田法虽难卒行,宜少近古,限民明田,以赡不足,塞并兼之路。"
② 参见《明夷待访录·田制一》《明夷待访录·田制二》。
③ 参见《明夷待访录·田制三》。

鲜明地提出了"工商皆本"的口号。① 我们知道，在黄宗羲之前，宋代的叶适是对"重农抑商"提出质疑的极少数人之一，但也只是提出"抑末厚本，非正论也"的思想，而黄宗羲则明确提出"工商皆本"的观点，确实是非常大胆和超前的。

4. 黄宗羲与近代民主思想

总体上看，黄宗羲最有冲击力的观点是：

其一，他声称"天下为主，君为客"，君臣为人民公仆，官是"分身之君"，臣与君是平等的合作关系。

其二，他公开肯定和维护人民的"私利"，斥责和否定君主的"大私"。

其三，把三代以后的君主说成是"天下大害"，君主专制时代的一切法律制度都是"非法之法"。

其四，他破天荒地要把学校改造成议决天下"是非"的机构，公然剥夺了君主及其朝廷决定政治大是大非的权力。

其五，主流观点都把"藩镇"（方镇）视同"分裂割据"，他却公开主张要在边境地区设立方镇，开分权自治之先河；主流观点都是通过限制土地买卖、抑制兼并来解决土地问题，他却主张把官府的土地分给农民。

应该说，以往思想史上对于传统政治体制、政治原则提出激烈抨击、批判者不乏其人，但是就思考问题的深度、广度，尤其从对制度的操作层面的探讨来看，都无法达到黄宗羲那样的水平。当然，黄宗羲的思想中还存在许多矛盾或不太清楚的地方，学术界对其思想的性质也存在一定的分歧。比如，有许多人认为他的思想已经属于近代民主思想，也有人认为他仍然没有超出传统民本思想的范围。在那个时代，黄宗羲没有也不可能提出全面系统的"现代"民主理论，但他与现代民主思想最为接近，对近代民主共和思想的产生与传播带来了直接而深远的影响，也是不争的事实。梁启超在《清代学术概论》中就曾说过："梁启超、谭嗣同辈倡民权共和之说，则将其书（《明夷待访录》）节钞，印数万本，秘密散发，于晚清思想之骤变，极有力焉。"②

---

① 参见《明夷待访录·财计三》。
② 梁启超：《清代学术概论》，上海古籍出版社1998年版，第8页。

（二）顾炎武

顾炎武(1613—1682年)，原名绛，字忠清，明亡后改名炎武，字宁人，学者尊为亭林先生。江苏昆山人，生于世儒官宦之家，早年和黄宗羲一样，参加"复社"，投身于反对阉党的政治活动。27岁时乡试不第，即退而读书，遍览历代史乘、郡县志书，以及文集、章奏之类，留意经世致用之学。崇祯十六年(1643年)夏，以捐纳成为国子监生。清兵南下时，顾炎武加入南明政权任兵部司务，未及到任，南京即为清兵攻占，于是和好友归庄等人一起加入抗清队伍，后又参加昆山守城战，兵败后继续奔走各地从事反清活动。1655年，因本乡仇人举报他暗通明朝遗王，被清朝地方官抓捕入狱，幸得友人营救得以出狱。为了考察山河地形，结交各地反清志士，同时也为了躲避仇人的加害，顾炎武遂于1657年开始到北方游历。嗣后二十多年，足迹遍及山西、河北、河南、山东，一方面结识许多志同道合的好友，一方面无日不在读书和考察各地风土民情、山川形势。他学问渊博，于国家典制、郡邑掌故、天文地理、河漕兵备及经史百家、音韵训诂之学，都有研究，遂为开清代朴学风气的一代宗师。其主要著作有《日知录》《天下郡国利病书》《亭林文集》等。

和黄宗羲一样，顾炎武也是一生不与清政权合作。康熙时清廷邀他参与修撰《明史》，又欲征为博学宏词，均被他以死相拒，说"耿耿此心，终始不改"，"七十老翁何所求？正欠一死！"

顾炎武和黄宗羲的思想有很多相似之处，比如在对待学问问题上，都主张学以致用，反对空谈心性；在政治上坚持立君为民、天下为公的主张，批判和反对君主专制的"私天下"。但是黄宗羲更偏重于从孟子的贵民思想出发，重新讨论政治的原理，顾炎武则注重解决"实际政治之利病"，如主张用"封建"的精神重塑地方政权以及中央与地方之间的关系，矫正过度集权；黄宗羲特别重视发挥学校对舆论的影响，顾炎武则厌恶晚明士风的嚣张，重视"正风俗"、养廉耻和育人才。①

首先，和黄宗羲一样，顾炎武也以传统的"天下为公""立君为民"思想作为最高的政治原则和目标。比如他说：

---

① 参见萧公权：《中国政治思想史》，第568、575页。

> 为民而立之君,故班爵之意天子与公、侯、伯、子、男一也,而非绝世之贵。代耕而赋之禄,故班禄之意,君、卿、大夫、士与庶人在官一也,而非无事之食。是故知天子一位之义,则不敢肆于民上以自尊;知禄以代耕之义,则不敢厚取于民以自奉。(《日知录》卷七"周室班爵禄"条)

关于周代设计爵禄制度的最初目的,孟子最先提出"天子一位"的思想,并认为从君主到各级官员不同的等级地位,都只是对他们服务于国事的一种劳酬。① 顾炎武则进一步发挥了孟子的这一思想,认为古人设立制度都是出于"立君为民"的目的,君主和其他官员一样,也是一种"位",一种治国理政的分工,君主和各级大臣只有爵位等级区别,没有身份贵贱之分,君主并不存在什么"绝世之贵";君主的地位和待遇相当于农夫种地获得的报酬一样,是代耕的俸禄,故君主不能无限地对人民索取。

顾炎武还考证了"君"本来的含义和用法,认为上古的"君"实际上是常用的一种尊称,不仅天子贵族称君,而且奴婢称主人、女称父、妇称舅为君。② 君主不是不劳而食,君主和百姓只是做官和耕田的分工不同,贵贱是平等的。

不仅如此,顾炎武还旗帜鲜明地为人民的"私"辩护、正名。他说:

> 人之有私,固情之所不能免矣。故先王弗为之禁,非惟弗禁,且从而恤之……合天下之私,以成天下之公。(《日知录》卷三《言私其豵》。)

认为"私"是人之常情,满足人民对私利的需求就是天下之公。

通过这些论述,顾炎武强调的是:民为国家之本,人民的利益是最高的政治目标,君主因人民的利益而存在,而没有超出人民利益之上的个人利益,也不存在独特的地位和尊严。

其次,顾炎武也从"天下为公""立君为民"的原则出发,对"私天下"的专制政治提出了批评。他认为三代以前是盛世,三代以后则是弊政。前后的区别在于一为公天下,一为私天下,而三代以后最大的弊端是君主集权。一

---

① 参见《孟子·万章下》。
② 参见《日知录》卷二十四《君》。

方面,君主"欲专大利",于是把所有的权力都抓在自己手中,"一兵之籍,一财之源,一地之守,皆人主自为之";另一方面,君主毕竟无法独治天下,于是"废人用法,废官用吏",对臣民层层牵制,处处防范,"人人而疑之,事事而制之,科条文簿日多于一日",在这种权力高度集中又层层牵制防范的体制下,官员只知道唯命是从,敷衍塞责,无暇为民兴利除害,必然造成民穷国弱。①

以上是顾炎武与黄宗羲思想的相同之处。除此之外,顾炎武政治思想中比较有特色的地方在于以下几个方面。

第一,首次指出了国家与天下的区别,提出了"天下兴亡,匹夫有责"的思想。他认为,"亡国"和"亡天下"不同,"易姓改号,谓之亡国;仁义充塞,而至于率兽食人,人将相食,谓之亡天下"。因此,维护国家政权是朝廷的事情,是君臣这些"肉食者"的事情;而"亡天下"则意味着文明被野蛮战胜,文明被毁坏。即所谓"知保天下,然后知保其国。保国者,其君其臣,肉食者谋之;保天下者,匹夫之贱,与有责焉耳矣"。② 在顾炎武的心目中,所谓"国家"只是一家一姓的政权,而"天下"则与天下所有人相关,它意味着一个社会基本的人道和文明准则,以及基本的文化精神传承;"亡天下"则意味着基本的人文、文明秩序的崩坏,以及文化精神的毁灭与灾难,意味着人类倒退为"率兽食人"的动物丛林法则时代。所以,履行人对人自身、对人类文明,乃至对本民族文化的责任,彰显人与禽兽、文明与野蛮的区别,乃是每一个人不可推卸的责任,哪怕他只是一个"匹夫"、一个平庸的百姓,也具有超越国家政权之上的、人之为人的责任。孔子生当"礼崩乐坏"、充满血腥暴力的春秋时代,以布衣之身却偏要"仁以为己任","知其不可而为之",理由就是"鸟兽不可以同群","天下有道,丘不与易也";认为面对统治者的无道和人类社会的堕落,即使一介平民也应站出来履行人的义务,担当点亮人类文明之光的责任,而不能像鸟兽那样面对文明的堕落无动于衷。孔子这种"仁以为己任"、把捍卫人类文明视为每个普通人应尽之义务的精神,正是顾炎武思想的重要源泉。

这也使我们想起《生死朗读》和《纽伦堡大审判》这两部著名电影,它们共同涉及的一个尖锐问题是:当一个人在国家政权的裹挟和压力下做出某

---

① 参见《日知录》卷八《法制》;《顾亭林文集》卷一《郡县论一》。
② 《日知录》卷十三《正始》。

种不义之举时,他是否可以因自己是在"服从国家法令"而免责?两部影片给出的答案是否定的:在这个世界上,每个人除了对某个国家政权、对国家法律的责任之外,还要具有人之为人的基本良知和道义责任,如尊重和敬畏生命,坚持人道和正义原则,捍卫人类文明的基本准则常识,不能因为国家政权等外部压力的原因,个人就可以放弃或免除对良知、对道义的责任。其原因在于,我们是人类一分子,对良知和基本道义的坚守是人类所独有的属性和能力,放弃了这种坚守,就等于放弃了人的资格和属性,就无法自别于动物。可见,在强调个人具有超出国家政权之上的、不可推卸的道德责任这一点上,两部电影和孔子、顾炎武的思想是基本一致的。

第二,提出了"分天子之权"和"寓封建之意于郡县"的分权主张。他认为,要解决君主专制政体下权力过分集中、君主"独治"天下的弊端,必须在君主和各级官僚机构之间适当、合理地配置权力,做到"以天下之权寄之天下之人","自公卿大夫,至于百里之宰,一命之官,莫不分天子之权以各治其事"。认为做到了这种合理的分权与授权,恰恰可以使君主"执天下之大权",使"天子之权乃益尊",使君主真正可以掌握国家大权,获得更大的权威。① 他已经看到,在专制政治下君主虽然可以做到高度集权,却因为对所有人不放心,需要层层牵制、事事防范,无法做到有效率的统治,最终削弱了专制国家的统治能力。

关于合理分权的具体措施,顾炎武最著名的主张是:加强地方政府的自主权与独立性,"寓封建之意于郡县",在郡县制中注入分封制的合理内容。他比较了分封制和郡县制的利弊,认为郡县制的缺点是"其专在上",存在权力过分集中的问题;分封制虽然是三代圣王"以公心治天下"之制,但也存在"其专在下"、权力过于分散的问题,加上"封建之废,非一日之故也,虽圣人起,亦将变而为郡县",不可能再简单地加以恢复。不过,尽管他认为郡县制和分封制各有利弊,但是又感到郡县制已经走到尽头,认为"方今郡县之弊已极",到了非改革不可的时候。② 于是和黄宗羲一样,他也认为藩镇在唐代抵御回纥、吐蕃进攻方面发挥了积极作用,而宋代削除藩镇,过度集权,

---

① 《日知录》卷九《守令》。
② 参见顾炎武:《郡县论一》,载《顾亭林诗文集》卷一,中华书局1983年版(下同)。

导致敌人"至一州则一州破,至一县则一县残",毫无防御能力。① 于是,他根据唐代设立藩镇的历史经验,结合分封制的精神,提出了"寓封建之意于郡县"的方案,以此加强地方政府的权力。其要点是:

> 尊令长之秩,而予之以生财治人之权,罢监司之任,设世官之奖,行辟属之法,所谓寓封建之意于郡县之中,而二千年以来之弊可以复振。(《顾亭林诗文集·郡县论一》)

主张给地方政府以更大的财权和人事权,减少对地方官的监督牵制,提高地方官的品级待遇,允许称职的县令终身任职并世袭。具体做法是,将县令由七品提高为五品,选拔熟悉当地情况的人出任,经过一定时间的任职,合格后可以"进阶益禄,任之终身",年老退休后可以举荐子弟或其他人继承自己的职位。他认为"天下之人各怀其家,各私其子,其常情也",采取地方县令终身制和世袭制就是利用"县令私其百里"之心,利用人人皆有的私心以成就"天下之公"。②

在主张实现县令终身制和世袭制的同时,他还主张完善县以下的乡、保、甲等基层组织,特别是要强化宗法组织,发挥其对国家统治的辅助作用,即所谓"宗法立而刑清,天下之宗子,各治其族,以辅助人君之治"。③

第三,主张改革科举制度,并发挥士大夫"清议"的作用,以便正风俗,养人材。顾炎武对于明代科举制度可谓深恶痛绝,认为科举制度下培养的一大批生员不仅专习科举应试的无用之学,而且大多数为害乡里,乱政扰民,还结党营私,"立党倾轧,持人主太阿之柄而颠倒之",所以科举制度是"败坏天下之人材,而至于士不成士,官不成官,兵不成兵,将不成将"。④ 甚至认为科举之害过于秦始皇焚书坑儒,说"八股之害等于焚书,而败坏人材有甚于咸阳之郊所坑者"。⑤ 因此,他主张限制生员人数,并加强考试内容的实用

---

① 《日知录》卷九《藩镇》。
② 参见《顾亭林诗文集》卷一《郡县论二》《郡县论五》。
③ 《日知录》卷六《爱百姓故刑罚中》。
④ 参见《顾亭林诗文集》卷一《生员论中》。
⑤ 《日知录》卷十六《拟题》。

性;同时把考试与举荐相结合,在考试之外另行开辟举荐人材的渠道等。①顾炎武对于科举制度的弊端虽然见解很深刻,但他的改革措施却难说有什么新意。因为类似的举荐制度在历史上早已实行过,如汉代的察举制、魏晋时期的九品官人法,就是因为最终沦为世家大族把持政权的工具,才被科举制度取代。

此外,他还主张发挥和加强民间"清议"的作用,发挥社会舆论的力量,以约束士人的行为,养成知耻尚德的社会风气。认为清议关乎天下兴亡治乱,一个社会只要还存在清议,存在基本的道德评价机制和是非感,就还有希望,否则就会靠武力决定一切了。所谓"天下风俗最坏之地,清议尚存,犹足以维持一二,至于清议亡,而干戈至矣"。因此,他主张仿效古人"立间师,设乡校,存清议于州里"的做法,通过民间清议去评判士人的德行和政治得失,发挥道德评价与引导作用,"以佐刑罚之穷",弥补国家力量的不足。② 虽然顾炎武和黄宗羲一样,都重视社会舆论在改良政治方面的作用,但是黄宗羲主张由学校发挥议政和监督政府的作用,而顾炎武的"清议"主张则显得比较空泛。他既激烈批评士风败坏,痛恨明代士大夫结党成风,说他们"立党倾轧,持人主太阿之柄而颠倒之",然而他倡导的"清议"主体是谁、对象是谁,以及如何开展等等,则语焉不详。这也说明,作为一个专制时代的中国人,要想突破传统政治思维和政治知识的窠臼,找到制度和体制创新之路是何其艰难。

(三) 王夫之

王夫之(1619—1692 年),字而农,号姜斋等,湖南衡阳人。晚年隐居于衡阳石船山,自署船山病叟、南岳遗民,学者遂称之为船山先生,与顾炎武、黄宗羲并称明清之际三大思想家。王夫之自幼跟随父兄读书,24 岁中湖广乡试举人。清兵南下,王夫之曾于衡阳举兵抗清,失败后先投奔肇庆的南明永历政权,因为弹劾权奸,险遭杀害,后辗转到桂林加入瞿式耜领导的抗清武装。清兵攻下桂林,瞿式耜战死,王夫之反清复明的希望逐渐幻灭,于是隐居流亡湘南一带,著书立说,终身不曾剃发。王夫之一生著作过百种,主

---

① 参见《顾亭林诗文集》卷一《生员论上》《生员论下》。
② 《日知录》卷十三《清议》。

要有《张子正蒙注》《周易外传》《黄书》《尚书引义》《读四书大全说》《思问录》《春秋世论》《噩梦》《读通鉴论》《宋论》等，其著作大多收入《船山全书》。①

在学术渊源上，王夫之大体上是宗师张载，修正程朱，反对陆王，继承了北宋张载的哲学思想，在对程朱和陆王思想进行反思与总结的基础上，构建起以"气"为本体的哲学思想体系。② 他认为整个宇宙就是"气"或"太虚之气"的聚散、往来、运动的体现，所谓的"理"则是气之理，乃是气变化过程中呈现出的规律，而没有孤立存在的理；而在"理"和"欲"的关系上，他虽然也强调"消欲明理"的道德实践，但是又肯定"私欲之中，天理寓之"，对"欲"的合理性进行了有条件的肯定，从而在"理"和"气"、"理"和"欲"的关系等重大问题上，与程朱等理学家们表现出很大的不同。另外，在王夫之生活的明清之际，以利玛窦等传教士为媒介，西学已经开始传入。王夫之在南明永历王朝下担任涉外官职行人司行人时，曾著有《思问录》一书，其中多次提到利玛窦的名字和观点，说明这个时候他已经读到利玛窦的西学著作。很可能就是这种影响，使他在知识论上更接近现代科学精神，如对"知之有限"、对个人理性和知识有限性的认识，以及强调通过"质测"达到"格物穷理"，主张通过实证的方法获得对事物的可靠知识等。③ 正是通过对前人思想批判地继承和对新知识的融汇，才使得王夫之的哲学思想自成体系，达到新的高度。

在政治问题上，他虽然在大范围上并没有跳出传统尊君、民本思想的格局，但也提出了许多具有新的时代内涵的观点，在一些方面甚至有突破性贡献。

1. 以天下为公、"生民之生死"为最高政治原则

王夫之继承了"天下为公""立君为民"的思想传统，也把"循天下之公"、谋求人民的利益作为君主与国家存在的根本目的和最高原则，不仅认为天下"非一姓之私也"，"以天下论者，必循天下之公"，更明确声称："一姓兴亡，私也；生民之生死，公也。"④强调国家以及君主只是上天保民利民的职位和工具，一切政治活动追求的最高目标是天下之"公"，其核心内容就是百姓们攸关生死的根本利益，而离开了这个目标，一家一姓的王朝兴亡就是"私"，

---

① 关于王夫之的著述，可参见王夫之：《船山全书》，岳麓书社 2011 年版（下同）。
② 参见陈来：《诠释与重建——王船山的哲学精神·绪言》，北京大学出版社 2004 年版。
③ 参见许苏民：《明清西学东渐对王夫之政治哲学之影响》，《船山学刊》2012 年第 4 期。
④ 王夫之：《读通鉴论》卷末、卷十七，中华书局 1975 年版（下同），第 1107、598 页。

不值得为之牺牲卖命。他甚至和孟子一样,承认人民有反抗暴君的权利,主张对侵害百姓的君主"可禅、可继、可革"。①

从这一"公"的原则和标准出发,王夫之也对秦汉以后"私天下"的专制政治提出了激烈的批评,认为"秦之所以获罪于万世者,私而已矣",而自秦以后历代政治的实质都是"以一人疑天下""以天下私一人",其一切制度设计的出发点都是出于"私天下""疑天下"的狭隘自私心理,其中秦朝和宋朝最为突出,所以叫"孤秦陋宋";正是这种私天下的政治,才造成两千年来不断发生的"生民以来未有之祸"。②

更值得注意的是,王夫之从这一"公"的原则和标准出发,对中国历史上一些重要制度和观念提出了许多新的评价与思考。

比如,在土地制度方面,早在《诗经》里就有"普天之下,莫非王土"的观念,实行井田制的土地集体所有制,也曾是历代儒者梦寐以求的理想土地制度,而王夫之却持坚决反对的立场。理由是,天下的土地不是王者一家私产,"天无可分,地无可割,王者虽天之子,天地岂得而私之,而敢贪天地固然之博厚以裂为己土乎?"③认为老百姓的土地所有权是天地自然所赋予,任何统治者无权拿来处置分配。下面的一段话,更加清楚地论述了这一思想:

> 王者能臣天下之臣,不能擅天下之土……若夫土,则天地之固有矣,王者代兴代废,而山川原隰不改其旧。其生百谷卉木金石以养人,王者亦待养焉,无所待于王者也,而王者固不得而擅之……民所治之地,君弗得而侵焉。民之力上所得而用,民之田非上所得而有也。(《读通鉴论》卷十四)

可见,天下的土地本来就属于人民,不存在所谓"莫非王土",任何君主不得占有、不可侵犯。

从这一立场出发,王夫之坚决反对在国家政权的干预调控下,实行限

---

① 参见王夫之:《黄书·原极》,载《船山遗书》第六卷,北京出版社1999年版(下同),第3837页。
② 参见《读通鉴论》卷一,第2页;《黄书》《宰制》《古仪》,载《船山遗书》第六卷,第3839、3843、3838页。
③ 《读通鉴论》卷十四,第441页。

田、均田等各类恢复井田制的主张。在他看来,各种限田、均田主张首先都是以承认君主对土地的最终私有权和支配权为前提的,都是对百姓天然的土地所有权的剥夺。同时,向往井田制者只看到了土地买卖造成的贫富悬殊问题,而不知道,靠君主专制这种"私"的制度,不可能达到限田而"公"的目的,反而是"天子无大公之德以立于人上,独灭裂小民而使之公,是仁义中正为帝王桎梏天下之具",从而使各种井田、公田方案成了专制帝王控制天下、攫取私利的手段。① 不仅如此,王夫之还认为在土地之类的财产问题上,应当相信人类具有"自谋其生"的能力:

> 人则未有不自谋其生者也。上之谋之,不如其自谋。上为谋之,且弛其自谋之心而后生计日蹙。(《读通鉴论》卷十九)

主张在井田制既已废除的情况下,顺其自然,由人民"自谋其生",政府的干预只会使百姓"生计日蹙",处境更加糟糕。

可见,他对土地问题的看法和现代财产权不可侵犯的思想已经十分接近。

另外,站在"公"的立场上,王夫之也对历代争论不休的"正统"问题提出了与众不同的见解,对各派"正统论"一概从根本上加以否定。他认为,历代学者把中国历史上某个王朝说成是"正统"、把某个王朝斥为"非正统",而且互相争论攻讦,根本就毫无意义。所谓"嚣讼于廷,舞文以相炫,亦奚用此哓哓者为!"②原因是,在他看来,历代王朝就其本质上说都是"私天下",根本无所谓正统与非正统。他说:

> 天下之生,一治一乱。当其治,无不正者以相干,而何有于正?当其乱,既不正矣,而又孰为正?有离,有绝,固无统也,而又何正不正邪?以天下论者,必循天下之公,天下非夷狄盗逆之所可尸,而抑非一姓之私也。"(《读通鉴论》卷末《叙论》一)

---

① 《读通鉴论》卷五,第126页。
② 《读通鉴论》卷十六,第539—540页。

认为中国历代王朝只存在治乱的问题,无关乎正统问题,应当跳出原来的正统讨论,客观评价一个王朝统治的治乱效果;而如果真要评价一个政权的好坏,最根本的标准要看其是代表"天下之公",还是"一姓之私"。可见,在他心目中,百姓利益、公共利益才是政治正当性的根本基础,是合法性的根本来源。①

2. 以进化史观看待历史与制度

前面讨论孔子和汉代人的思想时都曾提到,儒家传统中有一种追慕三代的崇古思想或"是古非今"思想。这种"向后看"的方式,一方面表达了儒家士大夫对理想的向往,另一方面也成为他们表达对现实不满、批判现实政治的思想武器。然而,这种"退化"的历史观确实与人们的常识和历史经验有不合之处,故在汉代就曾受到桓谭、王充等人的批评质疑。王夫之在知识论上相信经过"质测"、实证所穷之"理",自然会从经验和常识上得出历史是发展进步的观点,而绝不能接受"泥古薄今"之说。所以他指出,上古"衣冠未正,婚姻未别,丧祭未修,狉狉獉獉,人之异于禽兽无几也";又说中国上古"轩辕以前其犹夷狄乎!太昊以前其犹夷狄乎!"②认为人类上古时期和禽兽、"夷狄"没有什么区别,中国的历史也是从野蛮到文明的发展进化过程。

那么,人类历史不断向前发展进步的动力或原因是什么?王夫之反对从历史的现实过程之外,从所谓"天命""正统"等方面解释历史变迁的各种旧说,主张从历史本身和"理势相成"的观点加以解释。所谓的"势",是历史发展的必然趋势和现实过程;而所谓的"理",是"在势之必然处见理",是体现于历史过程中的规律性。他认为"势"与"理"是不分的,即所谓"理势不可以两截沟分","理当然而然,则成乎势",③双方共同作用,推动了历史的发展。

正是从这种进化史观出发,他对历史上持久争论的分封制与郡县制孰优孰劣的问题提出了自己的看法,认为郡县制代替分封制是不可抗拒的历史发展趋势,代表着历史的进步。比如,他指出:"郡县之制垂二千年而弗能改矣,合古今上下皆安之",是"势之所趋",是历史的选择;从客观效果上说,

---

① 参见许苏民:《明清西学东渐对王夫之政治哲学之影响》,《船山学刊》2012 年第 4 期。
② 《读通鉴论》卷二十,第 693 页;《思问录·外篇》,载《船山遗书》第六卷,第 3798 页。
③ 《读四书大全说》卷九《离娄上》,载《船山全书》第六册,第 992 页。

郡县制的实行,改变了东周之后兵连祸结、"交兵毒民"的历史,减轻了"生民之祸";不仅如此,分封制与世袭制相联系,而郡县制则凭才能授予官职,"俾才可长民者皆居民之上,以尽其才而治民之纪",更能做到人尽其才。所以在他看来,秦王朝推行郡县制虽在主观上是出于"私天下之心",却是"天假其私以行其大公",客观上带来了"公"的效果。① 这是继柳宗元之后,对分封制与郡县制问题最冷静、最透彻的讨论。

3. 基于人类自然生存权的国家与民族思想

王夫之遭遇清军入主中原的天崩地解之变,又有投入武装反清的亲身经历,加上他毕竟又属于传统士大夫中的一员,这使他在民族关系问题上采取了严守"夷夏之辨"的立场,对作为少数民族的"夷狄"表现出非常激烈的排斥态度,甚至对他们经常使用"禽兽"之类的蔑称,说汉族对他们"欺之而不为不信,杀之而不为不仁,夺之而不为不义"。② 不过,他试图从人类的自然生存权利角度去解释民族和国家起源,进而论证其"夷夏大防"的观点,却让人耳目一新。

在他看来,人类之所以要建立族群、国家,之所以要有"君长",就是出于保类卫群的需要。他说:"人不自畛以绝物,则天维裂矣。华夏不自畛以绝夷,则地维裂矣。天地制人以畛,人不能自畛以绝其党,则人维裂矣。"认为人类区分为族群并居住于不同的地域,这是天地自然的安排;人类如果不组成群体,以防止兽类侵害和抵御自然灾害,就无法生存;华夏民族如果不能凝聚为一个民族共同体一致对外,在面临自然灾害和外敌入侵时,"亦势之不能相救而绝其祸"。所以,为了"保其类""卫其群",人类必须"清其族,绝其畛,建其位,各归其屏","审物之皆然而自畛其类,尸天下而为之君长"。③ 可见,捍卫本民族的生存与文化,抵御外来侵犯,保类卫群,是大自然赋予每一个民族的天然权利和能力,也是国家存在的根本原因和最高正当性所在。王夫之用维护自然生存权来论证民族、国家的起源与存在根据,这在中国思想史上确实是"前人所罕发",是论述最精辟透彻、空前未有的民族思想,从

---

① 《读通鉴论》卷一,第1—2页。
② 《读通鉴论》卷二十八,第1014页。
③ 参见《黄书·原极》,载《船山遗书》第六卷,第3836页。

而"足与近代民族主义相印证"。①

4. 严于治官、宽于养民的思想

在法律和政策的宽严方面,历史上常有人主张以"宽猛相济"的手段来治理民众。而王夫之则转变了问题的方向,把以往对民众的宽猛问题,转变为对官和民宽猛的问题,提出了严于治官、宽以养民的思想。他说:"严者,吏治之经也;宽者,养民之纬也;并行不悖,而非以时为进退者也。"②所谓严于"吏治",就是把政治和法律的重心放在防范和惩治官员的贪腐上面;不仅对下级官吏管理控制要严,更重要的是严于"上官",对处在高位的官员也要"严"。否则,"严下吏之贪而不问上官,法益峻,贪益甚,民益死,国乃以亡"。③ 而所谓宽以养民,就是要以保民利民为政治的根本,在对百姓适用法律时以宽仁为本,实行轻、简之法。总之,他认为一切政治活动与法律制度的重心就是保护百姓和严格管理官吏,就是对百姓宽,对官吏严。而现代法治精神则强调以保护公民权利、控制政府、严于治官为重心,王夫之的上述思想已经与其非常接近。

总之,王夫之提出了很多值得注意的观点,如:

其一,他主张土地产权天然属于百姓,反对由私天下的国家在各种"限田""井田""公田"名义下对百姓土地产权进行干预和再分配。

其二,反对在私天下的前提下讨论哪个王朝为"正统"的问题,主张以是否代表"天下之公"、代表公共利益为判断政权合法性的根本依据。

其三,从历史进化的观点,深刻而透彻地论证了郡县制代替分封制的历史合理性。

其四,认为一个民族捍卫自己的家园、土地和文化,是大自然赋予的能力和权利,从自然权利的角度论证了民族和国家的起源与存在依据。

其五,认为国家和政府的根本职能在于"养民",在服务于百姓的利益,因此法律和政治制度的重心在于治吏、治官,而不是对付人民。

王夫之长期隐遁于偏远之地,甚至变换姓名与瑶人杂处,辞世之后,其

---

① 此处关于王夫之的民族、国家起源于自然权利的观点,以及王夫之的民族思想在思想史上的地位问题,参考了许苏民《晚明西学东渐对王夫之政治哲学之影响》(《船山学刊》2012 年第 4 期);以及萧公权《中国政治思想史》中的观点,见该书第 590、594 页。
② 《读通鉴论》卷八,第 239 页。
③ 《读通鉴论》卷二十八,第 1032 页。

学长期寂寞无闻。直至晚清得曾国藩、郭嵩焘等人的介绍，特别是经过梁启超、谭嗣同等维新变法人士的宣传，其思想中的"现代"价值才在历史大变革的时代背景下被发现和激活。

总结与讨论

主要政治学问题

本讲首先尝试从总体上描绘明清政治思想发生的历史场景，接着对这一时期政治思想发展演变的主脉和特点进行概述。在此基础上，重点介绍分析了明代的方孝孺、王阳明、李贽，以及清代前期的黄宗羲、顾炎武、王夫之等人的政治思想。如果以现代政治学的眼光来看，他们讨论政治问题之广泛是前所未有的，至少涉及了以下问题：

● 关于国家和政治生活的起源与目标问题。如方孝孺主张立君为民，君主只是实现百姓利益的一个"职位"；黄宗羲主张天下为公、"顺民所欲"，认为一切"私天下"的法律制度都是"非法"；顾炎武主张"合天下之私以成天下之公"；王夫之则从关注百姓生死、维护百姓土地私有权、肯定郡县制的客观之"公"、否定正统论等方面，论述"公"为君主和国家的本原与目的。这些观点虽具体论述不同，但都是把实现以私人利益、百姓利益为集合的公共利益，作为政治生活、国家、君主的起源与最终目的。

● 与此相联系的是，关于政治权力的终极来源和正当性依据（合法性基础）问题。各家观点也主要是强调以民心和人民的生存权利等"公天下"原则为基础。如黄宗羲认为秦汉以后"私天下"的法律制度都是"非法之法"；王夫之认为秦汉以后历代王朝都是"一家之私"，无所谓"正统"问题。

● 关于国家、政府与人民的关系问题。这一时期的思想家都坚持以民为国家政治生活的本位，而认为君主及其国家则居于次要的、服务于民的地位。如方孝孺的"君职"说；黄宗羲"天下为主，君为客"的思想。

● 关于在一个全能的、专制的"强国家"下，普通民众的责任和义务问题。这是顾炎武"天下兴亡，匹夫有责"思想提出的新问题。

● 关于政治中的人性论预设问题。这时期的思想家如李贽、顾炎武、黄宗羲等都认为"人之有私"是人之常情,"私者,人之心也",人性之私恰恰是政治的起点和国家存在的依据,也是思考政治问题的出发点。

- 在民族、国家的起源与根据问题上,提出了自然生存权的解释观点。
- 关于地方政治体制以及地方自治问题。如对郡县制与分封制优劣的争论;关于如何加强地方自治和基层乡族自治的问题。从方孝孺、黄宗羲、顾炎武到王夫之都参与了相关讨论。
- 关于国家(政府)在消除贫富差别、建立合理的财产权制度方面的职责问题。方孝孺、黄宗羲等人属于支持者;王夫之则主张百姓的土地使用权不可侵犯,坚决反对国家对土地产权进行干预和再分配。
- 关于平等、自由问题。如李贽提出人人自然平等,人人都有自足、独立的价值,"人本自治",主张让人民"各遂其生";王夫之也主张人民"自谋"等。
- 在政治生活中,制度因素与人的因素哪个更为关键的问题。古人历来都是强调人的因素,而黄宗羲则认同良法、"治法"的优先性。
- 关于如何认识中国君主专制国家的历史与性质问题。这个时期的政治思想家大都持激烈的批判、否定态度,如黄宗羲认为君主专制是"天下大私""天下大害";王夫之也认为秦汉以后的历代王朝都是代表"一姓之私"。

明清政治思想的历史地位

综观明清时期的政治思想,确实提出了许多新问题,发生了许多前所未有的变化。比如:在传统的"民本""立君为民"思想基础上,进一步提出了民为主、君为客,即君主及其国家是服务天下的公"职"、公仆问题;旗帜鲜明地肯定人性之"私",以百姓的"私利"作为"公"和公共利益,作为讨论国家政治问题的起点和基础,以及判断政治正当性的最终依据,公开揭露专制国家标榜的"公"其实为最大的"私";明确提出土地私有权天然不可侵犯,反对由"私天下"的专制国家推行各种限田、公田政策,而即使有同情井田制者如黄宗羲,也主张把官田分配给人民,反对通过限田或夺民田重加分配。又如:这个时期的思想家们已在很大程度上破除了对全能国家、全能君主的迷信,更加重视制度的作用,更加自觉地探寻限制、分割君权的制度途径,除了主张恢复宰相制、强化乡族自治外,还罕见地提出,通过吸取分封制、藩镇建制的精神,强化地方自治,实行地方县令世袭制,通过学校发挥议政和舆论监督的作用等；他们还以更加透彻、明快的语言，提出了人人天然平等、自由，人人具有不可替代的独立价值的思想。另外，他们有的强调君主只是一种"职位"，君臣只是为了服务于百姓利益进行的不同分工，君臣之间人格平等，有的主张在政治生活中法律、制度因素更重要，也说明他们在政治文化上开始摆脱对个人人格因素、道德因素的迷信，从臣民文化转向重视制度、法理的现代政治文化。还有像王夫之提出的严于治官、宽以养民的思想，也和现代政治思想中公民权利本位、控制政府的理念非常接近。从这些方面看，明清时期在政治思想方面确实有很大的突破，给人一种别开生面的感觉。

关于明清思想的地位和性质问题，学术界一直存在争论，有的认为它已经属于近现代思想的启蒙运动，有的则主张既不能估计过低，也不能估计太高，认为它仍然不出传统思想范围。不过有一点可以肯定的是，上述这些新突破、新的政治取向无疑是和现代精神最接近的，正是因为上述这些新变化与新突破，才构成了近代中国政治现代化的重要精神资源。

讨论

明清思想家们在政治上无疑取得了很大突破，但也留下不少需要进一步探讨的问题和困惑。

最大的问题仍然是如何理解明清政治思想与"现代"的关系问题。笔者认为，还是应避免把一些思想家如黄宗羲、王夫之与"民主""启蒙"直接联系。就目前看到的资料而言，他们的思想总体上看还很不系统，逻辑上还不够严密连贯，有些还只是一些接近现代政治思想的萌芽和思想碎片，甚至思想家自身还存在自我矛盾之处。他们中的一些人如顾炎武、王夫之特别重视"尊君"，对如何既尊君又适当限制、分割君权却语焉不详。他们在对待"夷夏之辨"问题上的极端独断，以及在对待道德问题上的极端自负、对待文化问题上的极端优越感与排外，则显得与传统专制思想体系更近。特别是对于王夫之的民族思想，就知识意义上，我们可以承认它对民族、国家问题有新见解，但也不能忽视这里面还潜藏着种族主义的可能，故不能贸然将其说成是"爱国主义"或"现代民族思想"。

与此相联系的是，如何理解进入康、雍、乾之后，特别是在乾嘉考据盛行时期，士大夫在政治问题上的集体失语乃至陷于"万马齐喑"的局面。换言之,从明朝李贽到明清之际顾、黄、王这些大思想家在政治问题上的黄钟大吕之声,究竟对当时人产生了多大影响,而非仅仅被近代人激活。

  他们对于政治问题的讨论,大多数仍然集中于价值上的"应然"层面,集中在一些原则性、结论性的观点表达,对于一种理念的可操作性探讨仍然十分薄弱。尽管对传统中国而言,厘清政治上的是非、弄清政治的"义理"也是十分重要的,但是如果一个社会最优秀的知识精英也基本上停留于"应然"层面的讨论,而不注重操作层面的探讨与设计,则会大大降低其对现实的影响力。比如,黄宗羲主张由学校发挥议政功能和舆论监督作用,顾炎武主张发挥社会"清议"的作用,但是对于实施、保障条件和制度设计等问题则语焉不详。李贽费了那么多笔墨为人性之"私"、人的平等和独立而辩护,但却很少谈到如何从操作制度上保护这些权利的问题。他主张政府对社会完全放任自由,也没有考虑到人类社会和弱肉强食的动物丛林法则有何区别。此外,政府到底放任自由、无为而治到什么程度才算合适,他对此似乎也没有考虑。又如,他们中有人提出仿照藩镇建制实行地方自治,恢复宰相制度以牵制君权,在君主专制政体没有改变、缺乏基本的法治精神的条件下,究竟如何入手,如何保证其实施,都没有进一步探讨。由此可见,他们的思想依然是短促的、破碎的,无法带来政治知识与管理模式的积累,也无法由问题转化成政治议题。就此而言,他们虽然提出了很多好的想法,却仍然拖着传统政治思维的沉重尾巴。

进一步思考的问题

1. 如何看待王阳明"良知"说在政治上的意义?
2. 方孝孺、黄宗羲、王夫之在对待井田制问题上有什么不同看法?
3. 比较黄宗羲、顾炎武、王夫之在分封制与郡县制问题上的观点。
4. 比较方孝孺、黄宗羲、王夫之在"正统"(正当性)问题上的观点。

后　记

　　从开设"中国政治思想史(古代部分)"课程,并着手编写这门课程的讲义,到今天终于完成这本书稿,已历十余寒暑。回想两年之前,当我接受复旦大学出版社约稿,正式开始这本书的写作时,自以为开课多年,熟悉资料,想法很多,应能愉快胜任。及至动笔时才发现,要想把它写得少一点遗憾,首先让自己看得过去,原来大非易事!其中不光涉及许多史实需要考订,大量的材料需要核对、解读,每一个看似细小的问题都可能颇费时日,还要用现代的学术眼光与古人"对话",对古人的观点进行"外部审视"、评头论足,这时才觉得自己真是学浅器陋,学识和功力都远远不够。但我还是庆幸有这样一段宁静而充实的时光,能够平心静气地阅读、整理与反思先贤们的思想,并在这一过程中经常享受到求知与学术对话的愉悦。在这样一个喧嚣躁动的时代,还能体验简单生活的宁静与充盈,简直就是一种豪华奢侈的享受。说到这里,还要特别感谢复旦大学出版社,正是他们对我的信任与优容,才使我一再延迟交稿的时间,比较从容地甚至在自娱自乐中完成了书稿。

　　本书的写作也是一次学术上的朝圣之旅。因为这本书的机缘,使我有机会参考学习了大量学界前辈和同行的论著,像萧公权先生的《中国政治思想史》,刘泽华先生及其研究团队关于中国政治思想史的系列著作,还有牟宗三、余英时、韦政通、李泽厚等先生的相关著作。以前虽然也经常接触,但是经过这一次的静心阅读,他们博大精深的学问使我得到了更深的领悟和教益。还有许多前辈和同行的研究成果,无论在资料还是在真知灼见方面,都使我受益匪浅。关于这方面的情况,读者从本书的有关注释中不难概见。最后,还要感谢中南财经政法大学的罗雪飞老师,他帮助校对了本书的初稿,并提出了宝贵的修改意见。

  因为作者学识、能力所限,本书一定存在诸多不足与缺憾,敬祈读者和学界同行批评指正。

张星久

2017 年 6 月于武昌

图书在版编目(CIP)数据

中国政治思想史(古代部分)/张星久著. —上海：复旦大学出版社,2017.9
(复旦博学·政治学系列)
ISBN 978-7-309-13138-3

Ⅰ.中…　Ⅱ.张…　Ⅲ.政治思想史-中国-古代　Ⅳ.D092

中国版本图书馆 CIP 数据核字(2017)第 178948 号

中国政治思想史(古代部分)
张星久　著
责任编辑/宋启立

复旦大学出版社有限公司出版发行
上海市国权路 579 号　邮编：200433
网址：fupnet@fudanpress.com　　http://www.fudanpress.com
门市零售：86-21-65642857　　团体订购：86-21-65118853
外埠邮购：86-21-65109143　　出版部电话：86-21-65642845
常熟市华顺印刷有限公司

开本 787×960　1/16　印张 25.25　字数 380 千
2017 年 9 月第 1 版第 1 次印刷

ISBN 978-7-309-13138-3/D·897
定价：52.00 元

如有印装质量问题,请向复旦大学出版社有限公司出版部调换。
版权所有　侵权必究